z 59867

Paris
1869

Schiller, Friedrich von

Oeuvres complètes

Théatre

Tome 2   Tome 1

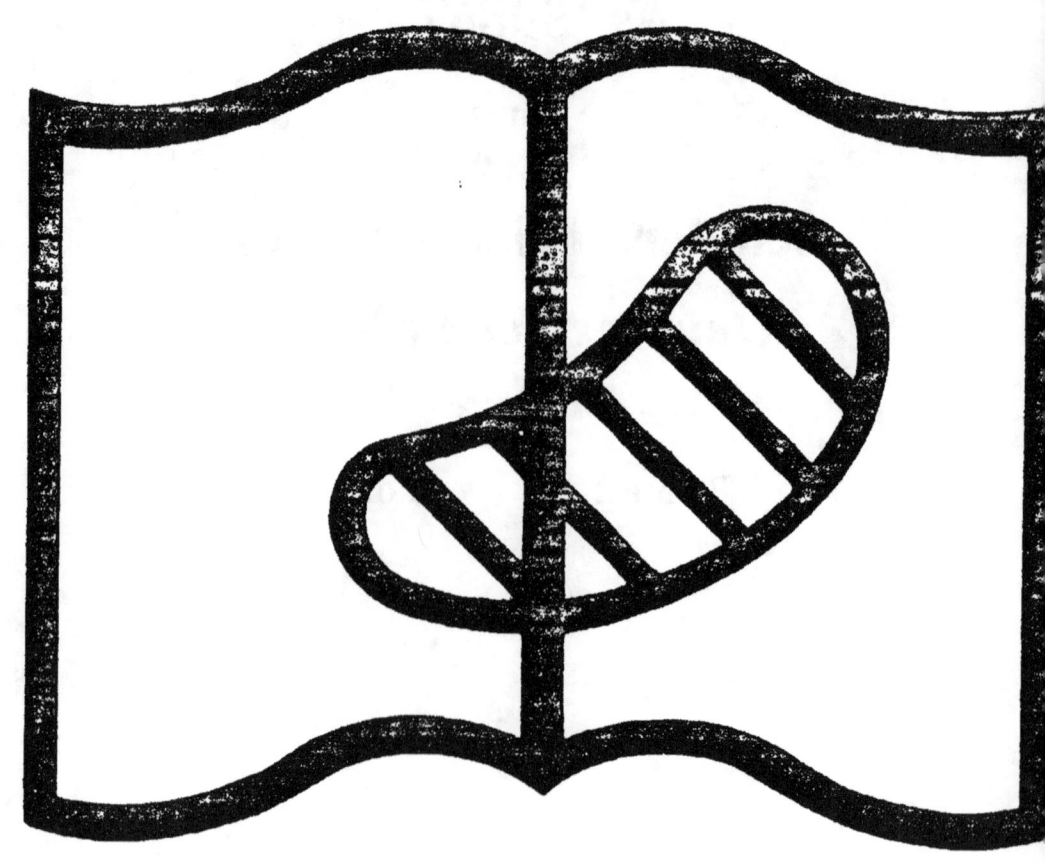

Symbole applicable
pour tout, ou partie
des documents microfilmés

Original illisible

NF Z 43-120-10

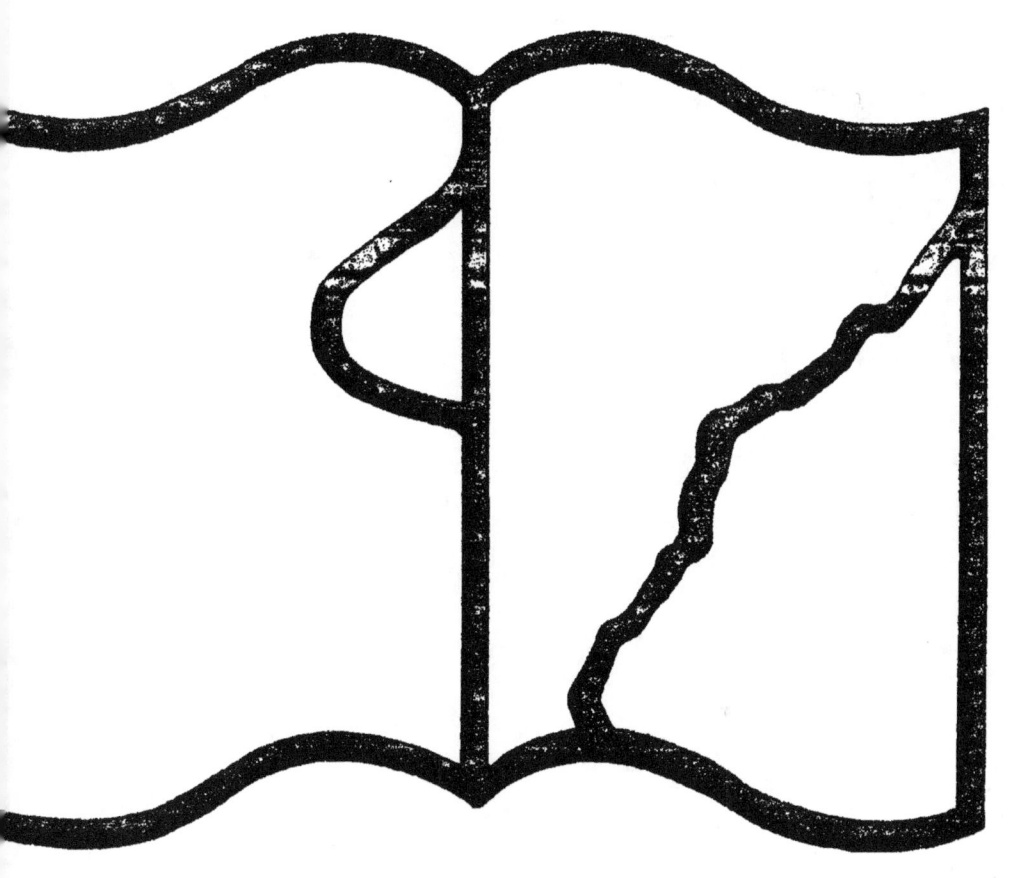

**Symbole applicable
pour tout, ou partie
des documents microfilmés**

Texte détérioré — reliure défectueuse

NF Z 43-120-11

59867

ŒUVRES
DE SCHILLER

II

IMPRIMERIE GÉNÉRALE DE CH. LAHURE
Rue de Fleurus, 9, à Paris

THÉATRE
DE SCHILLER

TRADUCTION NOUVELLE

PAR AD. REGNIER
MEMBRE DE L'INSTITUT

TOME PREMIER

PARIS
LIBRAIRIE DE L. HACHETTE ET Ce
BOULEVARD SAINT-GERMAIN, N° 77
—
1869

LES BRIGANDS

DRAME

*Quæ medicamenta non sanant, ferrum sanat;
quæ ferrum non sanat, ignis sanat.*

HIPPOCRATE

PERSONNAGES.

MAXIMILIEN, comte régnant DE MOOR.
CHARLES, } ses fils.
FRANZ,
AMALIE D'EDELREICH.
HERMANN, bâtard d'un gentilhomme.
SPIEGELBERG,
SCHWEIZER,
GRIMM,
RAZMANN, } libertins, ensuite brigands.
SCHUFTERLÉ,
ROLLER,
KOSINSKY,
SCHWARZ.
DANIEL, domestique du comte de Moor.
LE PASTEUR MOSER.
UN MOINE.
BANDE DE BRIGANDS.
PERSONNAGES ACCESSOIRES.

Le lieu de l'action est l'Allemagne. Elle dure environ deux ans.

PRÉFACE DE SCHILLER.

Que l'on considère cette pièce comme étant simplement un récit dramatique, qui met à profit cet avantage inhérent à la méthode du drame, de prendre, en quelque sorte, l'âme sur le fait, dans ses opérations les plus secrètes, mais qui ne prétend pas, du reste, se renfermer dans les limites d'une pièce de théâtre, ni être jaloux du bénéfice si douteux de la personnification théâtrale. On m'accordera que c'est une exigence absurde de vouloir qu'on fasse connaître à fond en trois heures trois hommes extraordinaires, dont l'activité dépend de mille rouages peut-être; de même que l'on conviendra qu'il ne peut être dans la nature que trois hommes extraordinaires se dévoilent en vingt-quatre heures, même aux yeux les plus exercés à lire dans les âmes. Mon sujet m'offrait une abondance et une complication de réalités qu'il m'était impossible de comprimer entre les palissades par trop étroites d'Aristote et de Batteux.

Mais c'est encore bien moins la dimension que le contenu de ma pièce qui la bannit du théâtre. L'économie de l'ouvrage exigeait qu'il parût sur la scène maint caractère qui choque le sentiment délicat de la vertu et révolte la susceptibilité de nos mœurs. Tout peintre des hommes est réduit à cette nécessité, s'il veut offrir une copie du monde réel, et non un idéal affecté et des hommes en raccourci. Après tout, tel est l'usage dans ce monde : les méchants mettent les bons en relief, et c'est à son contraste avec le vice que la vertu doit son plus vif coloris. Si l'on s'est proposé pour but de terrasser le vice et de venger de leurs ennemis la religion, la morale, les lois sociales, il faut dévoiler le vice dans son affreuse nudité, et le placer devant les yeux de l'humanité dans sa colossale grandeur; il faut, pour un instant, s'engager soi-même dans les ténébreux labyrinthes du mal, et savoir entrer, en se faisant violence, dans des sentiments contre nature sous le joug desquels l'âme se révolte.

Le vice est ici mis à nu avec tous ses ressorts intérieurs. Dans le personnage de Franz, il résout en abstractions impuissantes les terreurs confuses de la conscience, il dissèque les arrêts du sens intime, et étouffe par ses railleries la voix austère de la religion. Pour qui en est venu (gloire que nous ne lui envions pas) à raffiner son esprit aux dépens de son cœur, les choses les plus saintes ne sont plus saintes.... l'humanité, la divinité ne sont rien...., ce monde n'est rien, non plus que l'autre. J'ai essayé de tracer le portrait frappant et vivant d'un homme-monstre de cette espèce, d'analyser le mécanisme complet de son système de perversité.... et d'en éprouver la force aux prises avec la vérité. Qu'on voie donc et apprenne, en suivant cette histoire, jusqu'à quel point elle atteint ce but.... Je pense que j'ai saisi la nature.

Tout près de lui est un autre personnage qui pourrait bien jeter dans une grande perplexité bon nombre de mes lecteurs : un caractère que l'excès du vice ne séduit que par la grandeur qui y est attachée, par la force qu'il exige, par les dangers qui l'accompagnent ; un homme remarquable et richement doué, qui doit nécessairement, selon la direction donnée aux forces qu'il a en partage, devenir un Brutus ou un Catilina. Des circonstances malheureuses le poussent dans la seconde voie, et ce n'est qu'au terme des plus monstrueux égarements qu'il arrive à la première. De fausses idées d'activité et d'influence, une surabondance de force qui déborde par delà toutes les lois, devaient naturellement aller se briser contre la barrière des relations sociales, et à ces rêves enthousiastes de grandeur et d'action efficace ne pouvait s'associer qu'une âpre amertume contre ce monde qui est si loin de l'idéal. Ainsi s'est trouvé fait et achevé cet étrange don Quichotte que nous abhorrons et aimons, admirons et plaignons, dans le brigand Moor. J'espère qu'il est inutile de faire observer que ce n'est pas seulement à des brigands que je présente ce portrait : la satire espagnole ne flagelle pas non plus uniquement des chevaliers.

C'est aussi le grand genre aujourd'hui de donner carrière à

son esprit aux dépens de la religion, si bien qu'on ne passe plus guère pour un génie, si l'on ne laisse son satyre ivre et impie fouler aux pieds les plus saintes vérités qu'elle enseigne. La noble simplicité de l'Écriture est condamnée à se voir insultée et tournée en caricature ridicule, dans les assemblées quotidiennes de ces prétendus beaux esprits ; car, qu'y a-t-il de si saint, de si vénérable, qui ne puisse, quand on le fausse et le dénature, devenir un objet de risée?... Je puis me flatter, je pense, d'avoir offert à la religion et à la vraie morale une vengeance non vulgaire, en livrant ces contempteurs frivoles de l'Écriture à l'horreur du monde, dans la personne des plus infâmes de mes brigands.

Mais ce n'est pas tout. Ces caractères immoraux, dont j'ai parlé tout à l'heure, devaient briller par certaines parties, gagner même souvent du côté de l'esprit ce qu'ils perdaient du côté du cœur. En cela, je n'ai fait, pour ainsi dire, que copier littéralement la nature. Chacun, même le plus pervers, porte, en une certaine mesure, l'empreinte de la divine ressemblance, et peut-être le grand scélérat a-t-il moins de chemin à faire que le petit pour devenir grand dans le bien ; car la moralité est en proportion avec les forces, et, plus les facultés sont grandes, plus grand et plus monstrueux est leur égarement, plus condamnable leur perversion.

L'Adramélech de Klopstock éveille en nous un sentiment où l'admiration se confond avec l'horreur. Nous suivons le Satan de Milton avec un étonnement plein d'effroi, à travers l'impraticable Chaos. La Médée des anciens tragiques garde, malgré tous ses attentats, une grandeur dont on est stupéfait, et le Richard de Shakspeare est aussi indubitablement admiré du lecteur qu'il en serait haï s'il était là en personne devant son soleil. Si mon objet est de représenter des hommes complets, il faut que je tienne compte aussi de leurs perfections, car le plus pervers n'en est jamais entièrement dépourvu. Si je veux mettre en garde contre le tigre, je ne dois pas passer sous silence sa belle peau, brillante et tachetée, pour qu'on ne puisse pas méconnaître le tigre en l'ayant sous les yeux. D'ailleurs, l'homme qui n'est que méchanceté, n'est en aucune façon du domaine de l'art, et il n'exerce qu'une action répulsive, au lieu de captiver l'attention du lecteur. On tournerait volontiers le feuillet, quand c'est lui qui parle. Une âme noble ne supporte pas plus une dissonance morale continue, que l'oreille le grincement d'un couteau sur du verre.

Mais, précisément à cause de cela, je dissuaderais moi-même de hasarder ma pièce sur la scène. Il faut qu'il y ait des deux parts, chez le poëte et chez son lecteur, un certain degré de force d'esprit : chez celui-là, pour qu'il ne pare point le vice; chez celui-ci, pour qu'il ne se laisse pas aller, séduit par de beaux côtés, à estimer jusqu'au fond haïssable. Pour ce qui me touche, qu'un tiers décide.... mais pour mes lecteurs, je n'ai pas une entière sécurité. La plèbe, et par là je suis loin d'entendre uniquement les balayeurs des rues, la plèbe (entre nous soit dit) étend au loin ses racines, et malheureusement c'est elle qui donne le ton. Ayant la vue trop courte pour embrasser l'ensemble de ma conception, l'esprit trop petit pour en comprendre la grandeur, trop de malignité pour vouloir y trouver le bien que j'ai en vue, elle ferait presque avorter, je le crains, mes bonnes intentions; peut-être croirait-elle voir l'apologie du vice, là même où je le terrasse, et rendrait-elle responsable de sa propre sottise le pauvre poëte, envers qui l'on est communément prêt à tout, si ce n'est à lui rendre justice.

C'est l'éternel *da capo* de l'histoire d'Abdère et de Démocrite, et nos bons Hippocrates seraient forcés d'épuiser des plants entiers d'ellébore, s'ils voulaient guérir le mal par une décoction efficace [1]. Que les amis de la vérité se réunissent, aussi nombreux que vous voudrez, pour faire la leçon à leurs concitoyens du haut de la chaire et sur la scène, la plèbe ne cessera pas pour cela d'être la plèbe, dût le soleil et la lune changer de forme, et le ciel et la terre s'user comme un vêtement. Peut-être aurais-je dû, dans l'intérêt de ceux qui sont faibles de cœur, être moins fidèle à la nature; mais, parce que l'insecte que nous connaissons tous cherche du fumier jusque dans les perles, parce qu'on a des exemples que le feu

---

1. Les Abdéritains, croyant que Démocrite était fou, prièrent Hippocrate de le venir traiter. Celui-ci étant venu à Abdère, fut fort surpris de la grande sagesse de Démocrite, et dit que c'étaient les Abdéritains, et non Démocrite, qui avaient besoin d'ellébore. (*Note de l'auteur.*)

brûle et que l'eau noie, faut-il, pour cela, supprimer perles.... feu.... et eau?

J'ose, à bon droit, promettre à mon ouvrage, grâce à son remarquable dénoûment, une place parmi les livres de morale. Le vice y a la fin qu'il mérite; l'égaré rentre dans l'ornière des lois; la vertu sort triomphante de l'épreuve. Quiconque sera assez équitable envers moi pour me lire en entier et vouloir me comprendre, de celui-là je puis attendre.... je ne dis pas qu'il admire le poëte, mais qu'il estime en moi l'honnête homme.

Écrit pendant la foire de Pâques 1781.

L'Éditeur[1].

---

[1]. C'est ainsi que Schiller a signé sa préface.

LES BRIGANDS.

ACTE PREMIER.

SCÈNE I.

Une salle du château de Moor, en Franconie.

FRANZ, LE VIEUX MOOR.

FRANZ.

Mais êtes-vous vraiment bien, mon père ? Vous me paraissez si pâle....

LE VIEUX MOOR.

Tout à fait bien, mon fils.... Qu'avais-tu à me dire ?

FRANZ.

La poste est arrivée.... Une lettre de notre correspondant de Leipzig.

LE VIEUX MOOR, *avec une impatiente curiosité*.

Des nouvelles de mon fils Charles ?

FRANZ.

Hum ! hum !... Oui, des nouvelles. Mais je crains.... je ne sais si.... par égard pour votre santé.... Êtes-vous réellement tout à fait bien, mon père ?

LE VIEUX MOOR.

Comme le poisson dans l'eau. La lettre parle de mon fils ?...

D'où vient ton inquiétude? Tu m'as fait deux fois la même question.

FRANZ.

Si vous êtes malade, ou si seulement vous avez la moindre idée que vous pourriez le devenir, oh! alors, laissez-moi.... je vous parlerai dans un moment plus convenable. (*Feignant de se parler à lui-même.*) La nouvelle n'est guère faite pour un corps débile.

LE VIEUX MOOR.

Dieu! Dieu! que vais-je entendre?

FRANZ.

Laissez-moi d'abord me retirer à l'écart et verser une larme de pitié sur la perte de mon frère.... Je devrais me taire à jamais.... car il est votre fils. Je devrais à jamais cacher sa honte.... car il est mon frère.... Mais vous obéir est mon premier, mon douloureux devoir.... Ainsi pardonnez-moi.

LE VIEUX MOOR.

O Charles! Charles! si tu savais comme ta conduite torture le cœur de ton père! comme une seule heureuse nouvelle de toi ajouterait dix ans à ma vie.... et ferait de moi un jeune homme.... tandis que maintenant, hélas! je n'en reçois aucune qui ne me rapproche d'un pas de ma tombe.

FRANZ.

S'il en est ainsi, vieillard, adieu.... car tous tant que nous sommes, aujourd'hui même, je le prévois, nous nous arracherions les cheveux sur votre cercueil.

LE VIEUX MOOR.

Demeure! Il ne s'agit plus que d'un dernier petit pas.... Que sa volonté soit faite! (*Il s'assoit.*) Les péchés des pères sont poursuivis jusqu'à la troisième et quatrième génération.... Qu'il achève son œuvre!

FRANZ *tire la lettre de sa poche.*

Vous connaissez notre correspondant. Voyez! je donnerais un doigt de ma main droite, pour pouvoir dire que c'est un menteur, un menteur plein de venin et de noirceur.... Possédez-vous! Vous me pardonnerez si je ne vous laisse pas lire vous-même la lettre.... Encore ne devez-vous pas tout apprendre.

LE VIEUX MOOR.

Tout, tout, mon fils!... Tu m'épargneras les béquilles.

FRANZ *lit.*

« Leipzig, 1er mai. — Si je ne m'étais engagé par une promesse inviolable à ne te rien cacher, rien absolument, de ce que je puis apprendre du sort de ton frère, jamais, très-cher ami, ma plume innocente ne serait devenue ta persécutrice. Je puis conclure de cent lettres de toi à quel point des nouvelles de ce genre doivent déchirer ton cœur fraternel. Il me semble que déjà je te vois, pour ce vaurien, ce misérable.... (*Le vieux Moor cache son visage.*) » Voyez, mon père! je ne vous lis que les termes les plus doux : «.... pour ce misérable, verser des milliers de larmes.... » Ah! oui, elles ont coulé, elles ont inondé par torrents mes joues compatissantes.... « Il me semble que déjà je vois ton vieux et tendre père, pâle comme la mort.... » Jésus Maria! vous l'êtes en effet, avant même d'avoir appris la moindre chose.

LE VIEUX MOOR.

Continue, continue.

FRANZ.

« .... Pâle comme la mort, chanceler et retomber en arrière dans son fauteuil, maudissant le jour où, pour la première fois, il entendit bégayer à son oreille le nom de père. On n'a pas voulu me tout dévoiler, et de ce peu que je sais tu n'apprendras qu'une petite part. Ton frère paraît avoir comblé maintenant la mesure de son infamie ; moi, du moins, je ne sais rien au delà du degré qu'il a atteint, à moins qu'en cela son génie ne dépasse le mien. Hier, vers minuit, il a accompli le beau projet.... après avoir fait pour quarante mille ducats de dettes.... » de jolis menus plaisirs, mon père!... « après avoir d'abord déshonoré la fille d'un riche banquier d'ici et blessé mortellement en duel un brave jeune homme de bonne condition qui lui faisait la cour.... le projet d'échapper au bras de la justice avec sept compagnons qu'il a entraînés dans sa vie criminelle.... » Mon père, au nom de Dieu! mon père, qu'avez-vous?

LE VIEUX MOOR.

C'est assez. Cesse, mon fils!

FRANZ.

Je vous ménage.... « On a expédié son signalement de tous côtés, les offensés demandent satisfaction à grands cris, sa tête est mise à prix.... Le nom de Moor.... » Non, mes lèvres tremblantes ne seront point parricides. (*Il déchire la lettre.*) Ne le croyez pas, mon père! n'en croyez pas une syllabe!

LE VIEUX MOOR, *pleurant amèrement.*

Mon nom! mon respectable nom!

FRANZ, *se jetant à son cou.*

Infâme, trois fois infâme Charles! N'avais-je pas pressenti cet avenir, lorsque, tout enfant encore, je le voyais perdre son temps à courir après les jeunes filles, rôder par monts et par vaux avec les garçons des rues et de misérables vagabonds, fuir l'aspect de l'église comme un coupable la prison, et jeter dans le chapeau du premier mendiant qu'il rencontrait les deniers qu'il vous avait arrachés, tandis que nous, à la maison, nous passions le temps à nous édifier par de pieuses prières et de saints livres de sermons?... Ne l'avais-je pas pressenti, quand je voyais qu'il se plaisait à lire les aventures de Jules César et d'Alexandre le Grand, et d'autres païens plongés dans les ténèbres, de préférence à l'histoire du saint pénitent Tobie? Cent fois, car mon affection pour lui était toujours contenue dans les limites de mon devoir filial, cent fois je vous ai dit : « Ce garçon nous jettera tous quelque jour dans le malheur et dans la honte.... » Ah! plût à Dieu qu'il ne portât pas le nom de Moor! plût à Dieu que mon cœur ne battît pas si tendrement pour lui! Cette affection impie, que je ne puis éteindre, m'accusera un jour devant le tribunal de Dieu.

LE VIEUX MOOR.

O mes projets! mes rêves d'or!

FRANZ.

Je le sais bien. C'est précisément là ce que je disais. « L'esprit ardent, répétiez-vous sans cesse, qui enflamme cet enfant et le rend sensible à tous les attraits du beau et du grand.... cette franchise qui reflète son âme dans ses yeux.... cette tendresse de cœur qui, à la vue de toute souffrance, se fond en larmes compatissantes.... ce courage viril qui le pousse au sommet des chênes séculaires, et le lance par-dessus les fossés, les palissades, les torrents impétueux, cette ambition enfantine, cette invincible opiniâtreté et toutes ces vertus brillantes, qui germaient à vos yeux dans ce cher poupon, feront de lui un jour un ami ardemment dévoué à son ami, un excellent citoyen, un héros, un grand, oui, un grand homme.... » Voyez-vous maintenant, mon père? Cet esprit ardent s'est développé, étendu; il a porté des fruits merveilleux. Voyez cette franchise, comme elle s'est joliment tournée en effronterie! Voyez cette tendresse, comme elle roucoule délicatement pour des coquettes, comme elle est sensible aux charmes d'une Phryné! Voyez ce génie de feu : en six petites années, il a si bien consumé, jusqu'à la dernière goutte, toute l'huile de sa vie, qu'on dirait un fantôme promenant un corps vivant; et puis les gens viennent et ont l'impudence de vous dire : « C'est l'Amour qui a fait ça[1]!... » Ah! oui, voyez donc cette tête hardie, entreprenante, comme elle forge et accomplit des plans qui éclipsent les exploits d'un Cartouche, d'un Howard! Et que sera-ce si ces germes brillants parviennent à leur pleine maturité?... car, que peut-on attendre d'accompli d'un âge aussi tendre?... Peut-être, mon père, réserve-t-il encore à vos vieux jours la joie de le voir à la tête d'une de ces armées qui campent dans le silence sacré des forêts et soulagent la fatigue du voyageur, en le délivrant de la moitié de son fardeau. Peut-être pourrez-vous encore, avant de descendre dans la tombe, faire un pèlerinage au mausolée qu'il s'élèvera entre ciel et terre. Peut-être, ô mon père, mon père, mon père!... Cherchez un autre nom, ou bien attendez-vous à être montré au doigt par les boutiquiers et les polissons qui auront vu monsieur votre fils en effigie sur la place du marché, à Leipzig.

LE VIEUX MOOR.

Et toi aussi, mon Franz, toi aussi? O mes enfants, comme ils me percent le cœur!

FRANZ.

Vous le voyez, je puis être spirituel, moi aussi, mais mon

---

1. Ce propos est en français dans le texte de Schiller.

esprit est piqûre de scorpion.... Et puis, cette nature froide et banale, ce Franz si sec, ce cœur de bois, sans rappeler tous les autres titres non moins aimables qu'a pu vous inspirer le contraste que vous remarquiez entre lui et moi, lorsqu'il s'asseyait sur vos genoux ou vous pinçait les joues.... ce Franz mourra un jour dans les limites de son domaine, il pourrira sur place, voué à l'oubli; tandis que la gloire de cette tête universelle volera d'un pôle à l'autre.... Mais, ô ciel, c'est à mains jointes que cette âme sèche et froide, ce Franz au cœur de bois, te remercie en ce moment.... de n'être pas semblable à lui.

LE VIEUX MOOR.

Pardonne-moi, mon enfant. Ne t'irrite pas contre un père qui se voit déçu dans ses plans. Dieu qui m'envoie des larmes par Charles les essuiera par tes mains, mon Franz.

FRANZ.

Oui, mon père, oui, il les essuiera. Votre Franz consacrera sa vie à prolonger la vôtre. Votre vie est l'oracle que je consulte avant tout sur ce que je veux faire, le miroir où je regarde toute chose.... Aucun devoir ne m'est si sacré que je ne sois prêt à le violer, lorsqu'il s'agit de votre précieuse existence.... Vous me croyez, n'est-ce pas?

LE VIEUX MOOR.

Tu as encore de grands devoirs à remplir, mon fils.... Que Dieu te bénisse pour tout ce que tu as été et seras désormais pour moi!

FRANZ.

Maintenant, dites-moi.... si vous n'étiez pas obligé de le nommer votre fils, vous seriez un homme heureux.

LE VIEUX MOOR.

Tais-toi, oh! tais-toi! Quand la sage-femme me l'apporta, je le levai vers le ciel et m'écriai : « Ne suis-je pas un homme heureux? »

FRANZ.

Vous l'avez dit; eh bien! en êtes-vous là? Aujourd'hui, vous enviez au dernier de vos paysans le bonheur de n'être pas père d'un tel fils.... Vous serez dans l'affliction aussi longtemps que vous aurez ce fils. Cette affliction grandira avec Charles. Cette affliction minera votre vie.

LE VIEUX MOOR.

Hélas! elle a fait de moi un vieillard octogénaire.

FRANZ.

Eh bien donc!... Si vous renonciez ce fils?

LE VIEUX MOOR, *avec feu*.

Franz, Franz! que dis-tu là?.

FRANZ.

N'est-ce pas votre amour pour lui qui vous cause tout ce chagrin? Sans cet amour, il n'existe plus pour vous. Sans cet amour coupable, condamnable, il est mort pour vous.... il n'est pas né. Ce n'est pas la chair et le sang, c'est le cœur qui fait de nous des pères et des fils. Cessez de l'aimer, et dès lors cet être dégénéré n'est plus votre fils, eût-il été taillé dans votre chair. Il a été jusqu'ici comme la prunelle de vos yeux; mais, dit l'Écriture, si votre œil vous scandalise, arrachez-le. Il vaut mieux aller au ciel avec un œil qu'avec les deux dans l'enfer. Il vaut mieux monter au ciel sans enfants que de descendre tous deux, le père et le fils, dans l'enfer. C'est Dieu qui nous le dit.

LE VIEUX MOOR.

Tu veux que je maudisse mon fils?

FRANZ.

Non pas, non certes!... Ce n'est pas votre fils que vous maudirez. Qui nommez-vous votre fils?... Celui qui vous doit la vie? quand même il se donnerait toutes les peines imaginables pour abréger la vôtre?

LE VIEUX MOOR.

Oh! ce n'est que trop vrai. C'est une sentence portée contre moi. Le Seigneur le lui a ordonné.

FRANZ.

Voyez-vous avec quelle tendresse l'enfant de votre cœur agit envers vous? C'est par votre affection paternelle qu'il vous égorge, par votre amour qu'il vous tue; il s'est fait de votre cœur de père un complice qui vous achève. Quand vous ne serez plus, il sera seigneur de vos biens et seul roi de ses penchants. La digue sera rompue, et le torrent de ses passions pourra déborder plus librement. Mettez-vous à sa place! Que de fois il doit souhaiter de savoir son père en terre!... que de fois son frère!... nous qui, dans le cours de ses excès, lui faisons obstacle sans pitié! Mais, je vous le demande, est-ce payer l'amour par l'amour, la bonté paternelle par la reconnaissance filiale, que de sacrifier au lascif caprice d'un moment dix ans de votre vie? que de jouer dans une minute de volupté la gloire de ses pères, qui s'est conservée sans tache durant sept siècles? Est-ce là ce que vous nommez votre fils? Répondez! Est-ce là un fils?

LE VIEUX MOOR.

C'est un enfant cruel, mais pourtant mon enfant, mon enfant!

FRANZ.

Un tout aimable et précieux enfant, dont la constante étude est de n'avoir plus de père.... Oh! si vous saviez le comprendre! Si les écailles tombaient de vos yeux! Mais non, il faut que votre indulgence le confirme dans ses débauches, que vos avances d'argent les légitiment. Sans doute vous détournerez la malédiction de sa tête; c'est sur vous, père, sur vous que tombera la damnation.

LE VIEUX MOOR.

C'est juste, très-juste! A moi, à moi seul est toute la faute.

FRANZ.

Que de milliers d'hommes, qui se sont enivrés à la coupe de la volupté, ont été corrigés par la souffrance! La douleur physique qui accompagne tout excès n'est-elle pas un signe de la volonté divine? Et cette volonté, l'homme devrait-il la contrarier par sa cruelle tendresse? Le père doit-il causer la perte éternelle du dépôt qui lui est confié?... Réfléchissez-y, mon père : si vous le laissez pour un temps en proie à sa misère, ne faudra-t-il pas ou qu'il change et se corrige? ou bien, même à la grande école du malheur, il demeurera un vaurien, et alors.... malheur au père qui, par sa faiblesse, annule les décrets de la sagesse suprême!... Eh bien! mon père?

LE VIEUX MOOR.

Je veux lui écrire que je retire ma main de lui....

FRANZ.

Ce sera une action juste et sage.

ACTE I, SCÈNE I.

LE VIEUX MOOR.

Qu'il ne reparaisse jamais devant mes yeux....

FRANZ.

Cela produira un effet salutaire.

LE VIEUX MOOR, *avec tendresse.*

Jusqu'à ce qu'il soit changé !

FRANZ.

Eh ! sans doute, sans doute !... Mais s'il vient, avec le masque de l'hypocrisie, émouvoir votre pitié par ses larmes, vous arracher son pardon par ses caresses, et que le lendemain il s'en aille railler votre faiblesse dans les bras de ses courtisanes ?... Non, mon père, il reviendra de son propre mouvement quand sa conscience l'aura absous.

LE VIEUX MOOR.

Eh bien ! je vais le lui écrire sur-le-champ.

FRANZ.

Arrêtez ! encore un mot, mon père. Votre indignation pourrait, j'en ai peur, fournir à votre plume de trop dures paroles, qui lui fendraient le cœur.... Et puis, ne pensez-vous pas que, si vous le jugiez encore digne d'une lettre de votre main, cela lui paraîtrait déjà une sorte de pardon ? Il sera donc mieux que vous me laissiez lui écrire.

LE VIEUX MOOR.

Fais-le, mon fils.... Ah ! cela m'eût déchiré l'âme ! Écris-lui....

FRANZ, *vivement.*

Ainsi, c'est convenu ?

LE VIEUX MOOR.

Écris-lui que mes larmes de sang, que mille nuits sans sommeil.... mais ne pousse pas mon fils au désespoir.

FRANZ.

Ne voulez-vous pas vous mettre au lit, mon père ? Cela vous a cruellement affecté.

LE VIEUX MOOR.

Écris-lui que le sein paternel.... Je te le dis encore, ne pousse pas mon fils au désespoir. (*Il sort, accablé de tristesse.*)

FRANZ *le suit des yeux en riant.*

Console-toi, vieillard ! Jamais tu ne le presseras sur ce sein paternel ; le chemin qui y mène lui est fermé, comme le ciel à l'enfer.... Il était arraché de tes bras, avant que tu susses que tu pourrais y consentir.... Il faudrait que je fusse un pitoyable novice, si je n'avais réussi à détacher un fils du cœur de son père, y eût-il été cramponné par des liens d'airain.... J'ai tracé autour de toi un cercle magique de malédictions, qu'il ne franchira pas.... Bravo, Franz! Voilà le cher poupon écarté.... La forêt s'éclaircit. Il faut que je ramasse tous ces papiers : il serait si facile de reconnaître mon écriture!... (*Il relève les fragments de la lettre déchirée.*) Et bientôt le chagrin emportera aussi le vieux.... et quant à elle, il faut que je lui arrache aussi ce Charles du cœur, dût-elle y laisser attachée la moitié de sa vie.

J'ai de puissants motifs de me révolter contre la nature, et, sur mon honneur, je les ferai valoir!... Pourquoi ne suis-je pas sorti le premier du sein maternel? Pourquoi pas seul? Pourquoi m'a-t-elle accablé, moi, précisément moi, de ce fardeau de laideur? comme si, à ma naissance, elle n'avait mis en œuvre qu'un résidu. Pourquoi, tout juste à moi, ce nez de Lapon? tout juste à moi, cette bouche de nègre? ces yeux de Hottentot? Réellement, je crois que, pour pétrir ma personne, elle a fait sa pâte de tout ce qu'il y a d'affreux dans toutes les races d'hommes. Meurtre et mort! Qui lui a donné ce plein pouvoir d'accorder à cet autre telle ou telle faveur, et de m'en priver, moi? Y a-t-il eu moyen de la courtiser pour cela avant d'exister? de l'offenser avant de naître? Pourquoi s'est-elle montrée si partiale dans son œuvre?

Non! non! Je lui fais tort; car enfin, elle nous a doués du génie de l'invention, elle nous a déposés, nus et pauvres, sur la rive de ce grand Océan, du monde.... « Nage qui peut nager, et que le lourdaud se noie! » Elle ne m'a rien donné pour ma route. C'est à moi de voir ce que je veux faire de moi. Tous ont mêmes droits aux plus grands comme aux plus petits lots. Les prétentions, les tendances, les forces des uns et des autres, se combattent et se détruisent. Le droit réside chez le vainqueur, et les limites de notre force sont nos lois.

Il y a, il est vrai, certaines conventions communes qu'on a conclues pour faire battre les artères du corps social. L'honnêteté du nom!... riche monnaie, vraiment! dont on peut tirer un bel intérêt quand on s'entend à la bien placer. La conscience!... Oh! oui, sans doute, puissant épouvantail pour écarter les moineaux des cerisiers!... C'est encore là une lettre de change bien écrite, avec laquelle le banqueroutier lui-même peut se tirer d'affaire au besoin.

Ce sont, en vérité, de louables institutions pour tenir les fous en respect et le peuple en tutelle, afin que les habiles aient d'autant mieux leurs aises. Incontestablement, des institutions fort originales! Elles me font l'effet de ces haies que mes paysans plantent ingénieusement autour de leurs champs, pour qu'aucun lièvre ne les puisse franchir, oui, pardieu! aucun lièvre!... Mais le gracieux seigneur donne de l'éperon à son coursier et galope mollement sur feu la moisson.

Pauvre lièvre! C'est pourtant un rôle pitoyable que de se voir condamné à être lièvre dans ce monde.... Mais le gracieux seigneur a besoin de lièvres!

Ainsi donc, franchissons bravement les obstacles! Celui qui ne craint rien n'est pas moins puissant que celui que tous craignent. C'est aujourd'hui la mode de porter des boucles à ses culottes pour pouvoir les serrer et les lâcher à volonté. Eh bien! qu'on nous prenne mesure d'une conscience à la dernière mode, que nous puissions gentiment desserrer, à l'aide de la boucle, à mesure que nous prendrons du corps. Que voulez-vous que j'y fasse? Prenez-vous-en à mon tailleur! J'ai entendu bavarder à tort et à travers sur ce qu'ils appellent *la force du sang*: c'étaient des propos à échauffer la tête d'un honnête bourgeois.... C'est ton frère (traduisez : il est sorti du même four d'où tu es sorti toi-même); qu'il te soit donc sacré!... Remarquez, je vous prie, cette conséquence forcée, cette plaisante façon de conclure du voisinage des corps à l'harmonie des âmes, de l'identité du chez soi à celle des sensations, de l'identité de la nourriture à celle des penchants. Mais continuons.... C'est ton père! il t'a donné la vie, tu es sa chair, son sang.... qu'il te soit donc sacré! Voilà encore une subtile conséquence. Je voudrais pourtant demander : *Pourquoi m'a-t-il fait?* Ce n'est sans doute pas pour moi? car il fallait d'abord que je devinsse un moi. M'a-t-il connu avant de me faire? ou a-t-il pensé à moi, ou m'a-t-il désiré, pendant qu'il me faisait? Savait-il ce que je serais? Je ne lui conseille pas de le dire ; car, dans ce cas, l'envie pourrait me prendre de le châtier, pour m'avoir fait malgré ça. Puis-je lui savoir gré d'être né homme ? Pas plus que je ne pourrais l'accuser s'il eût fait de moi une femme. Puis-je reconnaître un amour qui ne se fonde sur aucune estime pour ma personne ? Et quelle estime était alors possible pour ma personne, qui, si elle devait la naissance à un tel sentiment, la devrait donc à une cause qui présuppose nécessairement l'existence de cette même personne ? Où gît donc ici le caractère sacré ? Serait-ce dans l'acte même dont je suis le produit ? Comme si cet acte était autre chose qu'une opération tout animale pour satisfaire un appétit animal ! Ou bien gît-il peut-être dans le résultat de cet acte, résultat qui pourtant n'est qu'une invincible nécessité, que nous écarterions si volontiers de toute la force de nos vœux, si ce ne devait être aux dépens de la chair et du sang ? Ou encore, dois-je être aimable envers lui, parce qu'il m'aime ? C'est chez lui un sentiment de vanité, c'est le péché favori de tous les artistes, qui se mirent dans leur ouvrage, quelque laid qu'il soit.... Voyez donc ! c'est là toute cette sorcellerie, que vous voilez dans un saint nuage, pour abuser de notre timidité. Dois-je aussi, par tout cela, me laisser conduire à la lisière, comme un enfant ?

Courage donc, et bravement à l'œuvre !... Je veux déraciner autour de moi tous les obstacles qui m'empêchent d'être *le maître*. Il faut que je sois *le maître*, pour enlever de force ce que je ne puis obtenir autrement, faute de dons aimables.

SCÈNE II.

Une auberge sur les frontières de la Saxe.

CHARLES DE MOOR, *plongé dans la lecture d'un livre*, **SPIEGELBERG**, *buvant à la table*.

CHARLES DE MOOR, *posant le livre.*

Je prends en dégoût ce siècle barbouilleur de papier, quand je lis dans mon Plutarque les actions des grands hommes.

SPIEGELBERG *lui présente un verre et boit.*

Il faut que tu lises Josèphe.

MOOR.

La brillante étincelle de Prométhée est éteinte; à la place, on emploie aujourd'hui de la flamme de lycopode.... un feu de théâtre qui n'allumerait pas une pipe de tabac. Les voilà qui grouillent comme les rats sur la massue d'Hercule. Un abbé français nous enseigne qu'Alexandre était un poltron; un professeur étique se met sous le nez, à chaque parole, un flacon d'ammoniaque, et vous fait un cours sur la force. Des drôles qui s'évanouissent quand ils ont fait un enfant vous épluchent la tactique d'Annibal.... Des marmots à l'oreille encore humide vont pêcher des phrases dans la bataille de Cannes, et pleurnichent sur les victoires de Scipion, parce qu'il faut qu'ils les expliquent.

SPIEGELBERG.

Eh! mais, ce sont là des larmes bien alexandrines.

MOOR.

Belle récompense de vos sueurs sur le champ de bataille, que de vivre maintenant dans les gymnases et de voir votre immortalité fatiguer l'écolier, qui l'emporte en classe dans sa courroie aux livres! Précieuse compensation pour le sang que vous avez prodigué, que d'envelopper le pain d'épice d'un boutiquier de Nuremberg.... ou, si le sort vous favorise, d'être hissé sur des échasses et mis en mouvement avec des fils de marionnettes par quelque Français, auteur de tragédies! Ha! ha! ha!

SPIEGELBERG *boit.*

Lis Josèphe, je t'en prie.

MOOR.

Fi! fi de ce siècle énervé de castrats, qui n'est bon à rien qu'à remâcher les actions du passé, à écorcher les héros de l'antiquité avec ses commentaires et à les parodier dans des tragédies! La force de ses reins est épuisée, et il faut que la levûre de bière aide maintenant à la propagation de l'espèce.

SPIEGELBERG.

Le thé, frère, le thé!

MOOR.

Les voilà qui barricadent la saine nature dans d'absurdes conventions! Ils n'ont pas le cœur de vider un verre de vin, parce qu'il faut qu'il leur serve à porter une santé.... ils font la cour au décrotteur, pour qu'il les appuie auprès de Son Excellence, et tracassent le pauvre diable qu'ils ne craignent pas. Ils se défient réciproquement pour un dîner, et s'empoisonneraient volontiers pour un matelas qu'on leur aura enlevé dans une vente par une surenchère.... Ils damnent le Salducéen qui ne va pas assez assidûment à l'église, et calculent au pied de l'autel leurs usures judaïques.... Ils tombent à genoux, pour pouvoir étaler la queue de leurs robes.... Ils ne détournent pas les yeux du curé, pour voir comment sa perruque est frisée.... Ils s'évanouissent quand ils voient saigner une oie, et battent des mains quand leur concurrent sort de la Bourse en état de faillite.... J'avais beau leur presser la main avec chaleur : « Encore un seul jour! » Tout fut inutile!... Au cachot le chien!... Prières, serments, larmes! (*Frappant du pied.*) Enfer et démon!

SPIEGELBERG.

Et cela pour quelques milliers de misérables ducats....

MOOR.

Non, je n'y puis penser.... On veut que je serre mon corps dans un corset et que j'étreigne ma volonté dans les lois. La loi a fait dégénérer en rampement de limace ce qui serait devenu le vol de l'aigle. La loi n'a encore formé aucun grand homme, mais la liberté fait éclore des colosses et des natures extrêmes.... Ah! si l'esprit d'Hermann couvait encore sous la cendre!... Qu'on me mette à la tête d'une armée de gaillards comme moi, et je veux faire de l'Allemagne une république auprès de laquelle Rome et Sparte ne seront que des couvents de nonnes. (*Il jette son épée sur la table et se lève.*)

SPIEGELBERG, *se levant d'un bond.*

Bravo! bravissimo! Tu m'amènes à propos sur ce chapitre. Je veux te dire quelque chose à l'oreille, Moor, qui depuis longtemps me trotte dans la tête, et tu es l'homme qu'il faut pour cela.... Bois, frère, bois!... Qu'en dis-tu? si nous nous faisions juifs, et si nous remettions le royaume de Judée sur le tapis?... Dis-moi, n'est-ce pas là une habile et courageuse conception? Nous expédions un manifeste aux quatre bouts du monde, et convoquons en Palestine tout ce qui ne mange pas de chair de porc. Dans cette pièce, je démontre, par des documents inattaquables, qu'Hérode, le tétrarque, était mon aïeul, et ainsi de suite. Quelle jubilation, mon gaillard, si une fois ils se retrouvent au port et peuvent se mettre à rebâtir Jérusalem! Et alors vite à l'œuvre pour chasser les Turcs d'Asie, pendant que le fer est encore chaud, pour abattre des cèdres sur le Liban, construire des vaisseaux et entreprendre en grand, par les mains de tout le peuple, le brocantage des vieux galons et des vieilles boucles. Cependant....

MOOR *le prend en riant par la main.*

Camarade, le temps des folies est passé.

SPIEGELBERG, *l'air surpris.*

Fi donc! Tu ne vas pas, j'espère, jouer l'enfant prodigue? Un gaillard comme toi, qui, avec son épée, a fait plus de balafres sur des figures humaines que trois substituts ne font de griffonnages sur le livre des ordonnances dans une année bissextile! Faut-il que je te raconte les grandes funérailles de ton chien? Ah! il suffit que j'évoque devant toi ta propre image, pour souffler du feu dans tes veines, si, du reste, plus rien ne t'enthousiasme! Te rappelles-tu encore le jour où ces messieurs du conseil firent tirer sur ton dogue? on lui brisa la patte; mais toi, pour ta revanche, tu fis publier un jeûne général dans toute la ville. On nargua ton édit; mais tu ne t'endormis pas et tu fis acheter tout ce qu'il y avait de viande dans tout L..., de façon que, huit heures après, il n'y avait plus un os à ronger dans l'arrondissement, et déjà le poisson commençait à enchérir. La municipalité et la bourgeoisie étaient altérées de vengeance; mais nous autres étudiants, nous voilà dehors sur l'heure, au nombre de dix-sept cents, et toi à notre tête, et bouchers, tailleurs, épiciers par derrière, avec les aubergistes, les barbiers, toutes les corporations, jurant tous de donner l'assaut à la ville, si l'on tordait seulement un cheveu aux étudiants. L'affaire se termina comme le tir à Hornberg: il leur fallut battre en retraite avec un pied de nez. Alors tu rassemblas tout un concile de docteurs, et offris trois ducats à qui t'écrirait une ordonnance pour ton chien. Nous craignions que ces messieurs n'eussent trop d'honneur dans l'âme et ne dissent non; déjà nous étions convenus de les contraindre. Mais cela ne fut pas nécessaire: ces messieurs se battirent pour les trois ducats, et le prix descendit, au rabais, à trois batz[1]. En une heure douze ordonnances furent écrites, si bien que la pauvre bête creva peu après.

MOOR.

Infâmes gueux!

SPIEGELBERG.

La pompe funèbre fut ordonnée avec la plus grande magnificence; il y eut des complaintes en masse en l'honneur du chien, et nous sortîmes de nuit, au nombre de près de mille, une lanterne d'une main, nos rapières de l'autre, et le cortége défila ainsi par la ville, au bruit des carillons et d'une triste musique, jusqu'à ce que le chien fût inhumé. Par là-dessus on fit ripaille, et ça dura jusqu'au grand jour. Puis tu fis remercier ces messieurs pour leur cordiale sympathie, et revendre la viande à moitié prix. Mort de ma vie[2]! A ce moment-là, on nous respectait comme une garnison dans une place conquise.

MOOR.

Et tu n'as pas honte de te vanter de cela? Tu n'as pas même assez de pudeur pour rougir de ces folies?

SPIEGELBERG.

Va, va! tu n'es plus Moor. Te souvient-il encore que mille fois, la bouteille en main, tu as raillé le vieux ladre, et dit: « Qu'il racle et gratte, et lésine; moi, je veux m'user le gosier à boire ses épargnes?... » Mais le sais-tu encore? hé? le sais-tu? déplorable et piteux fanfaron! c'était encore parler en homme et en gentilhomme; mais....

MOOR.

Maudit sois-tu de me rappeler cela! Maudit moi-même de l'avoir dit! mais c'était seulement dans les vapeurs du vin, et mon cœur n'entendait pas les forfanteries de ma langue.

SPIEGELBERG *secoue la tête.*

Non! non! non! Cela ne peut être. Impossible, camarade, tu ne parles pas sérieusement. Dis-moi, petit frère, n'est-ce pas le besoin qui te fait ainsi parler? Viens, laisse-moi te raconter un trait de mes années d'enfance. Il y avait près de no-

---

1. Le *batz* est une petite monnaie de la valeur de quinze centimes.
2. Cette exclamation est en français dans Schiller.

tre maison un fossé qui avait tout au moins ses huit pieds de large, et nous nous exercions à l'envi, entre gamins, à sauter par-dessus. Mais c'était en vain. Pouf! vous étiez par terre au beau milieu! et alors on vous sifflait, on vous huait, on vous mitraillait avec des boules de neige. Auprès de la maison également était couché un chien à la chaîne, le chien d'un chasseur, une bête toujours prête à mordre, qui, prompte comme l'éclair, vous saisissait les filles par le bord de la robe, quand, par mégarde, elles passaient trop près. Or, c'était la joie de mon âme d'agacer ce chien partout où je pouvais, et je crevais de rire quand la bête alors me dévorait d'un regard féroce et que je voyais comme elle eût été heureuse de se jeter sur moi, si elle l'avait pu.... Qu'arriva-t-il? Un beau jour, je l'attaque encore, selon ma coutume, et lui jette une pierre dans les côtes, si rudement, que de rage il rompt sa chaîne et s'élance sur moi, et moi, comme tous les tonnerres déchaînés, de partir au grand galop.... Mais, mille détresses! voilà tout juste le maudit fossé qui me coupe le chemin! Que faire? Le chien est sur mes talons et en fureur.... Eh bien! je me décide en un clin d'œil.... je prends mon élan.... et me voilà de l'autre côté. Je dus à ce saut ma peau et ma vie; le monstre m'aurait piteusement déchiré.

MOOR.

Mais où en veux-tu venir?

SPIEGELBERG.

A te montrer comme les forces croissent avec la nécessité. Aussi ne me laissé-je pas effrayer quand les choses en viennent aux dernières extrémités. Le courage s'élève avec le danger, la vigueur augmente avec la contrainte. Il faut que le destin veuille faire de moi un grand homme, puisqu'il me barre si carrément ma route.

MOOR, *avec humeur*.

Je ne saurais dire ce que nous pourrions encore oser et n'avons pas osé jusqu'ici.

SPIEGELBERG.

Vraiment?... Et ainsi tu veux laisser s'étioler en toi tes facultés? enfouir ton talent? Penses-tu que tes sales farces de Leipzig soient les limites du génie de l'homme? Viens donc d'abord avec moi dans le grand monde, à Paris et à Londres!... où l'on récolte des soufflets quand on salue quelqu'un du nom d'honnête homme. C'est là que c'est une vraie jubilation de faire le métier en grand.... Tu t'ébahiras! Tu ouvriras de grands yeux! Attends un peu, et tu verras comme on contrefait les écritures, comme on pipe les dés, force les serrures et fait rendre gorge aux coffres-forts..... Tu apprendras encore tout cela de Spiegelberg. Qu'on pende à la première potence le gredin qui consent à mourir de faim, ayant l'usage de ses doigts!

MOOR, *distrait.*

Comment! Tu ne t'es sans doute pas arrêté là?

SPIEGELBERG.

Je crois, vraiment, que tu te défies de moi. Attends seulement que je m'échauffe : tu verras des merveilles; ta petite cervelle te dansera dans le crâne, quand mon génie en travail accouchera. (*Il se lève; avec feu:*) Comme tout s'éclaircit en moi! Je sens de grandes pensées poindre dans mon âme. Des plans gigantesques fermentent dans mon cerveau créateur. Maudite somnolence (*se frappant le front*) qui jusqu'ici enchaînait mes forces, bornait et gênait mes vues! Je m'éveille, je sens qui je suis.... qui je puis devenir.

MOOR.

Tu es un fou. C'est le vin qui fait le rodomont dans ton cerveau.

SPIEGELBERG, *avec plus d'exaltation.*

« Spiegelberg, dira-t-on, es-tu sorcier, Spiegelberg? — C'est dommage que tu ne sois pas devenu général, Spiegelberg, dira le roi; tu aurais fait passer les Autrichiens par une boutonnière. — Oui, entends-je grogner les docteurs, il est impardonnable que cet homme n'ait pas étudié la médecine, il aurait inventé une nouvelle poudre pour le goître. — Et que n'a-t-il, hélas! choisi pour sa partie les finances! soupireront les Sullys dans leur cabinet; il aurait d'un coup de baguette tiré des louis d'or des pierres. » Et il ne sera question que de Spiegelberg à l'orient et à l'occident, et vous autres, croupissez dans la crotte, poltrons et crapauds que vous êtes, pendant que Spiegelberg, les ailes déployées, s'envolera au temple de la Gloire.

MOOR.

Bon voyage! Monte, par les poteaux de l'infamie, au faîte de la gloire. A l'ombre des bois de mes pères, dans les bras de mon Amalie, de plus nobles joies m'appellent. Dès la semaine dernière, j'ai écrit à mon père pour lui demander pardon; je ne lui ai tu aucune circonstance, pas la moindre, et où il y a sincérité, là est aussi pitié et secours. Disons-nous adieu, Maurice. Nous nous voyons aujourd'hui pour la dernière fois. La poste est arrivée. Le pardon de mon père est déjà dans ces murs.

SCHWEIZER, GRIMM, ROLLER, SCHUFTERLÉ, RAZMANN, *entrent*.

ROLLER.

Savez-vous bien qu'on nous recherche?

GRIMM.

Que nous ne sommes pas sûrs un seul instant de rester libres?

MOOR.

Cela ne m'étonne pas. Qu'il en soit ce qu'il voudra! N'avez-vous pas vu Schwarz? Vous a-t-il parlé d'une lettre qu'il aurait reçue pour moi?

ROLLER.

Il te cherche depuis longtemps, je soupçonne quelque chose de ce genre.

MOOR.

Où est-il? Où? où? (*Il veut sortir à la hâte.*)

ROLLER.

Reste. Nous lui avons dit de venir ici. Tu trembles?...

MOOR.

Je ne tremble pas. Pourquoi tremblerais-je? Camarades, cette lettre.... Réjouissez-vous avec moi. Je suis l'homme le plus heureux qu'il y ait au monde; pourquoi tremblerais-je?

SCHWARZ *entre*.

MOOR *vole au-devant de lui*.

Frère! frère! la lettre, la lettre!

SCHWARZ *lui donne la lettre, que Moor ouvre précipitamment.*

Qu'as-tu donc? Mais tu deviens blanc comme ce mur.

MOOR.

L'écriture de mon frère!

SCHWARZ.

Que fait donc Spiegelberg?

GRIMM.

Le drôle a perdu la tête. Il gesticule comme dans la danse de Saint-Guy.

SCHUFTERLÉ.

Son entendement a le vertige. Je crois qu'il fait des vers.

RAZMANN.

Spiegelberg! Hé! Spiegelberg!... L'animal n'entend pas.

GRIMM *le secoue.*

Drôle! rêves-tu? ou....

SPIEGELBERG, *qui, pendant tout ce temps, est resté dans un coin de la chambre, exécutant la pantomime d'un faiseur de projets, s'élance impétueusement :*

La bourse ou la vie[1]!

Il saisit à la gorge Schweizer, qui le jette tranquillement contre le mur. — Moor laisse tomber la lettre et se précipite hors de la chambre. Tous se lèvent vivement.

ROLLER *s'élance après lui.*

Moor! où vas-tu, Moor? Que veux-tu faire?

GRIMM.

Qu'a-t-il donc? Qu'a-t-il fait? Il est pâle comme un mort.

SCHWEIZER.

Il faut qu'il ait reçu de jolies nouvelles. Voyons!

ROLLER *ramasse la lettre par terre et lit.*

« Malheureux frère! » Cela commence sur un ton joyeux. « Je dois me contenter de t'apprendre en deux mots que ton espoir a été vain.... Notre père te fait dire que tu n'as qu'à aller où te mènent tes infamies. Tu renonceras, ajoute-t-il, à l'espoir d'obtenir jamais ta grâce en venant te lamenter à ses pieds, à moins que tu ne sois disposé à te laisser régaler de

---

1. En français dans le texte.

pain et d'eau dans le plus profond souterrain de sa tour, jusqu'à ce que tes cheveux croissent comme les plumes de l'aigle et tes ongles comme les serres des oiseaux. Ce sont là ses propres paroles. Il m'ordonne de clore la lettre. Adieu pour toujours. Je te plains....

« FRANZ DE MOOR. »

SCHWEIZER.

Un petit frère doux comme du sucre! en vérité!... Franz est le nom de cette canaille?

SPIEGELBERG, *s'approchant doucement.*

Il s'agit de pain et d'eau? Une jolie existence! Je vous ai ménagé tout autre chose! Ne vous disais-je pas qu'à la fin il me faudrait penser pour vous tous?

SCHWEIZER.

Que dit cette tête de mouton? Quoi! le baudet veut penser pour nous tous?

SPIEGELBERG.

Vous êtes tous des lièvres, des culs-de-jatte, des chiens perclus, si vous n'avez pas le cœur de tenter quelque chose de grand!

ROLLER.

Eh bien! oui, c'est ce que nous serions en effet, tu as raison!... mais ce que tu tenteras nous arrachera-t-il à cette situation maudite? Parle....

SPIEGELBERG, *avec un rire orgueilleux.*

Pauvre niais! arracher à cette situation? ha! ha! ha! arracher à cette situation?... et ta pauvre petite dose de cervelle ne vise pas plus loin que cela, et là-dessus ta haquenée rentre au trot à l'écurie? Il faudrait que Spiegelberg fût un misérable drôle, s'il voulait s'en tenir là. C'est des héros, te dis-je, des barons, des princes, des dieux, que mon idée fera de vous.

RAZMANN.

C'est beaucoup d'un seul coup, vraiment! Mais ce sera sans doute une œuvre à se casser le cou; on y laissera au moins la tête.

SPIEGELBERG.

Il n'y faut que du courage; pour ce qui est de l'esprit, je

m'en charge seul. Du courage, dis-je, Schweizer! Du courage, Roller, Grimm, Razmann, Schufterlé! du courage!...

SCHWEIZER.

Du courage? Si ce n'est que ça.... du courage, j'en ai assez pour passer pieds nus au beau milieu de l'enfer.

SCHUFTERLÉ.

Et moi pour me battre sous la potence, en plein air, avec le diable en personne, et lui disputer un pauvre pécheur.

SPIEGELBERG.

Voilà qui me plaît! Si vous en avez le cœur, que l'un de vous s'avance et dise qu'il a encore quelque chose à perdre et non tout à gagner.

SCHWARZ.

En vérité, j'aurais beaucoup à perdre, si je voulais perdre ce que j'ai encore à gagner.

RAZMANN.

Oui, par le diable! et beaucoup à gagner, si je voulais gagner ce que je n'ai pas à perdre.

SCHUFTERLÉ.

Si je devais perdre ce que j'ai à crédit sur le corps, je n'aurais en tout cas plus rien à perdre demain.

SPIEGELBERG.

Ainsi donc! (*Il se place au milieu d'eux, et les adjure d'un ton solennel.*) Si une seule goutte du sang des héros de l'Allemagne coule encore dans vos veines.... venez! Nous nous établirons dans les forêts de la Bohême, nous y réunirons une troupe de brigands, et.... Pourquoi me regardez-vous tout ébahis?... Votre petite parcelle de courage s'est-elle déjà dissipée en fumée?

ROLLER.

Tu n'es sans doute pas le premier coquin qui, dans sa perspective, ait négligé de voir la potence.... et toutefois.... quel autre choix nous reste?

SPIEGELBERG.

Un choix? Comment? Vous n'avez rien à choisir! Voulez-vous être fourrés dans la prison pour dettes, et là vous exténuer en lamentations, jusqu'à ce que la trompette du dernier jour retentisse? Voulez-vous vous condamner au supplice de la bêche et du hoyau, pour un morceau de pain sec? Voulez-vous, sous la fenêtre des gens, extorquer une maigre aumône, au moyen d'une chanson qui court les rues? ou bien voulez-vous vous enrôler derrière le tambour (et encore la question est de savoir si l'on se fierait à vos physionomies), puis, soumis aux caprices impérieux d'un caporal hypocondriaque, faire, au service, votre purgatoire par avance? ou vous promener au pas, tambour battant? ou encore, dans le paradis des galères, traîner derrière vous tout le magasin de fer de Vulcain? Voyez, c'est là ce que vous avez à choisir; vous embrassez d'un coup d'œil tout ce qui peut faire l'objet de votre choix.

ROLLER.

Spiegelberg n'est pas si loin de la vérité. J'ai déjà, moi aussi, combiné mes plans; mais, en fin de compte, ils reviennent au même. Que vous en semble? « Si vous vous mettiez, me suis-je dit, à brocher de compagnie un album ou un almanach, ou quelque chose de ce genre, et à faire, comme c'est réellement la mode, de la critique pour un morceau de pain? »

SCHUFTERLÉ.

Au diable! vos conseils se rapprochent singulièrement de mes projets. « Si tu te faisais piétiste, me demandais-je, à part moi, et ouvrais un cours hebdomadaire d'édification? »

GRIMM.

A merveille! ou, si ça ne va pas, athée! nous pourrions souffleter les quatre évangélistes, faire brûler notre livre par la main du bourreau, et alors il ferait fureur.

RAZMANN.

Ou bien faire une campagne contre *les Français*.... Je connais un docteur qui s'est fait bâtir une maison toute de mercure, comme le dit l'inscription sur la porte.

SCHWEIZER *se lève et donne la main à Spiegelberg.*

Maurice, tu es un grand homme!... ou c'est un porc aveugle qui a trouvé un gland.

SCHWARZ.

Plans admirables! honnêtes métiers! Comme les grands esprits se rencontrent! Il ne nous manquerait plus que de nous faire femmes et entremetteuses.

SPIEGELBERG.

Sornettes! sornettes que cela! Et qui vous empêche de réunir dans votre personne la plupart de ces rôles? Quant à mon plan, c'est toujours celui qui vous poussera le plus haut, et vous aurez en outre la gloire et l'immortalité. Voyez, pauvres diables que vous êtes, il faut aussi étendre ses vues jusque-là, jusqu'à la renommée qui nous survit et au doux sentiment de l'immortalité.....

ROLLER.

Et figurer en tête de la liste des honnêtes gens! Tu es passé maître en éloquence, Spiegelberg, lorsqu'il s'agit de faire d'un honnête homme un coquin. Mais dites-moi donc, où reste Moor?

SPIEGELBERG.

Honnête, dis-tu? Penses-tu qu'après tu seras moins honnête que tu ne l'es maintenant? Qu'appelles-tu honnête? Débarrasser de riches ladres d'un tiers de leurs soucis qui ne font que chasser loin d'eux le sommeil plus précieux que leur or, mettre en circulation un or stagnant, rétablir l'équilibre des biens; en un mot, ramener l'âge d'or, délivrer le bon Dieu de maint pensionnaire importun, lui épargner la guerre, la peste, la disette et les docteurs.... C'est là, vois-tu, ce que j'appelle être honnête, ce que j'appelle se montrer un digne instrument dans les mains de la Providence, et se procurer, à chaque rôti que l'on mange, cette flatteuse pensée : « Voilà un bon morceau que tu as conquis par tes ruses, ton courage de lion, tes veilles nocturnes!... » Être respecté des grands et des petits....

ROLLER.

Et enfin être hissé tout vivant vers le ciel, et, bravant l'orage, le vent, l'estomac glouton de notre antique aïeul le Temps, se balancer sous le soleil, la lune et toutes les étoiles fixes, en un lieu où jusqu'aux oiseaux du ciel, bêtes sans raison, viennent, attirés par une noble convoitise, exécuter leur céleste concert, et où les anges à queue tiennent leur très-saint sanhédrin! n'est-il pas vrai?... et, tandis que les monarques et les potentats sont rongés par les mites et les vers, avoir l'honneur de recevoir des visites de l'oiseau royal de Jupiter!... Maurice, Maurice, Maurice! prends garde! prends garde à la bête à trois jambes[1].

---

[1] Désignation proverbiale de la potence.

SPIEGELBERG.

Et cela t'effraye, cœur de lièvre! N'a-t-on pas déjà vu pourrir à la voirie plus d'un génie universel qui eût été capable de réformer le monde, et n'en parle-t-on pas pendant des centaines, des milliers d'années, tandis que maint roi et maint électeur seraient omis dans l'histoire, si l'historiographe ne craignait de laisser une lacune dans l'échelle de succession, et si son livre ne gagnait, à les mentionner, quelques pages in-octavo, que l'éditeur lui paye argent comptant?... Et quand le voyageur te verra voltiger en l'air, deçà, delà, il grognera dans sa barbe: « En voilà encore un qui ne devait pas avoir d'eau dans la cervelle! » Et il déplorera le malheur des temps.

SCHWEIZER *lui frappe sur l'épaule.*

C'est parler en maître, Spiegelberg! en maître! Que diable! restez-vous là et hésitez-vous?

SCHWARZ.

Et quand cela s'appellerait une mort infâme.... que s'ensuit-il? Ne peut-on pas, à tout événement, avoir toujours sur soi une petite poudre qui vous envoie sans bruit au delà de l'Achéron, où nul coq ne crie après vous? Non, frère Maurice, ta proposition est bonne, mon catéchisme parle comme toi.

SCHUFTERLÉ.

Tonnerre! Et le mien pareillement. Spiegelberg, tu m'as embauché.

RAZMANN.

Tu as, comme un autre Orphée, endormi par ton chant la bête hurlante qui est ma conscience. Prends-moi tout entier, comme me voilà.

GRIMM.

Si omnes consentiunt ego non dissentio. Sans virgule, notez-le bien. Il se fait un encan dans ma tête : piétistes.... marchands d'onguents.... critiques et larrons. Je suis au plus offrant. Prends cette main, Maurice.

ROLLER.

Et toi aussi, Schweizer? *(Il donne la main droite à Spiegelberg.)* Ainsi j'engage mon âme au diable.

SPIEGELBERG.

Et ton nom aux astres! Que nous importe où ira notre âme?

si des escadrons de courriers, nous précédant au galop, annoncent notre arrivée aux enfers, pour que les démons se parent comme pour un jour de fête, secouent de leurs paupières la suie qui s'y est amassée pendant des milliers d'années, et que des myriades de têtes cornues sortent de l'ouverture fumante de leurs fourneaux à soufre, pour voir notre entrée triomphale. Camarades! (*Il se lève d'un bond.*) En avant, camarades! Qu'y a-t-il au monde qui vaille cette ivresse de l'enthousiasme? Venez, camarades!

ROLLER.

Doucement, je te prie! doucement! Où allons-nous? il faut encore, enfants, que la bête ait sa tête.

SPIEGELBERG, *plein de fiel.*

Que prêche le lambin? La tête n'était-elle pas déjà là, avant qu'aucun membre se remuât? Suivez-moi, camarades!

ROLLER.

Doucement, vous dis-je. Il faut que la liberté même ait son maître. Sans chef, Rome et Sparte croulaient.

SPIEGELBERG, *d'un ton insinuant.*

Oui.... attendez.... Roller a raison. Et il faut que ce soit une tête capable. Comprenez-vous? il faut que ce soit une fine tête politique. Oui, quand je considère ce que vous étiez il y a une heure et ce que vous êtes maintenant.... ce que vous êtes devenus par une seule bonne idée.... Oui, sans doute, sans doute, il faut que vous ayez un chef.... Et celui qui a combiné cette idée, dites, ne faut-il pas que ce soit une tête capable, politique?

ROLLER.

Si l'on pouvait l'espérer.... le rêver.... mais, j'en ai peur, il ne voudra pas.

SPIEGELBERG.

Pourquoi pas? Parle hardiment, ami!... Bien que ce soit une rude tâche de conduire un vaisseau qui lutte contre les vents, et un bien lourd fardeau que celui de la couronne.... parle, Roller, sans crainte!... peut-être, malgré tout, le voudra-t-il.

ROLLER.

Et, s'il ne le veut pas, tout sombre. Sans Moor, nous ne sommes qu'un corps sans âme.

SPIEGELBERG, *se détournant de lui avec humeur.*

Imbécile !

MOOR *entre ; il est dans un état de violente agitation, et il va et vient rapidement dans la chambre, en se parlant à lui-même.*

Hommes !... O hommes ! fausse et hypocrite couvée de crocodiles ! Leurs yeux sont tout eau, leurs cœurs tout d'airain ! Des baisers sur les lèvres, des poignards dans le sein ! Les lions et les léopards nourrissent leurs petits, les corbeaux associent les leurs à leur festin sur les charognes, et lui, lui !... J'ai appris à supporter la méchanceté, et je puis voir en souriant mon ennemi courroucé boire à ma santé le sang de mon propre cœur.... mais quand c'est l'amour des nôtres qui nous trahit, quand l'affection paternelle devient une mégère.... oh ! alors, prends feu, virile patience ! doux agneau, deviens un tigre furieux ! et que chaque fibre se tende pour la rage et la ruine !

ROLLER.

Écoute, Moor ! Qu'en penses-tu ? Vivre en brigands vaut pourtant mieux que d'être au pain et à l'eau, dans le plus profond souterrain de la tour ?

MOOR.

Pourquoi ces sentiments ne sont-ils pas entrés plutôt dans un tigre, qui enfonce ses dents furieuses dans la chair humaine ? Est-ce là la foi paternelle ? Est-ce là amour pour amour ? Je voudrais être un ours et exciter les ours des terres boréales contre cette race meurtrière.... Le repentir et point de pardon !... Oh ! je voudrais empoisonner l'Océan, pour qu'ils bussent la mort à toutes les sources ! Confiance, invincible espoir, et pas de pitié !

ROLLER.

Mais écoute donc, Moor, ce que je te dis.

MOOR.

C'est incroyable, c'est un rêve, une illusion !... Une prière si touchante, une peinture si vive de la misère et du repentir le plus attendri !... Les bêtes féroces auraient fondu en larmes de pitié ; les pierres auraient versé des pleurs, et pourtant.... On croirait, si je le voulais publier, que je forge une satire haineuse contre le genre humain.... et pourtant, pourtant.... Oh! que ne puis-je faire sonner dans toute la nature la trompette de la révolte, et ameuter contre cette engeance d'hyènes l'air, la terre et la mer!

GRIMM.

Écoute donc, écoute! La rage t'empêche d'entendre.

MOOR.

Arrière! arrière! Ton nom n'est-il pas homme? n'est-ce pas la femme qui t'a enfanté?... Sors de ma présence, avec ta face d'homme!... Je l'aimais d'un amour si ineffable! Jamais fils n'aima ainsi; pour lui j'aurais donné mille vies.... (*Écumant de rage et frappant la terre du pied.*) Oh! celui qui me mettrait un glaive à la main, pour frapper d'une plaie inguérissable cette couvée de vipères! Celui qui me dirait où je puis atteindre le principe de leur vie, le broyer, l'anéantir.... il serait mon ami, mon ange, mon Dieu.... je l'adorerais!

ROLLER.

Nous voulons tout juste être ces amis-là; écoute donc ce qu'on a à te dire.

SCHWARZ.

Viens avec nous dans les forêts de la Bohême. Nous voulons former une bande de brigands, et toi....

(*Moor le regarde fixement.*)

SCHWEIZER.

Tu seras notre capitaine! Il faut que tu sois notre capitaine!

SPIEGELBERG *se jette avec fureur dans un fauteuil.*

Esclaves et poltrons!

MOOR.

Qui t'a soufflé cette parole? Écoute, drôle! (*Saisissant rudement Roller.*) Tu n'as pas tiré cela de ton âme d'homme! qui t'a soufflé cette parole? Oui, par la mort aux mille bras! c'est ce que nous voulons faire! c'est ce qu'il nous faut faire! Cette idée mérite l'apothéose.... *Brigands et meurtriers!*... Aussi vrai que mon âme vit, je suis votre capitaine.

TOUS, *à grands cris.*

Vive le capitaine!

SPIEGELBERG, *se levant précipitamment, à part.*

Jusqu'à ce que je t'aide à déguerpir.

MOOR.

Voyez, c'est comme si l'on venait de m'opérer de la cataracte. Quel fou j'étais de vouloir rentrer dans la cage!... Mon esprit a soif d'action; mon souffle, de liberté.... *Meurtriers, brigands!...* Avec ces mots, c'en est fait, j'ai foulé la loi aux pieds.... Les hommes ont étouffé pour moi l'humanité, lorsque j'en appelais à l'humanité : arrière donc toute sympathie, tout ménagement humain!... Je n'ai plus de père, je n'ai plus d'amour; que le sang et la mort me fassent oublier que jamais quelque chose m'ait été cher!... Venez, venez!... Oh! je veux me donner une terrible distraction.... c'est convenu, je suis votre capitaine, et heureux qui se distinguera parmi vous, qui brûlera le plus furieusement, tuera le plus horriblement! car, je vous le dis, il sera royalement récompensé.... Rangez-vous tous autour de moi, et jurez-moi fidélité et obéissance jusqu'à la mort!... Jurez-le par cette droite virile!

TOUS *lui donnent la main.*

Nous te jurons fidélité et obéissance, jusqu'à la mort!

MOOR.

Bien! Et maintenant, par cette même droite virile, je vous jure ici de demeurer fidèlement et constamment votre capitaine, jusqu'à la mort. Ce bras fera à l'instant un cadavre de quiconque hésiterait jamais, ou douterait, ou reculerait. Je donne à chacun de vous le même droit sur moi, si je viole mon serment. Cela vous agrée-t-il?

(*Spiegelberg court avec fureur, de long en large, dans la chambre.*)

TOUS, *jetant leurs chapeaux en l'air.*

Cela nous agrée!

MOOR.

Eh bien! donc, alors, partons. Ne redoutez ni la mort ni le danger, car une inflexible destinée règne sur nous! A la fin chacun est atteint par son dernier jour, que ce soit sur le moelleux coussin d'édredon, ou dans la rude mêlée du combat, ou en spectacle sur la potence ou sur la roue! Un de ces destins est le nôtre! (*Ils sortent.*)

SPIEGELBERG *les suit des yeux et dit après une pause.*

Ton catalogue a une lacune. Tu as oublié le poison.

(*Il sort.*)

SCÈNE III.

Dans le château de Moor. Chambre d'Amalie.

FRANZ, AMALIE.

FRANZ.

Tu détournes les yeux, Amalie? Mérité-je moins que celui qui a été maudit par son père?

AMALIE.

Arrière!... Ah! le père tendre et compatissant qui livre son fils en proie aux loups et aux monstres! Lui, à la maison, se refait avec un vin exquis et délicat, il soigne sur des coussins d'édredon ses membres énervés par l'âge, pendant que son noble et généreux fils manque du nécessaire.... Honte à vous, barbares! honte à vous, cœurs de dragons, opprobre de l'humanité!... Son fils unique!

FRANZ.

J'aurais cru qu'il en avait deux.

AMALIE.

Oui, il mérite d'avoir des fils tels que toi. Sur son lit de mort, il étendra en vain vers son Charles ses mains desséchées, et reculera avec horreur en saisissant la main glacée de son Franz.... Oh! il est doux, d'une douceur exquise, d'être maudit de son père! Dis-moi, Franz, chère âme fraternelle, que faut-il faire, quand on veut être maudit de lui?

FRANZ.

Ta tête s'exalte, mon amie, tu es à plaindre.

AMALIE.

Oh! je t'en prie.... plains-tu ton frère?... Non, monstre, tu le hais! tu me hais aussi, j'espère?

FRANZ.

Je t'aime comme moi-même, Amalie.

AMALIE.

Si tu m'aimes, me refuserais-tu bien une prière?

FRANZ.

Aucune, aucune, si tu ne me demandes pas plus que ma vie.

AMALIE.

Oh! s'il en est ainsi! C'est un vœu que tu auras si peu de peine, tant de penchant à accomplir! (*Avec fierté.*) Hais-moi! La rougeur de la honte me brûlerait le visage, si, quand je pense à Charles, l'idée me venait que tu ne me hais pas. Tu me le promets, n'est-ce pas? Maintenant, va et laisse-moi : j'aime tant à être seule!

FRANZ.

Rêveuse tout aimable! combien j'admire ton cœur si doux, si plein d'amour! (*Montrant le cœur d'Amalie.*) Là, là régnait Charles, comme un dieu dans son temple; Charles était devant toi dans tes veilles; Charles dominait dans tes songes; toute la création te semblait se fondre en lui seul; le refléter, lui seul, à tes yeux; ne retentir que de lui, à tes oreilles.

AMALIE, *avec émotion.*

Oui, vraiment, je l'avoue. Pour vous braver, barbares, je veux l'avouer devant tout le monde..... Je l'aime!

FRANZ.

L'inhumain! le cruel! Récompenser ainsi cet amour! Oublier celle....

AMALIE, *vivement.*

Quoi! m'oublier?

FRANZ.

Ne lui avais-tu pas mis un anneau au doigt? un anneau de diamant, comme gage de ta foi?... Sans doute, il faut le dire, comment un jeune homme peut-il résister aux charmes d'une courtisane? Qui peut lui en vouloir, s'il n'avait du reste plus rien à donner?... et ne l'a-t-elle pas payé avec usure par ses caresses et ses embrassements?

AMALIE, *s'emportant.*

Mon anneau à une courtisane?

FRANZ.

Fi! fi! c'est infâme! Et encore si ce n'était que cela! Un anneau, quelque précieux qu'il soit, on peut, après tout, le ravoir chez tout juif.... Peut-être bien la façon ne lui plaisait-elle pas; peut-être en a-t-il acheté à la place un plus beau.

AMALIE, *vivement.*

Mais *mon* anneau..., mon anneau, à moi, te dis-je?

FRANZ.

Lui-même, Amalie.... Ah! un tel bijou, à mon doigt.... et venant d'Amalie.... la mort n'aurait pu l'arracher de là.... N'est-ce pas, Amalie? ce n'est point la valeur du diamant, l'art de la monture.... c'est l'amour qui en fait le prix.... Très-chère enfant, tu pleures? Malheur à qui arrache ces gouttes précieuses de ces yeux célestes!... Hélas! et si d'abord tu savais tout, si tu le voyais lui-même, le voyais sous cette forme?...

AMALIE.

Monstre! comment, sous quelle forme ?

FRANZ.

Paix, paix, bonne âme! ne me presse pas d'achever. (*Comme se parlant à lui-même, mais assez haut pour être entendu.*) Si du moins ce vice hideux avait un voile pour se dérober aux yeux du monde! Mais voyez, il éclate affreusement dans le cercle jaune et plombé des yeux; il se trahit sur la face creusée, pâle comme la mort, et fait saillir horriblement les os.... on l'entend qui bégaye, dans ce reste de voix altérée.... il se révèle avec une terrible évidence dans ce squelette tremblant, chancelant.... il pénètre et ravage jusqu'à la moelle des os, et brise la mâle vigueur de la jeunesse.... Fi! fi! cela me dégoûte. Le nez, les yeux, les oreilles en frémissent.... Tu as vu, dans notre hospice, Amalie, ce misérable qui rendit l'âme dans une quinte de toux; il semblait que la Pudeur détournât de lui ses regards alarmés.... Tu crias : « Pitié! » à son aspect. Rappelle encore une fois cette image tout entière dans ta mémoire, et Charles est devant toi!... Ses baisers sont une peste, ses lèvres empoisonneraient les tiennes!

AMALIE *le frappe.*

Infâme calomniateur!

FRANZ.

As-tu horreur de ce Charles-là? Ton cœur se soulève-t-il déjà à cette faible peinture? Va, que tes yeux stupéfaits le contemplent lui-même, ton beau, ton angélique et divin Charles! Va, aspire son haleine balsamique, et laisse-toi embaumer par les vapeurs d'ambroisie qui s'exhalent de son gosier. Rien que le souffle de sa bouche te plongera dans ce noir vertige, pareil à la mort, que produit l'odeur d'une charogne ouverte ou la vue d'un champ de bataille couvert de cadavres. (*Amalie détourne le visage.*) Quel transport d'amour! Quelle volupté dans ses embrassements!... Mais n'est-il pas injuste de condamner un homme pour son extérieur maladif? Dans l'Ésope le plus misérable, le plus impotent, peut briller une grande âme, une âme aimable, comme un rubis dans la vase. (*Souriant avec méchanceté.*) Même sur des lèvres couvertes de pustules l'amour peut.... Sans doute, quand le vice ébranle aussi le caractère dans sa base, quand avec la chasteté s'envole aussi la vertu, comme le parfum se dissipe dans la rose fanée.... quand avec le corps l'esprit aussi dégénère et se paralyse....

AMALIE, *bondissant avec joie.*

Ah! Charles! maintenant je te reconnais de nouveau. Tu es encore toi, toi tout entier. Tout ceci n'était que mensonge!... Ne sais-tu pas, scélérat, qu'il est impossible que Charles devienne tel? (*Franz demeure quelques instants pensif, puis il se tourne tout à coup pour s'en aller.*) Où vas-tu si vite! Fuis-tu devant ta propre honte?

FRANZ, *se cachant le visage.*

Laisse-moi! laisse-moi.... donner un libre cours à mes larmes.... Père tyrannique! Livrer ainsi le meilleur de tes fils à la misère.... à la honte qui l'investit de toute part!... Laisse-moi, Amalie! je veux tomber à ses pieds, je veux le conjurer, à genoux, de faire tomber sur moi, sur moi seul, la malédiction qu'il a prononcée.... de me déshériter, moi.... Mon sang, ma vie, tout....

AMALIE *se jette à son cou.*

Frère de mon Charles! bon et cher Franz!

FRANZ.

O Amalie! que je t'aime pour cette inébranlable fidélité envers mon frère!... Pardonne si j'ai osé mettre ton amour à cette rude épreuve!... Comme tu as bien répondu à mes vœux!... avec ces larmes, ces soupirs, cette céleste colère... Pour moi aussi, pour moi.... Mon âme et la sienne s'accordent si bien!

AMALIE.

Oh! non, c'est ce qu'elles n'ont jamais fait!

FRANZ.

Ah! elles s'accordaient si harmonieusement que j'ai toujours pensé que nous devions être jumeaux! et n'était cette fâcheuse différence extérieure, où maintenant, sans doute, Charles doit avoir le désavantage, on nous prendrait dix fois l'un pour l'autre. « Tu es, me disais-je souvent à moi-même, oui, tu es tout Charles, son écho, son image. »

AMALIE *secoue la tête.*

Non, non, par cette pure lumière du ciel! pas la plus petite veine de lui, pas la plus petite étincelle de ses sentiments....

FRANZ.

Une si parfaite similitude dans nos penchants.... La rose était sa fleur la plus chère..., quelle fleur l'emporta jamais pour moi sur la rose? Il aimait la musique d'un amour inexprimable, et vous m'êtes témoins, astres du ciel! vous m'avez épié si souvent, dans le silence de mort de la nuit, assis au clavier, quand tout était enseveli autour de moi dans l'ombre et le sommeil.... Et comment peux-tu douter encore, Amalie? quand notre amour s'est rencontré dans un même et parfait objet, et quand cet amour est identique, comment les enfants qui en naîtraient pourraient-ils différer et dégénérer? (*Amalie le regarde avec étonnement.*) C'était une soirée paisible et sereine, la dernière avant son départ pour Leipzig; il m'emmena avec lui sous ce bosquet où vous vous êtes assis si souvent ensemble, perdus dans les rêves de l'amour.... Nous demeurâmes longtemps muets.... A la fin, il saisit ma main et me dit, à voix basse, en pleurant : « Je quitte Amalie; je ne sais.... mais j'ai comme un pressentiment que ce pourrait être pour toujours.... ne l'abandonne pas, mon frère!... sois son ami.... son Charles.... si Charles.... jamais.... ne revient. » (*Il se précipite à genoux devant elle et lui baise la main avec chaleur.*) Jamais, jamais, jamais il ne reviendra, et je le lui ai promis par un serment sacré.

AMALIE, *se rejetant en arrière.*

Traître! comme je te prends sur le fait! Dans ce même bosquet précisément, il me conjura de n'ouvrir mon cœur à aucun autre amour.... s'il venait à mourir.... Vois-tu par quel mensonge impie, abominable, tu.... Sors de ma présence!

FRANZ.

Tu ne me connais pas, Amalie, tu ne me connais pas du tout!

AMALIE.

Oh! je te connais; de ce moment, je te connais, et tu prétends lui ressembler? C'est devant toi qu'il aurait pleuré pour moi? devant toi! Il aurait plutôt écrit mon nom sur le pilori. Sors à l'instant!

FRANZ.

Tu m'offenses.

AMALIE.

Va, te dis-je! Tu m'as volé une heure précieuse; qu'elle te soit reprise sur ta vie!

FRANZ.

Tu me hais?

AMALIE.

Je te méprise, va!

FRANZ, *frappant du pied.*

Attends! alors, tu trembleras devant moi! Me sacrifier à un mendiant! (*Il sort en colère.*)

AMALIE.

Va, lâche coquin!... maintenant je suis de nouveau avec Charles.... Un mendiant, dit-il? le monde est donc renversé! Les mendiants sont rois et les rois mendiants.... Je ne voudrais pas troquer les lambeaux dont il est revêtu contre la pourpre des têtes couronnées.... Le regard avec lequel il mendie doit être un grand, un royal regard.... un regard qui anéantit la magnificence, la pompe, les triomphes des grands et des riches! Tombe dans la poussière, brillante parure! (*Elle arrache les perles de son cou.*) Soyez condamnés, grands et riches, à porter de l'or et de l'argent et des joyaux! Soyez condamnés à vous délecter dans vos repas somptueux; condamnés à étendre délicatement vos membres sur les coussins moelleux de la volupté!... Charles! Charles! me voilà digne de toi. (*Elle sort.*)

ACTE DEUXIÈME.

SCÈNE I.

FRANZ DE MOOR, *pensif dans sa chambre.*

Cela dure, à mon gré, trop longtemps.... le docteur prétend que la crise tire à sa fin.... La vie d'un vieillard, il faut en convenir, est une éternité!... Et ma route serait donc libre et aplanie, n'était cette coriace et odieuse masse de chair, qui, semblable au chien magique et souterrain, dans les contes de génies, me barre l'accès à mes trésors.

Mais faut-il donc que mes projets plient sous le joug de fer d'une nécessité mécanique?... Mon esprit, au vol élevé, doit-il se laisser enchaîner aux allures de limace de la matière?... Souffler une lampe qui, après tout, en est à ménager ses dernières gouttes d'huile.... ce n'est que cela.... Et pourtant je ne voudrais pas l'avoir fait moi-même, à cause des gens.... Je ne voudrais pas qu'il fût tué, mais que sa vie fût usée. Je voudrais faire comme un habile médecin, mais en sens inverse.... non pas fermer par quelque obstacle le chemin à la nature, mais la hâter dans sa propre marche. Et puisque nous pouvons réellement prolonger les conditions de la vie, pourquoi ne pourrions-nous pas aussi les raccourcir?

Les philosophes et les médecins m'apprennent à quel point les dispositions de l'esprit s'accordent avec les mouvements de la machine. Les émotions convulsives sont toujours accompagnées d'une dissonance des vibrations mécaniques.... Les passions attaquent la force vitale.... l'esprit surchargé écrase et renverse sa demeure.... Eh bien! donc, que serait-ce si l'on savait l'art d'aplanir à la mort cet accès non frayé à la citadelle même de la vie? de perdre le corps en l'attaquant par l'esprit?... Ah! une œuvre originale! Si on la menait à fin!... une œuvre sans pareille!... Penses-y, Moor! Ce serait là un art, un art qui mériterait de t'avoir pour inventeur. On a bien élevé l'empoisonnement presque au rang d'une véritable science, et par des expériences on a forcé la nature de révéler ses bornes, de telle sorte qu'on peut désormais calculer plusieurs années d'avance les battements du cœur et dire au pouls : « Jusqu'ici et pas plus loin[1]!... » Pourquoi n'essayerait-on pas aussi son vol dans cette autre direction?

Et comment devrai-je m'y prendre pour troubler ce doux et paisible accord de l'âme et du corps qu'elle anime? Quelle sorte de sensations me faudra-t-il choisir? Voyons! Quelles sont celles qui attaquent avec le plus de violence la fleur de la vie? La colère?... ce loup affamé s'assouvit trop vite.... L'inquiétude?... ce ver met, à mon gré, trop de temps à ronger.... Le chagrin?... cette vipère rampe trop lentement pour moi.... La crainte?... l'espérance l'empêche d'étendre ses ravages.... Quoi! sont-ce là tous les bourreaux de l'homme?... L'arsenal de la mort est-il sitôt épuisé?... (*Méditant profondément.*) Comment?... Eh bien?... Quoi?... Non!... Ah!... (*Vivement.*) L'effroi!... Que ne peut l'effroi!... Que peut la raison, la religion, contre l'étreinte glaciale de ce géant?... Et pourtant.... s'il résistait encore à cet assaut?... S'il....?... Oh! alors, viens à mon aide, Désolation, et toi, Repentir, Euménide infernale, serpent qui mines, monstre qui remâches ta pâture et redévores tes propres excréments, éternelles destructrices et créatrices éternelles de votre poison! et toi, accusation de soi-même, hurlant Remords, qui détruis ta propre demeure et déchires ta propre mère.... Et venez aussi à mon aide, vous-mêmes, Grâces bienfaisantes, Passé au doux sourire, et toi, avec ta corne d'abondance, Avenir fleuri, présentez-lui dans vos miroirs les joies du ciel, au moment même où votre pied fugitif échappera à ses bras avides.... C'est ainsi que j'attaquerai, coup sur coup, assaut sur assaut, cette vie fra-

---

[1]. Une femme, à Paris, a réussi, dit-on, au moyen d'expériences régulièrement tentées avec des poisons, à prédire longtemps d'avance, d'une manière assez sûre, le jour de la mort. Fi de nos médecins, que cette femme éclipse dans l'art du pronostic! (*Note de l'auteur.*)

gile, jusqu'à ce que vienne, dernière furie, fermant la marche, le Désespoir! Victoire! victoire!... mon plan est achevé.... difficile et ingénieux comme pas un...; efficace.... sûr..., car enfin (*d'une voix moqueuse*) le couteau de l'anatomiste ne trouvera nulle trace de blessure ou de poison corrosif. (*D'un ton décidé.*) Eh bien donc! (*Hermann entre.*) Ah! *Deus ex machina!* Hermann!

HERMANN.

Tout à votre service, mon gracieux seigneur!

FRANZ *lui donne la main.*

Et ce n'est pas un ingrat que tu obliges.

HERMANN.

J'en ai des preuves.

FRANZ.

Tu en auras davantage prochainement.... très-prochainement, Hermann! J'ai quelque chose à te dire, Hermann!

HERMANN.

J'ai mille oreilles pour vous écouter.

FRANZ.

Je te connais, tu es un gaillard résolu.... un cœur de soldat.... une langue décidée!... Mon père t'a bien offensé, Hermann!

HERMANN.

Le diable m'emporte si je l'oublie!

FRANZ.

C'est parler en homme. La vengeance convient à une âme virile. Tu me plais, Hermann! Prends cette bourse, Hermann. Elle serait plus lourde, si j'étais une fois le maître.

HERMANN.

Mais c'est là mon perpétuel désir, gracieux seigneur; je vous remercie.

FRANZ.

Vraiment, Hermann? Désirerais-tu vraiment que je fusse le maître?... Mais mon père a dans les os de la moelle de lion, et je suis le plus jeune de ses deux fils.

HERMANN.

Je voudrais que vous fussiez l'aîné, et que votre père eût la moelle d'une fillette poitrinaire.

FRANZ.

Ah! comme alors le fils aîné te récompenserait! Comme il te

tirerait de cette ignoble poussière qui est si peu en rapport avec ton génie et ta noblesse, et te produirait au grand jour! Oui, je voudrais alors que, tout entier, comme te voilà, tu fusses couvert d'or, et que tu brûlasses à grand fracas le pavé des rues avec quatre chevaux. En vérité, il faudrait que cela fût!... Mais j'oublie ce dont je voulais te parler.... As-tu déjà oublié Mlle d'Édelreich, Hermann?

HERMANN.

Mille tonnerres! Pourquoi me rappelez-vous cela?

FRANZ.

Mon frère te l'a soufflée.

HERMANN.

Il en sera puni.

FRANZ.

Elle t'a gratifié d'un refus. Je crois même qu'il t'a jeté en bas de l'escalier.

HERMANN.

Je veux en retour le pousser dans l'enfer.

FRANZ.

On se disait tout bas à l'oreille, à ce qu'il prétendait, que jamais ton père n'avait pu te regarder sans se frapper la poitrine et sans soupirer : « Mon Dieu! pardonnez-moi, pauvre pécheur! »

HERMANN, *furieux*.

Foudre, tonnerre et grêle! taisez-vous!

FRANZ.

Il te conseillait de vendre à l'encan tes lettres de noblesse et de faire ravauder tes bas avec le prix.

HERMANN.

Par tous les diables! je veux lui arracher les yeux avec les ongles.

FRANZ.

Quoi! tu t'emportes? Comment peux-tu t'emporter contre lui? quel mal peux-tu lui faire? que peut un rat comme toi contre un lion? Ta colère ne fait que lui rendre son triomphe plus doux. Tu ne peux que grincer les dents et passer ta rage sur un morceau de pain sec

HERMANN *frappe du pied la terre.*

Je veux le réduire en poudre.

FRANZ *lui frappe sur l'épaule.*

Fi! Hermann! tu es un gentilhomme. Tu ne dois pas dévorer cet affront. Tu ne dois pas te laisser enlever la demoiselle; non, pour tout au monde, tu ne le dois pas, Hermann! Grêle et tempête! j'en viendrais aux dernières extrémités, si j'étais à ta place.

HERMANN.

Je n'aurai pas de repos que je ne les aie mis sous terre, *lui* et *lui.*

FRANZ.

Pas tant d'impétuosité, Hermann! Approche.... Tu auras Amalie....

HERMANN.

Il le faut, en dépit du diable! il le faut!

FRANZ.

Tu l'auras, te dis-je, et de ma main. Approche-toi donc.... Tu ne sais peut-être pas que Charles est comme déshérité?

HERMANN, *s'approchant.*

Inconcevable! Voilà le premier mot que j'en apprends.

FRANZ.

Tiens-toi tranquille et continue d'écouter! tu en apprendras plus long une autre fois.... Oui, te dis-je, depuis onze mois, il est comme banni. Mais déjà le vieux se repent de la démarche précipitée, qu'il n'a pourtant pas, (*en riant*) je veux le croire, faite lui-même. Journellement aussi Amalie le serre de près avec ses reproches et ses plaintes. Tôt ou tard il le fera chercher aux quatre coins du monde, et s'il le trouve, dans ce cas, Hermann, bonne nuit! Tu pourras, en toute humilité, tenir les chevaux de son carrosse quand il la mènera à l'église pour la célébration du mariage.

HERMANN.

Je veux l'égorger au pied du crucifix!

FRANZ.

Son père abdiquera bientôt en sa faveur, et vivra en paix dans ses châteaux. Alors l'orgueilleux, l'emporté, aura les rênes en main, et il se rira de ses ennemis et de ses envieux.... et moi, qui voudrais faire de toi un homme important, un grand personnage, moi-même, Hermann, il me faudra, courbant bien bas la tête sur son seuil....

HERMANN, *irrité.*

Non, aussi vrai que je m'appelle Hermann, vous n'en serez pas réduit là! S'il y a encore une étincelle d'intelligence dans ce cerveau, cela ne sera point!

FRANZ.

Est-ce toi qui l'empêcheras? A toi aussi, mon cher Hermann, il fera sentir sa verge de fer; il te crachera au visage, si tu le rencontres dans la rue, et alors malheur à toi si tu lèves les épaules ou tords seulement la bouche!... Vois où en est ta prétention à la main de la demoiselle, où en sont tes vues, tes plans.

HERMANN.

Dites-moi, que dois-je faire?

FRANZ.

Écoute-moi donc, Hermann, et tu verras comme je prends ton sort à cœur, en loyal ami.... Va.... déguise-toi.... rends-toi entièrement méconnaissable, fais-toi annoncer chez le vieux, sous prétexte que tu viens directement de la Bohême, que tu as assisté à la bataille de Prague avec mon frère.... et que tu l'as vu rendre l'âme sur le champ de bataille....

HERMANN.

Me croira-t-on?

FRANZ.

Ho! ho! laisse-moi ce soin. Prends ce paquet. Tu y trouveras ton mandat expliqué en détail, et de plus, des documents qui persuaderaient le Doute en personne.... Pour l'instant, tâche seulement de sortir, et sans être vu! Saute par la porte de derrière, dans la cour, et là par-dessus le mur du jardin.... Pour la catastrophe de cette tragi-comédie, fie-toi à moi.

HERMANN.

Ce sera : « Vive le nouveau seigneur, François de Moor! »

FRANZ *lui caresse les joues.*

Que tu es malin!... c'est que, de cette façon, nous atteindrons, vois-tu, tous nos buts à la fois, et bientôt. Amalie renonce à ses vues sur lui. Le vieux s'attribue la mort de son fils.... et il dépérit.... un édifice chancelant n'a pas besoin d'un tremblement de terre pour crouler.... Il ne survivra pas à cette nouvelle.... Alors je suis son fils unique.... Amalie a perdu ses appuis et devient le jouet de ma volonté.... et tu peux sans peine t'imaginer.... Bref, tout marche à souhait...; mais il ne faut pas que tu retires ta parole.

HERMANN.

Que dites-vous? (*Avec jubilation.*) Plutôt la balle reviendrait en arrière ravager les entrailles de qui l'a tirée.... Comptez sur moi! Laissez-moi seulement faire!... Adieu!

FRANZ *lui crie pendant qu'il s'éloigne.*

La récolte est pour toi, cher Hermann.... (*Seul.*) Quand le bœuf a traîné dans la grange la voiture de blé, il faut qu'il se contente de foin. Tu auras une servante d'étable, mais point d'Amalie! (*Il sort.*)

SCÈNE II.

La chambre à coucher du vieux Moor.

LE VIEUX MOOR, *endormi dans son fauteuil*; AMALIE.

AMALIE, *s'approchant d'un pas léger.*

Doucement, doucement! il sommeille. (*Elle se place devant le vieillard endormi.*) Qu'il est beau! qu'il est vénérable!... vénérable comme on nous peint les saints!... Non, je ne puis être irritée contre toi! je ne puis t'en vouloir, tête aux blanches boucles! Sommeille doucement, et que ton réveil soit joyeux. Je veux seule m'en aller souffrir.

LE VIEUX MOOR, *rêvant.*

Mon fils! mon fils! mon fils!

AMALIE *saisit sa main.*

Écoute, écoute! son fils est dans ses rêves.

LE VIEUX MOOR.

Es-tu là? Es-tu vraiment là? Ah! que tu parais misérable! Ne me regarde pas de ce regard plein d'affliction! Je suis assez malheureux.

AMALIE *se hâte de l'éveiller.*

Ouvrez les yeux, cher vieillard! Ce n'était qu'un rêve. Revenez à vous!

LE VIEUX MOOR, *à demi éveillé.*

Il n'était pas là? n'ai-je pas pressé ses mains? Vilain Franz, veux-tu aussi l'arracher à mes rêves?

AMALIE.

L'entends-tu, Amalie?

LE VIEUX MOOR *achève de s'éveiller.*

Où est-il? où? où suis-je? Toi ici, Amalie?

AMALIE.

Comment vous trouvez-vous? Vous avez dormi d'un sommeil réparateur.

LE VIEUX MOOR.

Je rêvais de mon fils. Pourquoi n'ai-je pas rêvé plus longtemps? Peut-être aurais-je obtenu mon pardon de sa bouche.

AMALIE.

Les anges n'ont pas de ressentiment... Il vous pardonne. (*Elle prend sa main avec douleur.*) Père de mon Charles! je vous pardonne.

LE VIEUX MOOR.

Non, ma fille! Cette pâleur mortelle de ton visage condamne son père. Pauvre enfant! Je t'ai enlevé les joies de ta jeunesse.... Oh! ne me maudis pas!

AMALIE *lui baise la main avec tendresse.*

Vous?

LE VIEUX MOOR.

Connais-tu cette image, ma fille?

AMALIE.

De Charles!

LE VIEUX MOOR.

Voilà comme il était, lorsqu'il entrait dans sa seizième année. Maintenant il n'est plus ainsi.... Oh! quel déchirement dans mon âme!... cette douceur s'est changée en indignation, ce sourire en désespoir.... N'est-ce pas, Amalie? C'est au jour anniversaire de sa naissance, dans le bosquet de jasmin, que tu le peignis?... O ma fille! votre amour me rendait si heureux!

AMALIE, *le regard toujours fixé sur le portrait.*

Non! non! ce n'est pas lui!... Par le ciel! ce n'est pas Charles!... Ici, ici (*montrant le cœur et la tête*), il est tout autre.

La couleur impuissante ne suffit pas à représenter le génie céleste qui régnait dans son œil de feu. Loin de moi ce portrait! C'est si humain! Je n'étais qu'une barbouilleuse.

LE VIEUX MOOR.

Ce regard aimable, réchauffant.... s'il m'était apparu devant mon lit, j'aurais vécu même au sein du trépas! Jamais, jamais je ne serais mort.

AMALIE.

Jamais, jamais vous ne seriez mort! C'eût été un bond rapide, comme on saute d'une pensée à une autre plus belle.... Ce regard vous eût éclairé par delà le tombeau. Ce regard vous eût porté par delà les étoiles.

LE VIEUX MOOR.

C'est dur, c'est triste! Je mourrai, et mon fils Charles ne sera pas ici.... On me portera dans ma tombe, et il ne pleurera pas sur ma tombe.... Qu'il est doux de s'endormir, bercé par la prière d'un fils, du sommeil de la mort! Oui, c'est là le chant qui berce un père.

AMALIE, *s'exaltant*.

Oh! oui, il est doux, divinement doux, de s'endormir du sommeil de la mort au chant du bien-aimé!... Peut-être continue-t-on de rêver dans la tombe.... un long rêve de Charles, rêve éternel, infini, jusqu'à ce que sonne la cloche de la résurrection.... (*Se levant avec transport.*) Et dès lors dans ses bras pour toujours! (*Pause. Elle va au clavecin et chante en s'accompagnant.*)

> Veux-tu, Hector, t'arracher à moi pour toujours,
> Et courir où le fer meurtrier du petit-fils d'Éaque
> Offre à Patrocle un terrible sacrifice?
> Qui désormais apprendra à ton enfant
> A lancer les javelots et à honorer les dieux,
> Si le Xanthe t'engloutit?

LE VIEUX MOOR.

Une belle chanson, ma fille. Il faudra que tu me la chantes au clavecin avant que je meure.

AMALIE.

Ce sont les adieux d'Andromaque et d'Hector.... Charles et

ACTE II, SCÈNE II.

moi, nous l'avons souvent chantée ensemble sur le luth. (*Elle continue à jouer.*)

Chère épouse, va, cherche-moi la lance homicide.
Laisse-moi partir pour la danse effrénée du combat!
C'est sur mes épaules que repose Ilion.
Que nos dieux veillent sur Astyanax!
Hector succombe comme sauveur de la patrie,
Et nous nous reverrons dans l'Élysée.

DANIEL *entre.*

DANIEL.

Il y a là un homme qui désire vous voir. Il demande qu'on l'introduise; il vous apporte, dit-il, une nouvelle importante.

LE VIEUX MOOR.

Il n'y a pour moi au monde qu'une chose importante, tu le sais, Amalie.... Est-ce un malheureux qui a besoin de mon secours? Je ne veux pas qu'il parte d'ici en gémissant.

AMALIE.

Est-ce un mendiant? qu'il monte sur l'heure! (*Daniel sort.*)

LE VIEUX MOOR.

Amalie! Amalie! épargne-moi!

AMALIE *continue à jouer.*

Jamais plus je n'entendrai le bruit de tes armes;
Ton glaive reposera dans la salle déserte.
C'en est fait de la race héroïque de Priam!
Tu iras où nul jour ne luit plus,
Où le Cocyte gémit à travers les solitudes,
Où ton amour s'éteindra dans le Léthé.

Tous mes désirs, toutes mes pensées,
Le noir courant du Léthé les noiera,
Mais non pas mon amour.
Écoute, le furieux exerce déjà sa rage près de nos murs....
Ceins-moi mon glaive, laisse là le deuil!
L'amour d'Hector ne mourra point dans le Léthé.

FRANZ; HERMANN, *déguisé*; DANIEL.

FRANZ.

Voici l'homme. Il vous apporte, dit-il, de terribles nouvelles. Pouvez-vous les entendre?

LE VIEUX MOOR.

Je n'en connais qu'une. Approche, mon ami, et ne m'épargne pas! Donnez-lui un gobelet de vin.

HERMANN, *déguisant sa voix.*

Gracieux seigneur! pardonnez à un pauvre homme si, malgré lui, il vous perce le cœur. Je suis étranger dans ce pays, mais je vous connais très-bien, vous êtes le père de Charles de Moor.

LE VIEUX MOOR.

D'où sais-tu cela?

HERMANN.

J'ai connu votre fils....

AMALIE, *avec transport.*

Il vit? il vit? Tu le connais? Où est-il? Où? (*Elle veut s'élancer hors de la chambre.*)

LE VIEUX MOOR.

Tu sais quelque chose de mon fils?

HERMANN.

Il étudiait à Leipzig. De là, il est allé, je ne sais jusqu'où, courir le pays. Il a rôdé en tous sens par toute l'Allemagne, et, comme il me le disait, la tête nue, les pieds nus, mendiant son pain de porte en porte. Cinq mois après, éclata de nouveau la fatale guerre entre la Prusse et l'Autriche, et, comme il n'avait plus rien à espérer en ce monde, le son des tambours victorieux de Frédéric l'attira en Bohême. « Permettez-moi, dit-il au grand Schwérin, de mourir de la mort des héros, je n'ai plus de père. »

LE VIEUX MOOR.

Ne me regarde pas, Amalie!

HERMANN.

On lui donna un drapeau. Il suivit dans leur vol victorieux les armes de la Prusse. Le sort nous réunit sous la même tente. Il me parla beaucoup de son vieux père et de jours passés, de jours meilleurs.... et d'espérances déçues.... Nous avions les larmes aux yeux.

LE VIEUX MOOR *cache son visage dans l'oreiller.*

Tais-toi, oh! tais-toi!

HERMANN.

Huit jours après fut livrée la chaude bataille de Prague.... Je puis vous dire que votre fils s'est conduit comme un vaillant soldat. Il fit des merveilles aux yeux de l'armée. Cinq régiments se succédèrent auprès de lui, il resta à son poste. Les balles pleuvaient à droite et à gauche, votre fils resta à son poste. Une balle lui fracassa la main droite; votre fils prit le drapeau de la gauche, et resta à son poste....

AMALIE, *transportée.*

Hector, Hector! L'entendez-vous? il resta à son poste....

HERMANN.

Je le trouvai, le soir de la bataille, tombé sous les balles qui sifflaient; de la main gauche, il arrêtait son sang qui coulait à flots; la droite, il l'avait enfouie dans le sol. « Frère! me cria-t-il, le bruit a couru dans les rangs que le général était mort il y a une heure.... — Il est mort, répondis-je, et toi? — Eh bien! que tout brave soldat, s'écria-t-il, en retirant sa main gauche, suive comme moi son général! » Peu après, il exhala sa grande âme, avide de rejoindre le héros.

FRANZ, *s'élançant avec fureur sur Hermann.*

Que la mort enchaîne ta langue maudite! Es-tu venu ici pour donner à mon père le coup de la mort? Mon père! Amalie! mon père!

HERMANN.

Ce fut la dernière volonté de mon camarade mourant. « Prends cette épée, dit-il dans le râle de la mort, tu la remettras à mon vieux père; elle est teinte du sang de son fils; il est vengé; qu'il s'en repaisse. Dis-lui que sa malédiction m'a poussé au combat et à la mort, que je suis tombé, en proie au désespoir! » Son dernier soupir fut Amalie.

AMALIE, *comme réveillée en sursaut d'un sommeil de mort.*

Son dernier soupir.... Amalie!

LE VIEUX MOOR, *poussant des cris affreux et s'arrachant les cheveux.*

Poussé à la mort par ma malédiction! Tombé, en proie au désespoir!

FRANZ, *courant çà et là dans la chambre.*

O père, qu'avez-vous fait? Mon Charles, mon frère!

HERMANN.

Voici l'épée, et voici de plus un portrait, qu'il tira en même temps de son sein! Il ressemble trait pour trait à cette demoiselle. « Ceci, dit-il, est pour mon frère Franz.... » Je ne sais ce qu'il a voulu dire par là.

FRANZ, *feignant la surprise.*

A moi le portrait d'Amalie? A moi, Charles, Amalie? A moi?

AMALIE, *s'élançant vivement sur Hermann.*

Imposteur vénal, suborné! (*Elle le saisit rudement.*)

HERMANN.

C'est ce que je ne suis pas, gracieuse demoiselle. Voyez vous-même si ce n'est pas votre portrait.... Peut-être le lui avez-vous donné vous-même!

FRANZ.

Vrai Dieu! Amalie! ton portrait! C'est vraiment toi.

AMALIE *lui rend le portrait.*

Moi! moi! O ciel et terre!

LE VIEUX MOOR, *criant et se déchirant le visage.*

Malheur! malheur! Poussé à la mort par ma malédiction! Tombé, en proie au désespoir!

FRANZ.

Et il s'est souvenu de moi dans la dernière et terrible heure du trépas, de moi! Ame angélique!... quand déjà la noire bannière de la mort flottait sur sa tête.... de moi!

LE VIEUX MOOR, *balbutiant.*

Poussé à la mort par ma malédiction! Mon fils, tombé, en proie au désespoir!

HERMANN.

Je ne puis supporter une telle douleur. Adieu, vénérable vieillard! (*Bas à Franz.*) Pourquoi avez-vous fait cela, mon jeune seigneur? (*Il s'éloigne rapidement.*)

AMALIE, *s'élançant pour courir après lui.*

Reste! reste! Quelles furent ses dernières paroles?

HERMANN *lui crie en s'éloignant.*

Son dernier soupir fut Amalie. (*Il sort.*)

AMALIE.

Son dernier soupir fut Amalie!... Non! tu n'es pas un imposteur! Il est donc vrai.... vrai.... il est mort!... mort! (*Elle chancelle, puis tombe.*) Mort.... Charles est mort....

FRANZ.

Que vois-je? Qu'y a-t-il là sur l'épée? écrit avec du sang.... Amalie!

AMALIE.

Par lui.

FRANZ.

Ai-je bien vu? ou rêvé-je? Vois, là, cette écriture sanglante : « Franz, n'abandonne pas mon Amalie! » Vois donc! vois donc! et de l'autre côté : « Amalie! la mort toute-puissante a rompu ton serment.... » Vois-tu maintenant? vois-tu? Il l'a écrit de sa main glacée, il l'a écrit avec le sang bouillant de son cœur, il l'a écrit au bord solennel de l'éternité. Son âme, s'envolant, s'est arrêtée pour unir encore Franz et Amalie.

AMALIE.

Grand Dieu! C'est sa main.... Il ne m'a jamais aimée!...

(*Elle sort rapidement.*)

FRANZ, *frappant du pied.*

Malédiction! Tout mon art échoue contre cette tête opiniâtre.

LE VIEUX MOOR.

Malheur! malheur! ne m'abandonne pas, ma fille!... Franz, Franz! rends-moi mon fils!

FRANZ.

Qui est-ce qui lui a donné sa malédiction? Qui est-ce qui a poussé son fils au combat et à la mort et au désespoir?... Oh! c'était un ange, un joyau du ciel. Malédiction sur ses bourreaux! malédiction, malédiction sur vous-même!

LE VIEUX MOOR *se frappe avec le poing la poitrine et le front.*

C'était un ange, un joyau du ciel! malédiction! malédiction! Perdition et malédiction sur moi-même! Je suis le père qui a assassiné son noble fils! Il m'a aimé jusque dans la mort! Pour me venger, il a couru au combat et à la mort! Monstre! monstre! (*Il tourne sa fureur contre lui-même.*)

FRANZ.

Il n'est plus : à quoi servent les plaintes tardives? (*Riant avec sarcasme.*) Il est plus facile de tuer que de rendre la vie. Jamais vous ne le retirerez de son tombeau.

LE VIEUX MOOR.

Jamais, jamais, je ne le retirerai de son tombeau. C'en est fait, perdu pour toujours! Et c'est toi qui, par tes contes, m'as arraché du cœur cette malédiction. C'est toi.... toi.... rends-moi mon fils!

FRANZ.

N'excitez pas ma colère! Je vous abandonnerai dans la mort!...

LE VIEUX MOOR.

Horreur! horreur! Rends-moi mon fils! (*Il s'élance de son fauteuil et veut saisir Franz à la gorge; celui-ci le rejette en arrière.*)

FRANZ.

Squelette impuissant! tu oses.... Meurs! désespère! (*Il sort.*)

LE VIEUX MOOR.

Que mille malédictions tonnent sur tes pas! Tu m'as dérobé mon fils de mes bras. (*Plein de désespoir, il se jette de côté et d'autre dans son fauteuil.*) Malheur! malheur! désespérer, et ne pas mourir!... Ils fuient, ils me laissent dans la mort!... mes bons anges fuient loin de moi, tous les saints se détournent du meurtrier à cheveux blancs.... Malheur! malheur! Personne ne veut-il soutenir ma tête? délivrer mon âme dans sa dernière lutte? Point de fils! point de filles! point d'amis!... Rien que des hommes.... personne ne veut-il...? Seul.... abandonné!... Malheur, malheur! désespérer et ne pas mourir!

AMALIE, *les yeux rouges de larmes.*

LE VIEUX MOOR.

Amalie! messager du ciel! viens-tu délivrer mon âme?

AMALIE, *d'un ton plus doux.*

Vous avez perdu un généreux fils!

LE VIEUX MOOR.

Assassiné, veux-tu dire! C'est chargé de ce témoignage que je parais devant le tribunal de Dieu.

AMALIE.

Non, pas ainsi, lamentable vieillard! Le Père céleste l'a attiré à lui. Nous eussions été trop heureux sur cette terre.... Là-haut, là-haut, par delà les soleils, nous le reverrons.

LE VIEUX MOOR.

Revoir, revoir! Oh! ce sera comme un glaive qui me percera l'âme.... si un jour, élu moi-même, je le retrouve parmi les élus.... Au milieu du ciel, je frissonnerai de tous les frissons de l'enfer. Dans la contemplation de l'Être infini, je serai broyé par ce souvenir : « J'ai tué mon fils! »

AMALIE.

Oh! par son sourire il délivrera votre âme de ce souvenir de douleur. Soyez donc serein, cher père! je le suis si complétement! N'a-t-il pas déjà sur la harpe séraphique chanté le nom d'Amalie à tout son céleste auditoire? et tous ses auditeurs célestes l'ont murmuré doucement après lui. Car, Amalie, tu le sais, fut son dernier soupir. Amalie ne sera-t-elle pas son premier cri de joie?

LE VIEUX MOOR.

Une céleste consolation coule de tes lèvres! Il me sourira, dis-tu? me pardonnera? Il faut que tu demeures auprès de moi, bien-aimée de mon Charles, quand je mourrai.

AMALIE.

Mourir, c'est voler dans ses bras! Vous êtes heureux et digne d'envie. Pourquoi ces membres n'ont-ils pas aussi la caducité de la vieillesse? Pourquoi ces cheveux ne sont-ils pas blancs? Malheureuse force de la jeunesse! mes vœux t'appellent, âge débile, qui rapproches du ciel et de mon Charles.

FRANZ *entre.*

LE VIEUX MOOR.

Approche, mon fils. Pardonne-moi, si tout à l'heure j'ai été trop rude envers toi. Je te pardonne tout. Je voudrais tant rendre l'âme en paix!

FRANZ.

Avez-vous assez pleuré votre fils? A ce que je vois, vous n'en avez qu'un.

LE VIEUX MOOR.

Jacob avait douze fils, mais il pleura sur son Joseph des larmes de sang.

FRANZ.

Hum!

LE VIEUX MOOR.

Va, prends ma Bible, ma fille, et lis-moi l'histoire de Jacob et de Joseph. Elle m'a toujours tellement attendri, et dans ce temps-là pourtant je n'étais pas encore Jacob.

AMALIE.

Que voulez-vous que je vous lise? (*Elle prend la Bible et la feuillette.*)

LE VIEUX MOOR.

Lis-moi la douleur du père délaissé, lorsqu'il ne trouva plus Joseph parmi ses enfants.... et qu'entouré de ses onze fils, il l'attendit en vain.... et ses plaintes lamentables, lorsqu'il apprit que son Joseph lui était enlevé à jamais....

AMALIE *lit.*

« Alors ils prirent la robe de Joseph et ils tuèrent un bouc, et trempèrent la robe dans le sang et envoyèrent la robe sanglante, et la firent porter à leur père, avec ce message : « Nous « avons trouvé cette robe, vois si c'est celle de ton fils, ou non? » (*Franz sort tout à coup.*) Or, il la reconnut et dit : « C'est la robe « de mon fils; une bête cruelle l'a dévoré, une bête féroce a « déchiré Joseph. »

LE VIEUX MOOR *tombe en arrière sur l'oreiller*

Une bête féroce a déchiré Joseph.

AMALIE *continue de lire.*

« Et Jacob déchira ses vêtements et mit un sac autour de ses reins et porta longtemps le deuil de son fils, et tous ses fils et ses filles vinrent pour le consoler; mais il ne voulait pas se laisser consoler et disait : « Je descendrai avec ma douleur.... »

LE VIEUX MOOR.

Arrête, arrête! Je me trouve très-mal.

AMALIE, *s'élançant auprès de lui, laisse tomber le livre.*

Au secours, ciel! qu'est-ce que cela?

LE VIEUX MOOR.

C'est la mort!... Un nuage noir.... nage.... devant mes.... yeux.... je te prie.... appelle le pasteur.... qu'il me donne la communion.... Où est.... mon fils Franz?

AMALIE.

Il s'est enfui. Que Dieu ait pitié de nous!

LE VIEUX MOOR.

Enfui..., enfui du lit du mourant?... Et voilà tout.... tout.... de deux enfants pleins d'espérance.... Tu les as.... donnés.... tu les as.... ôtés.... Que ton nom soit...?

AMALIE, *avec un cri soudain.*

Mort! Tout est mort! (*Elle sort désespérée.*)

FRANZ *entre en sautant de joie.*

Mort, crient-ils, mort! Maintenant je suis le maître. Dans tout le château on n'entend que cette lamentation : mort!... mais quoi, ne serait-il peut-être qu'endormi?... Sans doute, ah! sans doute, c'est un sommeil où jamais, de toute éternité, on ne vous dit plus bonjour.... Le sommeil et la mort sont simplement deux jumeaux. Voyons! changeons une fois leurs noms. Brave et bienheureux sommeil! nous voulons t'appeler mort. (*Il lui ferme les yeux.*) Qui viendra maintenant et osera me citer en justice? ou me dire en face : « Tu es un coquin? » Arrière donc ce masque odieux de mansuétude et de vertu! Vous allez maintenant voir Franz à nu et frémir d'épouvante! Mon père emmiellait ses ordres, il changeait son domaine en un cercle de famille, il s'asseyait devant sa porte avec un sourire bienveillant, et vous saluait du nom de frères et d'enfants.... Mes sourcils pèseront sur vous comme les nuages de la tempête; mon nom dominateur planera sur ces montagnes comme une comète menaçante; mon front sera votre baromètre! Il caressait et flattait la nuque rebelle qui se roidissait contre lui. Caresser et flatter n'est point mon affaire. Je veux vous enfoncer dans la chair les pointes de mes éperons, et essayer le fouet tranchant.... Nous en viendrons là, dans mon domaine, que les pommes de terre et la petite bière seront le régal des jours de fête, et malheur à qui paraîtra devant mes yeux, les joues pleines et vermeilles! La pâleur de la misère et de la crainte servile, voilà mes couleurs; c'est de cette livrée que je veux vous vêtir!

(*Il sort.*)

SCÈNE III.

Les forêts de la Bohême.

SPIEGELBERG, RAZMANN, TROUPE DE BRIGANDS.

RAZMANN.

C'est toi ? c'est vraiment toi ? Viens, que je te presse dans mes bras à te réduire en bouillie, cher Maurice, frère de mon cœur ? Sois le bienvenu dans les forêts de la Bohême. Eh ! tu es devenu grand et fort ! Mille tonnerres de Dieu ! Tu nous amènes des recrues, tout un troupeau, excellent embaucheur !

SPIEGELBERG.

N'est-ce pas, frère ? n'est-ce pas ? Et de fameux lurons, par-dessus le marché !... Tu ne me croiras pas, mais la bénédiction de Dieu est manifestement avec moi. Je n'étais, n'est-ce pas ? qu'un pauvre hère affamé, je n'avais rien que ce bâton, quand je passai le Jourdain, et maintenant nous voilà soixante-dix-huit, la plupart boutiquiers ruinés, magisters et commis congédiés, des provinces de la Souabe : ça nous fait un corps de vrais gaillards, frère, de délicieux drôles, te dis-je, qui se volent l'un à l'autre les boutons de leurs culottes, et près de qui l'on est en sûreté avec son fusil bien chargé.... Et nous vivons à gogo, et jouissons d'une renommée à quarante milles à la ronde.... c'est vraiment inconcevable ! Pas de numéro de la gazette où tu ne rencontres un petit article sur ce fin matois de Spiegelberg ; je n'y suis abonné que pour ça.... Ils vous ont décrit ma personne de la tête aux pieds.... c'est à croire qu'on me voit ; jusqu'aux boutons de mon habit, ils n'ont rien oublié. Mais nous les promenons honteusement par le bout du nez. Dernièrement, je vais à l'imprimerie, je prétends avoir vu le fameux Spiegelberg, et dicte à un griffonneur qui était assis là le vivant portrait d'un médecin tueur de vers de l'endroit. Le signalement circule, mon homme est arrêté, mis à la question, et, dans son angoisse et sa bêtise, il vous avoue, le diable m'emporte ! qu'il est Spiegelberg.... Tonnerre et tempête ! J'étais sur le point de me dénoncer au magistrat, en voyant cette canaille profaner ainsi mon nom.... Comme je te le dis, trois mois après on le pend. Je fus obligé de me fourrer une bonne prise de tabac dans le nez, quand plus tard je passai, en me promenant, devant le gibet et que je vis là le faux Spiegelberg parader dans sa gloire..... et pendant que Spiegelberg est pendu, Spiegelberg se glisse tout doucement hors de leurs piéges, et fait par derrière les cornes, que c'est une pitié, à la plus qu'habile justice!

RAZMANN *rit*.

Tu es toujours le même.

SPIEGELBERG.

Le même, comme tu vois, de corps et d'âme. Il faut pourtant, fou que tu es, que je te raconte un plaisant tour que j'ai joué dernièrement au couvent de Sainte-Cécile. Dans ma tournée, vers le crépuscule, ce couvent se trouva sur ma route, et comme ce jour-là précisément je n'avais tiré aucune cartouche (tu sais que je hais à la mort le *diem perdidi*), il fallait que la nuit fût signalée par quelque bon coup, dût le diable y laisser une oreille! Nous nous tenons tranquilles jusque bien avant dans la nuit. Le silence devient profond, à entendre le pas d'une souris. Les lumières s'éteignent. Nous pensons que les nonnes peuvent être maintenant dans le duvet. Alors je prends avec moi mon camarade Grimm, j'ordonne aux autres d'attendre devant la porte, jusqu'à ce qu'ils entendent mon sifflet.... Je m'assure du gardien du couvent, lui prends les clefs, me glisse dans le lieu où dormaient les servantes, leur dérobe leurs vêtements, et le paquet est bientôt à la porte. Nous continuons notre ronde, de cellule en cellule, enlevons successivement leurs habits aux sœurs, et enfin aussi à l'abbesse.... Cela fait, je siffle, et mes gaillards, du dehors, commencent à tempêter et à tapager, comme si la fin du monde arrivait, et les voilà qui pénètrent dans les cellules des sœurs, avec un fracas diabolique.... Ha! ha! ha! il fallait voir cette chasse, les pauvres petites créatures cherchant leurs robes à tâtons dans les ténèbres, et leur lamentable pantomime en s'apercevant que les robes étaient au diable, et nous, pendant ce temps, les harcelant comme mille tempêtes, et elles, dans leur effroi et leur consternation, s'enveloppant dans les draps de lit, ou se blottissant, comme des chats, sous le poêle, et les cris de désespoir et de lamentation, et enfin la vieille crécelle, l'abbesse.... tu sais, frère, que sur toute la machine ronde aucune créature ne m'est plus antipathique que l'araignée et la vieille femme; et figure-toi cette guenille tannée, rugueuse, se trémoussant devant moi, me conjurant par sa pudeur virginale.... Par tous les diables! déjà, le coude en avant, je me mettais en devoir de lui enfoncer dans le ventre le peu d'appas qui lui restaient.... « Qu'on se décide à l'instant! Ou bien on va me livrer la vaisselle d'argent, avec le trésor du couvent, et tous les beaux petits écus sonnants, ou bien.... » Mes drôles m'avaient déjà compris.... Bref, je te le dis, j'ai charrié hors du couvent pour plus de mille écus de butin, et le divertissement par-dessus le marché, et mes drôles leur ont laissé un souvenir : elles en auront leur charge neuf bons mois.

RAZMANN, *frappant du pied la terre.*

Que le diable m'ait envié cette aubaine!

SPIEGELBERG.

Vois-tu? Dis-moi encore si ce n'est pas là vivre? Et avec ça on demeure frais et vigoureux, et la machine est encore entière, et s'arrondit d'heure en heure comme une panse de prélat.... Je ne sais.... il faut que j'aie en moi quelque vertu magnétique qui vous attire, comme le fer et l'acier, tout ce qu'il y a de gueux et de canaille sur toute la terre du bon Dieu.

RAZMANN.

Un bel aimant, ma foi! Mais pourtant je voudrais savoir quels diantres de sortiléges tu emploies.

SPIEGELBERG.

Sortiléges! On n'a pas besoin de sortiléges.... il ne faut qu'avoir de la tête! un certain sens pratique, qui ne se trouve pas, il est vrai, dans l'orge qu'on avale.... car, vois-tu, j'ai toujours coutume de dire : « On peut tailler un honnête homme dans la première souche venue, mais pour un coquin, il faut une pâte fine.... et de plus un certain génie national, une sorte de climat de coquins. »

RAZMANN.

Frère, on m'a vanté l'Italie.

SPIEGELBERG.

Oui, oui, il ne faut faire tort à personne, l'Italie produit aussi ses hommes, et si l'Allemagne continue du train dont elle va, et achève, perspective assez probable en ce moment, de se débarrasser de la Bible, l'Allemagne pourra aussi, avec le temps, nous fournir quelques bons produits.... mais, en général, crois-moi, le climat n'est pas la chose essentielle, le génie perce partout, et tout le reste, frère.... Une pomme sauvage, tu le sais comme moi, ne deviendra jamais, même dans le joli verger du paradis, un ananas.... Mais que je continue ce que je voulais te dire.... où en suis-je resté?

RAZMANN.

A tes habiles procédés.

SPIEGELBERG.

Oui, tout juste, à mes procédés. Eh bien! ton premier soin, en arrivant dans une ville, est de prendre des renseignements auprès des inspecteurs de la mendicité, des sergents de ville, des valets de prison, et de t'informer de ceux qui sont le plus assidus à leur faire visite, à leur rendre leurs devoirs, et de faire connaissance avec ces clients-là.... Puis, tu vas te nicher dans les cafés, les mauvais lieux, les cabarets; tu observes, tu épies qui crie le plus haut sur le bas prix des denrées, ruineux pour le marchand, sur le cinq pour cent, sur le fléau toujours croissant des nouveaux règlements de police; qui décrie le plus le gouvernement, ou s'emporte contre les physionomistes et tient d'autres propos du même genre. C'est là, frère, le vrai niveau : leur probité branle comme une dent creuse, tu n'as qu'à approcher la pince.... Ou, mieux encore et plus vite, va-t'en jeter une bourse pleine au beau milieu de la rue, puis cache-toi quelque part et remarque bien qui la ramasse.... Un instant après, tu t'élances derrière lui, tu cherches, tu cries, tu demandes comme en passant : « Monsieur aurait-il par hasard trouvé une bourse? » S'il dit oui, du diable s'il t'a servi de regarder; mais, s'il nie : « Pardonnez-moi, monsieur.... je ne saurais me rappeler.... je regrette. » (*Avec transport.*) Alors, frère, victoire! frère, éteins ta lanterne! habile Diogène.... tu as trouvé ton homme.

RAZMANN.

Tu es un praticien consommé.

SPIEGELBERG.

Par Dieu! comme si j'en avais jamais douté.... Maintenant

que ton homme a mordu à l'hameçon, il faut t'y prendre aussi bien adroitement pour l'enlever.... Vois-tu, mon fils, voici comment je faisais : dès qu'une fois j'avais la piste, je m'attachais à mon candidat comme teigne ; je fraternisais avec lui le verre en main, et *nota bene* qu'il ne doit jamais payer son écot.... Cela peut sans doute coûter une bonne somme, mais on n'y prend pas garde.... Tu vas plus loin, tu l'introduis dans des tripots, chez des créatures perdues, tu l'engages dans des rixes, dans des coquineries, jusqu'à ce qu'il n'ait plus à perdre ni sève, ni vigueur, ni argent, ni conscience, ni bonne renommée ; car, il faut que je te le dise en passant, tu perds ta peine, si tu ne lui gâtes le corps et l'âme.... Crois-moi, frère, c'est une chose que j'ai conclue plus de cinquante fois de ma longue pratique, quand une fois l'honnête homme est chassé de son nid, le diable est le maître. Le dernier pas est alors bien facile.... aussi facile que la transition d'une catin à une bigote.... Écoute donc ! quelle est cette explosion ?

RAZMANN.

Un coup de tonnerre. Va toujours.

SPIEGELBERG.

Il y a encore une méthode plus courte et meilleure : tu pilles et dépouilles ton homme, de la cave au grenier, jusqu'à ce qu'il n'ait plus de chemise qui lui tienne sur le corps ; alors il vient à toi de lui-même.... Ah ! ce n'est pas à moi, frère, qu'on apprendra les malices.... Demande un peu à ce visage cuivré que tu vois là-bas.... Palsambleu ! je l'ai gentiment amené dans mes filets.... je lui ai montré quarante ducats : ils devaient être à lui, s'il me prenait l'empreinte en cire des clefs de son maître.... et figure-toi un peu, la brute le fait, me procure les clefs, le diable m'emporte ! et veut après cela avoir l'argent... « Monsieur sait-il bien, lui dis-je, que je vais, de ce pas, porter les clefs au lieutenant de police, et lui retenir un logis, en plein air, à la potence ?... » Mille tonnerres ! il fallait voir le gaillard ouvrir de grands yeux et se mettre à trembler comme un barbet mouillé.... « Pour l'amour du ciel ! que monsieur considère !... je veux.... veux.... — Que veux-tu ? veux-tu sur-le-champ retrousser ta cadenette et t'en aller au diable avec moi ? — Oh ! de grand cœur, avec joie.... » Ha ! ha ! ha ! le bon diable !

avec du lard on prend des souris.... Moque-toi donc de lui, Razmann! Ha! ha! ha!

RAZMANN.

Oui, oui, il faut en convenir; c'est une leçon que j'écrirai en lettres d'or sur les tablettes de mon cerveau. Il faut que Satan connaisse son monde, puisqu'il t'a fait son entremetteur.

SPIEGELBERG.

N'est-ce pas, frère? Et je pense que, si je lui en amène dix, il me laissera aller gratis.... Car enfin, si tout éditeur donne le dixième exemplaire pour rien à son courtier de vente, pourquoi le diable serait-il si juif dans son négoce? Razmann! je sens la poudre....

RAZMANN.

Eh! morbleu! je la sens aussi depuis longtemps. Attention! il y aura eu quelque affaire dans le voisinage!... Oui, oui, c'est comme je te le dis, Maurice, tu seras le bienvenu auprès du capitaine, avec tes recrues.... il a, lui aussi, embauché déjà de braves gaillards.

SPIEGELBERG.

Mais les miens! les miens!... bah!...

RAZMANN.

Eh bien, oui! ils peuvent avoir des doigts habiles.... mais, je te le dis, la renommée de notre capitaine a déjà également induit en tentation d'honnêtes gaillards.

SPIEGELBERG.

Non, j'aime à croire....

RAZMANN.

Sans plaisanterie! et ils ne rougissent pas de servir sous lui. Il ne tue pas en vue du butin, comme nous.... Il ne parut plus se soucier de l'argent, dès qu'il en put avoir à foison, et même son tiers du butin, qui lui revient de droit, il en fait don à des orphelins, ou l'emploie à faire étudier des garçons pauvres de belle espérance. Mais s'il s'agit de pratiquer une saignée à quelque gentillâtre qui écorche ses paysans comme du bétail, ou s'il a sous son marteau un coquin à galons d'or qui dénature la loi et ferme les yeux à la justice avec de l'argent, ou quelque autre petit monsieur de la même clique.... oh! alors, mon gaillard, il est dans son élément, et fait sa besogne en vrai diable, comme si chacune de ses fibres était une furie.

SPIEGELBERG.

Hum! hum!

RAZMANN.

Dernièrement, nous apprîmes à l'auberge que bientôt passerait un riche comte de Ratisbonne, qui venait de gagner un procès d'un million par les supercheries de son avocat. Le capitaine était précisément assis à la table et jouait.... « Combien sommes-nous? » me demanda-t-il, en se levant à la hâte; je le vis serrer entre les dents sa lèvre inférieure, ce qu'il ne fait que lorsque sa rage est au comble. « Pas plus de cinq, lui dis-je. — C'est assez, » reprit-il. Il jeta l'argent sur la table à la cabaretière, laissa sans y toucher le vin qu'il s'était fait servir.... et nous nous mîmes en route. Pendant tout le temps, il ne prononça pas une parole, courant seul et à part. Seulement, il nous demandait de temps en temps si nous n'avions encore rien aperçu, et nous ordonnait de mettre l'oreille contre terre. Enfin, le comte arriva, dans une voiture chargée de bagages; l'avocat était assis dans l'intérieur auprès de lui, en avant un cavalier, aux portières deux valets à cheval.... C'est alors qu'il eût fallu voir le capitaine, comme il s'élança, en avant de nous, deux pistolets à la main, sur la voiture, et la voix dont il cria: « Halte!... » Le cocher, qui ne voulut pas arrêter, fut culbuté de son siège; le comte tira de la voiture, mais ne frappa que l'air; les cavaliers s'enfuirent.... « Ton argent, canaille! » cria-t-il d'une voix de tonnerre.... et à l'instant le comte tomba, comme le taureau sous la hache.... « Et toi, es-tu le coquin qui a fait de la justice une vénale prostituée? » L'avocat tremblait, que les dents lui claquaient.... et le poignard s'enfonça dans son ventre, comme un échalas dans le vignoble.... « J'ai fait ma tâche, s'écria-t-il, en s'éloignant fièrement de nous; le pillage est votre affaire. » Et, à ces mots, il disparut dans la forêt....

SPIEGELBERG.

Hum! hum! Frère, ce que je t'ai conté tout à l'heure reste entre nous, il n'a pas besoin de le savoir. Comprends-tu?

RAZMANN.

Bien, bien, je comprends.

SPIEGELBERG.

Car tu le connais. Il a ses idées à lui. Tu me comprends?

RAZMANN.

Je comprends! je comprends!

SCHWARZ *accourt en toute hâte.*

RAZMANN.

Qui vive? qu'y a-t-il? Des voyageurs dans la forêt?

SCHWARZ.

Alerte, alerte! Où sont les autres?... Mille tonnerres! vous restez là à bavarder? Vous ne savez donc pas? vous ne savez donc rien? et Roller....

RAZMANN.

Quoi donc? quoi donc?

SCHWARZ.

Roller est pendu et quatre autres avec lui....

RAZMANN.

Roller? Diable! depuis quand?... d'où sais-tu cela?

SCHWARZ.

Depuis plus de trois semaines il était en prison, et nous n'en savions rien; le tribunal lui a consacré trois jours de séance, et nous n'en avons rien appris. On lui a donné la question, pour qu'il révélât où était le capitaine.... Le brave garçon n'a rien avoué. Hier on lui a fait son procès, et ce matin on l'a expédié en poste à Satan.

RAZMANN.

Malédiction! Le capitaine le sait-il?

SCHWARZ.

Il ne l'a appris qu'hier. Il écume comme un sanglier. Tu sais qu'il a toujours fait le plus grand cas de Roller, et cette torture avant le jugement.... On a eu recours aux cordes, aux échelles, pour le tirer de la tour, mais en vain. Lui-même, sous la robe d'un capucin, s'est glissé auprès de lui et a voulu prendre sa place; Roller a refusé obstinément. A présent il a juré un serment qui nous a glacés jusqu'à la moelle des os; il veut lui allumer une torche funèbre comme jamais on n'en a vu luire aux funérailles d'aucun roi, une torche qui les grillera à leur roussir et bleuir le dos. J'ai peur pour la ville. Il a depuis longtemps une dent contre elle, parce qu'elle est si indignement bigote, et tu sais que quand il dit : « Je veux le faire, » c'est comme si l'un de nous disait : « Je l'ai fait. »

RAZMANN.

C'est vrai! Je connais le capitaine. S'il avait donné sa parole au diable d'aller en enfer, il ne prierait jamais, pût-il être sauvé par la moitié d'un *Pater noster*.... Mais hélas! le pauvre Roller!... le pauvre Roller!

SPIEGELBERG.

Memento mori! Mais cela ne m'émeut pas. (*Il fredonne une chansonnette:*)

> Si je passe devant le pilier aux corbeaux,
> Je me contente de cligner l'œil droit
> Et je me dis : « C'est bien fait que tu sois pendu là tout seul;
> Qui est la dupe, de toi ou de moi? »

RAZMANN, *tressaillant.*

Écoute! un coup de feu! (*Détonations et grand bruit.*)

SPIEGELBERG.

Encore un!

RAZMANN.

Et encore un! Le capitaine!

(*On entend chanter derrière la scène.*)

> Les Nurembergeois ne pendent personne,
> Qu'ils ne l'aient pris d'abord.

(*Da capo.*)

SCHWEIZER *et* ROLLER, *derrière la scène.*

Holla ho! holla ho!

RAZMANN.

Roller! Roller! Que dix diables m'emportent!

SCHWEIZER *et* ROLLER, *derrière la scène.*

Razmann! Schwarz! Spiegelberg! Razmann!

RAZMANN.

Roller! Schweizer! Foudre, tonnerre, grêle et tempête!

(*Ils volent au-devant de lui.*)

LE BRIGAND MOOR *à cheval*, SCHWEIZER, ROLLER, GRIMM, SCHUFTERLÉ, TROUPE DE BRIGANDS *couverts de boue et de poussière.*

LE BRIGAND MOOR, *sautant de cheval.*

Liberté! liberté! Te voilà au port, Roller!... Emmène mon cheval, Schweizer, et lave-le avec du vin. (*Il se couche sur la terre.*) Il était temps!

RAZMANN, *à Roller.*

Mais, par la fournaise ardente de Pluton! es-tu ressuscité de la roue?

SCHWARZ.

Es-tu son ombre? ou suis-je fou? ou est-ce vraiment toi?

ROLLER, *hors d'haleine.*

C'est moi, moi, en personne, moi tout entier. D'où crois-tu que je vienne?

SCHWARZ.

Demande à la sorcière! N'étais-tu pas déjà condamné sans appel?

ROLLER.

Oui, vraiment, et plus encore. Je viens en droite ligne du gibet. Laisse-moi d'abord reprendre haleine. Schweizer va te conter la chose. Donnez-moi un verre d'eau-de-vie.... Et te voilà aussi de retour, Maurice? Je comptais te revoir ailleurs.... Donnez-moi donc un verre d'eau-de-vie! mes os ne tiennent plus ensemble.... O mon capitaine! Où est mon capitaine?

SCHWARZ.

A l'instant, à l'instant!... Mais, dis-donc, jase donc! comment es-tu revenu de là? comment nous es-tu rendu? La tête me tourne. Du gibet, dis-tu?

ROLLER *avale d'un trait un flacon d'eau-de-vie.*

Ah! c'est bon! c'est un feu qui pénètre! Directement du gibet, te dis-je. Vous êtes là, tout ébahis, et ne pouvez croire à ce rêve.... C'est que je n'étais plus qu'à trois pas de l'échelle du diable, par laquelle je devais monter dans le sein d'Abraham.... si près, si près.... j'étais déjà vendu, cuir et poils, pour la dissection! Tu aurais pu avoir ma vie pour une prise de tabac. C'est au capitaine que je dois le jour, la liberté, la vie.

SCHWEIZER.

Ah! c'est un tour qui vaut la peine qu'on l'écoute. La veille, nous avions eu vent, par nos espions, que Roller était fièrement mariné, et qu'à moins que le ciel ne voulût bien tomber à point, il devait, avec le jour, le lendemain.... c'était comme qui dirait aujourd'hui.... prendre la route de toute chair. « Marchons! dit le capitaine; que ne vaut pas un ami?... Que nous le sauvions, ou non, nous voulons du moins lui allumer une torche funèbre, comme on n'en a encore vu luire pour aucun roi, une torche qui les grillera à leur roussir et bleuir le dos. » Toute la bande est commandée. Nous lui envoyons un exprès, qui lui fait parvenir la nouvelle dans un petit billet qu'il lui jette dans sa soupe.

ROLLER.

Je désespérais du succès.

SCHWEIZER.

Nous avions guetté le moment que les passages fussent déserts. Toute la ville courait à ce spectacle, cavaliers et piétons, pêle-mêle, et voitures; le bruit et le psaume du gibet retentissaient au loin. « Maintenant, cria le capitaine, mettez le feu, mettez le feu! » Nos gaillards volent comme des flèches, incendient la ville à trente-trois coins à la fois, jettent des mèches enflammées dans le voisinage de la poudrière, dans des églises et des granges.... Morbleu! il ne s'était pas passé un quart d'heure que le vent du nord-est, qui doit avoir aussi une dent contre la ville, vint nous seconder à merveille et aida la flamme à monter jusqu'aux faîtes les plus élevés. Nous, cependant, nous montons et descendons les rues comme des furies.... criant : « Au feu! au feu! » par toute la ville.... C'étaient des hurlements.... des clameurs.... un tumulte!... Le tocsin commence à bourdonner, la poudrière saute en l'air, comme si la terre avait crevé en deux par le beau milieu, et que le ciel eût éclaté, et que l'enfer se fût enfoncé de dix mille toises.

ROLLER.

Et alors mon escorte regarda en arrière.... La ville ressemblait à Gomorrhe et à Sodome, tout l'horizon n'était que feu, soufre et fumée; quarante montagnes à la ronde renvoient les hurlements de ce tapage infernal; une terreur panique les renverse tous à terre.... Aussitôt, je profite du moment, et crac! je pars comme le vent (on m'avait déjà délié, tant ma fin était proche).... Pendant que mes conducteurs, pétrifiés comme la femme de Loth, regardent derrière eux, je décampe, je romps les groupes! me voilà loin! A soixante pas de là, je jette mes habits, je m'élance dans la rivière, je nage entre deux eaux, jusqu'à ce que je me croie hors de leur vue. Mon capitaine m'attendait déjà avec des chevaux et des habits..... Voilà comme j'ai échappé. Moor! Moor! puisses-tu te trouver aussi bientôt dans la peine, pour que je te rende la pareille!

RAZMANN.

Voilà un souhait de brute, pour lequel on devrait te pendre.... Mais c'était un tour à crever de rire.

ROLLER.

C'était là du secours dans le besoin; vous ne pouvez l'apprécier. Il vous eût fallu.... la corde au cou.... marcher, comme moi, tout vivant au tombeau.... et cet appareil infernal, et ces cérémonies de bourreau, et à chaque pas que mon pied timide chancelait en avant, plus près de moi, affreusement plus près, la machine maudite où je devais être logé, se dressant dans l'éclat d'une effroyable aurore, et les valets de bourreau qui me guettaient, et l'horrible musique.... (elle bourdonne encore dans mes oreilles).... et les croassements des corbeaux affamés, attachés par trentaine au cadavre à demi pourri de mon prédécesseur.... tout cela, tout cela.... et encore, par-dessus le marché, l'avant-goût de l'éternelle félicité qui me souriait!... Frère, frère! et tout à coup le signal de la liberté.... Ce fut une explosion comme si un des cerceaux du tonneau céleste eût éclaté.... Écoutez, canailles! je vous le dis, si l'on sautait d'une fournaise ardente dans l'eau glacée, le contraste serait moins fort que celui que j'éprouvai en abordant à l'autre rive.

SPIEGELBERG *rit.*

Pauvre garçon! mais enfin maintenant la crise est passée. (*Il lui porte une santé.*) A ton heureuse renaissance!

ROLLER *jette son verre.*

Non, par tous les trésors de Mammon! je ne voudrais pas passer par là une seconde fois. Mourir est quelque chose de plus

qu'un saut d'arlequin, et l'angoisse de la mort est pire que le mourir.
SPIEGELBERG.
Et la poudrière qui a dansé.... Vois-tu maintenant, Razmann? c'est pour ça que l'air puait le soufre à une lieue à la ronde, comme si on avait exposé au vent, sous la voûte céleste, toute la garde-robe de Moloch.... Ç'a été un coup de maître, que je t'envie, capitaine!
SCHWEIZER.
La ville se faisait bien une fête de voir achever mon camarade comme un sanglier aux abois; pourquoi, diable! alors, nous serions-nous fait scrupule de sacrifier la ville, pour l'amour de notre camarade? Et par-dessus le marché, quelle aubaine pour nos gaillards de piller à cœur joie!... Voyons, dites, quel butin avez-vous fait?
UN HOMME DE LA BANDE.
Je me suis glissé, pendant le tumulte, dans l'église de Saint-Étienne, et j'ai détaché les galons de la nappe de l'autel. « Le bon Dieu, me disais-je, est un richard et peut, à son gré, changer en fils d'or une ficelle d'un batz. »
SCHWEIZER.
Tu as bien fait.... A quoi bon ces guenilles dans une église? Ils font leurs offrandes au Créateur, qui se rit de leur friperie, et ils laissent ses créatures mourir de faim.... Et toi, Spangeler.... où as-tu jeté ton filet?
UN SECOND.
Bugel et moi, nous avons pillé une boutique et nous apportons du drap pour nous habiller à cinquante.
UN TROISIÈME.
J'ai escamoté deux montres d'or et de plus une douzaine de cuillers d'argent.
SCHWEIZER.
Bien, bien! Et l'incendie que nous leur avons allumé, il leur faudra la quinzaine pour l'éteindre. Ils ne pourront se garantir du feu qu'en ruinant la ville avec l'eau.... Sais-tu, Schufterlé, combien il y a eu de morts?
SCHUFTERLÉ.
Quatre-vingt-trois, dit-on. La poudrière seule en a écrasé soixante en miettes.

ACTE II, SCÈNE III.

MOOR, *d'un ton très-sérieux.*

Roller, tu as coûté cher.

SCHUFTERLÉ.

Bah! bah! qu'est-ce que cela?... Oui, si c'étaient des hommes.... mais des enfants au maillot qui dorent leurs langes, de vieilles mamans racornies qui les défendaient des mouches, de vieux squelettes accroupis près du poêle, hors d'état de trouver la porte.... des malades soupirant après le médecin, qui, de son allure doctorale, s'était rendu à la curée.... Tout ce qui avait des jambes s'était envolé à la comédie; il n'y avait que la lie inerte de la ville qui fût restée à garder les maisons.

MOOR.

Oh! les pauvres vers de terre! Des malades, dis-tu, des vieillards et des enfants?

SCHUFTERLÉ.

Oui, par le diable! et avec ça des femmes en couche, et d'autres, près du terme, qui avaient peur d'avorter sous le gibet; de jeunes femmes qui craignaient pour leurs yeux l'impression de la besogne du bourreau, et ne voulaient pas marquer d'une potence sur le dos le fruit de leurs entrailles.... de pauvres poëtes qui n'avaient pas de souliers à mettre, parce qu'ils avaient donné leur unique paire à ressemeler, et toute racaille du même genre; ça ne vaut pas la peine qu'on en parle. En passant, par hasard, près d'une baraque, j'entends des cris lamentables qui en sortent : je regarde dedans, et à la lueur de la flamme, que vois-je? un enfant, encore sain et frais, couché sur le sol, sous la table, et la table allait tout juste prendre feu.... « Pauvre petite créature, ai-je dit, mais tu gèles ici.... » Et je l'ai jeté dans les flammes.

MOOR.

Vraiment, Schufterlé?... Eh bien! que cette flamme brûle dans ton sein jusqu'à ce que l'éternité touche à son déclin!... Loin de moi, monstre! Qu'on ne te voie plus dans ma troupe! Vous murmurez?... Vous réfléchissez?... Qui ose réfléchir, quand je commande?... Qu'il disparaisse, vous dis-je.... Il y en a d'autres encore parmi vous qui sont mûrs pour ma colère. Je te connais, Spiegelberg. Mais je veux prochainement entrer dans vos rangs et y passer une terrible revue. (*Ils s'éloignent en tremblant.*)

MOOR seul. *Il va et vient à grands pas.*

Ne les entends pas, céleste vengeur!... Que puis-je à cela?... Y peux-tu rien toi-même, quand tes fléaux, la peste, la famine, l'inondation, dévorent le juste avec le méchant? Qui peut commander à la flamme de ne pas dévaster la moisson bénie, quand elle doit détruire les nids des frelons?... Oh! fi de ces meurtres d'enfants! de ces meurtres de femmes!... de ces meurtres de malades!... Que cette action m'humilie! Elle a empoisonné mes plus belles œuvres.... Le voilà, rouge de honte et bafoué à la face du ciel, l'enfant présomptueux qui s'est risqué à jouer avec la massue de Jupiter, et qui a terrassé des Pygmées, quand il devait écraser des Titans.... Va, va, tu n'es pas fait pour diriger le glaive vengeur de la justice céleste; ton impuissance a paru dès le premier essai.... Je renonce ici à mon plan effronté, je vais me cacher dans quelque crevasse de la terre, où le jour recule devant ma honte. (*Il veut fuir.*)

UN BRIGAND *se précipite sur la scène.*

Prends garde à toi, capitaine! L'endroit n'est pas sûr. Des compagnies entières de cavaliers bohèmes battent la forêt en tout sens.... Il faut qu'un espion du diable leur ait fait des bavardages....

D'AUTRES BRIGANDS.

Capitaine, capitaine! Ils ont découvert nos traces.... Ils sont plusieurs milliers qui cernent d'un cordon le milieu de la forêt.

D'AUTRES BRIGANDS.

Malheur! malheur! malheur! nous sommes pris, roués, écartelés! Des milliers de hussards, de dragons, de chasseurs, tournent au galop la hauteur et ferment les issues.

(*Moor s'éloigne.*)

SCHWEIZER, GRIMM, ROLLER, SCHWARZ, SCHUFTERLÉ, SPIEGELBERG, RAZMANN, TROUPE DE BRIGANDS.

SCHWEIZER.

Les avons-nous enfin tirés de leur duvet? Réjouis-toi donc,

Roller! Je désirais depuis longtemps de pouvoir ferrailler avec ces chevaliers à pain de munition.... Où est le capitaine? Toute la bande est-elle réunie? Nous avons, j'espère, assez de poudre?

RAZMANN.

De la poudre en masse. Mais nous sommes quatre-vingts en tout, c'est-à-dire à peine un contre vingt.

SCHWEIZER.

Tant mieux! Et quand ils seraient cinquante contre l'ongle de mon pouce!... N'ont-ils pas attendu que nous leur eussions allumé du foin au derrière?... Frères, frères! ce n'est pas là un danger. Ils risquent leur vie pour dix kreutzers, et nous, ne combattons-nous pas pour notre tête et notre liberté?... Nous nous précipiterons sur eux comme le déluge, et les coups de feu leur tomberont sur la tête comme des éclairs.... Mais, où diable est donc le capitaine?

SPIEGELBERG.

Il nous abandonne dans un tel besoin. Ne pouvons-nous donc plus échapper?

SCHWEIZER.

Échapper?

SPIEGELBERG.

Oh! pourquoi ne suis-je pas resté à Jérusalem?

SCHWEIZER.

Je voudrais, moi, que tu étouffasses dans l'égout, âme de boue! Avec des nonnes nues, tu fais le bravache; mais quand tu vois deux poings, poltron!... Montre-toi maintenant, ou on te coudra dans une peau de sanglier et on lâchera les chiens sur toi.

RAZMANN.

Le capitaine, le capitaine!

MOOR, *bas à lui-même.*

Je les ai laissé envelopper complétement; il faut maintenant qu'ils se battent en désespérés. (*Haut.*) Enfants! voici le moment! ou nous sommes perdus, ou il faut que nous nous battions comme des sangliers blessés.

SCHWEIZER.

Ha! je veux leur taillader le ventre avec mes coutelas, de façon que les tripes leur pendent long d'une aune !... Conduis-nous, capitaine ! Nous te suivrons dans la gueule de la mort.

MOOR.

Chargez toutes les armes. Nous ne manquons pas de poudre, j'espère ?

SCHWEIZER, *sautant en l'air.*

Assez de poudre pour faire sauter la terre jusqu'à la lune !

RAZMANN.

Chacun de nous a cinq paires de pistolets chargés, et chacun en outre trois carabines.

MOOR.

Bien, bien ! Il faut maintenant qu'une partie de la bande grimpe sur les arbres ou se cache dans l'épaisseur du bois, pour tirer sur eux en embuscade....

SCHWEIZER.

C'est là ta place, Spiegelberg !

MOOR.

Nous autres, comme des furies, nous leur tombons sur les flancs.

SCHWEIZER.

Moi, je serai de ceux-là.

MOOR.

En même temps, il faudra que chacun fasse retentir son sifflet et qu'on coure çà et là dans le bois, pour que notre nombre paraisse plus terrible. On lâchera aussi tous les chiens et on les lancera dans leurs rangs, pour qu'ils se séparent, se dispersent et courent au-devant de votre feu. Nous trois, Roller, Schweizer et moi, nous combattrons dans la mêlée.

SCHWEIZER.

A merveille, parfait !... Nous les écraserons comme le tonnerre, de sorte qu'ils ne sachent d'où pleuvent les horions. J'ai bien su jadis enlever une cerise de la bouche avec ma balle. Qu'ils viennent seulement nous attaquer.... (*Schufterlé tire Schweizer par les habits. Celui-ci prend le capitaine à part et lui parle à voix basse.*)

MOOR.

Tais-toi !

SCHWEIZER.

Je t'en prie....

MOOR.

Arrière! qu'il rende grâces à son infamie, elle le sauve. Il ne doit pas mourir de la mort qui nous attend, mon Schweizer, mon Roller et moi. Fais-lui ôter ses habits; je dirai que c'est un voyageur et que je l'ai volé.... Sois tranquille, Schweizer, je te le jure, il sera pourtant pendu un jour.

UN MOINE *entre.*

LE MOINE, *à part, peu rassuré.*

Est-ce là ce nid de dragons?... Avec votre permission, messieurs! Je suis un serviteur de l'Église, et ils sont là dehors dix-sept cents qui veillent sur chacun des cheveux de ma tête.

SCHWEIZER.

Bravo! bravo! C'est bien parlé, pour se tenir l'estomac chaud.

MOOR.

Tais-toi, camarade!... Dites-moi en deux mots, mon révérend, que venez-vous faire ici?

LE MOINE.

Je suis envoyé par la justice suprême qui prononce sur la vie et la mort.... Vous, voleurs.... incendiaires.... coquins.... venimeuse couvée de vipères, qui vous glissez dans les ténèbres, et piquez en cachette.... rebut de l'humanité.... engeance infernale.... délicieux régal pour les corbeaux et la vermine.... colonie pour la potence et la roue....

SCHWEIZER.

Chien! cesse tes injures, ou.... (*Il lui appuie sa crosse sur le visage.*)

MOOR.

Fi donc! Schweizer. Tu lui fais perdre le fil.... il a si bien appris son sermon par cœur.... Vous n'avez qu'à continuer, mon révérend!... « Pour la potence et la roue? »

LE MOINE.

Et toi, digne capitaine! duc des coupeurs de bourse, roi des larrons, Grand Mogol de tous les coquins sous le soleil! tout semblable à ce premier instigateur de sédition, à ce chef abominable qui entraîna mille légions d'anges innocents dans le feu de la révolte et les fit tomber avec lui dans le profond abîme de la damnation.... les lamentations des mères délaissées hurlent sur tes traces, tu bois le sang comme de l'eau, et sur ton poignard homicide les hommes ne pèsent pas autant qu'une bulle d'air....

MOOR.

Très-vrai! très-vrai! Continuez.

LE MOINE.

Quoi? très-vrai, très-vrai! Mais est-ce là une réponse?

MOOR.

Comment, mon révérend? Ah! sans doute, vous n'étiez pas préparé à cela? Continuez, continuez toujours. Que vouliez-vous dire encore?

LE MOINE, *avec chaleur.*

Homme affreux! éloigne-toi de moi! Le sang du comte d'Empire que tu as égorgé ne colle-t-il pas encore à tes doigts maudits? N'as-tu pas forcé, de tes mains rapaces, le sanctuaire du Seigneur, et dérobé par un larcin sacrilège les vases sacrés de la cène? Quoi! n'as-tu pas jeté dans notre ville pieuse des tisons enflammés? et fait crouler la tour des poudres sur les têtes de bons chrétiens? (*Joignant vivement les mains.*) Horribles, horribles attentats! dont la vapeur infecte monte jusqu'au ciel, pour armer les vengeances du jugement dernier et hâter sa terrible irruption! crimes mûrs pour le châtiment, et qui appellent sans délai le signal de la dernière trompette!

MOOR.

C'est jusqu'ici un chef-d'œuvre d'éloquence! Mais au fait! qu'avez-vous à m'annoncer de la part des très-louables magistrats?

LE MOINE.

Une faveur que tu ne seras jamais digne de recevoir.... Regarde autour de toi, incendiaire! De quelque côté que tu tournes les yeux, tu es cerné par nos cavaliers.... Il n'y a plus d'issue pour échapper.... Aussi vrai que ces chênes porteront des cerises, ces sapins des pêches, aussi vrai vous tournerez le dos sains et saufs à ces chênes et à ces sapins.

MOOR.

Entends-tu bien, Schweizer?... Mais continuez toujours.

LE MOINE.

Écoute donc avec quelle bonté, quelle longanimité la justice agit envers toi, scélérat : si tu fais sur-le-champ ton humble soumission, et implores grâce et merci, eh bien! vois, dans ce cas, la sévérité même sera miséricordieuse, et la justice deviendra pour toi une bonne mère.... elle fermera les yeux sur la moitié de tes méfaits, et s'en tiendra.... songes-y donc, à la peine de la roue.

SCHWEIZER.

As-tu entendu, capitaine? Ne veux-tu pas que j'aille empoigner ce chien de berger si bien dressé, et que je lui serre la gorge à lui faire jaillir le jus rouge par tous les pores?...

ROLLER.

Capitaine!... Tonnerre, tempête et enfer! Capitaine!... Comme il mord entre les dents sa lèvre inférieure! Faut-il que je plante ce drôle comme une quille, sous la calotte du ciel, la tête en bas?

SCHWEIZER.

Ce sera moi, moi! Je te le demande à genoux, prosterné devant toi. Laisse-moi le plaisir de le broyer en bouillie!

(*Le moine crie.*)

MOOR.

Éloignez-vous de lui. Que personne ne s'avise de le toucher!... (*Au moine, en tirant son épée.*) Voyez-vous, seigneur moine, il y a ici soixante-dix-neuf hommes dont je suis le capitaine, et aucun d'eux ne sait charger à un signal ou sur un commandement, ni danser à la musique du canon, et là dehors il y en a dix-sept cents qui ont blanchi sous le mousquet.... eh bien! écoutez, c'est Moor, le capitaine des incendiaires, qui vous le dit! C'est vrai, j'ai assassiné le comte d'Empire, j'ai incendié et pillé l'église de Saint-Dominique, j'ai jeté des torches ardentes dans votre ville bigote et fait crouler la tour des poudres sur les têtes de bons chrétiens.... J'ai fait encore plus. (*Il étend la main droite.*) Remarquez-vous les quatre bagues précieuses que je porte à chaque doigt?... Allez et rapportez de point en point à ces messieurs qui prononcent sur la vie et la mort ce que vous allez voir et entendre.... Ce rubis, je l'ai tiré du doigt d'un ministre que j'ai immolé, à la chasse, aux pieds de son prince. Il s'était élevé, par ses flatteries, de la lie du peuple au rang de premier favori. La chute de son voisin était le marche-pied de sa grandeur.... Les larmes des orphelins l'avaient élevé.... Ce diamant, je l'ai enlevé à un conseiller de finances, qui vendait au plus offrant les dignités et les emplois, et repoussait de sa porte le patriote désolé.... Cette agate, je la porte en l'honneur d'un saint de votre clique, que j'ai égorgé de ma propre main, parce qu'il avait pleuré publiquement, en chaire, sur la décadence de l'inquisition.... Je pourrais vous raconter encore d'autres histoires de mes bagues, si je ne regrettais déjà ce peu de mots que j'ai perdus avec vous.

LE MOINE.

O Pharaon ! Pharaon !

MOOR.

L'entendez-vous ? Avez-vous remarqué ce soupir ? N'est-il pas là comme s'il voulait, par sa prière, faire descendre le feu du ciel sur la troupe de Coré ? Il nous juge par un haussement d'épaules, nous condamne par un pieux hélas !... L'homme peut-il donc être si aveugle ? Lui qui a les cent yeux d'Argus pour découvrir des taches sur son frère, peut-il être si complétement aveugle pour lui-même ?... Les voilà qui font tonner du milieu de leurs nuages les grands mots de douceur, de patience, et ils offrent au Dieu d'amour des victimes humaines, comme à un Moloch aux bras de feu.... Ils prêchent l'amour du prochain et repoussent de leur porte, avec des malédictions, l'octogénaire aveugle.... Ils s'emportent contre l'avarice, et, pour des lingots d'or, ils ont dépeuplé le Pérou et attelé des païens à leurs chars comme des bêtes de somme.... Ils se cassent la tête pour savoir comment il est possible que la nature ait pu former un Iscariote, et eux-mêmes, je ne dis pas le pire d'entre eux, trahiraient, pour dix deniers d'argent, toute la sainte Trinité.... Malheur à vous, pharisiens, faux monnayeurs de la vérité, singes de la Divinité ! Vous ne rougissez pas de vous agenouiller devant la croix et les autels, vous vous déchirez le dos avec des disciplines, et vous torturez votre chair par le jeûne : vous croyez par ces pitoyables jongleries éblouir les yeux de celui que vous nommez pourtant, insensés ! le Dieu qui sait tout. Vous faites avec lui comme avec les grands, dont on ne se moque jamais plus amèrement qu'en les flattant de haïr les flatteurs. Vous vous targuez de probité, de conduite exemplaire, et le Dieu qui pénètre vos cœurs s'irriterait contre le Créateur, s'il n'avait pas lui-même aussi créé les monstres du Nil.... Qu'on l'éloigne de mes yeux!

LE MOINE.

Qu'un scélérat puisse être encore si orgueilleux!

MOOR.

Ce n'est pas tout.... C'est à présent que je veux parler avec orgueil. Va et dis au très-louable tribunal qui décide, comme sur un coup de dés, de la vie et de la mort.... que je ne suis pas un voleur qui conspire avec le sommeil et la nuit, et fait le héros et l'important sur l'échelle du gibet.... Ce que j'ai fait, je le lirai sans doute un jour dans le grand livre des dettes, au ciel; mais avec ses pitoyables ministres je ne veux plus perdre une parole. Dis-leur que mon métier, ce sont les représailles.... que ma profession est la vengeance. (*Il lui tourne le dos.*)

LE MOINE.

Ainsi tu ne veux ni ménagement ni grâce?... Bien, j'ai fini avec toi. (*Il se tourne vers la bande.*) Alors, écoutez donc, vous autres, ce que la justice vous fait savoir par mon entremise.... Si à l'instant vous garrottez et livrez ce malfaiteur condamné, voyez! le châtiment et jusqu'au souvenir de vos crimes vous sera remis.... l'Église vous recevra, brebis égarées, dans son sein maternel, avec un renouvellement d'amour, et la route sera ouverte, pour chacun de vous, à quelque emploi honorable. (*Avec un sourire triomphant.*) Eh bien? eh bien? Comment Votre Majesté trouve-t-elle cela?... Alerte, donc! Garrottez-le et soyez libres!

MOOR.

Entendez-vous cela? entendez-vous? Pourquoi cette hésitation? Pourquoi restez-vous là tout embarrassés?... La justice vous offre la liberté, et réellement vous êtes déjà ses prisonniers.... Elle vous fait grâce de la vie, et ce n'est point une vaine jactance, car vraiment vous êtes jugés.... Elle vous promet honneurs et emplois, et autrement quel peut être votre sort, en supposant même que vous triomphiez, sinon la honte, la malédiction, la persécution?... Elle vous annonce le pardon du ciel, et vous êtes véritablement damnés. Il n'y a pas un cheveu sur la tête d'un de vous qui n'aille tout droit en enfer. Réfléchissez-vous encore? Balancez-vous encore? Est-il si difficile de choisir entre le ciel et l'enfer? Aidez-moi donc, seigneur moine!

LE MOINE, *à part.*

Le drôle est-il fou?... (*Haut.*) Craignez-vous peut-être que ce ne soit un piége pour vous prendre vivants?... Lisez vous-mêmes : voici le pardon général, signé. (*Il donne un papier à Schweizer.*) Pouvez-vous encore douter?

MOOR.

Voyez donc, voyez donc! Que pouvez-vous demander de plus?... Signé de leur propre main.... C'est une grâce qui passe toutes les bornes.... Ou bien craindriez-vous peut-être qu'on vous manquât de parole, parce que vous avez entendu dire qu'on ne gardait pas sa foi à des traîtres?... Oh! soyez sans inquiétude. Ne fût-ce que par politique, ils se croiraient forcés de tenir leur parole, quand ils l'auraient donnée à Satan. Qui les croirait désormais? Comment pourraient-ils jamais recourir de nouveau au même moyen?... Je jurerais volontiers qu'ils sont sincères. Ils savent que c'est moi qui vous ai exaspérés et poussés à la révolte; vous, ils vous tiennent pour innocents. Ils expliquent vos méfaits comme des erreurs de jeunesse, des actes inconsidérés. C'est moi seul qu'ils veulent avoir, moi seul qui mérite de tout expier. N'est-ce pas vrai, seigneur moine?

LE MOINE.

Comment s'appelle le démon qui parle par sa bouche?... Oui, sans doute, sans doute, c'est vrai!... Le drôle me donne le vertige.

MOOR.

Comment! pas encore de réponse? Penseriez-vous bien à vous ouvrir encore un chemin avec vos armes? Mais regardez donc autour de vous, regardez! Vous ne pouvez avoir une telle pensée, ce serait une présomption puérile.... Ou iriez-vous jusqu'à vous flatter de tomber en héros, parce que vous m'avez vu me réjouir à l'approche du combat?... Oh! ne croyez pas cela!... Vous n'êtes pas Moor.... Vous êtes de mauvais bandits, de misérables instruments de mes grands desseins, quelque chose de méprisable, comme la corde dans la main du bourreau.... Des voleurs ne peuvent pas tomber comme tombent des héros.... La vie est tout profit pour les voleurs, car ce qui vient après est épouvantable.... Les voleurs ont le droit de trembler devant la mort.... Écoutez comme leurs clairons sonnent! Voyez d'ici comme leurs sabres étincellent et menacent! Quoi! encore indécis? Êtes-vous fous? êtes-vous en délire?... C'est impardonnable! Je ne vous sais pas gré de ma vie sauvée, je rougis de votre sacrifice.

LE MOINE, *extrêmement étonné.*

J'en perdrai la raison, je me sauve. A-t-on jamais entendu conter rien de semblable?

MOOR.

Ou bien craignez-vous peut-être que je me tue moi-même et annule par un suicide ce traité qui n'est valable que moi vivant? Non, enfants, c'est une crainte inutile. Tenez, je jette loin de moi mon poignard et mes pistolets, et ce petit flacon de poison qui devait m'être une ressource.... Je suis si misérable que j'ai perdu jusqu'au pouvoir de disposer de ma vie.... Quoi! encore irrésolus? Ou croyez-vous que je veuille me défendre si vous tentez de me lier? Voyez, j'attache ma main droite à cette branche de chêne : me voilà absolument sans défense, un enfant peut me renverser.... Allons! qui va donner l'exemple d'abandonner son capitaine dans le danger?

ROLLER, *dans une agitation violente.*

Et quand l'enfer nous entourerait neuf fois!... (*Il brandit son épée.*) Qui n'est pas un chien sauve son capitaine!

SCHWEIZER *déchire le pardon et en jette les morceaux à la face du moine.*

Le pardon est dans nos balles. Loin d'ici, canaille! Dis au sénat qui t'a envoyé que dans la bande de Moor tu n'as pas trouvé un seul traître.... Sauvez, sauvez le capitaine!

TOUS, *en tumulte.*

Sauvez, sauvez, sauvez le capitaine!

moor *se détache vivement et s'écrie tout joyeux.*

Maintenant nous sommes libres.... Camarades! Je sens une armée dans ce poing.... Mort ou liberté! Au moins n'en auront-ils pas un seul vivant! (*On sonne l'attaque. Bruit et tumulte. Ils sortent l'épée à la main.*)

ACTE TROISIÈME.

SCÈNE I.

AMALIE, *dans le jardin, chante, en jouant du luth.*

Il était beau comme un ange, plein des voluptés du Walhalla,
Beau par-dessus tous les jeunes hommes.
Son regard avait une douceur céleste, comme le soleil de mai,
Réfléchi par le miroir azuré des mers.

Son embrassement.... ô délirante extase!...
Le cœur battait avec force, avec feu, sur le cœur....
La bouche, les oreilles enchaînées.... La nuit devant nos regards....
Et notre âme en proie au vertige et ravie jusqu'au ciel.

Ses baisers..., sensation céleste!
Comme deux flammes se saisissent,
Comme les sons de la harpe se confondent
En une divine harmonie,

Ainsi son esprit et le mien en délire s'élançaient, volaient pour s'unir.
Les lèvres, les joues brûlaient, tremblaient....
L'âme pénétrait l'âme.... La terre et le ciel semblaient flotter
Et se fondre autour des deux amants.

Il n'est plus.... En vain, hélas! en vain
Mes tristes plaintes soupirent après lui.
Il n'est plus.... et toutes les joies de la vie
Vont se perdre en un vain hélas!

FRANZ *entre.*

FRANZ.

Déjà de retour ici, rêveuse opiniâtre? Tu t'es dérobée du joyeux banquet et tu as gâté leur joie aux convives.

AMALIE.

Grand dommage pour cette innocente joie! Le chant de mort

qui a retenti sur la tombe de ton père doit encore murmurer à ton oreille....

FRANZ.

Veux-tu donc gémir éternellement? Laisse dormir les morts, et fais le bonheur des vivants! Je viens....

AMALIE.

Et quand t'en iras-tu?

FRANZ.

Aïe! Épargne-moi ce visage sombre et fier. Tu m'affliges, Amalie. Je viens pour te dire....

AMALIE.

Il faut bien que j'écoute; car enfin, Franz de Moor est devenu notre gracieux seigneur.

FRANZ.

Oui, tout juste, c'est à ce sujet que je voulais t'entendre.... Maximilien est allé dormir dans le caveau des ancêtres. Je suis le maître; mais je voudrais l'être tout à fait, Amalie.... Tu sais ce que tu as été pour notre maison; tu étais traitée comme la fille de Moor; son amour pour toi lui a même survécu. C'est ce que tu n'oublieras jamais, je pense?...

AMALIE.

Jamais, jamais. Qui donc pourrait noyer étourdiment un tel souvenir dans un joyeux banquet?

FRANZ.

L'amour de mon père, tu dois le récompenser dans ses fils, et Charles est mort.... Tu es stupéfaite? La tête te tourne? Oui, vraiment, c'est une idée si flatteuse, si élevée, qu'elle peut étourdir jusqu'à l'orgueil d'une femme. Franz foule aux pieds les espérances des plus nobles filles, Franz vient offrir à une pauvre orpheline, sans lui délaissée, son cœur, sa main et, avec sa main, tout son or, tous ses châteaux, ses forêts.... Franz, l'envié, le redouté, se déclare volontairement l'esclave d'Amalie.

AMALIE.

Pourquoi la foudre ne déchire-t-elle pas la langue impie qui prononce cette parole coupable? Tu as tué mon bien-aimé, et Amalie doit te nommer époux! Tu....

FRANZ.

Pas tant d'emportement, toute gracieuse princesse!... Sans

doute Franz ne se courbe pas devant toi comme un Céladon qui roucoule.... Sans doute il n'a pas appris, comme le languissant berger d'Arcadie, à soupirer ses plaintes d'amour à l'écho des grottes et des rochers.... Franz parle, et, si l'on ne répond pas, il.... commandera.

AMALIE.

Toi, ver de terre, commander! me commander, à moi?... et si l'on repousse ton ordre avec un rire moqueur?

FRANZ.

C'est ce que tu ne feras pas. Je sais encore des moyens très-propres à plier tout doucement l'orgueil d'une tête opiniâtre et présomptueuse.... Un cloître et des murs!

AMALIE.

Bravo! à merveille! Et par le cloître et les murs préservée à jamais de ton regard de basilic, et force loisirs pour penser à Charles, être unie à lui. Sois le bienvenu avec ton cloître! Vite, vite, des murs!

FRANZ.

Ha! ha! c'est ainsi?... Prends garde, tu viens de m'enseigner l'art de te tourmenter.... Cet éternel caprice de Charles, je veux que mon aspect, comme le fouet d'une furie aux cheveux de flammes, le chasse de ta tête; je veux que, derrière l'image de ton favori, cet épouvantail de Franz soit toujours là, épiant en embuscade, pareil au chien magique, couché sur des trésors souterrains.... je veux te traîner par les cheveux à la chapelle; l'épée à la main, t'arracher de l'âme le serment conjugal; escalader d'assaut ta couche virginale, et triompher de ton orgueilleuse pudeur par un orgueil plus grand encore.

AMALIE *lui donne un soufflet.*

Prends d'abord ceci pour dot.

FRANZ, *furieux.*

Ah! comme ceci sera châtié, dix fois et dix fois encore! Tu ne seras pas mon épouse.... Je ne veux pas que tu aies cet honneur.... tu seras ma maîtresse, pour que les honnêtes femmes des paysans te montrent au doigt quand tu te risqueras à passer dans la rue.... Va, grince des dents.... vomis de tes yeux le feu et le meurtre.... La colère d'une femme me ravit.... elle ne fait que te rendre plus belle, plus désirable. Viens.... cette résistance parera mon triomphe, et assaisonnera ma volupté dans des embrassements conquis.... Viens dans ma chambre.... Je brûle de désir.... C'est à l'instant même qu'il faut me suivre. (*Il veut l'entraîner.*)

AMALIE *se jette à son cou.*

Pardonne-moi, Franz! (*Comme il veut l'embrasser, elle lui arrache son épée et recule vivement.*) Vois-tu, scélérat, ce que je puis faire de toi maintenant!... Je suis une femme, mais une femme furieuse.... Ose me toucher maintenant.... Ce fer traversera d'un seul coup ta poitrine impudique, et l'esprit de mon oncle guidera ma main à te punir. Fuis à l'instant! (*Elle le chasse.*)

AMALIE.

Ah! comme je me trouve bien!... Je puis maintenant respirer en liberté.... Je me sentais forte comme le coursier qui fait jaillir des étincelles, furieuse comme la tigresse poursuivant le ravisseur de ses petits qui hurle victoire.... « Dans un cloître, » dit-il.... Merci pour cette heureuse découverte.... A cette heure, l'amour déçu a trouvé son lieu de refuge.... Le cloître.... la croix du Rédempteur est le lieu de refuge de l'amour déçu. (*Elle veut sortir.*)

HERMANN *entre timidement.*

HERMANN.

Mademoiselle Amalie! Mademoiselle Amalie!

AMALIE.

Malheureux! Pourquoi viens-tu me troubler?

HERMANN.

Il faut que ce quintal soit ôté de dessus mon âme, avant que sous ce poids elle descende dans l'enfer. (*Il se jette à ses pieds.*) Pardon! pardon! Je vous ai cruellement blessée, mademoiselle Amalie.

AMALIE.

Lève-toi! va-t'en! Je ne veux rien savoir. (*Elle veut sortir.*)

HERMANN *la retient.*

Non! demeurez! Au nom de Dieu! du Dieu éternel! Vous saurez tout.

ACTE III, SCÈNE I.

AMALIE.

Pas une syllabe de plus.... Je te pardonne.... Va chez toi en paix. (*Elle veut s'éloigner rapidement.*)

HERMANN.

N'écoutez qu'un seul mot.... Il vous rendra tout votre repos.

AMALIE *revient et le regarde avec surprise.*

Comment, ami?... Qui, au ciel et sur la terre, peut me rendre mon repos?

HERMANN.

Un seul mot de ma bouche peut le faire.... Écoutez-moi!

AMALIE, *prenant sa main avec compassion.*

Brave homme!... un mot de ta bouche peut-il ouvrir de force les verrous de l'éternité?

HERMANN *se lève.*

Charles vit encore!

AMALIE, *criant.*

Malheureux!

HERMANN.

C'est la vérité même.... Et encore un mot.... Votre oncle....

AMALIE, *se jetant sur lui.*

Tu mens....

HERMANN.

Votre oncle....

AMALIE.

Charles vit encore!

HERMANN.

Et votre oncle....

AMALIE.

Charles vit encore!

HERMANN.

Votre oncle aussi.... Ne me trahissez pas. (*Il se précipite dehors.*)

AMALIE *reste longtemps comme pétrifiée, puis elle s'élance brusquement et court après lui.*

Charles vit encore!

SCÈNE II.

Contrée voisine du Danube.

LES BRIGANDS, *campés sur une hauteur, sous des arbres; les chevaux paissent sur la pente de la colline.*

MOOR.

Il faut que je reste couché ici. (*Il se jette sur la terre.*) Mes membres sont comme rompus; ma langue, sèche comme une brique. (*Schweizer s'éloigne sans être aperçu.*) Je voulais vous prier d'aller me chercher, dans le fleuve, de l'eau plein la main; mais vous êtes tous exténués jusqu'à la mort.

SCHWARZ.

Et avec ça plus une goutte de vin dans nos outres.

MOOR.

Voyez donc comme ce blé est beau!... Les arbres rompent presque sous leurs fruits.... La vigne est de la plus belle apparence.

GRIMM.

Ce sera une année féconde.

MOOR.

Crois-tu? Et il y aurait donc alors dans ce monde une sueur qui serait payée. Une...? Mais il peut tomber une grêle cette nuit, qui ruinera tout.

SCHWARZ.

C'est très-possible. Tout peut périr peu d'heures avant la récolte.

MOOR.

C'est ce que je dis. Tout périrait. Pourquoi l'homme verrait-il réussir ce qu'il a de la fourmi, et échouer ce qui le rend semblable aux dieux?... Ou bien est-ce ici qu'est le terme de sa destinée?

SCHWARZ.

Je ne la connais pas.

MOOR.

Tu dis bien, et tu as encore mieux fait, si tu n'as jamais aspiré à la connaître.... Frère!... j'ai vu les hommes, leurs soins d'abeilles et leurs projets de géants.... leurs plans de dieux et leur besogne de souris, leur lutte étrange à poursuivre le bonheur.... Celui-ci se fie au galop de son cheval.... un autre au nez de son âne.... un troisième à ses propres jambes : loto bigarré de la vie, où beaucoup mettent en jeu leur innocence et.... leur ciel, pour attraper un lot gagnant, et.... on ne tire que des zéros.... en fin de compte, pas de lot gagnant dans le jeu.... C'est un spectacle, frère, à te faire venir les larmes aux yeux, tout en te chatouillant le diaphragme à te pâmer de rire.

SCHWARZ.

Comme le soleil se couche là-bas majestueusement!

MOOR, *perdu dans la contemplation.*

Ainsi meurt un héros!... Adorable!

GRIMM.

Tu parais profondément ému.

MOOR.

Quand j'étais encore un enfant.... c'était mon idée favorite de vivre comme lui, de mourir comme lui.... (*Avec une douleur contenue.*) C'était une idée d'enfant.

GRIMM.

Je l'espère bien.

MOOR *presse son chapeau sur son visage.*

Il fut un temps.... Laissez-moi seul, camarades.

SCHWARZ.

Moor! Moor! Que diable?... Comme il change de couleur!

GRIMM.

Par tous les démons! qu'a-t-il? Se trouve-t-il mal?

MOOR.

Il fut un temps où je ne pouvais dormir quand j'avais oublié ma prière du soir....

GRIMM.

Es-tu fou? Veux-tu te laisser régenter par tes années d'enfance?

MOOR *place sa tête sur la poitrine de Grimm.*

Frère! frère!

GRIMM.

Comment? Ne fais donc pas l'enfant.... je t'en prie.

MOOR.

Ah! si je l'étais.... si je l'étais de nouveau!

GRIMM.

Fi! fi!

SCHWARZ.

Reprends ta bonne humeur. Vois ce paysage pittoresque.... cette aimable soirée.

MOOR.

Oui, mes amis! ce monde est si beau!

SCHWARZ.

A la bonne heure! c'est bien parler.

MOOR.

Cette terre si magnifique.

GRIMM.

Bien.... bien.... voilà comme j'aime à t'entendre.

MOOR, *laissant retomber sa tête.*

Et moi si hideux dans ce monde si beau.... un monstre sur cette terre si magnifique!

GRIMM.

Aïe! aïe!

MOOR.

Mon innocence! mon innocence!... Voyez, tout est dehors, pour se réchauffer aux doux rayons du printemps.... Pourquoi, pour moi seul, l'enfer découle-t-il de ces joies du ciel?... Que tout soit si heureux, si fraternellement uni par l'esprit de paix!... Le monde entier une seule famille, et un seul père là-haut.... mais non mon père à moi.... Moi seul, repoussé, seul exclu des rangs des cœurs purs.... Jamais, pour moi, le doux nom d'enfant.... jamais le tendre regard d'une amante.... jamais, jamais l'étreinte d'un ami de cœur. (*Reculant avec violence.*) Assiégé d'assassins.... de vipères qui sifflent autour de moi.... rivé au vice par des liens de fer.... courant, comme saisi de vertige, au sépulcre de la perdition, sans autre soutien que le frêle roseau du vice.... et hurlant de désespoir, comme un autre Abbadonna, au milieu des fleurs de ce monde heureux[1].

SCHWARZ, *aux autres.*

Inconcevable! Je ne l'ai jamais vu ainsi.

---

[1] *Abbadonna.* Abbadona, est le nom d'un des anges déchus qui figurent dans la *Messiade* de Klopstock. Schiller fait ici allusion à ses plaintes lamentables à la vue de la création. (Voy. le IIe chant de la *Messiade.*)

MOOR, *avec une profonde tristesse.*

Ah! que ne puis-je rentrer au sein de ma mère! que ne puis-je naître mendiant!... Non, je ne demanderais rien de plus, ô ciel!... Que ne puis-je devenir comme un de ces mercenaires!... Oh! je voudrais me donner de la peine, jusqu'à ce qu'une sueur de sang me ruisselât des tempes.... pour acheter ainsi la volupté d'un seul sommeil de midi.... le bonheur d'une seule larme.

GRIMM *aux autres.*

Patience, la crise est sur son déclin.

MOOR.

Il fut un temps où elles coulaient si aisément de mes yeux.... O jours de paix! château de mon père.... vertes vallées où je rêvais! ô vous toutes, scènes du paradis de mon enfance!... ne reviendrez-vous jamais?... ne rafraîchirez-vous jamais d'un souffle délicieux ma poitrine brûlante?... Prends le deuil avec moi, Nature!... Jamais elles ne reviendront, jamais elles ne rafraîchiront d'un souffle délicieux ma poitrine brûlante.... Perdues! perdues! sans retour....

SCHWEIZER, *avec de l'eau dans son chapeau.*

SCHWEIZER.

Tiens, bois, capitaine.... Voici de l'eau en quantité, et fraîche comme de la glace.

SCHWARZ.

Eh! mais tu saignes.... Qu'as-tu fait?

SCHWEIZER.

Une drôlerie, mon garçon, qui a failli me coûter deux jambes et une tête. Comme je trottais sur le coteau de sable, le long du fleuve, crac! ce misérable sol glisse sous moi, et je descends de dix pieds de haut, mesure rhénane.... Me voilà étendu de mon long, et comme je cherche à reprendre mes cinq sens, je trouve dans le gravier l'eau la plus limpide. « Assez pour une fois, pensai-je, voici qui régalera le capitaine. »

MOOR *lui rend son chapeau et lui essuie le visage.*

C'est qu'on ne verrait pas sans cela les cicatrices que les cavaliers bohêmes t'ont dessinées sur le front.... Ton eau était bonne, Schweizer.... Ces cicatrices te vont bien.

SCHWEIZER.

Bah! il y a encore de la place pour trente autres.

MOOR.

Oui, enfants.... ce fut une chaude après-midi.... et n'avoir perdu qu'un homme.... Mon Roller est mort d'une belle mort. On placerait un marbre sur sa cendre, s'il n'était mort pour moi. Contentez-vous de ceci. (*Il s'essuie les yeux.*) Combien les ennemis ont-ils donc laissé d'hommes sur la place?

SCHWEIZER.

Cent soixante hussards.... quatre-vingt-treize dragons.... environ quarante chasseurs.... trois cents en tout.

MOOR.

Trois cents pour un!... Chacun de vous a des droits sur cette tête. (*Il se découvre la tête.*) Je lève ici mon poignard. Aussi vrai que mon âme vit, je ne vous abandonnerai jamais!

SCHWEIZER.

Ne jure pas! Tu ne sais si tu ne redeviendras pas heureux un jour et si tu ne te repentiras pas.

MOOR.

Par les os de mon Roller! je ne vous abandonnerai jamais.

KOSINSKY *entre*.

KOSINSKY, *à part*.

C'est dans ces environs, me disent-ils, que je dois le rencontrer.... Hé! holà! qu'est-ce que ces figures?... Serait-ce...? Quoi? si c'était.... Ce sont eux, ce sont eux!... Je veux leur parler.

SCHWARZ.

Prenez garde! Qui vient là?

KOSINSKY.

Messieurs! pardonnez. Je ne sais si je m'adresse bien ou mal.

MOOR.

Et qui faut-il que nous soyons pour que vous vous adressiez bien?

KOSINSKY.

Des hommes.

SCHWEIZER.

L'avons-nous prouvé, oui ou non, capitaine?

KOSINSKY.

Je cherche des hommes qui regardent la mort en face, et laissent le danger jouer autour d'eux comme un serpent apprivoisé, qui prisent la liberté plus que l'honneur et la vie, dont le seul nom, cher aux pauvres et aux opprimés, intimide les plus braves et fait pâlir les tyrans.

SCHWEIZER, *au capitaine.*

Ce garçon me plaît.... Écoute, mon ami, tu as trouvé tes gens.

KOSINSKY.

C'est ce que je pense, et j'espère qu'ils seront bientôt mes frères.... Vous pouvez donc alors me montrer mon homme, car je cherche votre capitaine, le grand comte de Moor.

SCHWEIZER *lui prend la main avec chaleur.*

Cher jeune homme! nous nous tutoierons.

MOOR, *s'approchant.*

Mais connaissez-vous aussi le capitaine?

KOSINSKY.

C'est toi.... Dans cette physionomie.... Qui pourrait te regarder et en chercher un autre? (*Il le considère longtemps d'un œil fixe.*) J'ai toujours souhaité de voir l'homme au regard foudroyant, comme il était assis sur les ruines de Carthage.... Maintenant, je ne le souhaite plus....

SCHWEIZER.

Quel gaillard!

MOOR.

Et qu'est-ce qui vous amène vers moi?

KOSINSKY.

O capitaine, mon destin plus que cruel.... J'ai fait naufrage sur l'impétueux océan de ce monde; il m'a fallu voir mes espérances englouties, et il ne m'est resté que le souvenir déchirant de leur perte, souvenir qui me rendrait fou, si je ne cherchais à l'étouffer en dirigeant ailleurs mon activité.

MOOR.

Encore un qui porte plainte contre la Divinité!... Mais continue toujours.

KOSINSKY.

Je devins soldat.... Là encore, le malheur me poursuivit.... Je fis un voyage aux Indes orientales, mon vaisseau se brisa contre des écueils.... rien que des plans manqués! Enfin j'entends parler de toutes parts de tes exploits, de tes affreux attentats, comme ils les appellent, et j'ai fait, pour venir ici, un voyage de trente milles, avec la ferme résolution de servir sous toi, si tu veux accepter mes services.... Je t'en prie, digne capitaine, ne les refuse pas.

SCHWEIZER, *avec transport.*

Hourra! hourra! Eh! mais notre Roller serait ainsi mille fois remplacé! Un vrai frère de sac et de corde pour notre bande!

MOOR.

Comment te nommes-tu?

KOSINSKY.

Kosinsky.

MOOR.

Mais quoi? Kosinsky! Sais-tu bien que tu es un garçon étourdi, et que tu veux escamoter d'un bond le grand pas de ta vie, comme une fillette irréfléchie...? Ici, tu ne joueras pas à la paume ni aux quilles, comme tu te le figures.

KOSINSKY.

Je sais ce que tu veux dire.... Je n'ai que vingt-quatre ans, mais j'ai vu briller les épées, et entendu les balles siffler autour de moi.

MOOR.

Bien, jeune homme!... Et n'as-tu appris à faire des armes qu'en vue d'égorger, pour un écu, de pauvres voyageurs, ou de poignarder des femmes par derrière? Va, va, tu as échappé à ta nourrice, parce qu'elle t'a menacé des verges.

SCHWEIZER.

Eh! que diable, capitaine! A quoi penses-tu? Veux-tu renvoyer cet Hercule? Ne vous regarde-t-il pas comme s'il voulait chasser le maréchal de Saxe au delà du Gange, avec une cuiller à pot?

MOOR.

Parce que tes sottes idées ne te réussissent pas, tu viens à nous et veux devenir un coquin, un meurtrier?... Le meurtre, jeune homme, comprends-tu bien ce mot? On peut s'en aller dormir paisiblement, après avoir abattu des têtes de pavot, mais porter un meurtre sur la conscience....

KOSINSKY.

Tout meurtre que tu m'ordonneras, j'en répondrai hardiment.

ACTE III, SCÈNE II.

MOOR.

Eh quoi! es-tu si avisé? Prétendrais-tu prendre ton homme par la flatterie? D'où sais-tu que je n'ai pas de mauvais rêves et que je ne pâlirai pas au lit de mort? Combien donc as-tu déjà fait de choses au sujet desquelles te soit venue l'idée de responsabilité?

KOSINSKY.

En vérité, fort peu jusqu'ici; mais cependant ce voyage pour venir à toi, noble comte!

MOOR.

Ton précepteur t'a-t-il glissé étourdiment dans les mains l'histoire de Robin Hood?... On devrait enchaîner aux galères ces canailles imprudentes.... Elle aura échauffé ton imagination d'enfant, et allumé en toi la contagieuse et folle envie d'être un grand homme? Est-ce la renommée, la gloire, qui chatouillerait ton cœur? Veux-tu acheter l'immortalité par des brigandages? Prends-y bien garde, ambitieux jeune homme! le laurier ne verdit pas pour des brigands. Il n'y a pas de triomphe institué pour les victoires de bandits.... mais la malédiction, le danger, la mort, la honte.... Ne vois-tu pas là-haut, sur cette colline, se dresser le gibet?

SPIEGELBERG, *se promenant de long en large, avec humeur.*

Comme cela est bête! quelle affreuse, impardonnable stupidité! Ce n'est pas là la manière. Je m'y suis pris autrement.

KOSINSKY.

Que peut craindre celui qui ne craint pas la mort?

MOOR.

Très-bien! incomparable! Tu as bien tenu ton rang dans les écoles, tu as parfaitement appris ton Sénèque par cœur.... Mais, mon cher ami, avec de pareilles sentences tu n'endormiras pas la nature souffrante, jamais tu n'émousseras avec cela les traits de la douleur.... Réfléchis bien, mon fils. (*Il lui prend la main.*) Figure-toi que je te conseille comme un père.... Apprends d'abord à connaître la profondeur de l'abîme, avant de sauter dedans. S'il y a encore au monde une seule joie qui soit à ta portée.... il pourrait venir des moments où tu.... te réveillerais.... et alors.... peut-être serait-il trop tard. Tu sors ici, en quelque sorte, du cercle de l'humanité.... il faut que tu sois au-dessus du commun des hommes ou un diable.... Encore une fois, mon fils! si ailleurs, quelque part que ce soit, une étincelle d'espérance brille encore pour toi, renonce à cette effrayante alliance que le désespoir seul peut conclure, si ce n'est pas une sagesse supérieure qui l'a formée.... On peut se tromper.... crois-moi, on peut prendre pour force d'esprit ce qui n'est, après tout, que désespoir.... Crois-moi, moi, te dis-je, et éloigne-toi au plus vite.

KOSINSKY.

Non! maintenant, je ne m'en irai plus. Si mes prières ne te touchent pas, écoute l'histoire de mon malheur.... Ensuite tu armeras toi-même mes mains du poignard.... tu me.... Couchez-vous ici sur le sol et écoutez-moi avec attention.

MOOR.

Je consens à l'entendre.

KOSINSKY.

Eh bien! sachez que je suis un gentilhomme bohême et que, par la mort prématurée de mon père, je devins seigneur d'un fief considérable. Mon domaine était un paradis.... car il renfermait un ange.... une jeune fille parée de tous les attraits de la jeunesse dans sa fleur, et pure comme la lumière du ciel.... Mais à qui dis-je cela? Ces sons-là passent devant vos oreilles.... vous n'avez jamais aimé, jamais vous n'avez été aimés....

SCHWEIZER.

Doucement, doucement! notre capitaine devient rouge comme le feu.

MOOR.

Cesse. Je l'écouterai une autre fois.. demain... prochainement, ou.... quand j'aurai vu du sang.

KOSINSKY.

Du sang, du sang!... tu n'as qu'à écouter la suite. Le sang, te dis-je, inondera ton âme. Elle était d'une naissance bourgeoise, allemande.... mais sa vue dissipait les préjugés de la noblesse. Elle accepta de ma main, avec la plus pudique modestie, l'anneau des fiançailles, et le surlendemain je devais conduire mon Amalie à l'autel. (*Moor se lève vivement.*) Dans l'ivresse de la félicité qui m'attendait, au milieu des préparatifs du mariage.... je suis mandé à la cour par un exprès. Je m'y rendis. On me montra des lettres que j'avais écrites, disait-on, et dont le contenu faisait de moi un traître. Je rougis indigné d'une telle méchanceté.... on me prit mon épée, on me jeta en prison ; j'avais perdu le sens.

SCHWEIZER.

Et pendant ce temps-là.... Continue toujours. Je sens déjà le plat qu'on t'apprête.

KOSINSKY.

Je languis là pendant un mois, sans savoir ce qui m'arrivait. J'étais inquiet pour mon Amalie, à qui mon sort devait faire éprouver à chaque minute les angoisses de la mort. Enfin parut le premier ministre de la cour ; il me félicite, en termes doucereux, de la découverte de mon innocence ; il me lit l'ordre de ma mise en liberté et me rend mon épée. Voilà que j'accours triomphant à mon château, pour voler dans les bras de mon Amalie... : elle avait disparu. On l'avait emmenée, me dit-on, au milieu de la nuit, personne ne savait où, et depuis elle était demeurée cachée à tous les yeux. « Oh ! ciel ! » Ce fut comme un éclair qui me traversa l'esprit, je vole à la ville, je m'informe à la cour.... Tous les yeux étaient fixés sur moi.... personne ne voulait me donner d'éclaircissement. A la fin, je la découvre, à travers une grille dérobée aux regards, dans le palais.... Elle me jeta un petit billet.

SCHWEIZER.

Ne l'avais-je pas dit ?

KOSINSKY.

Enfer, mort et diable ! Je le lus de mes yeux ! On lui avait laissé le choix ou de me voir mourir ou de devenir la maîtresse du prince. Dans la lutte entre l'honneur et l'amour, elle se décida pour l'amour, et.... (*Il rit*) je fus sauvé.

SCHWEIZER.

Que fis-tu alors ?

KOSINSKY.

Je restai là comme frappé de mille tonnerres.... Du sang ! fut ma première pensée ; du sang ! ma dernière. La bouche écumante, je cours chez moi, je choisis une épée bien tranchante, et avec cette arme je vole en toute hâte à la maison du ministre..., car lui seul.... lui seul évidemment avait été l'entremetteur infernal. Il faut qu'on m'ait vu de la rue, car, lorsque je montai, toutes les chambres étaient fermées à clef ! Je cherche, je questionne; on me répond qu'il s'est fait conduire chez le prince. J'y cours aussitôt, on ne l'avait pas vu. Je retourne sur mes pas, j'enfonce les portes, je le trouve. J'allais à l'instant.... mais cinq ou six valets, en embuscade, se jettent sur moi et m'arrachent mon épée.

SCHWEIZER *frappe du pied.*

Et il n'attrapa rien, et tu en fus pour ta peine?

KOSINSKY.

Je fus saisi, accusé, poursuivi criminellement, noté d'infamie, et comme tel.... par une grâce spéciale.... remarquez bien cela!... banni de la contrée. Mes biens furent confisqués au profit du ministre, mon Amélie demeure dans les griffes du tigre, consume sa vie dans les larmes et le deuil, pendant que ma vengeance est réduite à jeûner, et à se courber sous le joug du despotisme.

SCHWEIZER, *se levant et aiguisant son épée.*

Voilà de l'eau à notre moulin, capitaine! C'est un feu à mettre.

MOOR, *qui jusque-là s'est promené en tous sens, dans une vive agitation, bondit tout à coup et dit aux brigands :*

Il faut que je la voie.... Alerte! Ramassez tout.... Tu restes avec nous, Kosinsky!... Levez le camp sans retard.

LES BRIGANDS.

Où? quoi?

MOOR.

Où? qui demande où? (*Vivement à Schweizer.*) Traître, tu veux me retenir? Mais, par l'espoir du ciel!...

SCHWEIZER.

Moi, traître?... Va en enfer, je t'y suivrai.

MOOR *se jette à son cou.*

Cœur de frère! tu m'y suivrais.... Elle pleure, elle pleure, elle consume sa vie dans le deuil. Alerte! Vivement! Tous! En Franconie! Il faut que nous y soyons dans huit jours. (*Ils s'en vont.*)

ACTE QUATRIÈME.

SCÈNE I.

Contrée champêtre, aux environs du château de Moor.

LE BRIGAND MOOR, KOSINSKY, *dans l'éloignement.*

MOOR.

Va en avant et annonce-moi. Tu sais bien encore, je pense, ce que tu dois dire?

KOSINSKY.

Vous êtes le comte de Brand, vous arrivez du Mecklembourg; je suis votre palefrenier.... Ne craignez rien, je saurai jouer mon rôle. Adieu! (*Il s'en va.*)

MOOR.

Salut, terre de la patrie! (*Il baise la terre.*) Ciel de la patrie! Soleil de la patrie!... Champs et collines, cours d'eau et forêts! je vous salue tous, tous du fond du cœur.... Quel souffle délicieux descend des montagnes natales! De quel baume voluptueux vous venez inonder le pauvre exilé!... Élysée! monde poétique! Arrête! Moor! ton pied s'avance dans un temple sacré.... (*Il s'approche.*) Vois donc! jusqu'aux nids d'hirondelle dans la cour du château.... et la petite porte du jardin! et ce coin de la haie où si souvent à cache-cache tu as épié et lutiné le chercheur.... et là-bas, dans la vallée, cette prairie où, nouvel Alexandre, tu conduisais tes Macédoniens à la bataille d'Arbelles, et tout auprès le tertre de gazon du haut duquel tu culbutais le satrape perse.... et ton étendard victorieux flottait bien haut dans les airs! (*Il sourit.*) Les années d'or, les jours de mai de l'enfance revivent dans l'âme du misérable.... Alors tu étais si heureux, avec une sérénité si entière, si pure de tout nuage!... Et maintenant.... là gisent devant toi les ruines de tes projets. C'est ici que tu devais passer tes jours, comme un homme puissant, important, considéré.... ici tu devais revivre tes premières années dans les enfants florissants d'Amalie.... ici, ici, idole de ton peuple...; mais le méchant ennemi de tout bien a froncé le sourcil à cet espoir. (*Il tressaille.*) Pourquoi suis-je venu ici? pour avoir le sort du prisonnier que le cliquetis de ses chaînes réveille en sursaut de ses rêves de liberté.... Non, je retourne dans ma misère.... Le captif avait oublié la lumière, mais le rêve de la liberté a soudain frappé ses yeux, comme l'éclair ne perce la nuit que pour la laisser plus sombre.... Adieu, vallées de ma patrie! Autrefois vous vîtes Charles enfant, et Charles enfant était un enfant bien heureux.... Maintenant vous l'avez vu homme, et il était au désespoir. (*Il se tourne et fuit rapidement vers l'extrémité de la contrée, mais là il s'arrête tout à coup, et ses regards se reportent avec mélancolie vers le château.*) Ne pas la voir, pas un regard.... et il n'y aura eu qu'un mur entre Amalie et moi... Non! il faut que je la voie..., que je le voie..., quand cela devrait me réduire en poudre! (*Il revient sur ses pas.*) Père! père! ton fils approche.... Loin de moi ce sang noir, fumant! loin de moi ce regard creux, horrible, convulsif de la mort! Laisse-moi seulement cette heure de liberté.... Amalie! Mon père! ton Charles approche. (*Il s'avance rapidement vers le château*).... Torture-moi, au réveil du jour; ne lâche pas ta proie, quand la nuit vient.... torture-moi dans des rêves affreux! Seulement ne m'empoisonne pas cette unique volupté! (*Il s'arrête à la porte.*) Qu'est-ce que j'éprouve? Qu'est-ce que cela, Moor? Sois un homme!... Frisson de la mort!.... Terrible pressentiment! (*Il entre.*)

SCÈNE II.

Galerie du château.

LE BRIGAND MOOR et AMALIE entrent.

AMALIE.

Et vous feriez-vous fort de reconnaître son portrait parmi ces peintures?

ACTE IV, SCENE II.

MOOR.

Oh! bien certainement. Son image fut toujours vivante en moi. (*Passant devant les tableaux.*) Ce n'est pas celui-ci.

AMALIE.

Deviné!... Celui-ci est la tige de cette famille de comtes souverains. Il reçut la noblesse de Barberousse, qu'il avait servi contre les pirates.

MOOR, *toujours auprès des tableaux.*

Ce n'est pas non plus celui-ci.... ni cet autre.... ni celui-là.... Il n'est pas ici.

AMALIE.

Comment? Regardez donc mieux! Je croyais que vous le connaissiez?

MOOR.

Je ne connais pas mieux mon père. Il manque à ce portrait cette douce expression de la bouche qui le ferait reconnaître entre mille.... Ce n'est pas lui.

AMALIE.

Je suis stupéfaite. Comment? Il y a dix-huit ans que vous ne l'avez vu, et malgré cela....

MOOR, *vivement, avec une soudaine rougeur.*

Le voici! (*Il s'arrête comme frappé de la foudre.*)

AMALIE.

Un excellent homme!

MOOR, *absorbé dans sa contemplation.*

Père! père! pardonne-moi.... Oui, un excellent homme!... (*Il s'essuie les yeux.*) Un homme divin!

AMALIE.

Vous paraissez vous intéresser beaucoup à lui.

MOOR.

Oh! un excellent homme!... Et il serait mort?

AMALIE.

Hélas! il est parti comme partent nos meilleures joies.... (*Prenant doucement sa main.*) Monsieur, cher comte, aucune félicité ne mûrit sous le soleil.

MOOR.

Très-vrai, très-vrai!... Et auriez-vous déjà fait cette triste épreuve? C'est à peine si vous avez vingt-trois ans.

AMALIE.

Oui, et déjà je l'ai faite. Tout vit pour mourir tristement un jour. Nous ne prenons intérêt aux choses, nous ne les acquérons que pour les perdre un jour avec douleur.

MOOR.

Vous avez déjà perdu quelque chose?

AMALIE.

Rien! Tout! Rien.... Voulez-vous que nous allions plus loin, monsieur le comte?

MOOR.

Pourquoi tant de hâte? De qui est ce portrait, là, à droite? Il me semble que c'est une physionomie malheureuse.

AMALIE.

Ce portrait à gauche est le fils du comte, le seigneur actuel.... Venez, venez!

MOOR.

Mais ce portrait à droite?

AMALIE.

Vous ne voulez pas venir dans le jardin?

MOOR.

Mais ce portrait à droite?... Tu pleures, Amalie. (*Amalie s'éloigne rapidement*). Elle m'aime! elle m'aime!... Tout son être commençait à se révolter. Des larmes coulaient sur ses joues et la trahissaient. Elle m'aime!... Misérable, mérites-tu cela d'elle? Ne suis-je pas ici comme un condamné devant le bloc fatal? Est-ce là le sofa où, suspendu à son cou, je m'enivrais de bonheur? Sont-ce là les salles du château paternel? (*Saisi par l'aspect de son père.*) Toi, toi.... Des flammes ardentes sortent de tes yeux.... Malédiction! malédiction! Réprobation!... Où suis-je? Il fait nuit devant mes yeux.... Terreurs de Dieu!... C'est moi, moi qui l'ai tué! (*Il s'enfuit précipitamment.*)

FRANZ DE MOOR, *plongé dans de profondes réflexions.*

Arrière cette image! Repousse-la, indigne poltron! Pourquoi trembles-tu et devant qui? Depuis le peu d'heures que le comte circule dans ces murs, ne suis-je pas inquiet comme si un espion de l'enfer était sans cesse sur mes talons?... Je devrais le connaître. Il y a, dans son visage farouche et brûlé du soleil, je ne sais quoi de grand et que j'ai souvent vu, qui me fait trembler.... Amalie ne le voit pas non plus avec indifférence. Ne laisse-t-elle pas s'égarer avidement sur le drôle de ces regards langoureux dont elle est du reste si avare envers tout le monde? N'ai-je pas vu comme elle a laissé tomber quelques larmes furtives dans le vin, qu'il a ensuite avalé si précipitamment derrière mon dos, comme s'il eût voulu dévorer le verre en même temps? Oui, j'ai vu cela, dans le miroir; je l'ai vu, de mes propres yeux.... Holà! Franz, prends garde à toi! Sous cet homme se cache quelque monstre gros de malheurs. (*Il s'arrête devant le portrait de Charles, qu'il examine attentivement.*)

Son long cou d'oie...., ses yeux noirs qui lancent la flamme, hum! hum!... ses sourcils sombres, touffus, qui pendent sur les yeux.... (*Tressaillant tout à coup.*) Est-ce toi, enfer, qui, dans ta joie de nuire, m'envoies ce soupçon? C'est Charles! Oui, maintenant, tous ses traits revivent en moi.... Malgré son masque, c'est lui.... C'est lui.... malgré son masque!... C'est lui.... Mort et damnation! (*Il se promène d'un pas rapide.*) Est-ce pour cela que j'ai sacrifié mes nuits...., pour cela que j'ai enlevé de ma route les rochers et comblé les abîmes? Quoi! serais-je ainsi devenu rebelle à tous les instincts de l'humanité, pour qu'à la fin ce coureur, ce vagabond, vînt, sans crier gare, traverser et rompre mes trames les plus habiles?... Doucement! hé! doucement! Ce qu'il reste à faire n'est plus qu'un jeu.... Et d'ailleurs n'ai-je pas déjà pataugé, m'embourbant jusqu'aux oreilles, dans les péchés mortels? si bien que ce serait folie de nager en arrière, quand le rivage est déjà si loin de moi.... Revenir sur mes pas! il n'y faut plus penser.... La grâce divine elle-même serait réduite à la mendicité et la miséricorde infinie ferait banqueroute, si elles voulaient répondre de toutes mes dettes.... Ainsi donc, en avant, et virilement!... (*Il sonne.*) Qu'il s'unisse à l'ombre de son père et marche contre moi! Je me moque des morts.... Daniel! hé! Daniel!... Je parie que, lui aussi, ils l'ont déjà excité contre moi. Il paraît si mystérieux.

DANIEL *entre.*

DANIEL.

Qu'avez-vous à me commander, mon maître?

FRANZ.

Rien. Va, remplis-moi de vin ce gobelet, mais fais vite. (*Daniel sort.*) Attends, vieux, je t'attraperai! Je te regarderai dans les yeux, si fixement, que ta conscience prise en faute pâlira à travers ton masque. Il faut qu'il meure!... Fi du manœuvre inepte qui ne fait sa tâche qu'à moitié, puis l'abandonne, et regarde, oisif et ébahi, ce qu'il pourra en advenir.

DANIEL *rentre avec le vin.*

FRANZ.

Pose-le là. Regarde-moi fixement dans les yeux. Comme tes genoux vacillent! Comme tu trembles! Avoue, vieux! qu'as-tu fait?

DANIEL.

Rien, gracieux seigneur, aussi vrai que Dieu est et que ma pauvre âme vit en moi!

FRANZ.

Bois ce vin.... Quoi! Tu hésites?... Parle, et bien vite! Qu'as-tu jeté dans le vin?

DANIEL.

Que Dieu m'assiste! Quoi? moi, dans le vin?

FRANZ.

Tu as jeté du poison dans le vin. N'es-tu point blanc comme la neige? Avoue, avoue! Qui te l'a donné? N'est-ce pas? c'est le comte, le comte qui te l'a donné?

DANIEL.

Le comte? Jésus Marie! Le comte ne m'a rien donné.

FRANZ *le saisit rudement.*

Je t'étranglerai, que tu en deviennes tout bleu, menteur à cheveux blancs! Rien! Et qu'étiez-vous donc ainsi fourrés ensemble, lui et toi, et Amalie? et que chuchotiez-vous toujours entre vous? Allons! qu'on parle! Quels secrets, quels secrets, te dis-je, t'a-t-il confiés?

DANIEL.

J'en atteste le Dieu qui sait tout, il ne m'a confié aucun secret.

FRANZ.

Tu veux le nier? Quels complots avez-vous tramés, pour vous débarrasser de moi? N'est-ce pas de m'étrangler pendant mon sommeil? de me couper la gorge en me rasant? de m'empoisonner avec du vin ou du chocolat? Parle, parle!... ou de m'endormir du sommeil éternel au moyen de ma soupe? Avoue donc! Je sais tout.

DANIEL.

Que Dieu m'abandonne dans le besoin, si je vous dis rien, en ce moment, que la pure et entière vérité!

FRANZ.

Cette fois, je veux bien te pardonner. Mais, n'est-ce pas, il t'a glissé bien sûr de l'argent dans ta bourse? Il t'a serré la main plus fort que ce n'est l'usage?... à peu près comme on la serre à d'anciennes connaissances?

DANIEL.

Jamais, mon maître.

FRANZ.

Il t'a dit, par exemple, qu'il lui semblait te connaître déjà?... que tu devais presque le connaître? qu'un jour le bandeau tomberait de tes yeux?... que.... Quoi! il ne t'aurait jamais rien dit de tout cela?

DANIEL.

Pas un mot.

FRANZ.

Que certaines circonstances le retenaient.... qu'on était souvent obligé de prendre des masques, pour pouvoir approcher de ses amis.... qu'il voulait se venger, se venger de la manière la plus terrible?

DANIEL.

Pas une syllabe de tout cela.

FRANZ.

Quoi! rien du tout? réfléchis bien.... Qu'il avait connu.... connu tout particulièrement ton vieux maître.... qu'il l'aimait.... l'aimait extrêmement.... comme aime un fils....

DANIEL.

Je me souviens d'avoir entendu de lui quelque chose de ce genre.

FRANZ, *pâle*.

A-t-il, a-t-il réellement dit cela? Comment? raconte-moi donc la chose! Il t'a dit qu'il était mon frère?

DANIEL, *étonné*.

Quoi! mon maître?... Non, il n'a pas dit cela. Mais comme Mademoiselle le promenait dans la galerie (j'étais tout juste à essuyer la poussière qui couvrait les cadres des tableaux), il s'arrêta tout à coup, comme frappé du tonnerre, devant le portrait de feu mon maître. La gracieuse demoiselle le lui montrait, en disant : « Un excellent homme! — Oui, un excellent homme! » a-t-il répondu, en s'essuyant les yeux.

FRANZ.

Ecoute, Daniel! Tu sais que j'ai toujours été un bon maître pour toi : je t'ai donné la nourriture et le vêtement, et j'ai ménagé, en toute occasion, la faiblesse de ton âge!...

DANIEL.

Que le bon Dieu vous en récompense! Et moi, je vous ai toujours servi honnêtement.

FRANZ.

C'est ce que j'allais dire. Tu ne m'as de ta vie fait d'objection, tu sais trop bien que tu me dois l'obéissance en tout ce que je te commande.

DANIEL.

En toute chose, de tout mon cœur, tant que ce ne sera ni contre Dieu ni contre ma conscience.

FRANZ.

Chansons, chansons que cela! n'as-tu pas honte? Un vieil homme comme toi, croire à ce conte de Noël! Va, Daniel, c'est une sotte pensée que tu viens d'avoir. Ne suis-je pas ton maître? C'est moi que Dieu et la conscience puniront, s'il y a un Dieu et une conscience.

DANIEL *joint les mains avec terreur*.

Miséricorde du ciel!

FRANZ.

Par ton obéissance! comprends-tu bien ce mot? Par l'obéissance que tu me dois, je te l'ordonne, il faut que demain le comte ne soit plus du nombre des vivants.

DANIEL.

Assiste-moi, grand Dieu! Et pourquoi?

FRANZ.

Par l'obéissance aveugle que tu me dois!... et c'est à toi que je m'en prendrai.

DANIEL.

A moi? Assiste-moi, sainte mère de Dieu! A moi? Pauvre vieillard, quel mal ai-je donc fait?

FRANZ.

Ce n'est pas le temps de délibérer à loisir, ton sort n'est-il pas dans mes mains? Veux-tu consumer le reste de ta vie dans le plus profond de mes cachots, où la faim te forcera de ronger tes propres os, et la soif brûlante de ravaler ton urine?... Ou bien veux-tu plutôt manger ton pain en paix et avoir du repos dans ta vieillesse?

DANIEL.

Quoi, maître? La paix et le repos dans la vieillesse? Un meurtrier?

FRANZ.

Réponds à ma question.

DANIEL.

Mes cheveux gris! mes cheveux gris!

FRANZ.

Oui ou non!

DANIEL.

Non!... Que Dieu ait pitié de moi!

FRANZ *va pour sortir.*

Bien!... Tu en auras besoin. (*Daniel le retient et se jette à ses pieds.*)

DANIEL.

Pitié, Seigneur! pitié!

FRANZ.

Oui ou non!

DANIEL.

Monseigneur, j'ai aujourd'hui soixante-onze ans, et j'ai honoré mon père et ma mère, et, de ma vie, je n'ai sciemment fait tort à personne d'un denier; et j'ai fidèlement et honnêtement gardé ma foi, et j'ai servi quarante-quatre ans dans votre maison, et maintenant j'attends une bonne et paisible fin. Ah! mon maître, mon maître! (*Il embrasse ardemment ses genoux.*) Et vous voulez m'enlever ma dernière consolation à l'heure de la mort, vous voulez que le ver rongeur mette obstacle à ma dernière prière, que je m'endorme en horreur à Dieu et aux hommes? Non, non, mon cher et bon maître, mon cher et gracieux seigneur, vous ne voulez pas cela, vous ne pouvez le vouloir d'un vieillard de soixante-onze ans.

FRANZ.

Oui ou non! Que signifie ce bavardage?

DANIEL.

Je vous servirai désormais avec plus de zèle encore; j'épuiserai à votre service, comme un journalier, mes pauvres muscles desséchés; je me lèverai plus tôt, me coucherai plus tard.... hélas! et je comprendrai votre nom dans ma prière du matin et du soir, et Dieu ne rejettera pas la prière d'un vieillard.

FRANZ.

L'obéissance vaut mieux que le sacrifice. As-tu jamais entendu dire que le bourreau fît des façons quand il devait exécuter une sentence?

DANIEL.

Ah! sans doute; mais égorger un innocent.... un....

FRANZ.

Suis-je tenu par hasard à te rendre compte? La hache a-t-elle le droit de demander au bourreau pourquoi elle doit tomber ici et non là?... Mais vois ma longanimité.... Je t'offre une récompense pour ce que t'impose ton devoir envers ton seigneur.

DANIEL.

Mais je comptais, en m'engageant à mon seigneur, pouvoir rester bon chrétien.

FRANZ.

Pas d'objection! Vois, je te donne encore tout un jour de réflexion! Penses-y de nouveau. Le bonheur ou le malheur.... entends-tu? comprends-tu? le plus grand bonheur ou l'extrême malheur! Je ferai merveilles à te châtier.

ACTE IV, SCÈNE II.

DANIEL, *après un moment de réflexion.*

Je le ferai, demain je le ferai. (*Il sort.*)

FRANZ.

La tentation est forte, et sans doute il n'est pas né pour être martyr de sa foi.... Bon appétit donc, monsieur le comte! Selon toute apparence, vous ferez demain soir le repas que sert le bourreau. Tout dépend, après tout, de l'idée qu'on se fait des choses, et bien fou qui s'en fait une idée contraire à ses intérêts. Le père, qui peut-être a bu une bouteille de trop, éprouve une certaine excitation.... et de là naît un homme, et l'homme était certainement la dernière chose à laquelle on pensât dans ce travail d'Hercule. Eh bien! j'éprouve aussi une certaine excitation.... et un homme en crève, et certes il y a là plus de jugement et d'intention qu'il n'y en eut dans sa procréation.... Si la naissance de l'homme n'est que l'œuvre d'un accès tout animal, d'un hasard, qui pourrait se laisser aller, quand il s'agit de *la négation* de cette naissance, à y voir une importante réalité? Maudite soit la folie de nos nourrices et de nos bonnes, qui corrompent notre imagination par leurs contes effrayants, et impriment dans la tendre moelle de nos cerveaux d'horribles images de jugements vengeurs! si bien que, même à l'âge d'homme, d'involontaires frissons secouent nos membres par de glaciales angoisses, entravent nos résolutions les plus hardies, et enlacent dans les chaînes d'une ténébreuse superstition notre raison qui s'éveille!... Le meurtre! comme tout un enfer de Furies voltige autour de ce mot!... La nature a oublié de faire un homme de plus.... le cordon ombilical n'a pas été noué.... et toute cette fantasmagorie a disparu. C'était quelque chose, et ce n'est plus rien.... N'est-ce pas comme si l'on disait : C'était néant et devient néant?... et du néant nul ne se soucie... L'homme naît de la bourbe, et barbote un moment dans la bourbe, et fait de la bourbe, puis pourrit et redevient bourbe, jusqu'à ce qu'à la fin il s'attache, sous forme d'ordure, à la semelle des souliers de son arrière-neveu. C'est là la fin de la chanson.... le cercle heureux de l'humaine destinée, et ainsi donc.... bon voyage, monsieur mon frère! Que le moraliste hypocondriaque et podagre qui nous parle d'une conscience s'en aille chasser des mauvais lieux les femmes ridées, et torturer, au lit de mort, de vieux usuriers.... de moi il n'aura jamais audience. (*Il s'en va.*)

SCÈNE III.

Une autre chambre dans le château.

LE BRIGAND MOOR *entre d'un côté ;* DANIEL, *d'un autre.*

MOOR *vivement.*

Où est Mademoiselle ?

DANIEL.

Gracieux seigneur, permettez à un pauvre homme de vous adresser une prière.

MOOR.

Je te l'accorde, que veux-tu ?

DANIEL.

Pas grand'chose et tout, si peu, et pourtant une si grande faveur.... laissez-moi vous baiser la main.

MOOR.

C'est ce que je ne veux pas, bon vieillard ! (*Il l'embrasse.*) Toi que je pourrais nommer mon père !

DANIEL.

Votre main, votre main ! je vous en prie.

MOOR.

Non, cela ne doit pas être.

DANIEL.

Il le faut. (*Il la saisit, la regarde rapidement et tombe à genoux devant lui.*) Mon cher, mon excellent Charles !

MOOR, *effrayé, se remet et dit froidement :*

Ami, que dis-tu ? je ne te comprends pas.

DANIEL.

Oui, niez-le, dissimulez. Bien, bien ! Vous êtes toujours mon excellent, mon délicieux jeune maître.... Dieu de bonté, que, dans ma vieillesse, j'aie encore eu la joie.... Sot étourdi que je suis de ne vous avoir pas tout de suite.... Ah ! père céleste ! vous voilà donc revenu, et notre vieux seigneur est sous terre, et vous voilà de retour.... Quel âne aveugle j'étais (*se frappant le front*) de ne vous avoir pas à la première seconde.... Eh! Seigneur mon.... qui aurait pu rêver cela?... Ce que j'implorais avec larmes.... Seigneur Jésus! Le voilà donc de nouveau, en personne, dans l'ancienne chambre!

MOOR.

Qu'est-ce que ce langage? Avez-vous un accès de fièvre chaude? ou voulez-vous essayer sur moi un rôle de comédie?

DANIEL.

Eh! fi donc, fi donc! Ce n'est pas beau de se moquer ainsi d'un vieux serviteur.... Cette cicatrice! Hé! vous rappelez-vous encore? grand Dieu! quelle belle peur vous me fîtes là!... Je vous ai toujours tant aimé, et quel chagrin de cœur vous avez failli me causer ce jour-là!... Vous étiez assis sur mes genoux.... vous en souvient-il encore?... là-bas dans la chambre ronde.... n'est-ce pas, petit gaillard? Vous avez sans doute oublié cela.... et aussi le coucou que vous aimiez tant à entendre?... Pensez donc, le coucou est brisé et réduit en miettes.... la vieille Suzette l'a cassé en balayant la chambre.... Oui, vraiment, et vous étiez donc assis là sur mes genoux, et vous criiez: hop! hop! et je courus vous chercher votre dada pour faire hop!... Jésus, mon Dieu! pourquoi aussi, vieil âne que j'étais, m'éloigner de vous?... et quelle chaleur bouillante me courut dans le dos.... quand j'entendis du dehors, dans le vestibule, vos cris lamentables! Je m'élance dans la chambre, je vois couler votre sang vermeil, et vous étiez étendu par terre, et vous aviez.... Sainte mère de Dieu! ce fut comme si un seau d'eau glacée m'eût inondé la nuque.... mais voilà ce qui arrive quand on n'a pas toujours l'œil sur les enfants. Grand Dieu! si c'était entré dans l'œil.... Et encore c'était la main droite. « De ma vie, dis-je, je ne laisserai à un enfant ni couteau, ni ciseaux, ni rien de pointu, dis-je.... dans les mains, » dis-je.... Heureusement, Monsieur et Madame étaient en voyage.... « Oui, oui, cela me servira de leçon pour le reste de mes jours, » dis-je.... Seigneur Jésus! j'aurais pu être renvoyé du service, j'aurais.... Que Dieu vous le pardonne, maudit enfant.... mais, grâce à Dieu! cela guérit heureusement, à cette vilaine cicatrice près.

MOOR.

Je ne comprends pas un mot de tout ce que tu dis.

DANIEL.

Oui, n'est-ce pas? n'est-ce pas? C'était encore là un bon temps? Que de massepains, de biscuits, de macarons je vous ai fourrés! Car c'est toujours vous que j'ai aimé le mieux, et vous rappelez-vous encore ce que vous me dites en bas dans l'écurie, comme je vous posais sur l'alezan brûlé de mon vieux maître et que je vous laissais trotter dans le grand pré? « Daniel, me dites-vous, laisse-moi seulement devenir un homme fait, Daniel, et tu seras mon intendant, et tu te promèneras dans la voiture avec moi. — Oui, dis-je en riant, si Dieu me donne vie et santé, et si vous ne rougissez pas d'un pauvre vieillard, dis-je, je vous prierai de me céder la petite maison là-bas, dans le village, qui est vide depuis un bon bout de temps, » et là j'aurais voulu mettre dans ma cave une vingtaine de muids de vin, et tenir auberge dans mes vieux jours. Oui, riez, riez toujours! N'est-ce pas, mon jeune maître? Cela vous est complétement sorti de la tête?... On ne veut pas reconnaître le pauvre vieux, voilà pourquoi on fait, à ce point, l'étranger, le grand seigneur.... Oh! vous êtes pourtant mon trésor de jeune maître.... Sans doute, on a été, ma foi! un peu libertin (ne vous en fâchez pas!).... comme l'est le plus souvent la jeunesse.... mais, à la fin, tout peut encore se réparer.

MOOR *se jette à son cou.*

Oui, Daniel, je ne veux plus le cacher. Je suis ton Charles, ton Charles perdu. Que fait mon Amalie?

DANIEL *se met à pleurer.*

Que moi, vieux pécheur, j'aie encore une telle joie.... et feu mon maître a pleuré en vain!... Adieu, adieu, crâne blanchi, os desséchés, descendez avec joie dans la tombe. Mon maître et seigneur vit, mes yeux l'ont vu!

MOOR.

Et il tiendra ce qu'il a promis.... Prends ceci, honnête tête grise, c'est pour l'alezan dans l'écurie. (*Il lui met de force dans la main une lourde bourse.*) Je n'ai pas oublié le vieux serviteur.

ACTE IV, SCÈNE III.

DANIEL.

Comment? que faites-vous? C'est trop, votre main s'est trompée.

MOOR.

Trompée? non, Daniel. (*Daniel veut se jeter à ses pieds.*) Lève-toi! Dis-moi ce que fait mon Amalie!

DANIEL.

Bonté divine! bonté divine! Ah! Seigneur Jésus!... votre Amalie, oh! elle n'y survivra pas, elle mourra de joie!

MOOR, *vivement*.

Elle ne m'a pas oublié?

DANIEL.

Oublié? Que nous contez-vous encore là? Vous oublier?... J'aurais voulu que vous fussiez présent, que vous vissiez de vos yeux quelle fut sa contenance, quand arriva cette nouvelle de votre mort, que notre gracieux seigneur fit répandre.

MOOR.

Que dis-tu? mon frère....

DANIEL.

Oui, votre frère, notre gracieux seigneur, votre frère.... Je vous en dirai plus long à ce sujet une autre fois, quand nous en aurons le temps.... et comme elle lui rabattait proprement le caquet, quand il venait, tous les jours que Dieu nous envoie, lui faire sa proposition et qu'il voulait en faire notre gracieuse dame. Oh! il faut, il faut que j'aille lui dire, lui porter la nouvelle. (*Il veut sortir.*)

MOOR.

Reste, reste! Elle ne doit pas le savoir! personne ne doit le savoir, ni mon frère non plus....

DANIEL.

Votre frère? Non, assurément non, il ne doit pas le savoir! Lui surtout!... Pourvu qu'il n'en sache pas déjà plus qu'il ne doit.... Oh! je vous le dis, il y a de vilains hommes, de vilains frères, de vilains seigneurs.... mais je ne voudrais pas, pour tout l'or de mon maître, être un vilain serviteur.... Monseigneur vous tenait pour mort.

MOOR.

Hum! que grognes-tu là?

DANIEL, *plus bas.*

Et sans doute quand on ressuscite ainsi sans y être invité.... Votre frère était l'unique héritier de feu mon maître....

MOOR.

Vieillard!... que murmures-tu là entre tes dents, comme si quelque secret monstrueux flottait sur ta langue, un secret qui ne voudrait pas et pourtant devrait sortir? Parle plus clairement!

DANIEL.

Mais j'aime mieux que la faim me force à ronger mes vieux os, et la soif à boire mon urine, que de gagner par un meurtre du bien-être en abondance. (*Il s'éloigne rapidement.*)

MOOR,

se réveillant comme en sursaut, après quelques instants d'un terrible silence.

Trompé, trompé! C'est comme un éclair qui me traverse l'âme!... Artifices de fripon! Ciel et enfer! Ce n'est pas toi, mon père! Artifices de fripon! Meurtrier, brigand par l'effet de ces artifices de fripon! Noirci par lui! mes lettres dénaturées, supprimées.... Son cœur plein d'amour.... O monstre de fou que j'étais!... Son cœur paternel plein d'amour.... O coquinerie! coquinerie! Il ne m'en eût coûté que de tomber à ses pieds.... il m'en eût coûté une larme.... O pauvre, pauvre, pauvre fou!... (*Courant se heurter contre le mur.*) J'aurais pu être heureux.... O fourberie, fourberie! le bonheur de ma vie dérobé par une fourberie, une lâche déception! (*Il court avec rage de long en large.*) Meurtrier, brigand par des artifices de fripon!... Il n'avait même pas de ressentiment. Pas une pensée de malédiction dans son cœur.... O scélérat! inconcevable, rampant, abominable scélérat!

KOSINSKY *entre.*

KOSINSKY.

Eh bien! capitaine, où te caches-tu? Qu'y a-t-il? Tu veux rester ici plus longtemps, à ce que je vois.

MOOR.

Vite! Selle les chevaux! Il faut qu'avant le coucher du soleil nous ayons passé la frontière.

KOSINSKY.

Tu plaisantes.

MOOR.

Alerte! alerte! Ne sois pas long, laisse tout là, et que personne ne te voie. (*Kosinsky sort.*)

MOOR.

Je fuis de ces murs. Le moindre retard pourrait me rendre furieux, et c'est le fils de mon père.... Frère, frère! tu as fait de moi l'être le plus misérable qui soit au monde, je ne t'ai jamais offensé.... ce n'était pas agir en frère.... Recueille en paix les fruits de ton crime, ma présence n'empoisonnera pas plus longtemps ta jouissance.... mais, assurément, ce n'était pas agir en frère. Que ton crime à jamais soit éteint dans les ténèbres et que la mort ne le réveille pas!

KOSINSKY.

Les chevaux sont là tout sellés. Vous pouvez partir quand vous voudrez.

MOOR.

Impatient! Pourquoi tant de hâte? Ne dois-je plus la voir?

KOSINSKY.

Je vais débrider à l'instant, si vous voulez. Ne m'aviez-vous pas dit de ne pas perdre une seconde?

MOOR.

Encore une fois! Encore un adieu! Il faut que je boive à longs traits tout le poison de cette félicité, et ensuite.... Attends, Kosinsky, dix minutes encore.... là derrière, près de la cour du château, et nous partons au galop.

SCÈNE IV.

Le jardin.

AMALIE.

« Tu pleures, Amalie?... » et il a dit cela d'une voix, d'une voix.... il me semblait que la nature se rajeunissait.... que je voyais poindre, à cette voix, les printemps écoulés de l'amour! Le rossignol chantait comme alors.... les fleurs exhalaient leur parfum d'alors.... et j'étais suspendue, ivre de bonheur, à son cou.... Ah! cœur faux et sans foi! comme tu veux embellir ton parjure! Non, non, sors de mon âme, coupable image!... je n'ai pas rompu mon serment, ô mon unique bien-aimé! Loin de mon âme, vœux perfides et impies! Dans le cœur où règne Charles, aucun fils de la terre ne peut habiter.... Mais pourquoi, mon âme, revenir ainsi toujours et malgré toi à cet étranger? N'est-il pas comme étroitement lié à l'image de mon unique bien-aimé? N'est-il pas comme son éternel compagnon? « Tu pleures, Amalie?... » Ah! je veux le fuir!... fuir!... Jamais mes yeux ne doivent revoir cet étranger!...

LE BRIGAND MOOR *ouvre la porte du jardin.*

AMALIE *tressaille.*

Écoute! écoute! N'ai-je pas entendu le bruit de la porte? (*Elle aperçoit Charles et fait un bond.*) Lui?... Où aller?... Quoi?... Me voilà comme enracinée, et je ne puis fuir.... Ne m'abandonne pas, Dieu du ciel!... Non, tu ne m'arracheras pas mon Charles! Il n'y a point de place dans mon âme pour deux divinités, et je suis une fille mortelle! (*Elle tire de son sein le portrait de Charles.*) Toi, mon Charles, sois mon bon génie contre cet étranger qui vient troubler mon amour! Te voir, toi, toi, sans détourner les yeux, et plus de regards impies sur cet homme. (*Elle demeure assise, les yeux constamment fixés sur le portrait.*)

MOOR.

Vous ici, mademoiselle?... et triste? et une larme sur ce

portrait? (*Amalie ne lui répond pas.*) Et quel est le bienheureux pour qui une larme a brillé dans l'œil d'un ange? Ce mortel glorieux, puis-je moi aussi le.... (*Il veut regarder le portrait.*)

AMALIE.

Non! oui! non!

MOOR, *reculant vivement.*

Ha! et mérite-t-il cette apothéose? mérite-t-il?...

AMALIE.

Si vous l'aviez connu!

MOOR.

Je l'aurais envié.

AMALIE.

Adoré, voulez-vous dire.

MOOR.

Ha!

AMALIE.

Oh! vous l'auriez tant aimé.... Il y avait tant de choses dans son visage.... dans ses yeux.... dans le son de sa voix, tant de choses qui vous ressemblent.... et que j'aime tant....

MOOR *baisse les yeux vers la terre.*

AMALIE.

Mille fois il s'est tenu là où vous êtes.... et près de lui celle qui, près de lui, oubliait le ciel et la terre.... de là son œil parcourait la magnifique contrée d'alentour.... elle paraissait sentir le prix de ce noble regard et s'embellir à la joie qu'elle donnait à son plus bel ornement.... là il captivait par une céleste musique les auditeurs aériens.... là, à ce buisson, il cueillait des roses, et ces roses, il les cueillait pour moi.... là, là, il était suspendu à mon cou, ses lèvres brûlantes pressaient les miennes, et les fleurs ne se plaignaient pas de mourir sous les pas des deux amants....

MOOR.

Il n'est plus?

AMALIE.

Il navigue sur des mers orageuses.... L'amour d'Amalie navigue avec lui.... Il erre dans des déserts de sable, sans chemin frayé.... L'amour d'Amalie fait verdir sous ses pieds le sable brûlant et fleurir les buissons sauvages.... Le soleil du Midi brûle sa tête nue, la neige du Nord fronce la plante de ses pieds, la grêle orageuse pleut autour de ses tempes, et l'amour d'Amalie le berce et l'endort au sein des tempêtes.... Il y a des mers, des montagnes, de vastes horizons entre les deux amants.... mais leurs âmes s'échappent de cette prison de poussière et se rejoignent dans le paradis de l'amour.... Vous paraissez triste, monsieur le comte?

MOOR.

Les paroles de l'amour font revivre aussi mon amour.

AMALIE, *pâle*.

Quoi? vous en aimez une autre?... Malheur à moi! Qu'ai-je dit?

MOOR.

Elle me crut mort, et resta fidèle à celui qu'elle croyait mort.... Elle apprit que je vivais, et me sacrifia une couronne de sainte. Elle sait que j'erre dans les solitudes, que j'y promène ma vie dans la misère, et son amour vole après moi, à travers les solitudes et la misère. Elle se nomme aussi Amalie, comme vous, mademoiselle.

AMALIE.

Que j'envie votre Amalie!

MOOR.

Oh! c'est une malheureuse jeune fille; son amour appartient à un homme qui est perdu, et jamais, à tout jamais, il ne sera récompensé.

AMALIE.

Non, il sera récompensé dans le ciel. Ne dit-on pas qu'il y a un monde meilleur où les affligés se réjouissent et où les amants se reconnaissent?

MOOR.

Oui, un monde où les voiles tombent, où l'amour se retrouve avec effroi.... Son nom est l'ÉTERNITÉ.... mon Amalie est une malheureuse jeune fille.

AMALIE.

Malheureuse, et elle vous aime?

MOOR.

Malheureuse, parce qu'elle m'aime! Quoi? si j'étais un meurtrier? Quoi? mademoiselle, si votre bien-aimé pouvait pour chaque baiser vous compter un meurtre? Malheur à mon Amalie! c'est une malheureuse jeune fille.

AMALIE, *sautant de joie.*

Ah! que je suis une fille heureuse! Mon unique ami est un reflet de la Divinité, et la Divinité n'est que grâce et miséricorde. Il ne pouvait pas voir souffrir une mouche.... Son âme est aussi loin de toute pensée de sang que midi l'est de minuit.

MOOR *se détourne vivement et se retire dans un bosquet;*
il regarde fixement le paysage.

AMALIE *chante, en jouant du luth :*

Veux-tu, Hector, t'arracher à moi pour toujours,
Et courir où le fer meurtrier du petit-fils d'Éaque
Offre à Patrocle un terrible sacrifice?
Qui désormais apprendra à ton enfant
A lancer les javelots et à honorer les dieux,
Si le Xanthe t'engloutit?

MOOR *prend le luth et chante en s'accompagnant :*

Chère épouse, va, cherche-moi la lance homicide.
Laisse-moi partir pour la danse effrénée du combat!...

(*Il jette le luth et s'enfuit.*)

SCÈNE V.

Une forêt voisine. — Il fait nuit. — Au milieu, un vieux château
en ruines.

LA TROUPE DE BRIGANDS, *étendue çà et là sur le sol.*

LES BRIGANDS *chantent :*

Voler, tuer, faire la débauche et batailler,
Ce n'est chez nous que passe-temps.
Demain nous pendrons au gibet;
Égayons-nous donc aujourd'hui.

Nous menons une vie libre,
Une vie pleine de délices.
La forêt est notre gîte;
Nous travaillons par le vent et l'orage;
La lune est notre soleil,
Et Mercure est notre homme :
C'est lui qui entend joliment le métier!

Aujourd'hui, nous nous invitons chez des curés;
Demain, chez de gros fermiers.
Pour tout ce qui va au delà, nous en laissons pieusement
Le soin au bon Dieu.

Et quand, avec le jus de la grappe,
Nous nous sommes bien baigné le gosier,
Nous nous donnons force et courage,
Et fraternisons avec le noir compère
Qui rôtit en enfer.

Les lamentations des pères égorgés,
Les cris d'angoisse des mères,
Les accents plaintifs de la fiancée délaissée,
Sont un régal pour notre tympan.

Ah! quand on les voit ainsi pantelants sous la hache,
Beuglant jusqu'à extinction comme des veaux, tombant comme
   des mouches,
Voilà qui nous chatouille la prunelle
Et nous flatte doucement l'oreille.

Et quand sera venu le vilain quart d'heure
(Que le diable l'emporte!),
Nous aurons, pardieu! notre salaire,
Et graisserons nos bottes.
Au partir, un bon petit coup du bouillant fils de la grappe,
Et hourra! rax dax! ça va comme si l'on s'envolait.

SCHWEIZER.

Il se fait nuit et le capitaine n'est pas encore là!

RAZMANN.

Et pourtant il avait promis de nous rejoindre au coup de huit heures.

SCHWEIZER.

S'il lui était arrivé quelque chose.... camarades! nous mettrions le feu, nous tuerions jusqu'à l'enfant à la mamelle.

SPIEGELBERG *prend Razmann à part.*

Un mot, Razmann!

SCHWARZ, *à Grimm.*

Ne mettrons-nous pas des espions en sentinelle?

GRIMM.

Laisse-le faire! Il se signalera par quelque prise à nous faire tous rougir.

SCHWEIZER.

C'est, par le diable! ce qui te trompe. Il ne nous a pas quittés comme un homme qui a en tête un mauvais coup. As-tu oublié ce qu'il nous disait en nous menant par la bruyère : « Si j'apprends que l'un de vous vole seulement un navet dans les champs, il laissera ici sa tête, aussi vrai que je m'appelle Moor. » Il nous est défendu de voler.

RAZMANN, *bas à Spiegelberg.*

Où en veux-tu venir?... Parle en meilleur allemand.

SPIEGELBERG.

Chut! chut!... Je ne sais quelle idée, toi et moi, nous nous faisons de la liberté, quand nous nous attelons ainsi à une charrette, comme des bœufs, tout en déclamant à merveille sur l'indépendance.... Cela ne me plaît pas.

SCHWEIZER, *à Grimm, en regardant Spiegelberg.*

Que peut tramer cette tête à l'évent?

RAZMANN, *bas à Spiegelberg.*

Tu parles du capitaine?...

SPIEGELBERG.

Chut donc! chut!... Il a comme ça ses oreilles à lui qui rôdent parmi nous.... Capitaine, dis-tu? Qui l'a établi notre capitaine? N'est-ce pas lui plutôt qui a usurpé ce titre, qui de droit m'appartient? Quoi? nous jouons notre vie aux dés.... nous essuyons tous les caprices du sort, pour avoir, en fin de compte, le bonheur de nous dire les serfs d'un esclave?... Des serfs, quand nous pourrions être des princes?... Par Dieu! Razmann.... cela ne m'a jamais plu.

SCHWEIZER, *aux autres.*

Oui, ne voilà-t-il pas un fameux héros? pour aplatir des grenouilles à coups de pierres.... Rien que le bruit de son nez, si tu l'entendais se moucher, suffirait à te faire passer par le trou d'une aiguille....

SPIEGELBERG, *à Razmann.*

Oui.... et il y a des années que j'y songe : il faut que ça change, Razmann.... si tu es ce que je t'ai toujours cru... Razmann! il n'est pas là.... on le tient à moitié pour perdu.... Razmann, son heure fatale sonne, ce me semble.... Quoi? tu ne rougis même pas de joie quand sonne l'heure de la liberté! tu n'as pas même assez de courage pour entendre à demi-mot un hardi dessein?

RAZMANN.

Ah! Satan! dans quels filets enlaces-tu mon âme?

SPIEGELBERG.

Ça prend-il?... Alors, bon! suis-moi! J'ai observé de quel côté il s'est glissé.... Viens! Il est rare que deux pistolets ratent, et alors.... nous serons les premiers à égorger l'enfant à la mamelle. (*Il veut l'entraîner.*)

SCHWEIZER *tire avec fureur son coutelas.*

Ah! bête féroce! Tu me rappelles à propos les forêts de la Bohême.... N'es-tu pas le poltron qui se mit à grelotter, quand on cria : « Voici l'ennemi! » Alors j'ai juré par mon âme.... Va-t'en au diable, assassin! (*Il le perce de son coutelas.*)

LES BRIGANDS, *en grand émoi.*

Au meurtre! au meurtre!... Schweizer.... Spiegelberg.... Séparez-les!...

SCHWEIZER *jette son coutelas sur le cadavre.*

Là.... crève.... Paix, camarades!... que cette misère ne vous trouble pas.... L'animal a toujours été plein de venin pour le capitaine, et il n'a pas une seule cicatrice sur toute sa peau.... Encore une fois, soyez tranquilles.... Ah! la canaille!... Ah! la canaille!... c'est par derrière qu'il veut assassiner les gens!... Des hommes de cœur par derrière!... La sueur n'a-t-elle donc ruisselé sur nos joues que pour que nous sortions de ce monde en rampant, comme de misérables drôles? Bête féroce! Avons-nous campé sous la flamme et la fumée pour crever à la fin comme des rats?

GRIMM.

Mais, par le diable!... camarade.... Qu'aviez-vous donc ensemble?... Le capitaine sera furieux.

SCHWEIZER.

Cela me regarde.... Et toi, coquin (*à Razmann*), tu étais son suppôt.... ôte-toi de mes yeux.... Schufterlé avait fait de même; aussi est-il maintenant pendu en Suisse, comme mon capitaine le lui a prédit. (*On entend un coup de feu.*)

SCHWARZ, *sautant en l'air.*

Écoute! un coup de pistolet. (*On tire de nouveau.*) Encore un! Holà! le capitaine!

GRIMM.

Patience! Il faut qu'il tire une troisième fois. (*On entend encore un coup.*)

SCHWARZ.

C'est lui!... c'est lui.... Sauve-toi, Schweizer.... Laisse-nous lui répondre. (*Ils tirent.*)

MOOR, KOSINSKY *entrent.*

SCHWEIZER *va au-devant d'eux.*

Sois le bienvenu, mon capitaine!... J'ai été un peu prompt, depuis ton départ. (*Il le mène devant le cadavre.*) Sois juge entre moi et cet homme.... Il voulait te tuer par derrière.

LES BRIGANDS, *avec consternation.*

Quoi? Le capitaine?

MOOR, *absorbé dans la contemplation du cadavre, éclate violemment.*

O doigt mystérieux de Némésis, habile à la vengeance!... N'est-ce pas lui qui jadis me fredonna le chant de la sirène?... Consacre ce couteau à la sombre rémunératrice. Ce n'est pas toi qui as fait cela, Schweizer.

SCHWEIZER.

Par Dieu! c'est vraiment moi qui l'ai fait, et ce n'est, diantre! pas la plus mauvaise action que j'aie faite de ma vie. (*Il se retire avec humeur.*)

MOOR, *pensif.*

Je comprends.... Arbitre céleste!... je comprends.... Les feuilles tombent des arbres.... et mon automne est venu! Éloignez-le de devant mes yeux. (*On emporte le cadavre de Spiegelberg.*)

GRIMM.

Donne-nous tes ordres, capitaine.... Que devons-nous faire maintenant?

MOOR.

Bientôt.... bientôt, tout sera accompli.... Donnez-moi mon luth.... Je me suis perdu moi-même, depuis que j'ai été là.... Mon luth, vous dis-je.... Il faut que ses accords raniment ma force.... Laissez-moi!

LES BRIGANDS.
Il est minuit, capitaine.

MOOR.
Mais ce n'étaient que des larmes dans une salle de théâtre....
Il faut que j'entende le chant des Romains, pour que mon génie
endormi se réveille.... Mon luth.... Minuit, dites-vous?

SCHWARZ.
Bientôt passé, sans doute. Le sommeil pèse sur nous comme
du plomb. Depuis trois jours, pas un œil ne s'est fermé.

MOOR.
Le baume du sommeil descend-il donc aussi sur les yeux des
scélérats? Pourquoi me fuit-il? Je n'ai jamais été un lâche ni
un mauvais drôle.... Couchez-vous et dormez.... Demain, au
jour, nous irons plus loin.

LES BRIGANDS.
Bonne nuit, capitaine! (*Ils se couchent par terre et s'endorment.*)

Profond silence.

MOOR *prend le luth et chante en s'accompagnant :*

BRUTUS.
Salut, champs paisibles!
Recevez le dernier de tous les Romains!
De Philippes, où hurlait la bataille meurtrière,
Je viens, je me traîne courbé par la douleur.
Cassius, où es-tu?... Rome perdue!
Ma fraternelle armée égorgée!
Plus d'autre refuge que les portes de la mort!
Plus de monde pour Brutus !

CÉSAR.
Qui, du pas d'un homme invaincu,
Descend là par la pente du rocher?
Ah! si mes yeux ne me trompent, c'est la démarche d'un Romain....
Fils du Tibre.... d'où t'amène ton voyage?
La ville aux sept collines dure-t-elle encore?
J'ai souvent pleuré sur l'orpheline, qui n'avait plus son César.

BRUTUS.
Ah! c'est toi, avec tes vingt-trois blessures!
Qui donc, ô mort, t'a rappelé à la lumière?
Retourne frémissant dans l'infernal abîme,
Pleureur orgueilleux ! Ne triomphe pas!
Sur l'autel de fer de Philippes

ACTE IV, SCÈNE V.

Fume le sang du dernier sacrifice de la liberté;
Rome elle-même râle sur le cercueil de Brutus,
Brutus va vers Minos.... Cours te cacher dans ton gouffre....

CÉSAR.

Oh! un coup mortel du glaive de Brutus!
Toi aussi.... Brutus.... toi?
Mon fils...., c'était ton père;... mon fils.... la terre
Te serait échue en héritage....
Va.... tu es devenu le plus grand des Romains,
En plongeant ton fer dans le sein paternel.
Va.... et crie-le jusqu'aux portes des Enfers :
Brutus est devenu le plus grand des Romains,
En plongeant son fer dans le sein paternel.
Va.... tu sais maintenant ce qui me retenait encore sur les
    bords du Léthé....
Noir nautonier, quitte le rivage!

BRUTUS.

Père, arrête!
Dans tout l'empire qu'éclaire le soleil,
Je n'ai connu qu'un homme
Comparable au grand César;
Cet homme unique, tu l'as nommé ton fils.
Il n'y avait qu'un César qui pût perdre Rome,
Qu'un Brutus à qui César ne pût résister.
Où vit un Brutus, il faut que César meure.
Va-t'en à gauche, laisse-moi aller à droite.

(*Il pose son luth et se promène de long en large, plongé dans de profondes réflexions.*)

Où trouver qui me réponde de l'avenir?... Tout est si sombre.... des labyrinthes inextricables.... Pas d'issue.... pas d'étoile pour vous conduire.... Si tout était fini avec ce dernier soupir.... fini comme un vain jeu de marionnettes.... Mais pourquoi cette soif ardente de bonheur? pourquoi cet idéal d'une inaccessible perfection? cette remise à plus tard de plans inaccomplis.... si la misérable pression de ce misérable instrument (*Se mettant le pistolet devant le visage*) rend le sage égal au fou.... le lâche au brave.... le noble cœur au coquin?... Il y a pourtant une si divine harmonie dans la nature inanimée, pourquoi y aurait-il une telle dissonance dans la nature raisonnable?... Non! non! il y a quelque chose de plus, car je n'ai pas encore été heureux.

Croyez-vous que je vais trembler? Ombres de mes victimes égorgées! je ne tremblerai pas (*Tremblant violemment*).... Les gémissements plaintifs de votre agonie.... votre visage noirci par la suffocation.... vos plaies affreusement béantes, ne sont après tout que les anneaux d'une indissoluble chaîne de la fatalité, dont le bout se rattache aux congés de mon enfance et aux contes de la veillée, aux caprices d'imagination de mes bonnes et de mes gouverneurs, au tempérament de mon père, au sang de ma mère.... (*Frissonnant d'horreur.*) Pourquoi mon Périllus[1] a-t-il fait de moi un taureau, pour que l'humanité rôtisse dans mes entrailles ardentes?

(*Il applique le pistolet.*) Temps et éternité.... enchaînés l'un à l'autre par un seul moment.... Horrible clef, qui fermes derrière moi la prison de la vie et ouvres devant moi les verrous du séjour de la nuit éternelle.... dis-moi.... oh! dis-moi.... où.... où vas-tu me conduire?... Terre étrangère, dont jamais vaisseau n'a fait le tour!... Vois, l'humanité succombe à cette image, le ressort du fini se détend, et les prestiges de l'imagination, de ce singe capricieux des sens, forgent à notre crédulité des spectres étranges.... Non! non! un homme ne doit pas trébucher.... Sois ce que tu voudras, avenir sans nom.... pourvu que ce moi me demeure fidèle.... Sois ce que tu voudras, pourvu que j'emporte ce moi par delà cette vie.... Les objets extérieurs ne sont que le vernis de l'homme.... Je suis à moi-même mon ciel et mon enfer.

Si tu m'abandonnais quelque globe réduit en cendres, banni loin de tes yeux, où la nuit déserte et l'éternelle solitude fussent ma seule perspective?... Je peuplerais des fantaisies de mon imagination ce désert silencieux, et j'aurais devant moi toute l'éternité pour analyser l'image confuse de la misère universelle.... Ou bien veux-tu par de successives naissances, de successifs théâtres d'infortune, de degré en degré, me conduire.... à l'anéantissement? Ne pourrais-je rompre les fils de vie qui me sont filés par delà ce monde, aussi aisément que celui-ci?... Tu peux me réduire à rien.... mais cette liberté, tu ne peux me l'ôter. (*Il charge son pistolet.... Tout à coup il s'arrête.*) Et dois-je donc mourir par la crainte d'une vie pleine de

---

[1]. Périllus, Périlaus, est le nom du sculpteur qui fit le taureau d'airain de Phalaris.

tourments?... Dois-je laisser au malheur la victoire sur moi?... Non, je veux l'endurer. (*Il jette le pistolet.*) Que la torture soit impuissante contre mon orgueil! Je veux accomplir mon sort. (*La nuit devient de plus en plus sombre.*)

HERMANN, *qui vient à travers la forêt.*

Écoute! écoute! L'effraie hurle horriblement.... Il sonne minuit là-bas dans le village.... Bien, bien.... la méchante pièce dort.... Dans ce désert, pas d'espion. (*Il s'approche du château en ruines, et frappe.*) Sors, homme de douleur, habitant du cachot.... Ton repas est prêt.

MOOR, *reculant doucement.*

Qu'est-ce que cela signifie?

UNE VOIX, *qui sort du château.*

Qui frappe là? Hé! est-ce toi, Hermann, mon corbeau?

HERMANN.

C'est moi, Hermann, ton corbeau. Monte à la grille et mange. (*Des hiboux crient.*) Tes camarades de lit font de terribles roulades, mon vieux.... Ça te paraît-il bon?

LA VOIX.

J'avais grand'faim. Merci, toi qui envoies les corbeaux porter du pain dans le désert!... Et comment se trouve ma chère enfant, Hermann?

HERMANN.

Paix!... écoute!... Un bruit comme de gens qui ronflent! N'entends-tu rien?

LA VOIX.

Comment? Entends-tu quelque chose?

HERMANN.

Le son du vent qui soupire par les fentes de la tour.... Une musique de nuit à vous faire claquer les dents et bleuir les ongles.... Écoute, encore une fois.... Il me semble toujours que j'entends ronfler.... Tu as de la société, vieux.... Hou! hou! hou!

LA VOIX.

Vois-tu quelque chose?

HERMANN.

Adieu.... adieu.... C'est un horrible endroit.... Descends dans ton trou.... Là-haut est ton secours, ton vengeur.... Fils maudit!... (*Il veut fuir.*)

    MOOR, *s'avançant, saisi d'horreur.*

Arrête!

    HERMANN, *criant.*

Malheur à moi!

    MOOR.

Arrête, te dis-je!

    HERMANN.

Malheur! malheur! malheur! maintenant tout est découvert!

    MOOR.

Arrête! Parle! Qui es-tu? qu'as-tu à faire ici? Parle!

    HERMANN.

Pitié, oh! pitié, mon redouté seigneur! Écoutez seulement un mot, avant de me tuer.

    MOOR, *tirant son épée.*

Que vais-je entendre?

    HERMANN.

Oui, vous me l'aviez défendu, sous peine de la vie.... Je n'ai pu faire autrement.... Je n'en ai pas eu le cœur.... Un dieu dans le ciel.... Votre père en personne dans ce trou.... J'ai eu pitié de lui.... Tuez-moi sur la place.

    MOOR.

Il y a un mystère là-dessous.... Parle! explique-toi. Je veux tout savoir.

    LA VOIX, *du château.*

Malheur! malheur! Est-ce toi, Hermann, qui parles là? Avec qui parles-tu, Hermann?

    MOOR.

Encore quelqu'un là, en bas.... Que se passe-t-il ici? (*Il court vers la tour.*) Est-ce un prisonnier, dont les hommes se sont débarrassés?... Je veux rompre ses chaînes.... Voix souterraine! parle encore! où est la porte?

    HERMANN.

Oh! ayez pitié, Seigneur.... N'allez pas plus loin, Seigneur.... Passez, par pitié! (*Il lui barre le chemin.*)

    MOOR.

Une quadruple clôture!... Retire-toi!... Il faut que ce mystère s'éclaircisse...., Maintenant, pour la première fois, viens à mon aide, industrie du voleur. (*Il prend des instruments d'effraction et ouvre la grille. Un vieillard, décharné comme un squelette, sort du caveau.*)

LE VIEILLARD.

Pitié pour un malheureux! Pitié!

MOOR, *effrayé, bondit en arrière.*

C'est la voix de mon père!

LE VIEUX MOOR.

Merci, mon Dieu! L'heure de la délivrance a paru.

MOOR.

Ombre du vieux Moor! qu'est-ce qui t'a troublée dans ta tombe? As-tu traîné avec toi dans l'autre monde un péché qui te ferme les portes du paradis? Je ferai dire des messes, pour envoyer dans sa demeure ton âme errante. As-tu enfoui sous terre l'or des veuves et des orphelins, qui te fait rôder, en hurlant, vers l'heure de minuit? J'arracherai le trésor souterrain des griffes du dragon enchanté, dût-il vomir sur moi mille flammes ardentes, et grincer contre mon épée ses dents aiguës.... ou bien viens-tu pour résoudre, à ma demande, les énigmes de l'éternité? Parle, parle! je ne suis pas l'homme de la pâle crainte.

LE VIEUX MOOR.

Je ne suis pas un esprit. Touche-moi, je vis, oh! d'une vie misérable, pitoyable

MOOR.

Quoi? Tu n'as pas été enterré?

LE VIEUX MOOR.

J'ai été enterré.... c'est-à-dire un chien mort gît dans le caveau de mes pères, et moi.... depuis trois lunes déjà, je languis sous cette voûte obscure et souterraine, où pas un rayon ne m'éclaire, pas le moindre souffle ne me réchauffe, pas un ami ne me visite, où de sauvages corbeaux croassent, où hurlent les hiboux de minuit.

MOOR.

Ciel et terre! Qui a fait cela?

LE VIEUX MOOR.

Ne le maudis pas!... C'est mon fils Franz qui a fait cela.

MOOR.

Franz? Franz?... O éternel chaos!

LE VIEUX MOOR.

Si tu es un homme, si tu as un cœur humain, sauveur que je ne connais pas, oh! alors, écoute le désespoir d'un père, l'état où ses fils l'ont réduit. Il y a trois mois déjà que mes sanglots le racontent aux sourdes parois des rochers, mais l'écho creux n'a fait que singer mes plaintes. Si donc tu es un homme, si tu as un cœur humain....

MOOR.

Une telle prière pourrait faire sortir les bêtes féroces de leurs antres.

LE VIEUX MOOR.

J'étais couché, souffrant; je commençais à peine à reprendre quelques forces, au sortir d'une maladie grave : on m'amena un homme, qui prétendit que mon fils aîné était mort dans une bataille; il m'apportait une épée teinte de son sang, et son dernier adieu, et il me dit que c'était ma malédiction qui l'avait poussé au combat, à la mort, au désespoir.

MOOR, *se détournant vivement de lui.*

C'est manifeste!

LE VIEUX MOOR.

Écoute encore. Je m'évanouis à cette nouvelle. Il faut qu'on m'ait cru mort, car, lorsque je revins à moi, j'étais déjà couché dans le cercueil, et enveloppé d'un linceul, comme un mort. Je grattai au couvercle du cercueil. On l'ouvrit. Il était nuit noire; mon fils Franz était debout devant moi. « Quoi? cria-t-il d'une voix affreuse, veux-tu donc vivre éternellement? » et aussitôt le couvercle se referma sur moi. Le tonnerre de ces paroles m'avait privé de mes sens. Quand je m'éveillai de nouveau, je sentis qu'on levait le cercueil, puis, pendant une demi-heure, qu'on le conduisait dans une voiture. Enfin, il fut ouvert.... Je me trouvais à l'entrée de cette voûte, mon fils était devant moi, et l'homme qui m'avait apporté l'épée sanglante de Charles.... Dix fois j'embrassai ses genoux, je priais, je suppliais, je les embrassais et je le conjurais.... la prière de son père n'atteignit pas à son cœur....
« Dans le caveau ce squelette! » telles furent les paroles dont

sa bouche me foudroya; « il a assez vécu.... » Et on me poussa dans le souterrain, sans pitié, et mon fils Franz ferma la porte sur moi.

MOOR.

C'est impossible, impossible. Il faut que vous vous soyez trompé.

LE VIEUX MOOR.

Je puis m'être trompé. Écoute encore! mais ne t'emporte donc pas. Je restai couché là vingt heures, et pas une âme ne s'inquiétait de mon affreuse détresse. Aussi le pied de l'homme ne foule-t-il jamais ce désert, car c'est le bruit commun que les spectres de mes pères traînent dans ces ruines leurs chaînes retentissantes et murmurent, à l'heure de minuit, leur chant de mort. A la fin, j'entendis la porte se rouvrir. Cet homme m'apporta du pain et de l'eau, et il m'apprit que j'avais été condamné à mourir de faim, et que sa vie serait en danger, si l'on découvrait qu'il me nourrissait. C'est ainsi que ma vie a été misérablement conservée pendant ce long temps; mais le froid continu.... l'exhalaison fétide de mes excréments.... le chagrin sans bornes!... mes forces se consumèrent, mon corps fut réduit à rien. Mille fois, baigné de larmes, j'ai demandé à Dieu la mort, mais il faut que la mesure de mon châtiment ne soit pas encore comblée.... ou bien quelque joie m'est-elle encore réservée? est-ce pour cela que je suis si merveilleusement conservé? Mais au moins je souffre justement.... Mon Charles! mon Charles!... et lui n'avait pas encore de cheveux gris.

MOOR.

C'est assez. Debout, bûches et glaçons que vous êtes! dormeurs inertes, insensibles! Debout! Est-ce qu'aucun ne s'éveillera? (*Il tire un coup de pistolet par-dessus les brigands endormis.*)

LES BRIGANDS, *réveillés en sursaut.*

Hé! holà! holà! qu'y a-t-il?

MOOR.

Cette histoire ne vous a-t-elle pas arrachés à votre torpeur? Le sommeil éternel se serait réveillé! Voyez! voyez! Les lois du monde ne sont plus qu'un jeu de dés, le lien de la nature est rompu, l'antique discorde est déchaînée, le fils a tué son père.

LES BRIGANDS.

Que dit le capitaine?

MOOR.

Non, pas tué. Ce mot pallie la chose.... Le fils a mille fois roué, empalé, torturé, écorché son père! Les mots sont tous trop humains pour ce que j'ai à dire.... Ce qui ferait rougir le crime même, frissonner le cannibale, ce que jamais démon n'a imaginé dans des milliers de siècles.... le fils, s'attaquant à son propre père.... oh! voyez.... regardez ici!... il est tombé en défaillance.... le fils a plongé son père dans ce caveau.... Le froid, la nudité.... la faim.... la soif.... oh! voyez donc! voyez donc!... C'est mon propre père.... oui, il faut que je vous le dise!

LES BRIGANDS *s'élancent et entourent le vieillard.*

Ton père? ton père?

SCHWEIZER *s'approche respectueusement et se jette à ses pieds.*

Père de mon capitaine! Je baise tes pieds! Tu peux commander à mon poignard.

MOOR.

Vengeance! vengeance! vengeance pour toi, vieillard cruellement offensé, profané! Ainsi je déchire, d'à présent à jamais, le lien fraternel. (*Il déchire son vêtement du haut en bas.*) Ainsi je maudis, à la face de ce vaste ciel, chaque goutte de sang fraternel! Écoutez-moi, lune et étoiles! Écoute-moi, ciel de minuit, qui as regardé de là-haut cette action infâme! Écoute-moi, Dieu trois fois terrible, qui règnes par delà cette lune, qui punis et condamnes par delà les étoiles, qui éclates et flamboies au-dessus de la nuit! Me voici à genoux.... me voici, levant ces trois doigts dans l'horreur de la nuit.... ici je jure, et que la nature me vomisse hors de ses limites, comme un monstre abominable, si je viole ce serment, je jure de ne plus saluer la lumière du jour, que le sang du parricide, versé devant cette pierre, n'ait monté fumant vers le soleil.

(*Il se lève.*)

LES BRIGANDS.

C'est un trait de Bélial! Que l'on vienne dire que nous sommes des coquins! Non, par tous les dragons! jamais nous n'avons rien fait de cette force-là!

MOOR.

Oui, et par tous les soupirs terribles de ceux qui jamais ont péri par vos poignards, de ceux que ma flamme a dévorés et que la ruine de ma tour a écrasés, que nulle pensée de meurtre ou de proie ne trouve accès dans votre sein, jusqu'à ce que le sang de l'infâme ait marqué vos habits à tous d'une trace écarlate.... Jamais sans doute vous n'aviez rêvé que vous étiez le bras des suprêmes puissances? Le nœud compliqué de notre destin est délié. Aujourd'hui, aujourd'hui, un pouvoir invisible a ennobli notre métier. Adorez celui qui vous a assigné ce lot sublime, qui vous a conduits ici, qui vous a jugés dignes d'être les anges redoutables de sa mystérieuse justice. Découvrez vos têtes! Agenouillez-vous dans la poussière, et relevez-vous consacrés! *(Ils s'agenouillent.)*

SCHWEIZER.

Commande! capitaine! que devons-nous faire?

MOOR.

Lève-toi, Schweizer, et touche ces saintes boucles. *(Il le mène près de son père et lui met une boucle de ses cheveux dans la main.)* Tu te rappelles encore comme un jour tu fendis la tête à ce cavalier bohême, quand il levait le sabre sur moi, et que, haletant, épuisé de fatigue, j'étais tombé à genoux? Alors, je te promis une récompense royale : je n'ai pu payer cette dette jusqu'ici....

SCHWEIZER.

Tu me le juras, il est vrai, mais laisse-moi te nommer toujours mon débiteur.

MOOR.

Non, je veux maintenant m'acquitter. Schweizer, jamais mortel ne fut honoré comme toi.... venge mon père!

(Schweizer se lève.)

SCHWEIZER.

Mon grand capitaine! aujourd'hui, pour la première fois, tu m'as rendu orgueilleux.... Commande, où? comment? quand dois-je le frapper?

MOOR.

Les minutes sont sacrées, il faut aller au plus vite.... Choisis les plus dignes de la bande et conduis-les droit au château du noble homme. Arrache-le de son lit, s'il dort ou s'il est couché dans les bras de la volupté; traîne-le loin du festin, s'il est ivre; enlève-le de devant le crucifix, s'il est à genoux et en prières à ses pieds. Mais, je te le dis, je te l'enjoins impérieusement, ne me le livre pas mort. Je déchirerai en pièces et donnerai en pâture aux vautours affamés la chair de celui qui lui égratignerait seulement la peau ou romprait un de ses cheveux. Il me le faut entier, et si tu me le donnes entier et vivant, tu auras pour récompense un million, que je volerai à un roi, au péril de ma vie, et je veux qu'ensuite tu sois libre comme l'air dans son vaste espace.... M'as-tu compris? eh bien! hâte-toi!

SCHWEIZER.

Assez, capitaine!... Voici ma main qui te répond de moi : ou bien tu en verras revenir deux, ou pas un. Anges exterminateurs de Schweizer, venez! *(Il part avec un détachement.)*

MOOR.

Vous autres, dispersez-vous dans la forêt.... Moi, je reste ici.

ACTE CINQUIÈME.

SCÈNE I.

Vue d'une suite d'appartements. — Nuit sombre.

DANIEL *vient avec une lanterne et une valise de voyage.*

Adieu, chère maison paternelle.... j'ai joui sous ton toit de mainte joie, de maint bonheur, tant que notre défunt maître vivait encore.... Mes larmes arrosent tes restes, corps depuis longtemps en poudre! c'est là ce qu'il réclame d'un ancien serviteur.... Ce séjour était l'asile des orphelins, le port des délaissés, et ce fils en a fait le repaire du meurtre.... Adieu, bon plancher, que de fois le vieux Daniel t'a balayé!... Adieu, cher poêle, le vieux Daniel te quitte à regret.... Tout ici t'était devenu si familier.... ça te fera de la peine, vieil Éliézer.... mais que Dieu, dans sa grâce, me préserve des fraudes et des ruses du méchant!... Je suis venu ici les mains vides.... je pars les mains vides.... mais mon âme est sauvée. (*Il se dispose à sortir.*)

FRANZ, *en robe de chambre, entre précipitamment.*

DANIEL.

Que Dieu m'assiste! mon maître! (*Il éteint la lanterne.*)

FRANZ.

Trahi! trahi! Des fantômes vomis par les tombeaux.... L'empire des morts, arraché au sommeil éternel, rugit contre moi : « Meurtrier! meurtrier!... » Qui remue ici?

DANIEL, *avec anxiété.*

Secours-moi, sainte mère de Dieu! est-ce vous, redouté Seigneur, qui criez si horriblement sous ces voûtes, à faire sauter du lit tous ceux qui dorment?

FRANZ.

Qui dorment! qui vous dit de dormir? Va chercher de la lumière. (*Daniel sort, un autre domestique entre.*) Personne ne doit dormir à cette heure. Entends-tu? Tout le monde doit être levé.... armé.... tous les fusils chargés.... Les as-tu vus flotter là-bas, le long de la galerie voûtée?

LE DOMESTIQUE.

Qui, gracieux Seigneur?

FRANZ.

Qui, imbécile, qui? Il vous demande ça si froidement, si indifféremment : qui?... Ça m'a pourtant pris comme un vertige!... Qui, tête d'âne, qui? Des esprits et des diables? Où en sommes-nous de la nuit?

LE DOMESTIQUE.

Le garde de nuit crie à l'instant deux heures.

FRANZ.

Quoi? cette nuit durera-t-elle jusqu'au dernier jour? N'as-tu pas entendu du tumulte près d'ici? un cri de victoire? un bruit de chevaux au galop? Où est Charles.... le comte, veux-je dire?

LE DOMESTIQUE.

Je ne sais pas, mon maître!

FRANZ.

Tu ne le sais pas! Tu es aussi de la bande? Je te broierai du pied, à te faire sortir le cœur d'entre les côtes! Avec ton maudit « Je ne sais pas! » Pars, va chercher le pasteur!

LE DOMESTIQUE.

Monseigneur!

FRANZ.

Tu murmures? tu hésites? (*Le domestique sort à la hâte.*) Quoi? jusqu'aux mendiants conjurés contre moi? Ciel et enfer! Tout conjuré contre moi?

DANIEL *vient avec la lumière.*

Monseigneur....

FRANZ.

Non, je ne tremble pas? C'était simplement un rêve. Les morts ne ressuscitent pas encore.... Qui dit que je tremble et que je suis pâle? Je me sens si bien, si léger!

DANIEL.

Vous êtes pâle comme la mort; votre voix est inquiète et bégaye.

FRANZ.

J'ai la fièvre. Dis seulement au pasteur, quand il viendra, que j'ai la fièvre. Je me ferai saigner demain, dis-le au pasteur.

DANIEL.

Voulez-vous que je vous donne quelques gouttes d'élixir de vie sur du sucre?

FRANZ.

Oui, quelques gouttes sur du sucre! Le pasteur ne viendra pas sitôt. Ma voix est inquiète et bégaye, donne-moi de l'élixir de vie sur du sucre.

DANIEL.

Donnez-moi d'abord les clefs, j'irai en chercher en bas dans le buffet....

FRANZ.

Non, non, non! Demeure, ou bien j'irai avec toi. Tu vois, je ne puis rester seul. Je pourrais si aisément, ne le vois-tu pas?... m'évanouir.... si j'étais seul. Laisse, laisse! Ça passera, reste ici.

DANIEL.

Oh! vous êtes sérieusement malade.

FRANZ.

Oui, sans doute, sans doute! voilà tout.... Et la maladie dérange le cerveau et fait éclore des rêves insensés, étranges.... Les rêves ne signifient rien.... N'est-ce pas, Daniel? Les rêves ne viennent-ils pas du ventre? et les rêves ne signifient rien.... Je faisais tout juste un plaisant rêve. (*Il tombe évanoui.*)

DANIEL.

Seigneur Jésus! qu'est-ce que cela? Georges, Conrad, Bastien, Martin! Donnez donc seulement signe de vie! (*Il le secoue.*) Marie, Madeleine et Joseph! Entendez donc raison! on dira que c'est moi qui l'ai tué. Que Dieu ait pitié de moi!

FRANZ, *égaré.*

Arrière!... arrière! pourquoi me secouer ainsi, affreux squelette?... Les morts ne ressuscitent pas encore....

DANIEL.

O bonté divine! Il a perdu la raison.

FRANZ *se redresse épuisé.*

Où suis-je?... C'est toi, Daniel? Qu'ai-je dit? n'y fais pas attention! Quoi que ce soit, c'est un mensonge.... Viens, aide-moi à me lever.... Ce n'est qu'un accès de vertige.... parce que.... parce que je n'ai pas assez dormi.

DANIEL.

Si seulement Jean était ici! Je vais appeler du secours, demander des médecins.

FRANZ.

Reste! assieds-toi près de moi, sur ce sopha!... Bien.... tu es un homme de sens, un brave homme. Laisse-moi te conter....

DANIEL.

Pas maintenant, une autre fois. Je veux vous mettre dans votre lit, le repos vous vaudra mieux.

FRANZ.

Non, je t'en prie, laisse-moi te conter, et moque-toi de moi sans pitié.... Vois, il me semblait que je venais de faire un festin royal, que mon cœur était joyeux, et que je reposais, enivré, sur la pelouse du jardin du château, et tout à coup.... c'était à l'heure de midi.... tout à coup, mais je te le dis, ris de moi sans pitié!

DANIEL.

Tout à coup?

FRANZ.

Tout à coup un horrible tonnerre frappe mon oreille assoupie. Effrayé, je me lève en chancelant, et vois! il me sembla que tout l'horizon n'était que feu et flamme ardente, que les montagnes, les villes et les forêts étaient fondues, comme la cire dans une fournaise, et un tourbillon hurlant balayait et emportait la mer, le ciel et la terre.... Tout à coup retentit, comme sortant de trompettes d'airain, cet appel : « Terre, rends tes morts! Rends tes morts, mer! » Et la plaine nue entra en travail et se mit à jeter des crânes et des côtes, des mâchoires et des jambes, qui se réunirent en corps humains, et c'était à perte de vue comme un torrent vivant qui coulait à grands flots. Alors je levai les yeux et, vois! j'étais au pied du Sinaï tonnant, et au-dessus de moi et au-dessous une foule agitée, et en haut, au sommet de la montagne, sur trois siéges fumants, trois hommes devant le regard desquels fuyait la créature....

DANIEL.

Mais c'est le tableau vivant du dernier jour!

FRANZ.

N'est-ce pas? C'est un tissu d'extravagances? Alors il y en eut un qui s'avança, semblable à la nuit étoilée. Il avait à la main un sceau de fer en forme d'anneau, il le tint entre le levant et le couchant, et dit : « Éternelle, sainte, juste, inaltérable! il n'y a qu'une vérité! il n'y a qu'une vertu! Malheur, malheur, malheur au vermisseau qui doute!... » Puis un second s'avança, qui avait à la main un miroir étincelant; il le tint entre le levant et le couchant, et dit : « Ce miroir est vérité; l'hypocrisie et les masques ne subsistent pas.... » Alors je fus effrayé, avec toute la multitude, car nous vîmes des figures de serpents, de tigres et de léopards, se refléter dans l'épouvantable miroir.... Puis un troisième s'avança, qui avait à la main une balance d'airain; il la tint entre le levant et le couchant, et dit : « Approchez, enfants d'Adam.... je pèse les pensées dans la balance de ma colère, et les œuvres avec le poids de mon courroux.... »

DANIEL.

Que Dieu ait pitié de moi!

FRANZ.

Tous étaient là debout, blancs comme la neige, et l'angoisse de l'attente faisait battre tous les cœurs. Alors il me sembla que j'entendais mon nom retentir le premier du sein des orages de la montagne, et la moelle de mes os se glaça, et mes dents claquaient avec bruit. Aussitôt on entendit résonner la balance, le rocher tonna, et les Heures passèrent, l'une après l'autre, devant le bassin suspendu à gauche, et l'une après l'autre y jeta un péché mortel....

DANIEL.

Oh! que Dieu vous pardonne!

FRANZ.

C'est ce qu'il n'a pas fait.... Le bassin devint haut comme une montagne, mais l'autre, plein du sang de l'expiation, le maintenait toujours soulevé dans les airs.... A la fin, il vint un vieillard, courbé par le chagrin, et dont la faim furieuse avait rongé le bras. Tous les yeux se détournèrent timidement de cet homme. Cet homme, je le connaissais, il coupa une boucle de sa chevelure argentée, la jeta dans le bassin des péchés, et, vois! le bassin tomba, tomba soudain jusqu'à l'abîme, et celui de l'expiation voltigea tout en haut dans les airs.... Puis j'entendis une voix retentir du sein du rocher : « Grâce, grâce pour tout pécheur de la terre et de l'abîme! Toi seul es réprouvé!...» (*Pause de profond silence.*) Eh bien! pourquoi ne ris-tu pas?

DANIEL.

Puis-je rire, quand ma peau frissonne? Les songes viennent de Dieu.

FRANZ.

Fi donc, fi donc! Ne dis pas cela. Traite-moi de fou, d'homme extravagant, absurde. Fais cela, cher Daniel, je t'en prie, moque-toi bien comme il faut de moi.

DANIEL.

Les songes viennent de Dieu. Je prierai pour vous.

FRANZ.

Tu mens, te dis-je.... Va sur-le-champ, cours, vole! Vois ce qui arrête le pasteur, dis-lui de se hâter; se hâter, mais, je te le dis, tu mens.

DANIEL, *en s'en allant*.

Que Dieu vous fasse grâce!

FRANZ.

Sagesse populaire! terreurs populaires!... Eh! mais ce n'est pas encore une question décidée, de savoir si le passé n'est point passé, ou s'il trouve au-dessus des étoiles un œil qui le voit.... Hum, hum! Qui m'a soufflé cela? Y a-t-il donc là-haut un vengeur au-dessus des étoiles?... Non, non! Oui, oui! j'entends siffler autour de moi cette menace terrible : « Un juge là-haut, au-dessus des étoiles! » Aller trouver ce vengeur au-dessus des étoiles, cette nuit même! Non, dis-je.... Misérable recoin où ta lâcheté veut se cacher.... Tout est désert, vide et sourd par delà les étoiles.... Mais si pourtant c'était quelque chose de plus? Non, non, ce n'est pas. J'ordonne que ce ne soit pas. Mais si c'était pourtant? Malheur à toi, si un compte avait été tenu, si l'on devait te le régler cette nuit même!... Pourquoi ce frisson qui me traverse les os?... Mourir! Pourquoi ce mot me saisit-il ainsi? Rendre compte au vengeur, là-haut, au-dessus des étoiles.... et, s'il est juste, les orphelins et les veuves, les opprimés, les persécutés crieront vers lui, et s'il est juste?... Pourquoi ont-ils souffert, pourquoi as-tu triomphé d'eux?

LE PASTEUR MOSER *entre.*

MOSER.

Vous m'avez fait chercher, gracieux seigneur. Cela m'étonne. C'est la première fois de ma vie. Avez-vous l'intention de vous railler de la religion, ou commencez-vous à trembler devant elle?

FRANZ.

Railler ou trembler, selon ce que tu me répondras.... Écoute, Moser, je veux te montrer que tu es un fou ou que tu veux te moquer du monde, et il faut que tu me répondes! Entends-tu? sous peine de la vie, il faut me répondre.

MOSER.

Vous citez à votre tribunal un plus grand que vous. Ce plus grand vous répondra un jour.

FRANZ.

C'est maintenant que je veux le savoir, maintenant, à l'instant même, afin de ne pas faire une honteuse sottise, en invoquant, pressé par le danger, l'idole du peuple. Souvent, en sablant le bourgogne, je t'ai porté, avec un rire moqueur, cette santé : « Il n'y a point de Dieu!... » Aujourd'hui, je te parle sérieusement, et je te dis : « Il n'y en a point. » Je veux que tu me réfutes avec toutes les armes que tu as en ton pouvoir, mais je les repousserai d'un souffle de ma bouche.

MOSER.

Que ne peut-il, ce souffle, repousser aussi aisément le tonnerre qui accablera d'un poids de dix mille quintaux ton âme orgueilleuse? Ce Dieu qui sait tout, que tu veux, non moins fou que pervers, exterminer du milieu de sa création, n'a pas besoin de se justifier par la bouche de qui n'est que poussière. Il est aussi grand dans tes tyrannies, que dans le plus beau sourire de la vertu triomphante.

FRANZ.

Parfaitement bien, révérend! Voilà comme tu me plais.

MOSER.

Je suis ici le chargé d'affaires d'un plus puissant maître, et je parle à un vermisseau comme moi, à qui je ne tiens pas à plaire. Sans doute, il me faudrait faire merveille pour arracher un aveu à ta perversité opiniâtre.... mais, si ta conviction est si ferme, pourquoi m'as-tu fait appeler? Dis-moi donc, pourquoi m'as-tu mandé au milieu de la nuit?

FRANZ.

Parce que je m'ennuie et que je n'ai pas de goût aux échecs. Je veux me donner le passe-temps de me chamailler avec la prêtraille. Tu n'énerveras point mon courage par tes vaines terreurs. Je sais bien que celui qui n'a pas son compte ici-bas met son espérance dans l'éternité; mais il est affreusement déçu. J'ai toujours lu que notre être n'était rien que le jet de la masse sanguine, et qu'avec la dernière goutte de sang s'écoulait aussi l'esprit et la pensée. L'esprit partage toutes les faiblesses du corps; ne doit-il pas aussi cesser d'être au moment de sa destruction? s'évaporer dans sa putréfaction? Qu'une goutte d'eau s'égare dans ton cerveau, et la vie éprouve un temps d'arrêt soudain, qui touche aux limites de la non-existence et dont la prolongation est la mort. La sensation n'est que la vibration de certaines cordes, et le clavier brisé ne résonne plus. Si je fais raser mes sept châteaux, si je brise cette Vénus, adieu la symétrie et la beauté. Tiens, voilà ce que c'est que votre âme immortelle.

MOSER.

Oui, voilà la philosophie de votre désespoir. Mais votre propre cœur, qui, à de tels arguments, bat avec angoisse contre votre poitrine, vous convainc de mensonge. Ces toiles d'araignées de vos systèmes sont déchirées par ce seul mot : « Il faut que tu meures!... » Je vous en porte le défi, que ce soit là l'épreuve : si vous demeurez fermes dans la mort, si vos principes ne vous laissent pas sans défense à ce moment, vous avez gagné, j'y consens; mais si dans la mort vous éprouvez le moindre frisson, alors, malheur à vous! Vous vous êtes trompés!

FRANZ, *troublé.*

Si dans la mort j'éprouve un frisson?

MOSER.

J'en ai vu plus d'un, de ces pauvres malheureux, qui jusquelà avaient bravé la vérité avec un orgueil gigantesque; mais quand la mort même est là, l'illusion se dissipe. Je veux me placer près de votre lit, quand vous mourrez.... je serais charmé de voir partir un tyran pour son dernier voyage.... je serai là et je vous regarderai fixement, quand le médecin prendra votre main froide et humide, qu'il aura peine à trouver les battements perdus de votre pouls et que, levant les yeux, il vous dira avec ce terrible haussement d'épaules que vous savez : « Le secours humain est inutile! » Alors prenez garde, oui, prenez garde de ressembler à Richard et à Néron!

FRANZ.

Non, non!

MOSER.

Même ce « non » deviendra alors un « oui » hurlant.... Un tribunal intérieur, que vous ne pouvez jamais corrompre par vos subtilités sceptiques, s'éveillera alors et procédera à votre jugement. Mais ce sera un réveil comme celui de l'homme enterré tout vivant dans les entrailles du cimetière; ce sera un chagrin comme celui du suicide quand il a déjà porté le coup mortel et qu'il se repent; ce sera un éclair qui enflammera soudain le minuit de votre vie; ce sera un seul regard.... et si alors encore vous demeurez ferme, vous aurez gagné, j'y consens.

FRANZ, *se promenant inquiet çà et là dans la chambre.*

Bavardage de prêtraille, bavardage de prêtraille!

MOSER.

Alors, pour la première fois, l'idée d'une éternité traversera votre âme comme un glaive, et cette première fois, il sera trop tard.... La pensée de Dieu éveille un terrible voisin, son nom est « juge. » Voyez, Moor, vous tenez suspendue au bout de votre doigt la vie de milliers d'hommes, et sur mille vous en avez rendu neuf cent quatre-vingt-dix-neuf malheureux. Il ne vous manque peut-être pour être un Néron que l'empire romain, que le Pérou pour être un Pizarre. Eh bien! pouvez-vous croire que Dieu permette qu'un seul homme règne dans son univers en tyran furieux et y mette tout sens dessus dessous? Pouvez-vous croire que ces neuf cent quatre-vingt-dix-neuf ne soient là que pour la ruine, que pour être les marionnettes de votre jeu satanique? Oh! ne croyez pas cela! Il vous demandera compte un jour de chacune des minutes que vous leur avez enlevées, de chacune des joies que vous leur avez empoisonnées, de chaque perfection où vous les avez empêchés d'atteindre, et si alors vous lui répondez, Moor, vous aurez gagné, j'y consens.

FRANZ.

Rien de plus, pas un mot de plus! Veux-tu que je sois aux ordres de tes rêveries hypocondriaques?

MOSER.

Regardez-y, la destinée des hommes est dans un rapport mutuel d'admirable et terrible équilibre. Si le plateau de cette vie tombe, il montera haut dans l'autre; s'il monte dans celle-ci, dans l'autre il tombera au plus bas. Mais ce qui était ici souffrance temporelle, sera là-haut un triomphe éternel; ce qui était ici triomphe périssable, sera là-haut un désespoir éternel, infini.

FRANZ, *s'avançant sur lui avec fureur*.

Que le tonnerre te rende muet, esprit de mensonge! Je te ferai arracher de la bouche ta langue maudite!

MOSER.

Sentez-vous sitôt le poids de la vérité? Eh! mais je ne vous ai encore rien dit des preuves. Laissez-moi d'abord en venir aux preuves....

FRANZ.

Tais-toi, va-t'en dans l'enfer avec tes preuves! L'âme sera anéantie, te dis-je, et je ne veux pas que tu répondes à cela....

MOSER.

C'est aussi la demande lamentable des esprits de l'abîme, mais celui qui est dans le ciel secoue la tête. Pensez-vous échapper au bras du rémunérateur dans l'empire désert du néant? Quand vous monteriez vers le ciel, il est là; quand vous vous coucheriez dans l'enfer, il est encore là! et si vous dites à la nuit : « Enveloppe-moi! » et aux ténèbres : « Cachez-moi, » il faut que les ténèbres brillent autour de vous, et qu'il fasse jour à minuit autour du damné.... Mais votre esprit immortel se révolte contre cette parole et triomphe de cette aveugle pensée.

FRANZ.

Mais je ne veux pas être immortel.... Le soit qui voudra, je ne m'y oppose pas. Je veux le forcer de m'anéantir, je veux le pousser à la fureur, pour que, dans sa fureur, il m'anéantisse. Dis-moi, quel est le plus grand péché et celui qui excite le plus son courroux?

MOSER.

Je n'en connais que deux. Mais les hommes ne les connaissent pas, aussi ne sont-ce pas les hommes qui les punissent.

FRANZ.

Ces deux?...

MOSER, *d'un ton très-significatif.*

L'un se nomme parricide, l'autre fratricide.... Qu'est-ce qui vous fait pâlir ainsi tout à coup?

FRANZ.

Quoi, vieillard? as-tu fait un pacte avec le ciel ou avec l'enfer? Qui t'a dit cela?

MOSER.

Malheur à celui qui les a tous deux sur le cœur! Il vaudrait mieux pour lui de n'être jamais né! Mais tranquillisez-vous! Vous n'avez plus ni père ni frère!

FRANZ.

Ah!... comment? tu n'en connais aucun au-dessus? Réfléchis encore.... La mort, le ciel, l'éternité, la damnation flottent sur cette parole de ta bouche.... Aucun au-dessus?

MOSER.

Pas un seul au-dessus.

FRANZ *tombe sur un siège.*

Anéantissement! anéantissement!

MOSER.

Réjouissez-vous, réjouissez-vous donc! Estimez-vous donc heureux!... Avec tous vos méfaits, vous êtes encore un saint en comparaison du parricide. La malédiction qui vous frappera est, auprès de celle qui l'attend, un chant d'amour.... L'expiation....

FRANZ, *se levant d'un bond.*

Va-t'en, chouette, dans mille caveaux funèbres! Qui t'a dit de venir ici? Va, te dis-je, ou je te traverse de part en part.

MOSER.

Le bavardage de la prêtraille peut-il mettre ainsi un philosophe hors des gonds? Dissipez-le donc d'un souffle de votre bouche! (*Il sort.*)

FRANZ *se démène sur son siége, dans un état d'affreuse agitation.*

(*Profond silence.*)

UN DOMESTIQUE *accourt.*

LE DOMESTIQUE.

Amalie s'est échappée, le comte a disparu tout à coup.

DANIEL *entre, en proie à une vive anxiété.*

DANIEL.

Gracieux seigneur, une troupe de cavaliers furieux descend au galop par le sentier; ils crient : « Meurtre et carnage! » Tout le village est en alarme.

FRANZ.

Va, fais sonner toutes les cloches, que tout le monde aille à l'église.... et se jette à genoux.... et prie pour moi.... Qu'on lâche et délivre tous les prisonniers; je veux rendre aux pauvres le double et le triple, je veux.... mais va donc.... appelle donc le confesseur, pour qu'il m'absolve de mes péchés.... Tu n'es pas encore parti? (*Le tumulte devient plus bruyant.*)

DANIEL.

Que Dieu me pardonne mes péchés mortels! Comment accorder tout cela? N'avez-vous pas toujours rejeté bien loin, par-dessus les toits, la sainte prière? tant de fois vous m'avez lancé à la tête ma Bible et mon sermonnaire, quand vous me surpreniez en prière....

FRANZ.

Plus un mot de cela!... Mourir! vois-tu? Mourir!... Il sera trop tard. (*On entend Schweizer qui fait rage.*) Prie donc! Prie!

DANIEL.

Je vous l'ai toujours dit.... Vous méprisez maintenant la sainte prière.... mais prenez garde, prenez garde! Quand le danger vous prendra à la gorge, quand l'eau vous montera jusqu'à l'âme, alors vous donnerez tous les trésors du monde pour un seul soupir de bon chrétien.... Voyez-vous ça? Vous vous moquiez de moi! Maintenant vous y voilà! Voyez-vous ça?

FRANZ *l'embrasse convulsivement.*

Pardonne, mon cher Daniel, mon trésor, ma perle, pardonne.... Je t'habillerai des pieds à la tête.... mais prie donc.... je veux te faire beau comme un marié.... je veux.... mais prie donc, je t'en conjure.... je t'en conjure à genoux.... Au nom du dia.... prie donc! (*Tumulte dans les rues. Clameurs. Vacarme.*)

SCHWEIZER, *dans la rue.*

A l'assaut! Assommez! forcez l'entrée! Je vois de la lumière; il doit être là.

FRANZ, *à genoux.*

Entends-moi prier, Dieu du ciel!... C'est la première fois.... et bien sûr cela n'arrivera plus.... Exauce-moi, Dieu du ciel!

DANIEL.

Mon Dieu! Que faites-vous là? Mais c'est une prière impie.

ATTROUPEMENT DE PEUPLE.

LE PEUPLE.

Des voleurs! des assassins! Qui fait cet affreux vacarme à cette heure, au milieu de la nuit?

SCHWEIZER, *toujours dans la rue.*

Repousse-les, camarade.... C'est le diable, et il vient prendre votre seigneur.... Où est Schwarz avec son détachement?... Poste-toi autour du château, Grimm.... Donne l'assaut au mur d'enceinte.

GRIMM.

Allez, vous autres, chercher des torches.... Nous monterons ou il descendra.... Je jetterai du feu dans ses salles.

FRANZ *prie.*

Je n'ai pas été un meurtrier ordinaire, Seigneur mon Dieu!... jamais je ne me suis arrêté à des bagatelles, Seigneur mon Dieu!...

DANIEL.

Que Dieu ait pitié de nous! Ses prières sont de nouveaux péchés. (*Des pierres et des torches volent de toutes parts. Les vitres tombent. Le château brûle.*)

FRANZ.

Je ne puis prier.... Là, là! (*Se frappant la poitrine et le front.*) Tout est si vide.... si desséché. (*Il se lève.*) Non! et je ne veux pas prier.... Je ne veux pas que le ciel remporte cette victoire, que l'enfer fasse ainsi de moi sa risée....

DANIEL.

Jésus! Marie! à l'aide.... au secours! Tout le château est en flammes.

FRANZ.

Tiens, prends cette épée. Alerte! Enfonce-la-moi par derrière dans le ventre, afin que ces coquins ne viennent pas faire de moi leur jouet. (*L'incendie éclate.*)

DANIEL.

Dieu me garde! Dieu me garde! Je ne veux envoyer personne avant l'heure dans le ciel, encore bien moins avant l'heure dans.... (*Il s'échappe.*)

FRANZ *le suit d'un regard fixe; après une pause.*

Dans l'enfer, voulais-tu dire.... En effet! je flaire quelque chose de ce genre.... (*Égaré.*) Sont-ce là ses concerts perçants? Est-ce vous que j'entends siffler, serpents de l'abîme?... Ils montent de vive force.... ils assiègent la porte.... Pourquoi tremblé-je ainsi devant cette pointe aiguë?... La porte craque.... elle tombe.... Impossible d'échapper.... Ah! aie donc pitié de moi! (*Il arrache le galon d'or de son chapeau et s'étrangle.*)

SCHWEIZER, *avec sa bande.*

SCHWEIZER.

Canaille d'assassin, où es-tu?... Avez-vous vu comme ils fuyaient?... A-t-il si peu d'amis?... Où s'est cachée la bête féroce?

GRIMM *heurte le cadavre.*

Halte! quel est cet obstacle devant mes pieds? Éclairez ici....

SCHWARZ.

Il nous a joué le tour de prendre les devants. Rengainez vos sabres, le voilà par terre, crevé comme un chat.

SCHWEIZER.

Mort! Quoi? mort? Mort sans moi?... Mensonge, vous dis-je.... Voyez comme il va d'un bond se trouver sur ses jambes!... (*Il le secoue.*) Hé! dis donc, il y a un père à égorger.

GRIMM.

Tu perds ta peine. Il est roide mort.

SCHWEIZER *s'éloigne de lui.*

Oui! il ne se réjouit pas.... il est donc roide mort.... Retournez et dites à mon capitaine qu'il est roide mort.... Moi, il ne me reverra plus. (*Il se tire un coup de pistolet contre le front.*)

SCÈNE II.

Le lieu de l'action est le même que dans la dernière scène
de l'acte précédent.

LE VIEUX MOOR, *assis sur une pierre ;* LE BRIGAND MOOR,
vis-à-vis de lui ; DES BRIGANDS *çà et là dans la forêt.*

LE BRIGAND MOOR.

Il ne vient pas encore. (*Il frappe une pierre de son poignard, à en faire jaillir des étincelles.*)

LE VIEUX MOOR.

Que le pardon soit son châtiment.... un redoublement d'amour ma vengeance.

LE BRIGAND MOOR.

Non, par la fureur de mon âme, cela ne doit pas être. Je ne le veux pas. Il faut qu'il descende dans l'éternité, chargé de cet affreux attentat!... Sans cela, pourquoi l'aurais-je tué?

LE VIEUX MOOR, *fondant en larmes.*

O mon enfant!

LE BRIGAND MOOR.

Quoi?... tu pleures sur lui.... auprès de cette tour?

LE VIEUX MOOR.

Pitié! oh! pitié! (*Se tordant les mains avec angoisse.*) En ce moment.... en ce moment mon fils est jugé!

LE BRIGAND MOOR, *effrayé.*

Lequel?

LE VIEUX MOOR.

Ah! Que signifie cette question?

LE BRIGAND MOOR.

Rien! rien!

LE VIEUX MOOR.

Es-tu venu pour railler d'un rire moqueur mon désespoir?

LE BRIGAND MOOR.

Conscience traîtresse!... Ne faites pas attention à mes paroles.

LE VIEUX MOOR.

Oui, j'ai persécuté un fils, et il fallait qu'à mon tour je fusse persécuté par un fils, c'est le doigt de Dieu.... O mon Charles! mon Charles! si tu flottes autour de moi revêtu de la robe de paix, pardonne-moi! oh! pardonne-moi!

LE BRIGAND MOOR, *vivement.*

Il vous pardonne. (*Tout interdit.*) S'il est digne de se nommer votre fils.... il doit vous pardonner.

LE VIEUX MOOR.

Ah! il était trop magnanime pour moi.... Mais je veux aller à lui avec mes larmes, mes nuits sans sommeil, les tortures de mes rêves, embrasser ses genoux.... crier.... crier à haute voix : « J'ai péché contre le ciel et contre toi. Je ne mérite pas que tu me nommes ton père. »

LE BRIGAND MOOR, *fort ému.*

Il vous était cher, votre autre fils?

LE VIEUX MOOR.

Tu le sais, ô ciel! Pourquoi me suis-je laissé tromper par les artifices d'un méchant fils? J'étais un père digne d'envie entre tous les pères de ce monde. Autour de moi florissaient mes enfants, pleins de belles espérances. Mais.... ô heure fatale!... le mauvais esprit entra dans le cœur de mon second fils; je me fiai au serpent.... perdus, mes deux enfants! (*Il se cache le visage.*)

ACTE V, SCÈNE II.

LE BRIGAND MOOR *va loin de lui.*

Éternellement perdus!

LE VIEUX MOOR.

Oh! je sens profondément ce qu'Amalie me disait, l'esprit de vengeance parlait par sa bouche. En vain tu étendras tes mains mourantes vers un fils, en vain tu te flatteras de presser la chaude main de ton Charles, qui jamais plus ne se tiendra près de ton lit....

LE BRIGAND MOOR *lui tend la main, en détournant le visage.*

LE VIEUX MOOR.

Que n'es-tu la main de mon Charles!... Mais il gît loin d'ici dans l'étroite demeure, il dort déjà du sommeil de fer, il n'entend plus la voix de ma douleur amère.... Malheur à moi! mourir dans les bras d'un étranger.... Plus de fils.... plus de fils, pour me fermer les yeux....

LE BRIGAND MOOR, *dans la plus violente agitation.*

Oui, maintenant il le faut, maintenant.... *(Aux brigands:)* Laissez-moi! Et pourtant.... puis-je donc lui rendre son fils ?... Son fils, je ne puis plus le lui rendre!... Non, je ne le ferai pas....

LE VIEUX MOOR.

Quoi, mon ami? Que murmurais-tu là?

LE BRIGAND MOOR.

Ton fils.... oui, vieillard.... *(balbutiant)* ton fils.... est.... éternellement perdu.

LE VIEUX MOOR.

Éternellement!

LE BRIGAND MOOR, *dans la plus terrible angoisse,*
levant les yeux au ciel.

Oh! cette fois seulement!... ne laisse pas succomber mon âme.... cette fois seulement soutiens-moi!

LE VIEUX MOOR.

Éternellement, dis-tu?

LE BRIGAND MOOR.

Ne me demande rien de plus! Éternellement, ai-je dit.

LE VIEUX MOOR.

Étranger! étranger! Pourquoi m'as-tu tiré de la tour?

LE BRIGAND MOOR.

Mais quoi!... Si maintenant je dérobais sa bénédiction.... si je la dérobais comme un voleur, et si je m'enfuyais bien loin avec ce céleste larcin? La bénédiction paternelle n'est jamais perdue, dit-on.

LE VIEUX MOOR.

Et mon Franz perdu aussi?

LE BRIGAND MOOR *se prosterne devant lui.*

J'ai brisé les verrous de ta prison.... Donne-moi ta bénédiction.

LE VIEUX MOOR, *avec douleur.*

Sauveur du père, te fallait-il donc exterminer le fils?... Vois, la divinité ne se lasse pas dans sa miséricorde, et nous, pauvres vers de terre, nous allons dormir avec notre ressentiment. (*Il pose sa main sur la tête du brigand.*) Sois heureux, autant que tu seras miséricordieux!

LE BRIGAND MOOR, *se levant attendri.*

Oh!... où est ma fermeté? Mes fibres se détendent, le poignard m'échappe des mains.

LE VIEUX MOOR.

Qu'il est doux de voir des frères habiter ensemble dans la concorde! doux comme la rosée qui tombe d'Hermon sur les montagnes de Sion!... Apprends à mériter cette volupté, jeune homme, et les anges du ciel viendront s'éclairer des rayons de ton auréole. Que ta sagesse soit la sagesse des cheveux blancs, mais que ton cœur.... ton cœur, soit le cœur de l'innocente enfance!

LE BRIGAND MOOR.

Oh! un avant-goût de cette volupté. Donne-moi un baiser, divin vieillard.

LE VIEUX MOOR *lui donne un baiser.*

Pense que c'est le baiser d'un père, et moi, je penserai que je baise mon fils.... Tu peux donc aussi pleurer?

LE BRIGAND MOOR.

Je pensais que c'était le baiser d'un père!... Malheur à moi, s'ils me l'amenaient maintenant!

(*Les compagnons de Schweizer arrivent, s'avançant en silence et en deuil, la tête baissée et se cachant le visage.*)

LE BRIGAND MOOR.

Ciel! (*Il recule avec crainte et cherche à se cacher. Ils passent* devant lui. Il détourne les yeux. Pause de profond silence. Ils s'arrêtent.)

GRIMM, d'une voix mal assurée.

Mon capitaine! (Le brigand Moor ne répond pas et recule plus loin.)

SCHWARZ.

Mon cher capitaine! (Le brigand Moor recule encore.)

GRIMM.

Nous sommes innocents, mon capitaine!

LE BRIGAND MOOR, sans les regarder.

Qui êtes-vous?

GRIMM.

Tu ne nous regardes pas? Tes fidèles!

LE BRIGAND MOOR.

Malheur à vous, si vous m'avez été fidèles!

GRIMM.

Le dernier adieu de ton serviteur Schweizer.... Il ne reviendra jamais, ton serviteur Schweizer.

LE BRIGAND MOOR, tressaillant.

Vous ne l'avez donc pas trouvé?

SCHWARZ.

Nous l'avons trouvé mort.

LE BRIGAND MOOR, bondissant de joie.

Merci, suprême ordonnateur des choses!... Embrassez-moi, mes enfants!... Que la miséricorde soit désormais notre mot d'ordre.... Ainsi donc cette épreuve serait aussi accomplie.... Toutes les épreuves accomplies.

DE NOUVEAUX BRIGANDS. AMALIE.

LES BRIGANDS.

Hourra! hourra! une capture! une superbe capture!

AMALIE, les cheveux épars.

Les morts, crient-ils, sont ressuscités à sa voix.... Mon oncle vivant.... dans cette forêt.... Où est-il? Charles! Mon oncle! Ha! (Elle se précipite sur le vieillard.)

LE VIEUX MOOR.

Amalie! Ma fille! Amalie! (Il la tient serrée dans ses bras.)

LE BRIGAND MOOR, *sautant en arrière.*

Qui amène cette image devant mes yeux?

AMALIE *se dégage des bras du vieillard, s'élance vers le brigand et l'embrasse avec transport.*

Je l'ai, étoiles du ciel! Je l'ai....

LE BRIGAND MOOR, *s'arrachant de ses bras, aux brigands.*

Partez, vous autres! Satan m'a trahi!

AMALIE.

Mon fiancé! mon fiancé! tu es en délire! Ah! de ravissement! Pourquoi aussi suis-je si insensible, si froide dans ce tourbillon de volupté?

LE VIEUX MOOR, *se redressant avec effort.*

Fiancé! Ma fille! ma fille! un fiancé!

AMALIE.

Éternellement à lui! Toujours, toujours, toujours à moi!... O puissances du ciel! Soulagez-moi de cette volupté mortelle, que je ne périsse pas sous le poids!

LE BRIGAND MOOR.

Arrachez-la de mon cou! Tuez-la! tuez-le! moi! vous! tout: que tout l'univers s'abîme! (*Il veut fuir.*)

AMALIE.

Où? Quoi? L'amour! l'éternité! les délices! l'infini! Et tu fuis?

LE BRIGAND MOOR.

Arrière! arrière!... O la plus malheureuse des fiancées!... Regarde toi-même, interroge, écoute!... O le plus malheureux des pères! Laisse-moi donc m'élancer loin d'ici à jamais!

AMALIE.

Soutenez-moi! Pour l'amour de Dieu, soutenez-moi!... La nuit devient si sombre devant mes yeux.... Il fuit!

LE BRIGAND MOOR.

Trop tard! En vain! Ta malédiction, mon père!... Ne me demande rien de plus!... Je suis, j'ai.... ta malédiction.... ta malédiction supposée!... Qui m'a attiré ici? (*S'avançant sur les brigands, l'épée nue.*) Qui de vous m'a attiré ici, créatures de l'abîme? Péris donc, Amalie!... Meurs, mon père! Meurs par moi, pour la troisième fois!... Tes sauveurs, vois, ce sont des brigands et des meurtriers! Ton Charles est leur capitaine! (*Le vieux Moor expire.*)

AMALIE *reste muette et roide comme une statue. Toute la bande dans un silence effrayant.*

LE BRIGAND MOOR, *courant se heurter contre un chêne.*

Les âmes de ceux que j'ai étranglés dans l'ivresse de l'amour,... de ceux que j'ai écrasés dans le sommeil sacré, de ceux.... Ha! ha! ha! Entendez-vous la tour des poudres qui fait explosion sur le lit de misère des femmes en couche? Voyez-vous ces flammes qui battent le berceau des enfants à la mamelle? Voilà le flambeau d'hyménée, la musique de la noce.... Oh! il n'oublie pas, il sait enchaîner les choses.... Aussi de moi et par moi la volupté de l'amour! à moi l'amour pour torture! C'est la compensation.

AMALIE.

C'est vrai! Roi du ciel! C'est vrai.... Qu'ai-je fait, moi, innocent agneau? Je l'ai aimé, lui!

LE BRIGAND MOOR.

C'est plus qu'un homme ne peut endurer. J'ai pourtant entendu la mort siffler sur moi par plus de mille tubes et je n'ai pas reculé d'une semelle : dois-je apprendre en ce moment, pour la première fois, à trembler comme une femme? à trembler devant une femme?... Non, une femme n'ébranlera pas mon mâle courage.... Du sang, du sang! Ce n'est qu'un assaut de la femme.... Il faut que je m'abreuve de sang, cela passera. (*Il veut s'enfuir.*)

AMALIE *tombe dans ses bras.*

Meurtrier! démon! Je ne puis, ange, te quitter.

LE BRIGAND MOOR *la jette loin de lui.*

Arrière, serpent perfide! tu veux narguer un furieux, mais je brave la tyrannie du destin.... Quoi? tu pleures? O astres pervers et cruels! Elle fait comme si elle pleurait, comme si une âme au monde pouvait pleurer pour moi! (*Amalie se jette à son cou.*) Ah! qu'est-ce que cela? Elle ne crache pas sur moi, ne me repousse pas loin d'elle.... Amalie! as-tu oublié? Sais-tu bien qui tu embrasses, Amalie?

AMALIE.

Mon unique, mon inséparable!

LE BRIGAND MOOR, *épanoui, dans l'extase de la joie.*

Elle me pardonne, elle m'aime! Je suis pur comme l'éther céleste, elle m'aime!..... A toi les larmes de ma reconnaissance, Dieu de miséricorde! (*Il tombe à genoux, tout en larmes.*) La paix est rentrée dans mon âme, la torture a épuisé sa rage, l'enfer n'est plus.... Vois, oh! vois, les enfants de lumière pleurent dans les bras des démons en larmes.... (*Se levant, aux brigands :*) Eh! pleurez donc aussi! Pleurez, pleurez, vous êtes si heureux!... O Amalie! Amalie! Amalie! (*Il s'attache à ses lèvres, ils demeurent dans un muet embrassement.*)

UN BRIGAND, *s'avançant avec fureur.*

Arrête, traître!... Détache sur-le-champ ce bras.... ou je te dirai un mot qui te fera éclater les oreilles et d'horreur claquer les dents. (*Il étend son sabre entre les deux amants.*)

UN VIEUX BRIGAND.

Songe aux forêts de la Bohême! Entends-tu? Quoi? tu hésites?... Songe, te dis-je, aux forêts de la Bohême! Perfide, où sont tes serments? Oublie-t-on si vite les blessures? Quand nous risquions pour toi bonheur, honneur et vie; quand nous nous dressions devant toi, comme des murs, que nous recevions comme des boucliers les coups destinés à ton corps.... alors, n'as-tu pas levé la main pour te lier par un serment de fer, pour jurer de ne jamais nous abandonner, de même que jamais nous ne t'avons abandonné?... Et, sans honneur, oublieux de ta foi, tu veux déserter, quand une fillette pleurniche?

UN TROISIÈME BRIGAND.

Honte au parjure! Les mânes de Roller, de cette victime que tu évoquas, pour te servir de témoin, de l'empire des morts, rougiront de ta lâcheté; il sortira tout armé de sa tombe, pour te châtier.

LES BRIGANDS, *pêle-mêle, arrachent et écartent leurs vêtements.*

Regarde ici, regarde! Connais-tu ces cicatrices? Tu es à nous! Nous t'avons acheté, acquis comme notre serf, avec le sang de notre cœur. Tu es à nous, et quand l'archange Michel devrait en venir aux mains avec Moloch.... Marche avec nous! Sacrifice pour sacrifice! Amalie pour la bande!

LE BRIGAND MOOR *lâche la main d'Amalie.*

C'en est fait!... Je voulais revenir sur mes pas et aller à mon père, mais celui qui est aux cieux a déclaré que cela ne devait pas être. (*Froidement :*) Mais aussi, fou stupide que je suis, pourquoi le voulais-je? Un grand pécheur peut-il donc se convertir encore? Un grand pécheur ne peut jamais se convertir; depuis longtemps, j'aurais dû le savoir.... Sois tranquille! Je t'en prie! sois tranquille! N'est-ce pas juste ainsi?... Je n'ai pas voulu, quand il me cherchait; aujourd'hui que je le cherche, c'est lui qui ne veut pas: quoi de plus équitable?... Ne roule pas ainsi les yeux.... Il n'a pas besoin de moi. N'a-t-il pas des créatures en abondance? Il peut si aisément se passer d'une seule.... Eh bien! je suis précisément celle-là.... Venez, camarades!

AMALIE *le tire en arrière.*

Arrête, arrête! un seul coup! le coup de la mort! Abandonnée de nouveau! Tire ton épée, aie pitié de moi.

LE BRIGAND MOOR.

La pitié s'est enfuie chez les ours.... Je ne te tuerai pas.

AMALIE, *embrassant ses genoux.*

Oh! pour l'amour de Dieu! au nom de toutes les miséricordes! car enfin, ce n'est plus de l'amour que je demande, je sais bien que là-haut nos astres sont hostiles et se fuient.... La mort est ma seule prière.... Abandonnée, abandonnée! Prends ce mot dans toute son horrible étendue, abandonnée! Je ne puis y survivre. Une femme, ne le vois-tu pas? ne peut endurer cela. La mort est ma seule prière. Vois, ma main tremble! Je n'ai pas le cœur de frapper. J'ai peur de la lame étincelante.... Et toi, cela t'est si facile, si facile, n'es-tu pas un maître en fait de meurtre? tire ton épée et je serai heureuse!

LE BRIGAND MOOR.

Veux-tu être seule heureuse? Va-t'en! je ne tue pas de femme!

AMALIE.

Ah! égorgeur! Tu ne sais tuer que les heureux. Ceux qui sont las de la vie, tu les passes. (*Elle se traîne vers les brigands.*) Alors, ayez donc pitié de moi, vous les disciples du bourreau! Il y a dans vos regards une pitié si altérée de sang, qui est une consolation pour le malheureux.... Votre maître est un vain et lâche fanfaron!

LE BRIGAND MOOR.

Femme, que dis-tu? (*Les brigands se détournent.*)

AMALIE.

Pas un ami! Parmi ceux-là aussi, pas un ami? (*Elle se lève.*) Eh bien donc! que Didon m'apprenne à mourir. (*Elle veut s'éloigner. Un brigand l'ajuste.*)

LE BRIGAND MOOR.

Arrête! Oserais-tu bien?... L'amante de Moor ne doit mourir que de la main de Moor. (*Il la tue.*)

LES BRIGANDS.

Capitaine! capitaine! Que fais-tu? Es-tu devenu fou?

LE BRIGAND MOOR, *contemplant fixement le cadavre.*

J'ai frappé juste! Encore cette convulsion, et ce sera fini.... Eh bien! voyez donc! Avez-vous encore quelque chose à demander? Vous m'avez sacrifié votre vie, une vie qui n'était déjà plus à vous, une vie pleine d'horreur et d'infamie.... Moi, je vous ai immolé un ange. Allons, regardez donc bien ici! Êtes-vous satisfaits maintenant?

GRIMM.

Tu as payé ta dette avec usure. Tu as fait ce que nul homme ne ferait pour son honneur. Maintenant, viens, partons!

LE BRIGAND MOOR.

Ah! tu en conviens? N'est-ce pas? la vie d'une sainte pour des vies de coquins, c'est un échange inégal?... Oh! je vous le dis, quand chacun de vous monterait sur l'échafaud, et se ferait arracher, avec des tenailles brûlantes, un morceau de chair après l'autre, de façon que la torture durât onze longs jours d'été, cela ne pourrait entrer en balance avec ces larmes. (*Avec un rire amer.*) Les cicatrices, les forêts de Bohême! Oui, oui! Il fallait certes que cela fût payé.

SCHWARZ.

Calme-toi, capitaine! Viens avec nous, ce spectacle n'est pas fait pour toi. Mène-nous plus loin!

LE BRIGAND MOOR.

Halte!... Encore un mot, avant d'aller plus loin.... Écoutez-le bien, exécuteurs complaisants de mes ordres barbares.... De ce moment, je cesse d'être votre capitaine.... C'est avec honte, avec horreur, que je dépose ici ce commandement sanglant, à l'abri duquel vous vous croyiez autorisés à commettre le crime et à souiller par des œuvres de ténèbres cette lumière céleste.... Allez à droite et à gauche.... Il n'y aura plus, à tout jamais, rien de commun entre nous.

LES BRIGANDS.

Ah! l'homme sans cœur! Où sont tes plans sublimes? Étaient-ce des bulles de savon, qui crèvent au souffle d'une femme?

LE BRIGAND MOOR.

Hélas! fou que j'étais, de m'imaginer que je perfectionnerais le monde par des crimes et que je maintiendrais les lois par l'anarchie! J'appelais cela vengeance et droit.... Je m'arrogeais, ô Providence, d'aiguiser ton glaive ébréché et de réparer tes partialités.... mais.... ô vain enfantillage!... me voici au terme d'une vie affreuse, et je reconnais, avec des grincements de dents et des hurlements, que deux hommes comme moi ruineraient tout l'édifice du monde moral. Grâce.... grâce pour l'écolier étourdi qui a voulu empiéter sur toi!... A toi seule appartient la vengeance. Tu n'as pas besoin de la main de l'homme. Sans doute il n'est plus en mon pouvoir de ressaisir le passé.... Le mal qui est fait demeure fait.... Ce que j'ai renversé, ne peut plus, à tout jamais, se relever.... Mais il m'est encore resté un moyen de satisfaire aux lois offensées, et de réparer les outrages de l'ordre troublé. Il lui faut une victime.... une victime qui manifeste à toute l'humanité son inviolable majesté.... Cette victime, ce sera moi. Je dois subir la mort pour lui rendre hommage.

LES BRIGANDS.

Ôtez-lui son épée.... il veut se tuer.

LE BRIGAND MOOR.

Fous que vous êtes! condamnés à un éternel aveuglement! Pensez-vous donc qu'un péché mortel puisse expier des péchés mortels? Pensez-vous que l'harmonie du monde ait à gagner à cette dissonance impie? (*Il jette avec mépris ses armes à leurs pieds.*) Il faut qu'il m'ait vivant. Je vais me livrer moi-même aux mains de la justice.

LES BRIGANDS.

Enchaînez-le! C'est de la démence.

LE BRIGAND MOOR.

Non que je doute qu'elle me trouve bien vite, si les puissances d'en haut le veulent ainsi. Mais elle pourrait me surprendre dans le sommeil, ou m'atteindre dans la fuite, ou me saisir de force et avec le glaive, et alors m'aurait échappé l'unique mérite que je puisse avoir, celui de mourir volontairement pour elle. Eh quoi? dois-je cacher encore, pareil à un voleur, une vie qui, dans le conseil des célestes gardiens, m'est ôtée depuis longtemps ?

LES BRIGANDS.

Laissez-le courir. C'est la manie de l'héroïsme. Il veut acheter de sa vie une vaine admiration.

LE BRIGAND MOOR.

On pourrait m'admirer pour cela.... (*Après quelque temps de réflexion.*) Je me souviens d'avoir parlé, sur ma route, à un pauvre diable qui travaille comme mercenaire et a onze enfants tous vivants.... On a promis mille louis d'or à celui qui livrerait en vie le grand brigand. Il y a moyen de venir en aide à cet homme. (*Il s'en va.*)

FIN DES BRIGANDS.

APPENDICE.

VARIANTES ET PIÈCES DIVERSES

RELATIVES AU DRAME DES BRIGANDS.

Le drame des *Brigands* a été publié par Schiller sous deux formes qui diffèrent beaucoup l'une de l'autre : 1° Sous sa forme première et originelle, tel qu'il a paru, d'abord en 1781, sans nom d'auteur, puis, en 1782, chez Lœffler, avec quelques changements et sous le nom de Fr. Schiller; c'est cette forme que reproduisent les œuvres complètes et que nous avons traduite; 2° sous sa forme théâtrale, presque entièrement oubliée aujourd'hui, et tel qu'il figure, complétement remanié par le poëte, à la demande de Dalberg, dans l'édition publiée pour la scène de Mannheim en 1782, chez Schwan, la même année que la seconde édition de la version première, destinée à la lecture.

Parmi les variantes qu'offrent les réimpressions de cette version première, nous n'en signalerons qu'une seule. Dans la scène troisième du second acte, après les mots « climat de coquins » (voy. p. 64), SPIEGELBERG ajoutait :

« .... et je te le conseille, viens avec moi dans le pays des Grisons; c'est l'Athènes des larrons d'aujourd'hui. »

Ce passage, supprimé depuis, avait donné lieu à une plainte qui indisposa le duc de Wurtemberg contre l'auteur, à un tel point qu'il lui défendit de rien imprimer de poétique désormais. La plupart des autres modifications affectent surtout la langue et le style et n'auraient nul intérêt dans une traduction. En trois ou quatre endroits, Schiller a supprimé, dès la seconde édition, des obscénités qui seraient encore plus choquantes en français qu'en allemand, et que je m'abstiendrai en tout cas de relever ici. Du reste, en revoyant son *Théâtre* pour ses œuvres complètes, peu de temps avant sa mort, il s'est tenu le plus près possible du jet primitif et a suivi la première édition plutôt que la seconde. On trouvera la Préface de celle-ci parmi les pièces contenues dans cet Appendice.

Les changements que nous présente le texte du drame remanié pour le théâtre, quand on le compare à celui de l'édition originale, sont très-considérables. Pour les indiquer tous bien clairement, il faudrait donner en entier l'édition de Mannheim. Nous nous contenterons de marquer ici les principaux, soit textuellement, soit au moyen d'analyses.

ACTE PREMIER.

Dans la première scène, c'est surtout par des retranchements que le texte de l'édition théâtrale diffère du texte original. Le poëte a fait notamment de très-grandes coupures dans le monologue de Franz, qui termine la scène; il en a retranché les parties les plus révoltantes, ces monstruosités, vraiment impossibles, que je me repens d'avoir traduites.

La scène troisième est devenue la deuxième, et la deuxième de la première édition a été divisée en cinq, de façon que l'acte entier en a sept, au lieu de trois. Du reste, le sujet des scènes et la marche de l'action sont demeurés les mêmes, et la différence consiste dans des remaniements de style et surtout dans des omissions.

Dans la quatrième scène, entre Charles de Moor et Spiegelberg, Schiller a daté la pièce, et transporté l'action à la fin du xve siècle, au temps où l'empereur Maximilien publia l'édit de la paix publique. Voici la partie du dialogue qui fixe cette date, c'est le commencement de la scène :

SPIEGELBERG.

Peste! peste! Coup sur coup! Malédiction! Sais-tu, Moor? Sais-tu?... C'est à devenir fou enragé.

MOOR.

Quoi donc encore?

SPIEGELBERG.

Tu le demandes? Lis,... lis toi-même.... C'en est fait de notre ménage.... La paix en Allemagne.... Que le diable emporte la prêtraille!

MOOR.

La paix en Allemagne!

SPIEGELBERG.

C'est à se pendre.... et le droit du poing supprimé à jamais.... Toutes les hostilités défendues sous peine de mort.... Meurtre et mort!... Crève, Charles!... où jusqu'ici nos glaives pourfendaient, les plumes désormais vont gratter le papier.

MOOR *jette son épée.*

Que les poltrons, alors, et les marauds manient le gouvernail et que les hommes brisent leurs épées.... La paix en Allemagne!... Va, cette nouvelle t'a marqué de noir à jamais à mes yeux.... Des tuyaux de plumes d'oie au lieu de glaives.... Malédiction sur cette paix qui transforme honteusement en allures de limace ce qui serait devenu le vol de l'aigle!... La paix n'a encore formé aucun grand homme, mais la guerre fait éclore des colosses et des héros, etc., etc.

Dans la version originale, la date de l'action est le milieu du xviiie siècle, le temps de la bataille de Prague (1757). C'est Dalberg qui exigea que Schiller changeât l'époque; il soutenait avec raison qu'il eût été impossible qu'une telle troupe se formât et subsistât plusieurs années en pleine civilisation moderne. Le poëte finit par se rendre et consentit à cette modification, mais il ne mit pas tout d'accord dans sa pièce avec cette date nouvelle et laissa subsister plus d'un anachronisme.

ACTE DEUXIÈME.

Les trois scènes de la première édition en font seize dans celle du théâtre. Le monologue qui commence l'acte n'a conservé qu'un petit nombre de phrases des trois premiers alinéas, mais le dernier est presque intact.

Le dialogue avec Hermann, qui termine la première scène dans la version originale (voy. p. 50) et forme la deuxième dans celle de Mannheim, est allongé à la fin par l'addition suivante :

FRANZ *lui crie, en le voyant sortir.*

Ce que tu feras, tu le feras pour toi.... (*Il le suit encore des yeux jusqu'au fond de la scène, puis éclate en un rire larmoyant.*) Tout ardeur et bonne volonté! Avec quel empressement la folle dupe s'en va franchir de son pied léger les limites de l'honnête homme, pour saisir un bien dont il reconnaîtrait l'impossibilité pour peu qu'il ne fût pas atteint de démence!... (*Avec humeur.*) Non, c'est impardonnable! Cet homme est lui-même un coquin, et pourtant il se fie à l'honnête physionomie d'un autre.... Il va sans souci tromper un homme de bien, et ne pardonnera de toute éternité qu'on l'ait pu tromper lui-même.... Est-ce là le vice-roi si vanté de la création? Oh! alors, pardonne-moi, maternelle nature, de t'avoir cherché querelle pour ne m'avoir créé qu'imparfaitement à son image, et délivre-moi dans ta bonté de ce que tu m'as laissé de ressemblance avec lui.... Tu as perdu mon estime, homme! et détruit avec elle la seule conviction propre à te relever, la pensée que jamais la méchanceté se puisse rendre coupable envers toi. (*Il sort.*)

Au commencement de la scène suivante, AMALIE, après ces mots : « Je ne puis être irritée contre toi (p. 50) », ajoute, en effeuillant des roses autour du vieillard :

Dors dans le parfum des roses....Que, dans le parfum des roses, Charles apparaisse à tes rêves.... Éveille-toi dans le parfum des roses, je veux aller m'endormir sous le romarin. (*Elle veut s'éloigner.*)

LE VIEUX MOOR, *rêvant.*

Mon Charles! mon Charles! mon Charles!

AMALIE *s'arrête et revient lentement sur ses pas.*

Écoute! Son ange a exaucé ma prière. (*S'approchant très-près de lui.*) Il est doux de respirer l'air auquel son nom se mêle.... Je veux rester ici.

Un peu plus loin, LE VIEUX MOOR, à demi éveillé, s'écrie :

N'ai-je pas pressé ses mains? n'aspiré-je pas le parfum des roses? Vilain Franz! etc.

.... Non, ma fille! La pâleur mortelle de tes joues témoigne contre ton cœur. Pauvre fille! j'ai détruit les joies de ta jeunesse. Ne pardonne pas.... seulement ne me maudis pas!

AMALIE.

L'amour ne sait qu'une seule malédiction. Celle-ci, mon père! (*Elle lui baise tendrement la main.*)

LE VIEUX MOOR, *qui s'est levé.*

Que trouvé-je là? Des roses, ma fille? Tu jettes des roses autour du meurtrier de ton amour?

AMALIE.

Des roses autour du père de mon bien-aimé (*se jetant à son cou*), devant qui je n'en puis jeter en ce moment.

LE VIEUX MOOR.

Et devant qui tu en aurais jeté volontiers.... Pourtant, mon amie, tu l'as fait sans le savoir.... Connais-tu ce portrait? (*Tirant un rideau de devant une peinture.*)

AMALIE, *se précipitant auprès.*

De Charles!

Après la réplique suivante du VIEUX MOOR, où « indignation » est remplacé par « misanthropie, » et où sont omis les derniers mots : « Votre amour me rendait si heureux, » AMALIE reprend :

Oh! jamais je n'oublierai ce jour! jamais il ne reviendra pour moi! Je le vois encore assis devant moi. Le rouge reflet du soleil du soir brillait sur son visage, le vent se jouait capricieusement dans ses brunes boucles. A chaque coup de pinceau, l'amante prenait la place de l'artiste. Le pinceau tomba, mes lèvres tremblantes dévorèrent avidement ses traits. L'original, dans toute sa plénitude, se grava dans mon cœur!... Sur la toile s'étalait l'ébauche de cette image, terne et mourante, comme le souvenir de l'adagio d'hier.

LE VIEUX MOOR.

Continue, continue! Tes rêveries me rajeunissent. O ma fille! votre amour me rendait si heureux!

AMALIE.

Non! non! ce n'est pas lui, etc.

Toute la fin de la scène, à la suite des mots : « Je n'étais qu'une barbouilleuse » (p. 52), est supprimée.

Dans la scène suivante, après la venue de Daniel, les deux dernières stances des *Adieux d'Hector* sont naturellement supprimées aussi, comme au reste tous les chants de la pièce, à l'exception du peu de vers que fredonne Spiegelberg (voy. p. 70).

Dans le récit d'Hermann, « la guerre entre la Prusse et l'Autriche (p. 54) » est remplacé par « la guerre entre les Polonais et les Turcs, » et « Frédéric » par « Matthias (Corvin)[1]: » au lieu de « la chaude bataille de Prague, » il y a tout simplement « la chaude bataille. »

Tout le monologue de Franz, qui précède immédiatement la scène troisième de l'édition originale, est retranché.

Le long dialogue entre Spiegelberg et Razmann, qui commence la scène troisième, est réduit à une page, et les endroits les plus grossiers et les plus choquants, spécialement le cynique récit du couvent, sont supprimés.

Dans le reste de l'acte, les coupures sont moins nombreuses. Le moine est remplacé par un commissaire.

---

1. Schiller s'est permis là un petit anachronisme. Matthias Corvin mourut en 1490, et l'édit de la paix publique, dont il est parlé dans le premier acte, fut rendu à Worms en 1495.

ACTE TROISIÈME.

Le principal retranchement est celui de la scène où Hermann vient apprendre à Amalie que Charles et le vieux Moor vivent encore. Elle est remplacée par une autre dans l'acte suivant.

La scène deuxième est divisée en trois dans l'édition du théâtre. Une partie de l'entretien de Moor avec Kosinsky (p. 100) est citée dans la *Critique des Brigands par l'auteur* (voy. plus bas, p. 185).

Quoique le poëte ait transporté l'action, comme nous l'avons vu, au temps de l'empereur Maximilien, il a laissé, par une singulière inadvertance, dans la bouche de Schweizer, la question où figure le maréchal de Saxe (voy. p. 98).

ACTE QUATRIÈME.

Toute la scène première est supprimée, et le commencement de la deuxième est notablement abrégé : dans la galerie où Charles et Amalie s'entretiennent, un habit de nonne est placé sur la table. Le monologue de Charles, qui précède la venue de Franz, est allongé par des additions tirées de la scène omise en tête de l'acte.

Le monologue de Franz (p. 106) est réduit à quelques phrases. Il ne s'écrie : « C'est Charles! » qu'après qu'il a envoyé Daniel chercher du vin (p. 108), et ses plaintes au sujet des regards d'Amalie, des larmes qu'elle laisse tomber dans son gobelet, sont placées dans l'enquête qu'il fait subir au vieux serviteur. Après ces mots de DANIEL (p. 110) : « Oui, un excellent homme! a-t-il répondu, en s'essuyant les yeux, » FRANZ reprend : « Assez! va, cours, saute, cherche-moi Hermann. » Daniel sort. Le reste de la scène est supprimé; le long monologue qui la termine est remplacé par quelques phrases de celui qui précède la venue de Daniel.

A la suite viennent, dans l'édition du théâtre, deux scènes qui ne se trouvent point dans la version originale.

HERMANN *vient.*

FRANZ.

Ah! sois le bienvenu, mon Euryale! instrument actif de mes artifices!
HERMANN, *d'un ton bref et roide.*
Vous m'avez fait chercher, monsieur le comte.

FRANZ.

Pour que tu mettes le sceau à ton chef-d'œuvre....
HERMANN, *dans sa barbe.*
Vraiment?

FRANZ.

Pour que tu donnes le dernier coup de pinceau à ta peinture.
HERMANN.
Morbleu!

FRANZ, *avec quelque hésitation.*

Ferai-je avancer la voiture? Veux-tu que nous arrangions l'affaire dans une promenade?

HERMANN, *avec arrogance.*

Sans tant de façons, s'il vous plaît. Pour ce que nous arrangerons ensemble aujourd'hui, cet espace d'un pied carré peut bien suffire.... Je pourrais, en tout cas, faire précéder l'entretien de quelques paroles qui épargneraient ensuite des efforts à vos poumons.

FRANZ, *reculant.*

Hum!... et que serait-ce?

HERMANN, *avec rancune.*

« Tu auras Amalie.... tu l'auras de ma main.... »

FRANZ, *stupéfait.*

Hermann.

HERMANN, *comme plus haut, tournant toujours le dos à Franz.*

« Amalie est le jouet de ma volonté.... Tu peux donc aisément te figurer.... Bref! tout ira à souhait. » (*Il éclate en un rire furieux; puis, avec arrogance :*) Qu'avez-vous à me dire, comte Moor?

FRANZ, *éludant.*

A toi, rien.... J'ai envoyé chercher Hermann.

HERMANN.

Pas d'écart!... Pourquoi m'a-t-on mandé ici en toute hâte?... Pour être encore une fois votre jouet, comme avant? pour tenir l'échelle au voleur pendant qu'il fait irruption? pour que je fasse encore le métier de dupe, moyennant un schelling? N'est-ce pas cela?

FRANZ, *devenant circonspect.*

Oui, bien ! N'oublions pas, en jasant, l'affaire principale.... Mon valet de chambre t'aura sans doute averti.... Je voulais seulement t'entendre au sujet de la dot.

HERMANN.

Je crois que vous vous moquez de moi.... ou c'est pire encore, pire, vous dis-je, si vous ne vous moquez pas. Moor! prenez garde.... ne me mettez pas hors de moi, Moor! Nous sommes seuls. J'ai d'ailleurs encore un nom honnête à mettre en jeu avec vous. Ne vous fiez pas au diable que vous avez vous-même enrôlé.

FRANZ, *avec dignité.*

Est-ce à ton maître souverain que s'adresse un tel langage?... Tremble, esclave!

HERMANN, *d'un ton moqueur.*

Non de crainte, sans doute, d'encourir votre disgrâce?... Votre disgrâce à qui s'en veut à soi-même! Fi, Moor! Déjà j'ai horreur en vous du coquin, ne me forcez pas à rire aussi du fat. Je puis ouvrir des sépulcres et ordonner à des morts de ressusciter.... Qui maintenant est esclave?

FRANZ, *très-souple.*

Ami, sois raisonnable et non perfide.

HERMANN.

Taisez-vous. Ici, la malédiction est raison, et la fidélité serait démence.... Fidélité! à qui? Fidélité à l'éternel menteur?... Oh! les dents me claqueront pour cette fidélité-là, tandis qu'une petite dose d'infidélité, alors, eût fait de moi un saint.... Mais patience! patience! la vengeance est rusée.

FRANZ.

Mais, à propos ! Il est heureux que je m'en souvienne. Tu as perdu dernièrement dans cette chambre une bourse de cent louis. Peu s'en faut que cela n'ait été oublié. Reprends, camarade, ce qui est à toi. (*Il lui met de force une bourse dans les mains.*)

HERMANN *la lui jette avec mépris devant les pieds.*

Malédiction sur ces deniers d'Ischariot ! Ce sont les arrhes de l'enfer.... Une fois déjà vous avez voulu faire de ma pauvreté la séductrice de mon cœur.... mais vous avez manqué le but, comte, vous êtes à cent lieues.... Cette bourse pleine d'or me vient admirablement à point.... pour alimenter certaines personnes.

FRANZ, *effrayé.*

Hermann ! Hermann ! ne fais pas poindre en moi certains rêves à ton sujet.... Si tu faisais plus que tu n'as dû faire..., tu serais un homme épouvantable, Hermann !

HERMANN, *avec jubilation.*

Le serais-je ? le serais-je vraiment ? Eh bien ! alors, écoutez ma nouvelle, comte ! (*D'un ton significatif.*) J'alimente votre infamie, je nourris votre condamnation. Je veux un jour vous la servir comme régal et inviter au festin les peuples de la terre. (*Avec un rire sardonique.*) Vous me comprenez, au moins, mon souverain, gracieux et puissant seigneur ?

FRANZ *bondit, ne se possédant plus.*

Ah ! démon ! tricheur ! (*Se frappant le front du poing.*) Et attacher ma fortune aux caprices d'une tête en proie au vertige !... C'était bête ! (*Il se jette sans voix dans un fauteuil.*)

HERMANN *siffle entre ses doigts.*

Fi de l'artiste madré !

FRANZ, *avec amertume.*

Il est donc vrai et encore vrai ! Il n'est pas sous le soleil de fil filé si fin qui rompe aussi vite que la trame d'une coquinerie.

HERMANN.

Doucement ! doucement ! Les sages ont-ils donc dégénéré, que les démons se mettent à moraliser ?

FRANZ *se lève brusquement et dit à Hermann avec un rire méchant :*

Et à cette découverte certaines gens recueilleront sans doute aussi beaucoup d'honneur ?

HERMANN *claque des mains.*

Magistral ! Incomparable ! vous jouez votre rôle, qu'on vous baiserait ! On tire d'abord dans le bourbier le fou crédule, puis gentiment on lui crie ce sarcasme : « Malheur à toi, pécheur !... » (*Souriant et grinçant les dents.*) Oh ! comme ces Belzébuths raffinent habilement !... Pourtant, comte ! (*Lui frappant sur l'épaule.*) Nous n'avons pas tout appris encore.... morbleu ! Il faut d'abord que tu entendes ce que risque le perdant.... Le feu aux poudres ! dit le corsaire, et tout saute en l'air.... ami et ennemi !

FRANZ *va rapidement vers le mur et saisit son pistolet.*

C'est une trahison ! De l'audace....

HERMANN *tire tout aussi vite un pistolet de sa poche et couche en joue.*

Ne vous donnez nulle peine. C'est un cas qu'on prévoit chez vous.

FRANZ *laisse tomber le pistolet et se jette, hors de sens, dans le fauteuil.*

Mais, de grâce, bouche close, jusqu'à ce que.... j'aie eu le temps de me reconnaître.

HERMANN.

Que vous ayez soudoyé une douzaine d'assassins, pour me paralyser la langue et pour longtemps? n'est-il pas vrai?... Mais (*lui parlant à l'oreille*).... le secret est dans un papier, que mes héritiers ouvriront. (*Il s'en va.*)

FRANZ, *seul; il s'est levé de son fauteuil.*

Franz! Franz! qu'était-ce que cela? Qu'avais-tu fait de ton courage, de ton esprit toujours si prompt?... Malheur! malheur! mes créatures aussi me trahissent. Les piliers de ma fortune commencent à faiblir et l'ennemi fait irruption avec fureur.... Bien! il faut une prompte résolution!... Quoi? si j'allais moi-même.... et lui enfonçais mon épée dans le corps, par derrière?... Un homme blessé est un enfant.... Alerte! je veux le tenter. (*Il va à grands pas vers le fond de la scène, puis s'arrête soudain, saisi d'une torpeur effrayante.*).... Qui se glisse derrière moi? (*Roulant affreusement les yeux.*).... Des visages comme je n'en ai jamais vu.... des notes stridentes.... J'ai assurément du courage.... du courage autant que personne!... Si un miroir me trahissait? ou mon ombre? ou le vent de ma marche meurtrière?... Hou! hou!... l'effroi frémit dans les boucles de mes cheveux.... Dans mes os une douleur qui les broie! (*Il laisse tomber le poignard de dessous son vêtement.*) Lâche, je ne le suis pas.... j'ai le cœur par trop tendre.... Oui! c'est cela!... Ce sont les convulsions de la vertu mourante.... Je les admire.... Il faudrait que je fusse un monstre pour porter la main sur mon propre frère.... Non! non! non! loin de moi un tel crime.... Ces restes de l'humanité en moi, je les veux tenir en honneur.... Je ne veux pas tuer.... Tu as vaincu, Nature.... Moi aussi, je sens encore quelque chose qui ressemble à l'amour.... Qu'il vive! (*Il s'en va.*)

Après ce monologue de Franz, qui forme la scène neuvième, vient le monologue d'AMALIE, dans le jardin, qui est la scène quatrième de l'édition originale (p. 120). L'auteur l'a beaucoup modifié et l'a terminé ainsi :

« Tu pleures, Amalie?... Ah! fuis! fuis! Demain, je serai une sainte! (*Elle se lève.*) Sainte? Pauvre cœur! Quel mot ai-je prononcé? Autrefois il résonnait si doucement à mon oreille.... Maintenant! maintenant! tu as menti, mon cœur! Tu me persuadais que c'était victoire sur moi-même! Cœur hypocrite! C'était désespoir. » (*Elle s'assied sur le canapé et se cache le visage.*)

La scène onzième est la confidence d'Hermann à Amalie, qui, dans les couvres, termine la première scène du troisième acte (p. 90). L'auteur lui a donné une forme toute nouvelle.

HERMANN, *à part.*

Le commencement est fait.... Que maintenant la tempête continue de se déchaîner, dût le déluge me monter jusqu'à la gorge. (*Haut.*) Mademoiselle Amalie! Mademoiselle Amalie!

AMALIE *tressaille d'effroi.*

Un espion? Que cherches-tu ici?

HERMANN.

J'apporte des nouvelles plaisantes, joyeuses et terribles. Si vous êtes d'humeur à pardonner des offenses, vous entendrez des choses merveilleuses.

AMALIE.

Je n'ai pas le souvenir des offenses; épargne-moi les nouvelles.

HERMANN.

Ne pleurez-vous pas un amant?

AMALIE *le mesure d'un regard plein de grandeur.*

Enfant du malheur! Qu'est-ce qui t'autorise à me faire cette question?

HERMANN, *d'un air sombre, et comme à part, en baissant la tête.*

La haine et l'amour.

AMALIE, *avec amertume.*

Y a-t-il donc quelqu'un qui aime sous notre ciel?

HERMANN, *regardant autour de lui d'un air farouche.*

Jusqu'à tramer une infamie!... Ne vous est-il pas mort dernièrement un oncle?

AMALIE, *avec tendresse.*

Un père a été enlevé à sa fille.

HERMANN.

Ils vivent! (*Il se précipite dehors.*)

La scène douzième, entre Amalie et Charles, est citée, presque en entier, dans *la Critique des Brigands par l'auteur* (voy. p. 189).

La scène de la forêt, qui est la cinquième dans la première édition, et forme, dans l'édition de Mannheim, les scènes treize à dix-huit, a subi beaucoup moins de changements. Toute la fin, depuis ces mots du VIEUX MOOR : « Je m'évanouis à cette nouvelle.... » (p. 134) est absolument semblable dans les deux versions.

ACTE CINQUIÈME.

Le monologue de Daniel est omis.

Dans la suite de la première scène, qui en fait quatre dans l'édition théâtrale, voici quelles sont les principales différences : tout le rôle du pasteur Moser est retranché; plus loin, le peuple ne paraît point; Franz, au lieu de s'étrangler, se jette dans les flammes où les brigands s'élancent après lui et l'arrêtent; et par suite de cette dernière modification, le dialogue entre Schweizer et ses compagnons (p. 150), et le suicide de Schweizer sont naturellement supprimés.

A la scène deuxième et dernière de la version originale sont substituées les scènes cinq à neuf de la version du théâtre. La sixième est un épisode nouveau, auquel a donné lieu le changement introduit dans le rôle de Franz.

LES BRIGANDS *amènent* FRANZ DE MOOR, *traînant des chaînes.*

SCHWEIZER.

Triomphe, capitaine!... Voici le coquin.... J'ai dégagé ma parole.

GRIMM.

Arraché du milieu des flammes de son château.... Ses vassaux en fuite....

KOSINSKY.

Son château en cendres derrière lui.... Le souvenir de son nom enseveli.... (*Suit une pause affreuse. Le brigand Moor s'avance lentement.*)

LE BRIGAND MOOR *à Franz, d'une voix sourde et calme.*

Me connais-tu?

FRANZ *demeure immobile, le regard enraciné dans le sol : pas de réponse.*

LE BRIGAND MOOR, *du même ton, en le menant à son père.*

Connais-tu cet homme?

FRANZ, *foudroyé, recule en chancelant.*

Écrasez-moi, tonnerres du ciel! Mon père!

LE VIEUX MOOR *se détourne en frissonnant.*

Va.... Que Dieu te pardonne.... J'oublie....

LE BRIGAND MOOR, *avec une effrayante rigueur.*

Et que ma malédiction s'attache comme un poids de dix quintaux à cette prière et en empêche le vol vers celui qui la peut exaucer!... Connais-tu aussi cette tour?

FRANZ, *vivement à Hermann.*

Quoi, monstre? Jusqu'à cette tour ta haine de famille a poursuivi mon père?

HERMANN.

Bravo! bravo! Il n'y a donc point de diable assez vaurien pour abandonner son vassal dans le dernier mensonge.

LE BRIGAND MOOR.

Assez. Emmenez ce vieillard plus loin, au fond de la forêt. Pour ce que je vais accomplir, je n'ai point affaire des larmes paternelles. (*Ils emmènent de la scène le vieux comte stupéfait.*) Plus près, bandits! (*Ils forment un demi-cercle autour des deux frères et s'inclinent, frissonnants, sur leurs fusils.*) Maintenant, plus un mot.... Aussi vrai que j'espère le pardon des péchés! Le premier qui remuera la langue avant que je l'ordonne, je décharge sur lui ce pistolet tout armé.... Silence!

FRANZ, *à Hermann, dans un transport de fureur extrême.*

Ah! infâme coquin! que ne puis-je, dans cette écume, te vomir à la face tout mon venin!... Oh! c'est amer! (*Il mord ses chaînes en pleurant.*)

LE BRIGAND MOOR, *dans une attitude majestueuse.*

Je suis là comme plénipotentiaire du jugement universel.... Je veux vider un procès que nul être pur ne peut vider.... Des pécheurs siégent comme juges.... Moi, le plus grand, à leur tête. Que les poignards soient les lots.... Quiconque, auprès de cet homme, n'est pas pur comme un saint, qu'il sorte du tribunal et brise son poignard.... A terre! (*Les brigands jettent tous leurs poignards à terre sans les briser. Le brigand Moor à Franz:*) Sois fier! tu as aujourd'hui fait des anges de ces malfaiteurs.... Il vous manque un poignard encore? *(Il tire le sien. Longue pause.)* Sa mère fut aussi ma mère.... *(A Kosinsky et à Schweizer:)* Jugez, vous! *(Il brise son poignard et se retire, profondément ému, sur le côté.)*

SCHWEIZER, *après une pause.*

Ne suis-je pas là comme un bambin sur les bancs de l'école, me martyrisant le cerveau pour trouver des idées?... Si riche en joies est la vie, et si pauvre en tortures la mort! *(Frappant du pied le sol.)* Parle, toi! Je reconnais mon impuissance.

KOSINSKY.

Pense à la tête grise! Regarde, sur le côté, cette tour, et inspire-toi. Je suis un écolier; rougis, maître!

SCHWEIZER.

Mes cheveux ont blanchi dans des scènes de désolation, et il se pourrait que je fusse si pauvre d'idées, pauvre à mendier, au sujet de cet homme? N'a-t-il pas commis son crime dans cette tour? Ne jugeons-nous pas auprès de cette tour? Qu'il y soit précipité sous terre!... que dans cette tour il pourrisse tout vivant.

LES BRIGANDS *approuvent à grand bruit.*

Sous terre! sous terre! *(Ils se précipitent sur Franz.)*

FRANZ DE MOOR *se jette dans les bras de son frère.*

Sauve-moi des griffes des meurtriers! Sauve-moi, frère.

LE BRIGAND MOOR, *du ton le plus grave.*

Tu as fait de moi leur prince! *(Franz recule effrayé.)* M'imploreras-tu encore?

LES BRIGANDS *crient plus impétueusement.*

Sous terre! sous terre!

LE BRIGAND MOOR *s'approche de lui et dit avec dignité et douleur:*

Fils de mon père! Tu m'as volé mon ciel. Que ce péché te soit remis.... Descends dans l'enfer, fils dénaturé!... Je te pardonne, frère! *(Il l'embrasse et se retire en toute hâte de la scène. Franz est poussé dans le souterrain et des rires éclatent sur sa tête.)*

LE BRIGAND MOOR *revient, tout pensif.*

C'est fini! Arbitre des choses de ce monde, je te rends grâce! C'est fini! *(Il demeure plongé dans ses grandes pensées.)* Si cette tour était le but où tu me conduisais par des voies sanglantes? Si c'était pour cela que je fusse devenu le chef des pécheurs?... Éternelle providence!... Ici je frémis.... et adore.... Bien! Je m'en fie à toi, et je célèbre, au terme, le jour du repos. Il est si beau de succomber vainqueur dans sa plus belle bataille.... Je veux m'éteindre dans cette pourpre du soir!... Allez me chercher mon père! *(Quelques brigands s'éloignent et ramènent le vieux comte.)*

LE VIEUX MOOR.

Où voulez-vous me conduire? Où est mon fils?

LE BRIGAND MOOR *va au-devant de lui, avec calme et dignité.*

La planète et le grain de sable ont leur place marquée dans la création.... Ton fils a aussi la sienne. Sois tranquille et assieds-toi.

LE VIEUX MOOR *éclate en sanglots.*

Plus d'enfant ? plus d'enfant ?

LE BRIGAND MOOR.

Sois tranquille et assieds-toi.

LE VIEUX MOOR.

Oh ! les barbares au bon cœur ! Ils arrachent de la tour un vieillard mourant, pour le saluer de ces mots : « Tes enfants sont immolés.... » Oh ! je vous en prie, achevez votre miséricorde et replongez-moi sous terre.

LE BRIGAND MOOR *saisit vivement sa main et l'élève avec passion vers le ciel.*

Ne blasphème pas, vieillard ! ne blasphème pas le Dieu qu'aujourd'hui je prie avec plus de joie. Des mortels pires que toi l'ont vu aujourd'hui face à face.

LE VIEUX MOOR, *avec une mordante ironie.*

Et ont appris à égorger ?

LE BRIGAND MOOR, *avec ressentiment.*

Sexagénaire ! Plus un seul mot pareil ! (*Plus doucement et avec douleur.*) Quand sa divinité touche jusqu'aux pécheurs, les saints doivent-ils la repousser ? Et où trouverais-tu des paroles pour lui demander pardon, si aujourd'hui.... il t'avait baptisé un fils ?

LE VIEUX MOOR *avec amertume.*

Baptise-t-on maintenant avec du sang ?

LE BRIGAND MOOR, *triomphant.*

Comment dis-tu ?... Le désespoir dit-il donc aussi la vérité ?... Oui, vieillard, la Providence peut aussi baptiser avec du sang.... Elle a baptisé pour toi aujourd'hui avec du sang.... Ses voies sont étranges et terribles.... mais des larmes de joie au terme !

LE VIEUX MOOR.

Où les pleurerai-je ?

LE BRIGAND MOOR, *se précipitant dans ses bras.*

Sur le cœur de ton Charles.

LE VIEUX MOOR, *dans l'effusion de la plus vive joie.*

Mon Charles vit !

LE BRIGAND MOOR.

Ton Charles vit !... Envoyé devant toi pour être ton sauveur, ton vengeur ! Ainsi t'a récompensé ton fils préféré ! (*Lui montrant la tour.*)... Ainsi se venge ton fils perdu ! (*Il le presse plus tendrement sur son sein.*)

LES BRIGANDS.

Du monde dans la forêt ! Des voix !

LE BRIGAND MOOR *tressaille.*

Appelez les autres. (*Les brigands s'éloignent. Moor à part.*) Il est temps, mon cœur.... Loin de mes lèvres la coupe de volupté, avant qu'elle empoisonne.

LE VIEUX MOOR

Ces hommes sont-ils tes amis ? Je suis presque effrayé de leurs regards.

LE BRIGAND MOOR.

Tout ce que tu voudras, mon père.... mais ceci, ne me le demande pas.

La scène suivante est celle de la mort du père et du meurtre d'Amalie. Schiller en cite dans la *Critique* (voy. p. 191) le passage le plus remarquable, qui est en même temps celui où les deux versions diffèrent le plus. Elle se termine par l'allocution suivante de Moor aux brigands :

LE BRIGAND MOOR, *avec dignité.*

Ne scrutez pas, quand Moor agit, c'est là mon dernier ordre.... Venez, formez un cercle autour de moi et écoutez le testament de votre capitaine mourant. (*Il fixe un long regard sur la bande.*) Vous m'avez été fidèles, fidèles d'une foi sans exemple.... Si la vertu vous eût unis aussi étroitement que l'a fait le péché.... vous seriez devenus des héros, et l'humanité prononcerait vos noms avec délices. Allez et consacrez vos facultés à l'État. Servez un roi qui combatte pour les droits de l'humanité.... Que cette bénédiction soit mon dernier adieu. (*A Schweizer et Kosinsky.*) Vous, demeurez. (*Les autres brigands quittent la scène à pas lents et vivement émus.*)

Demeuré seul avec Schweizer et Kosinsky, MOOR reprend :

Donne-moi ta main droite, Kosinsky.... Schweizer, ta main gauche. (*Il prend leurs mains, et, debout entre eux, il dit à Kosinsky :*) Tu es encore pur, jeune homme.... le seul pur entre les impurs. (*A Schweizer :*) Cette main, je l'ai plongée profondément dans le sang.... C'est moi qui l'ai fait. Par cette pression de la mienne, je reprends ce qui est de moi. Schweizer! tu es pur!... (*Il élève avec ferveur leurs mains vers le ciel.*) Père qui es aux cieux! Ici je te les rends.... Ils te seront attachés plus ardemment que ceux des tiens qui jamais ne sont tombés.... Je le sais à n'en pas douter. (*Schweizer et Kosinsky, des deux côtés de Moor, se jettent, par devant lui, au cou l'un de l'autre.*) Pas maintenant... pas maintenant, de grâce, mes amis. Épargnez mon courage dans cette heure décisive.... Un comté m'est échu aujourd'hui.... un trésor sur lequel nulle malédiction n'a encore étendu son aile de harpie.... Partagez-le entre vous, enfants; devenez de bons citoyens, et si, pour dix dont j'ai causé la perte, vous faites un seul heureux, mon âme est sauvée.... Allez.... point d'adieu!... Au delà du tombeau nous nous reverrons.... ou peut-être aussi ne nous reverrons-nous pas.... Partez! vite! avant que je m'amollisse. (*Tous deux sortent, en se couvrant le visage.*)

LE BRIGAND MOOR *seul, avec beaucoup de sérénité.*

Et moi aussi, je suis un bon citoyen.... Ne vais-je pas accomplir la loi la plus affreuse? l'honorer? la venger? Je me rappelle avoir parlé, en venant ici, à un pauvre officier (*au lieu de* pauvre diable, *qui est dans la première version,* p. 164), etc.

Le reste comme dans l'édition originale.

PREMIER PROJET DE PRÉFACE POUR LES BRIGANDS[1].

Il est une chose dont on peut être frappé tout d'abord en prenant à la main cette pièce de théâtre, c'est qu'elle n'aura jamais droit de cité au théâtre. Or, si c'est là pour un drame une condition indispensable, le mien a certes un grand défaut à ajouter à tous les autres.

Mais je ne sais si je dois me soumettre, sans plus de façon, à cette exigence. Sophocle et Ménandre peuvent bien avoir eu principalement en vue la représentation sensible de leurs pièces, car il est à supposer que c'est cette représentation qui, d'abord, a conduit à l'idée du drame. Mais, dans la suite, il s'est trouvé que la méthode dramatique par elle-même, sans égard à la personnification théâtrale, avait un grand avantage sur tous les autres genres de poésie, soit émouvante, soit instructive. Comme elle met en quelque sorte sous nos yeux le monde qu'elle nous peint et qu'elle nous représente les passions et les plus secrets mouvements du cœur par les propres discours des personnages, elle l'emporte nécessairement en puissance d'effet sur la poésie descriptive, autant que la contemplation vivante sur la connaissance historique. Quand la fureur effrénée éclate par la bouche de Macduff dans cette horrible explosion : « Il n'a point d'enfants ! » cela n'est-il pas plus vrai et plus déchirant que de nous montrer le vieux don Diègue tirant son miroir de poche et s'y regardant en plein théâtre :

O rage! ô désespoir[2]!

En effet, ce grand privilége de la manière dramatique, de surprendre pour ainsi dire l'âme dans ses opérations les plus mystérieuses, est absolument perdu pour l'auteur français. Ses personnages sont, sinon les historiographes et les poëtes épiques de leur propre et auguste moi, du moins rarement autre chose que les spectateurs, froids comme glace, de leur fureur, ou les professeurs pédants de leur passion.

Il est donc vrai que le génie propre du drame, que Shakspeare semble avoir eu en son pouvoir, comme Prospéro avait Ariel, que le véritable esprit, dis-je, du genre dramatique, creuse plus profondément dans l'âme, plonge dans le cœur des traits plus acérés et instruit plus vivement que le roman ou l'épopée, et qu'il n'est même pas besoin de la représentation sensible et réelle pour nous rendre particulièrement recommandable ce genre de poésie. Je puis, par conséquent, traiter dramatiquement un sujet, sans pour cela vouloir écrire un drame qui se joue; en d'autres termes, j'écris un roman dramatique, et non un drame théâtral, et dans ce cas, il suffit que je me soumette aux lois générales de l'art, et je n'ai pas besoin de suivre les lois particulières du goût théâtral.

1. Cette Préface a été trouvée, tout imprimée, dans les papiers de Petersen, ami de jeunesse du poëte. Schiller la supprima, après l'avoir vue en épreuve, et y substitua celle qui figure maintenant dans les Œuvres et que nous avons traduite en tête du drame.
2. Cette citation est en français dans le texte.

Maintenant, pour en venir à la chose même, je dois avouer que ce n'est pas tant l'étendue matérielle de ma pièce, que son contenu, qui lui ôte le droit de paraître et de parler au théâtre. «L'économie de mon œuvre m'obligeait de mettre en scène maint caractère qui choque le sentiment délicat de la vertu et révolte la susceptibilité de nos mœurs[1]. » Je désirerais, pour l'honneur de l'humanité, n'avoir ici produit que des caricatures ; mais je suis forcé d'avouer que plus mon expérience des choses de ce monde s'enrichit, plus mon album de caricatures s'appauvrit. « Ce n'est pas tout : ces caractères immoraux devaient briller par certaines parties, gagner même souvent du côté de l'esprit, ce qu'ils perdaient du côté du cœur. » Tout écrivain dramatique est autorisé, contraint même à se donner cette liberté, s'il veut être le fidèle copiste du monde réel. Aucun homme, comme dit Garve, n'est imparfait de tout point ; le vicieux même a encore beaucoup d'idées qui sont justes, beaucoup de bons penchants, de nobles activités. Il est seulement moins parfait.

On trouve ici des scélérats qui commandent l'étonnement, de respectables malfaiteurs, des monstres majestueux, des esprits que le vice affreux séduit, par la grandeur qui y est attachée, par la force qu'il exige, par les dangers qui l'accompagnent. On rencontre des hommes qui embrasseraient le diable, parce qu'il est l'être sans pareil; qui, sur la voie de la plus haute perfection, deviennent les plus imparfaits des mortels ; sur la voie, à ce qu'ils imaginent, du plus grand bonheur, les plus malheureux. En un mot, on s'intéressera, même à mes Iagos ; on admirera mon brigand incendiaire, on l'aimera presque. Personne ne le détestera, tous peuvent le plaindre ; mais, à cause de cela même, je ne conseillerais pas de hasarder ma tragédie sur la scène. Les connaisseurs, qui saisissent la liaison de l'ensemble et devinent les vues du poëte, forment toujours le plus petit groupe. Le peuple, au contraire (et sous ce mot j'ai des raisons de comprendre non pas seulement, sauf votre respect, ceux qui barbotent dans le fumier, mais aussi et bien plus encore maint chapeau à plumes, maint habit galonné et maint col blanc), le peuple, veux-je dire, se laisserait séduire par le beau côté, jusqu'à admirer même le vilain fond, ou à y trouver une apologie du vice et à rendre responsable du peu de portée de sa propre vue le pauvre poëte, envers qui l'on est communément prêt à tout, si ce n'est à lui rendre justice.

« C'est l'éternel *da capo* de l'histoire d'Abdère et de Démocrite....[2], et pendant que le soleil et la lune changent, et que la terre et le ciel vieillissent comme un vêtement, » les fous demeurent toujours semblables à eux-mêmes, comme la vertu. — *Mort de ma vie*[3]! dit M. Fier-à-Bras, cela s'appelle un saut ! — Fi ! fi ! murmure la demoiselle, la coiffure de la petite chanteuse était trop passée de mode. — *S... Dieu!* dit le friseur, quelle

---

1. Les phrases entre guillemets ont été conservées par Schiller dans la Préface qu'il a publiée. Voy. p. 3 à 7.
2. Et la suite, p. 6.
3. Les mots imprimés en italique sont en français dans le texte. Le dernier (voy. quelques lignes plus bas) est bien *submission*.

divine symphonie! Les Allemands ne sont en comparaison que des valets de chiens[1]. — Mille tonnerres! j'aurais voulu que tu visses le gaillard jeter derrière le paravent la fillette rose, dit au laquais le cocher, qui, d'ennui et tout gelé, s'était glissé dans la salle. — Elle est tombée très-gentiment, dit la gracieuse tante, avec beaucoup de goût, *sur mon honneur!* (et elle étale amplement la queue de sa robe de damas).... Que vous coûte cet *éventail*, mon enfant?... Et aussi avec beaucoup d'*expression*, beaucoup de *submission*.... En route, cocher!

Après cela, allez vous informer. On a joué l'Emilia[2].

Voilà qui pourrait, en tout cas, m'excuser déjà de n'avoir nullement tenu à écrire pour le théâtre. Mais ce n'est pas seulement l'auditoire, c'est aussi le théâtre même qui m'a effrayé et détourné. Je souffrirais, j'en conviens, de voir écraser à quatre pattes mainte passion pleine de vie, massacrer pitoyablement tel grand et noble trait, et violer, dans l'attitude d'un valet d'écurie, la majesté de mon brigand. Je m'estimerais heureux, du reste, si ma pièce méritait l'attention d'un Roscius allemand.

Finalement, je ne veux pas cacher que, selon moi, l'applaudissement du spectateur n'est pas toujours la mesure du mérite d'un drame. Au spectateur, ébloui par la vive lumière de la réalité sensible, échappent souvent les plus fines beautés de l'œuvre, aussi bien que les taches qui s'y sont glissées, et qui ne se dévoilent, les unes comme les autres, qu'à l'œil du lecteur attentif. Peut-être le plus grand chef-d'œuvre de l'Eschyle anglais n'est-il pas celui qu'on a le plus applaudi; peut-être, dans sa rude magnificence scythique, doit-il céder à ces *copies à la mode* (dirai-je embellies ou gâtées?) de Gotter, Weisse et Stéphanie.

Voilà ce que j'avais à dire de mes torts envers la scène. Quant à la justification de l'économie même de ma pièce, une préface ne suffirait sans doute pas à l'épuiser. Je l'abandonne donc à son propre destin, bien éloigné, quand bien même je trouverais que j'ai sujet de craindre la sévérité de mes juges, de les vouloir corrompre par d'élégantes paroles, ou de les rendre attentifs aux beautés de mon drame, s'il m'eût paru en contenir.

Écrit pendant la foire de Pâques 1781.

L'ÉDITEUR.

PRÉFACE DE LA SECONDE ÉDITION[3].

Les huit cents exemplaires de la première édition de mes *Brigands* se sont écoulés, sans suffire à satisfaire tous les amateurs de la pièce. On en a donc entrepris une seconde, qui se distingue de la première par la

---

1. Locution proverbiale marquant une grande infériorité.
2. *Emilia Galotti*, drame de Lessing.
3. C'est-à-dire de la réimpression, avec quelques changements, de la version originale destinée à la lecture. Voy. le commencement de l'*Appendice*, p. 165.

correction de l'impression et par le soin qu'on a pris d'y éviter les ambiguïtés qui avaient choqué la partie la plus délicate du public. Une amélioration dans l'essence même de la pièce, qui fût de nature à répondre aux vœux de mes amis et des critiques, ne pouvait être l'objet de cette édition.

On a ajouté à cette réimpression divers morceaux de clavecin qui en relèveront le prix pour une grande partie du public ami de la musique. Un maître a mis en musique les parties de chant qui se rencontrent dans le drame, et je suis convaincu qu'en écoutant sa musique, on oubliera le texte.

Stuttgart, le 5 janvier 1782.

D' SCHILLER.

CRITIQUE DE LA PIÈCE, PAR L'AUTEUR LUI-MÊME [2].

LES BRIGANDS,

DRAME DE FRÉDÉRIC SCHILLER [3].

La seule pièce de théâtre venue en terre wurtembergeoise! La fable du drame est à peu près la suivante : Un comte franconien, Maximilien de Moor, est père de deux fils, Charles et Franz, très-différents de caractère. Charles, l'aîné, jeune homme plein de talents et de nobles sentiments, tombe, à Leipzig, dans un cercle de camarades libertins, se plonge dans les excès et les dettes, et se voit forcé à la fin de fuir de Leipzig avec une troupe de ses complices. Cependant, Franz, le plus jeune, vivait à la maison, auprès de son père, et comme il était de nature sournoise et malveillante, il sut aggraver, dans son propre intérêt, les nouvelles des déportements de son frère, supprimer ses lettres touchantes et pleines de repentir, en substituer d'autres compromettantes, et enfin aigrir à un tel point le père contre le fils, qu'il lui donna sa malédiction et le déshérita.

Charles, poussé au désespoir par cet acte de sévérité, forme, avec ses compagnons, une bande de brigands, devient leur chef et les conduit

---

1. Le compositeur dont il est ici parlé est Zumsteeg, qui mourut en 1802, maître de chapelle à Stuttgart. Il avait été camarade de Schiller à l'école militaire.
2. Cette critique a paru d'abord dans le premier numéro du *Répertoire wurtembourgeois de littérature*, de 1782. Elle y était signée K....r. La lettre sur la représentation, que nous donnons à la suite, venait immédiatement après, dans le même numéro. Elle est aussi de Schiller, qui était allé secrètement et sans permission de Stuttgart à Mannheim, pour voir jouer son drame.
3. Je prends la pièce dans la récente édition faite pour le théâtre, telle qu'elle a été représentée jusqu'ici sur la scène nationale de Mannheim. (*Note de l'auteur.*)

dans les forêts de Bohême. Le vieux comte avait dans sa maison une nièce, qui aimait avec exaltation le jeune comte Charles. Cette jeune fille lutta avec toutes les armes de l'amour contre la colère paternelle, et elle aurait à la fin, par ses pressantes supplications, atteint son but, si Franz, qui avait tout à redouter du succès de ses démarches, qui, en outre, avait lui-même des vues sur Amalie, n'eût tout déjoué par une ruse de son invention. Il dressa un de ses affidés, qui, de plus, avait un ressentiment personnel contre le vieux et le jeune comte, à venir, sous le nom supposé d'un ami de Charles, apporter la fausse nouvelle de la mort de ce dernier, et il le munit, à cet effet, des documents les plus concluants. Le tour réussit, le message de deuil surprit le père sur son lit de douleur et agit si fortement sur son corps affaibli qu'il tomba dans un état où tous le crurent mort. Mais ce n'était qu'un profond évanouissement. Franz, qui par ses traits de méchanceté s'était endurci jusqu'à commettre les crimes les plus horribles, profita de la commune illusion, célébra les funérailles, et, avec le secours de son auxiliaire soudoyé, il transporta son père dans une tour isolée, pour l'y laisser mourir de faim, loin des hommes; puis, il entra en pleine possession de ses biens et de ses droits.

Cependant Charles Moor, à la tête de sa bande, s'était rendu redoutable et fameux au loin et au large par ses faits et gestes extraordinaires. Sa troupe s'accrut, son avoir augmenta; son poignard effrayait les petits tyrans et les coupeurs de bourse autorisés; mais sa bourse était ouverte à l'indigence et son bras prêt à la protéger. Jamais il ne se permettait de larcins perfides; il allait par le droit chemin et se serait plutôt pardonné dix meurtres qu'un seul vol. Le bruit de ses méfaits provoqua, éveilla la justice; il fut enveloppé dans une forêt où, après un acte des plus audacieux, il s'était jeté avec toute sa troupe. Mais, poussé au désespoir, l'aventurier se fraya passage avec peu de perte et s'échappa heureusement de la Bohême. Alors s'associa à lui un noble Bohême, que son mauvais destin avait brouillé avec la société, et qui, par le récit de son malheureux amour, réveilla dans Charles le souvenir assoupi du sien, et lui inspira la résolution de revoir son pays natal et son amante, résolution qu'il exécuta sur-le-champ.

Là s'ouvre la seconde époque de l'histoire. Franz Moor jouissait cependant, dans un voluptueux repos, du fruit de sa scélératesse. Amalie seule résistait avec constance à ses assauts lascifs. Charles paraît sous un faux nom. Sa vie sauvage, les passions, la longue séparation, l'avaient rendu méconnaissable; l'amour seul, qui jamais ne se dément, arrête ses regards attentifs sur l'étrange voyageur. La vue triomphe du souvenir, Amalie commence à aimer son Charles dans l'inconnu.... et à oublier, et elle l'aime doublement, au moment même où elle craint de lui devenir infidèle. Leurs cœurs se trahissent et se révèlent leurs mutuels sentiments, mais ils n'échappent point à la crainte clairvoyante. Franz devient attentif; il compare, devine, est convaincu, et résout la perte de son frère. Il veut une seconde fois soudoyer le bras de son auxiliaire; mais celui-ci, offensé par son ingratitude, se sépare brusquement de lui, en le menaçant de révéler ses mystères. Franz, trop lâche lui-même pour commettre un meurtre, ajourne cet acte inhumain. Cependant l'impression produite par Charles avait déjà pénétré si profondément dans le cœur de la jeune fille, que, pour l'effacer, il fallait de la part du jeune homme une résolution héroïque. Il lui fallait quitter celle dont il était aimé, celle qu'il aimait et qu'il ne pouvait pourtant plus posséder. Il s'enfuit, après qu'elle l'eut reconnu, vers sa bande. Il trouva celle-ci dans la forêt la plus voisine. C'était précisément celle où son père était enfermé dans une tour, en proie au désespoir, nourri misérablement par le repentant et vindicatif Hermann (ainsi s'appelait le confident de Franz). Il trouve son père, qu'il délivre au moyen de ses instruments de brigandage. Un détachement de brigands va, par son ordre, chercher le fils abominable, qui est sauvé à grand'peine du milieu de l'incendie de son château, où, dans son désespoir, il s'était précipité. Charles le fait juger par sa bande, qui le condamne à mourir de faim dans la même tour. Alors Charles se découvre à son père, mais lui tait son genre de vie. Amalie s'était enfuie dans la forêt, à la suite de celui qu'elle aimait et qui la fuyait; là, elle est prise par des bandits qui rôdent, et conduite devant le capitaine. Charles est forcé de révéler son métier, et, à cette révélation, son père expire d'horreur. Maintenant même, Amalie lui est encore fidèle. Il est sur le point de devenir le plus heureux des hommes; mais la bande, mécontente, se soulève contre lui et lui rappelle le serment solennel qu'il a juré. Charles, gardant dans la plus cruelle affliction une âme virile, tue Amalie, qu'il ne peut plus posséder, abandonne la bande, qu'il a satisfaite par ce sacrifice inhumain, et va se remettre lui-même aux mains de la justice.

On voit, par cette esquisse générale de la pièce, qu'elle est extraordinairement féconde en situations dramatiques; que, coulant même de la plume d'un écrivain médiocre, elle ne doit pas être absolument dépourvue d'intérêt; que, dans les mains d'un homme de talent, elle doit devenir nécessairement une pièce originale. Maintenant, il s'agit de savoir comment le poëte l'a travaillée.

Parlons donc d'abord du choix de la fable. Rousseau louait Plutarque d'avoir choisi d'éminents criminels pour sujet de ses tableaux [1]. Au moins me semble-t-il que de tels hommes ont nécessairement besoin d'une aussi grande dose de force d'esprit que les vertueux éminents, et qu'il n'est point rare que le sentiment de l'horreur se concilie avec l'intérêt et l'admiration. Outre que, dans le destin du grand homme vertueux, qui se règle sur la morale la plus pure, il n'y a place pour aucun nœud, aucun labyrinthe; que les actes et les événements de sa vie mènent nécessairement à un but connu d'avance, tandis que, chez les premiers, ils tendent, par de tortueux méandres, à des fins incertaines, circonstance qui, dans l'art dramatique, est le point capital; outre que les plus vives attaques et toutes les cabales de la perversité contre la vertu victorieuse ne sont que des assauts impuissants, et que nous aimons tant à nous ranger du côté des vaincus, artifice par lequel Milton, le panégyriste de l'Enfer, métamorphose, pour quelques instants, en ange tombé jusqu'au lecteur le

---

1. Voy. dans les Œuvres de H. P. Sturz (deuxième recueil), p. 1 et suiv.) les *Pensées remarquables* de J. J. Rousseau.

plus délicat.... outre cela, dis-je, je ne puis montrer la vertu dans un éclat triomphant qu'en l'enveloppant dans les intrigues du vice et en relevant ses rayons par cette ombre. Car il ne se trouve rien de plus intéressant dans le domaine de l'esthétique morale que de voir le bien aux prises avec le mal.

Mais les héros de la pièce sont des brigands, oui, des brigands, et un scélérat auprès de qui des brigands même pâlissent, un diable rampant. Je ne sais comment expliquer ce fait, que notre sympathie est d'autant plus vive que nous la voyons moins partagée ; que nous suivons avec nos larmes dans le désert celui que le monde repousse, et que nous aimons mieux nous nicher avec Crusoé dans une île abandonnée des hommes que de nager parmi la foule qui se presse, dans le courant du monde. Au moins est-il vrai que c'est là ce qui nous attache, dans cette pièce, à la horde si profondément immorale des bandits. Ce corps à part qu'ils forment en regard de la société civile, ses bornes étroites, les vices de sa constitution, ses dangers, tout nous attire vers eux. Par un penchant fondamental et imperceptible de notre âme pour l'équilibre, nous croyons devoir par notre accession (ce qui flatte en même temps notre orgueil) alourdir le trop léger plateau de leur immoralité, jusqu'à ce qu'il soit de niveau avec celui de la justice. Plus leurs liens avec le monde sont relâchés, plus sont étroits ceux par où ils tiennent à notre cœur.... Un homme à qui tout le monde s'attache, qui, de son côté, se cramponne à tout le monde, est pour notre cœur un étranger. Nous aimons l'exclusif, en amour et partout.

Le poëte nous a donc conduits dans une république sur laquelle notre attention s'arrête comme sur quelque chose d'extraordinaire. Elle nous offre un tableau assez complet de l'égarement humain le plus monstrueux ; ses sources mêmes sont découvertes, ses ressorts indiqués, sa catastrophe dévoilée. Sans doute, nous reculerions devant cette peinture hardie de la laideur morale, si le poëte, par quelques coups de pinceau, n'y avait introduit de l'humanité et de la noblesse. Nous sommes plus portés à démêler l'empreinte de la divinité parmi les grimaces du vice, qu'à l'admirer dans une peinture régulière. Une rose dans un désert sablonneux nous ravit plus que tout un bosquet de rosiers dans les jardins des Hespérides. Chez des scélérats à qui la loi a enlevé l'humanité, comme à des types idéals de laideur morale, il nous suffit que le degré de méchanceté soit moindre pour que nous l'élevions à l'état de vertu, de même qu'au contraire, nous employons tout notre esprit à découvrir des taches dans l'éclat d'un saint. Par suite de notre éternel penchant à tout rassembler dans le cercle de notre sympathie, nous élevons les démons et rabaissons les anges à notre niveau.

Par un second artifice, le poëte a opposé au pécheur rejeté du monde un scélérat rampant, qui accomplit ses méfaits les plus affreux avec plus de succès et moins de honte et de danger. De la sorte, en vertu de notre sévère amour de l'équité, nous mettons plus de culpabilité dans le plateau du méchant favorisé, et nous amoindrissons le poids dans le plateau du châtié. Le premier est d'autant plus noir qu'il est plus heureux, le second d'autant meilleur qu'il est plus malheureux. Enfin, une seule invention a suffi à l'auteur pour attacher le criminel par mille liens à notre cœur.... Le brigand aime et il est aimé en retour.

Le brigand Moor n'est pas un voleur, mais un meurtrier; il n'est pas un coquin, mais un monstre. Si je ne me trompe, le rôle de cet homme étrange doit son origine à Plutarque et à Cervantès[1], qui, par le génie propre du poëte, sont combinés entre eux, à la manière de Shakspeare, dans un caractère neuf, vrai et harmonieux. La préface du premier plan de la pièce[2] contient l'esquisse de ce caractère. Ses crimes les plus horribles sont moins les effets des passions mauvaises que de la perversion de tout l'ensemble des bonnes. Pendant qu'il livre une ville en proie à la ruine, il embrasse son cher Roller d'un immense enthousiasme; parce qu'il aime trop ardemment son amante pour pouvoir l'abandonner, il la tue; parce qu'il a de trop nobles sentiments pour devenir l'esclave des hommes, il devient leur fléau. Toute vile passion lui est étrangère; le ressentiment privé envers un père cruel éclate en haine universelle contre tout le genre humain. « Repentir et pas de pitié!... Je voudrais empoisonner la mer, pour qu'ils bussent la mort à toutes les sources[3]!... »

Trop grand pour partager ce petit penchant des âmes basses, d'avoir des compagnons dans le vice et la misère, il dit à un volontaire: «Abandonne cette terrible association!... Apprends à connaître la profondeur de l'abîme, avant d'y sauter. Suis-moi! moi! et éloigne-toi à la hâte[4]! » Cette élévation de sentiments est accompagnée d'un invincible héroïsme et d'une présence d'esprit étonnante. Voyez-le, cerné dans les forêts de Bohême, comme du désespoir de sa poignée d'hommes il se fait une armée! Une soif insatiable de réforme et une infatigable activité d'esprit achèvent le grand homme. Quel pressant chaos d'idées doit habiter dans une tête qui demande un désert pour les rassembler et une éternité pour les développer! L'œil repose encore, comme enraciné, sur le sublime pauvre pêcheur, longtemps après que le rideau est tombé. Il s'est levé comme un météore et disparaît comme un soleil tombant des cieux.

Mettre sur la scène un coquin réfléchi, tel que Franz, le plus jeune des frères Moor, ou plutôt (car le poëte avoue qu'il n'a jamais pensé à la scène), en faire le sujet d'une œuvre d'art plastique, c'est oser au delà de ce que peut excuser l'autorité de Shakspeare, du plus grand peintre des hommes, qui a créé un Iago et un Richard; au delà de ce que peut autoriser la plus malheureuse création façonnée par la nature. Il faut l'avouer, quoique celle-ci, en fait d'originaux ridicules, laisse bien loin derrière elle l'imagination la plus féconde des faiseurs de caricatures, quoiqu'elle fournisse aux rêves bizarres du peintre des fous une telle abondance d'étranges grimaces que ceux-là même qui la copient le plus fidèlement encourent assez souvent le reproche d'exagération, il n'en est pas moins vrai qu'elle ne saurait justifier par un seul exemple cette idée de notre

---

[1]. Tout le monde connaît, dans *Don Quichotte*, le vénérable Roque. (*Note de l'auteur.*)

[2]. C'est-à-dire de la pièce telle qu'a été insérée dans les Œuvres complètes, et telle qu'elle est dans notre traduction. Voy. plus haut, p. 3.

[3]. Voy. p. 35.

[4]. Voy. p. 100.

poëte. Puis, quand même la nature, après cent ans, mille ans de préparation, franchirait si violemment ses rives, quand je pourrais accorder cela, le poëte ne pèche-t-il pas d'une manière impardonnable contre ses premières lois, quand il loge, à contre-sens, dans l'âme d'un jeune homme cette monstruosité de la nature se souillant elle-même ? En admettant, encore une fois, que cette monstruosité soit possible, ne faudra-t-il pas qu'un tel homme ait rampé d'abord par les mille labyrinthes tortueux de la corruption personnelle ; qu'il ait violé mille devoirs, pour apprendre à les mépriser ; qu'il ait faussé mille émotions de la nature visant au parfait, pour en pouvoir faire un objet de risée ? En un mot, ne lui faudra-t-il pas tenter d'abord tous les subterfuges, épuiser tous les égarements, pour gravir péniblement cet abominable *non plus ultra* ?

Les transformations morales ne se font pas plus d'un seul bond que les physiques. Aussi aimé-je trop la nature de l'espèce à laquelle j'appartiens, pour ne pas condamner dix fois le poëte, plutôt que de la croire capable d'une telle corruption cancéreuse. Quel que soit le nombre des zélateurs et des prêcheurs intrus qui me crient du haut de leurs nuages : « L'homme incline originellement à la corruption, » je ne le crois pas, et je pense être plutôt convaincu que l'état du mal moral dans l'âme de l'homme est, de toute façon, un état violent, qui ne peut être atteint sans que l'équilibre de toute l'organisation spirituelle (si je puis ainsi parler) soit d'abord détruit, de même que tout le système de l'économie animale, la coction et la sécrétion, les pulsations, la force nerveuse, doivent être bouleversées avant que la nature donne place à une fièvre ou à des convulsions. D'où a pu venir à notre jeune homme, qui a grandi dans le cercle d'une famille paisible et innocente, une philosophie qui corrompt le cœur à ce point ? Le poëte laisse cette question absolument sans réponse. Nous ne trouvons pour tous ces principes, toutes ces actions abominables, aucun motif acceptable, aucun, si ce n'est le misérable besoin de l'artiste, qui, pour garnir son tableau, a mis au pilori toute la nature humaine, en la personne d'un démon qui en usurpe la forme.

Ce ne sont pas précisément les actions qui surtout nous révoltent dans cet homme foncièrement mauvais ; ce n'est pas non plus sa détestable philosophie.... c'est plutôt la facilité avec laquelle celle-ci le détermine à celles-là. Il peut se faire que nous entendions dans un cercle de vagabonds de ces bons mots [1] extravagants sur la morale et la religion. Notre sens intime en est révolté ; mais nous croyons toujours être parmi des hommes, tant que nous pouvons nous persuader que le cœur ne peut jamais être aussi foncièrement corrompu que la langue le prétend. D'un autre côté, l'histoire nous livre des sujets qui laissent bien loin derrière eux notre Franz, en fait d'actes inhumains [2] ; et pourtant ce caractère nous fait tant frémir ! On peut dire à ceci, que là, nous ne connaissons que les faits ; notre imagination a toute latitude pour rêver tels res-

1. En français dans le texte : *Bonmots*, en un composé.
2. On parle d'un scélérat de nos contrées qui, au péril de sa vie, massacrait de la manière la plus affreuse des personnes qu'il ne connaissait même pas ; d'un autre qui, sans manquer d'aliments, attirait les enfants du voisinage et les mangeait. (*Note de l'auteur.*)

sorts que bon nous semble, qui sans doute n'excusent pas ces actes diaboliques, mais au moins les peuvent rendre concevables. Ici, le poëte nous trace lui-même des limites, en nous dévoilant les rouages. Notre imagination est captivée par des faits historiques; nous nous révoltons contre les affreux sophismes, mais ils nous paraissent encore trop légers, trop futiles pour pouvoir, dirai-je, échauffer l'âme au point de la décider à des crimes réels. Peut-être le cœur du poëte gagne-t-il aux dépens de sa peinture dramatique : jurer mille meurtres, anéantir en pensée mille hommes, est chose facile; mais c'est un travail d'Hercule de commettre en réalité un seul assassinat. Franz nous en donne, dans un monologue, une grave raison : « Maudite soit la folie de nos nourrices et de nos bonnes, qui corrompent notre imagination par leurs contes effrayants, et impriment dans la tendre moelle de nos cerveaux d'horribles images de jugements vengeurs, si bien que, même à l'âge d'homme, d'involontaires frissons secouent nos membres par de glaciales angoisses, entravent nos résolutions les plus hardies, etc.[1] » Mais qui ne sait que ces traces de la première éducation sont en nous ineffaçables ?

Dans la nouvelle édition de la pièce[2], le poëte s'est corrigé. Le scélérat a perdu son docile instrument et il est obligé d'employer ses propres mains. « Quoi? si j'allais moi-même, et lui enfonçais mon épée dans le corps par derrière? Un homme blessé est un enfant!... Alerte! Je veux le tenter. (*Il s'éloigne à grands pas, mais s'arrête soudain, saisi d'une torpeur effrayante.*) Qui se glisse derrière moi?... Des visages comme je n'en ai jamais vu!... des notes stridentes! » (*Il laisse tomber le poignard de dessous son vêtement.*) « Dans mes os une douleur qui les broie! Non, je ne le ferai pas, etc.[3] » L'homme le plus efféminé peut être un tyran et un meurtrier, mais il aura son bravo à ses côtés et accomplira ses méfaits par la main d'un coquin endurci dans le métier. C'est souvent lâcheté, mais ne s'y mêle-t-il pas aussi des accès de frissons, causés par un retour d'humanité?

Puis, les raisonnements dont il sait étayer son système de perversité sont le résultat d'une pensée éclairée et d'études libérales. Les notions qu'ils supposent auraient dû nécessairement ennoblir son âme, et le poëte, peu s'en faut, nous égare, au point de nous faire condamner les Muses en général, pour avoir pu jamais diriger les mains d'un de leurs disciples vers de telles scélératesses.

Mais à quoi bon ces plaintes sans fin? Si ce caractère s'accorde mal avec la nature de l'homme, il est, du reste, parfaitement d'accord avec lui-même. Le poëte, après avoir une fois franchi la nature humaine, a fait tout ce qu'il a pu. Ce caractère est un univers à part, que je verrais volontiers logé par delà ce monde sublunaire, peut-être dans un satellite de l'enfer. Son âme perfide se glisse avec souplesse dans tous les masques et se plie à toutes les formes. Auprès de son père, on l'entend prier; auprès de la jeune fille, il est romanesque; auprès de son auxiliaire, il blas-

1. Voy. p. 113.
2. C'est-à-dire dans l'édition arrangée pour le théâtre.
3. Voy. p. 172.

phème : rampant, où il faut qu'il implore ; tyran, où il faut commander ; assez intelligent pour mépriser la méchanceté dans autrui, jamais assez juste pour la condamner en lui-même ; supérieur en prudence au brigand, mais lâche et âme de bois auprès du héros sensible ; tout bourré de graves et affreux secrets, au point de prendre pour un traître son propre délire. Lorsque, après un accès de rage qui s'est terminé par une défaillance, il est revenu à lui-même : « Qu'ai-je dit? » s'écrie-t-il. « N'y fais pas attention. Quoi que ce soit, c'est un mensonge[1]. » Enfin vient la malheureuse catastrophe, où il souffre des souffrances humaines. Combien elle confirme encore la commune expérience! Nous nous rapprochons de lui, dès que nous le voyons se rapprocher de nous ; son désespoir commence à nous réconcilier avec son affreuse nature. Un démon, vu dans les tortures de l'éternelle damnation, ferait pleurer des hommes ; nous tremblons pour lui, et cela à l'occasion même du châtiment que nous appelions sur lui avec toute l'ardeur du ressentiment. Le poëte lui-même semble, à la fin de son rôle, s'être ému pour lui. Il a essayé, par un coup de pinceau, de l'ennoblir aussi à nos yeux : « Tiens, prends cette épée. Alerte! Enfonce-la moi par derrière dans le corps, afin que ces coquins ne viennent pas faire de moi leur jouet[2]!... » Ne meurt-il pas, peu s'en faut, comme un grand homme, ce cœur bas et rampant?

Il n'y a dans toute la tragédie qu'une femme ; on a donc le droit de s'attendre à trouver, jusqu'à un certain point, dans ce rôle unique, la représentante de tout son sexe. Au moins, l'attention du spectateur et du lecteur s'attachera-t-elle d'autant plus fixement à elle qu'elle se montre plus isolée dans le cercle des hommes et des aventuriers ; ne moins espérera-t-on se reposer sur sa douce âme féminine des émotions violentes et fougueuses à travers lesquelles nous ballottent les scènes de brigands. Mais, malheureusement, le poëte a voulu nous offrir là quelque chose d'extraordinaire, et il nous a frustrés du naturel.

Les *Brigands!* tel était le mot d'ordre de la pièce, et le bruyant fracas des armes a étouffé le doux son de la flûte. L'esprit du poëte paraît, en général, incliner plutôt à l'héroïsme et à la force qu'à la tendresse et à l'élégance. Il réussit dans les émotions pleines et débordantes, il est bon au plus haut degré de la passion, mais il n'est point apte à tenir le milieu. Aussi nous a-t-il façonné là une création féminine où, malgré tous les beaux sentiments, toute l'aimable exaltation, nous ne trouvons toujours pas ce que nous cherchons avant tout, l'être doux, patient, langoureux.... la jeune fille. En outre, elle agit beaucoup trop peu dans toute la pièce. Son roman, dans les trois premiers actes, en est toujours au même point (de même que tout le drame, pour le dire en passant, faiblit au milieu). Elle sait pleurer très-joliment son chevalier qu'on lui a dérobé ; elle sait aussi ravaler, à pleine gorge, le trompeur qui, de sa dent venimeuse, le lui a arraché ; mais, de son côté, nul plan arrêté, soit pour avoir son bien-aimé, soit pour l'oublier et le remplacer par un autre. J'ai lu plus de la moitié de la pièce, et ne sais pas ce que veut la

1. Voy. p. 142.
2. Voy. p. 152.

jeune fille, ou ce que le poëte veut faire d'elle; je ne soupçonne même pas ce qu'on en pourrait faire. Nul destin futur n'est annoncé ou préparé, et, de plus, son amant, jusqu'à la dernière ligne du troisième acte, ne laisse pas échapper une seule syllabe qui la concerne.

C'est là, de toute manière, la partie faible de toute la pièce, et le poëte y est resté vraiment au-dessous du médiocre. Mais, à partir du quatrième acte, il redevient lui-même. Avec la présence de celui qu'elle aime, commence la partie intéressante du rôle de la jeune fille. Elle brille de l'éclat de son amant, s'échauffe à son feu, languit auprès de cette âme forte : elle est femme à côté de l'homme. La scène du jardin, que l'auteur nous offre modifiée dans la nouvelle édition, est un vrai tableau de la nature féminine, et extraordinairement frappante pour cette situation extrême. Après un monologue, où elle lutte contre son amour pour Charles (qui est son hôte sous un nom étranger), comme contre un parjure, il paraît lui-même.

LE BRIGAND MOOR.

Je suis venu pour prendre congé. Mais, ô ciel! dans quelle agitation faut-il que je vous rencontre?

AMALIE.

Partez, comte.... Demeurez.... Heureuse! heureuse! si vous n'étiez pas venu en ce moment! si vous n'étiez jamais venu!

LE BRIGAND MOOR.

Vous auriez été heureuse en ce cas ?... Adieu!

AMALIE.

Pour l'amour de Dieu! demeurez.... Ce n'était pas là ma pensée! (*Se tordant les mains.*) Dieu! et pourquoi ne l'était-ce pas ?... Comte, que vous a fait la jeune fille dont vous faites une criminelle? Que vous a fait cet amour que vous détruisez?

LE BRIGAND MOOR.

Vous me tuez, mademoiselle!

AMALIE.

Mon cœur était si pur, avant que mes yeux vous aient vu!... Oh! que ne sont-ils devenus aveugles, ces yeux qui ont changé mon cœur!

LE BRIGAND MOOR.

A moi! à moi cette malédiction, mon ange! Ces yeux sont innocents, comme ce cœur.

AMALIE.

Tout à fait ses regards!... Comte, je vous en conjure, détournez de moi ces regards qui ravagent mon âme.... Lui!... lui-même, elle me le représente dans ces regards menteurs, l'imagination, la traîtresse!... Partez! Revenez sous forme de crocodile, et cela vaudra mieux pour moi!

LE BRIGAND MOOR, *avec un regard plein d'amour*.

Tu mens, jeune fille!

AMALIE, *plus tendrement*.

Et serais-tu faux, comte? Ferais-tu ton jouet d'un faible cœur de femme?... Mais comment la fausseté peut-elle habiter dans des yeux qui ressemblent aux siens comme si un miroir les reflétait ?... Ah! et quel bonheur, si cela était!... Heureuse, s'il me fallait te haïr!... Malheur à moi! si je ne pouvais t'aimer!

LE BRIGAND MOOR *presse avec rage sur ses lèvres la main d'Amalie.*

AMALIE.

Tes baisers brûlent comme du feu.

LE BRIGAND MOOR.

C'est mon âme qui brûle en eux.

AMALIE.

Va! Il en est encore temps! Encore!... Forte est l'âme de l'homme! Enflamme-moi aussi de ton courage, homme à l'âme forte!

LE BRIGAND MOOR.

Te voir trembler énerve le fort. Je prends racine ici (*appuyant sa tête sur la poitrine d'Amalie*), et ici je veux mourir.

AMALIE.

Loin de moi! laisse-moi!... Homme, qu'as-tu fait?... Loin de moi les lèvres! Un feu impie s'insinue dans mes veines. (*Elle lutte, impuissante, contre ses assauts.*) Et faut-il que tu viennes des lointaines contrées, pour détruire un amour qui défiait la mort? (*Elle le presse plus fortement sur sa poitrine.*) Que Dieu te le pardonne, jeune homme! etc.

L'issue de cette scène est fort tragique, comme toute cette scène, en général, est à la fois la plus touchante et la plus affreuse. Le comte lui a glissé au doigt, sans qu'elle l'ait reconnu, l'anneau des fiançailles qu'elle lui a donné, il y a plusieurs années. Maintenant, il est avec elle au but.... où il doit la quitter et se faire reconnaître d'elle. Un récit de la propre histoire d'Amalie, qu'elle applique à une autre, a paru fort intéressant. Elle défend la pauvre jeune fille. La scène se termine ainsi :

LE BRIGAND MOOR.

Mon Amalie est une malheureuse jeune fille.

AMALIE.

Malheureuse de t'avoir repoussé loin d'elle!

LE BRIGAND MOOR.

Plus malheureuse de m'enlacer doublement!

AMALIE.

Oh, oui! vraiment malheureuse alors!... La chère enfant! Qu'elle soit ma sœur, et puis encore un monde meilleur....

LE BRIGAND MOOR.

Où les voiles tombent, et où l'amour recule avec horreur. Éternité est son nom.... Mon Amalie est une malheureuse jeune fille.

AMALIE, *avec quelque amertume.*

Le sont-elles toutes, celles qui t'aiment et se nomment Amalie?

LE BRIGAND MOOR.

Toutes.... quand elles se figurent embrasser un ange, et tiennent dans leurs bras un meurtrier.... Malheur à mon Amalie! elle est une malheureuse jeune fille.

AMALIE, *exprimant la plus vive émotion.*

Je pleure sur elle.

LE BRIGAND MOOR *prend sa main en silence et lui met l'anneau devant les yeux.*

Pleure sur toi-même ! (*Il se précipite dehors.*)

AMALIE, *tombée à terre.*

Charles ! Ciel et terre !

Il y aurait encore un mot à dire sur la catastrophe ambiguë de toute cette histoire d'amour. On se demande s'il était tragique que l'amant tuât son amante ? si, dans le cas donné, cela était naturel ? si cela était nécessaire ? s'il ne restait pas d'issue moins terrible ? — Je veux répondre d'abord à la dernière question : Non !... il n'y avait plus d'union possible, et la résignation n'eût pas été naturelle, et elle eût été extrêmement antidramatique. Peut-être aurait-elle été possible et belle de la part du brigand viril.... mais combien elle eût été repoussante de la part de la jeune fille ! Veut-on qu'elle retourne à la maison et se console de ce qu'elle ne peut changer ? Alors elle n'aurait jamais aimé. Doit-elle se percer elle-même ? Je suis dégoûté de cet expédient banal des mauvais poëtes dramatiques, qui sacrifient en toute hâte leurs héros, pour que le spectateur affamé ne trouve pas, en rentrant, sa soupe refroidie. Non, qu'on entende plutôt le poëte lui-même, et qu'en l'entendant, on réponde accessoirement soi-même aux autres questions aussi. Le brigand Moor a fait asseoir Amalie sur une pierre et il lui découvre le sein.

LE BRIGAND MOOR.

Voyez cette beauté, bandits ! ne vous fond-elle pas l'âme ? Regardez-moi, bandits ! Je suis jeune et j'aime. Ici, je suis aimé, adoré ! Je suis venu jusqu'à la porte du paradis.... Mes frères m'en repousseraient-ils ?

LES BRIGANDS *poussent un éclat de rire.*

LE BRIGAND MOOR, *résolu.*

Assez ! Jusque-là, nature ! Maintenant c'est le tour de l'homme. Je suis, moi aussi, un des brigands.... et (*marchant vers eux avec majesté*) votre capitaine. C'est par le glaive que vous voulez vider votre querelle avec votre maître, bandits ? (*D'une voix impérieuse.*) Mettez bas les armes ! C'est votre maître qui vous parle !

LES BRIGANDS *laissent tomber leurs armes en tremblant.*

LE BRIGAND MOOR.

Voyez ! maintenant vous n'êtes plus rien, que des enfants, et moi.... je suis libre. Il faut que Moor soit libre, s'il veut être grand. Je ne vendrais pas ce triomphe pour tout un élysée d'amour.... Ne nommez pas démence, bandits, ce que vous n'avez pas le cœur de nommer grandeur. Les inspirations du malheur laissent bien loin derrière elles la paisible sagesse aux allures de limace. Des actions comme celle-ci, on les médite quand elles sont faites. J'en parlerai ensuite. (*Il tue la jeune fille.*)

Les brigands célèbrent la victoire de leur chef. Mais maintenant voyons ses sentiments après l'action !

LE BRIGAND MOOR.

Maintenant elle est à moi, (*la gardant, l'épée à la main*) à moi !... ou bien l'éternité est le rêve d'un imbécile. Consacrée avec le glaive, j'ai conduit chez moi ma fiancée, la faisant passer intacte devant tous les chiens magiques de mon ennemi le destin.... Et sans doute il a été doux, le trépas de la main du fiancé? N'est-il pas vrai, Amalie?

AMALIE, *mourante, baignée dans son sang.*

Doux. (*Elle étend la main et meurt.*)

LE BRIGAND MOOR, *à la bande.*

Eh bien, piteux compagnons! Avez-vous encore quelque chose à demander? Vous m'avez sacrifié une vie, une vie qui n'était déjà plus à vous, une vie pleine d'abomination et de honte. Je vous ai immolé un ange, bandits! Nous sommes quittes. Sur ce cadavre gît mon contrat déchiré. Je vous fais don du vôtre, etc.

Évidemment, ce dénoûment couronne toute la pièce et en outre le caractère de l'amant et du brigand.

Je suis moins content du père. Il doit être tendre et faible, et il est plaintif et puéril. On le voit déjà à la simplicité excessive avec laquelle il croit les inventions de Franz, qui en elles-mêmes sont passablement lourdes et téméraires. Un tel caractère arrangeait sans doute le poëte, pour pouvoir amener Franz à son but. Mais pourquoi n'a-t-il pas plutôt donné plus d'esprit au père, pour raffiner les intrigues du fils? Il fallait, selon toute apparence, que Franz connût à fond son père, pour qu'il crût inutile de dépenser avec lui toute son habileté. Et en général, pour le caractère de ce dernier, il faut que j'ajoute ici une critique que j'ai omise: c'est que sa tête promet plus que ne tiennent ses intrigues, qui, soit dit entre nous, sont grossières, invraisemblables, et sentent le roman.

De la sorte, à la pitié que le père nous inspire il se mêle un certain haussement d'épaules méprisant, qui affaiblit beaucoup l'intérêt. Bien qu'il soit incontestable qu'un certain degré de souffrance passive chez l'offensé excite, plus que son activité, notre ressentiment contre l'offenseur, il n'en est pas moins vrai qu'il faut, pour que nous nous intéressions à lui, qu'il nous inspire quelque estime; et si cette estime ne s'adresse pas à des qualités intellectuelles, à quoi s'adressera-t-elle? Aux qualités morales? On sait combien il importe que celles-ci se mêlent à celles-là, pour être attrayantes. De plus le vieux Moor est moins un chrétien qu'une bigote, ayant l'air de réciter machinalement des versets de sa Bible. Enfin, l'auteur traite beaucoup trop tyranniquement le pauvre vieux, et à mon sens, en admettant qu'il échappe au second acte, il aurait dû périr par le glaive du quatrième.... Notre homme a une vie de grenouille, coriace à l'excès, ce qui sans doute venait fort à propos[1] pour le poëte. Mais quoi? le poëte est aussi médecin[2], et lui aura certainement prescrit un régime.

Dans les caractères contrastants des brigands Roller, Spiegelberg, Schufterlé, Kosinsky, Schweizer, l'auteur a été plus heureux. Chacun a quelque chose qui le distingue, chacun ce qu'il doit avoir pour intéresser encore auprès du capitaine, sans lui faire tort. Le rôle d'Hermann, qui, dans le premier plan, était très-défectueux, a reçu, dans la seconde édition, une tournure plus avantageuse. C'est une situation intéressante que la scène où les deux coquins, au milieu du quatrième acte,

---

1. *A propos* est en français dans le texte.
2. Voy. la fin de la *Critique de l'auteur* et la Notice biographique.

se heurtent l'un contre l'autre [1]. Comme le caractère d'Hermann s'est relevé, celui du vieux Daniel a été mis dans l'ombre.

Il conviendrait que la langue et le dialogue se soutinssent plus également et fussent en général moins poétiques. Ici l'expression est lyrique et épique; là, métaphysique même; en un troisième endroit, biblique; en un quatrième, plate. Franz devrait absolument parler autrement. Nous ne pardonnons le langage fleuri qu'à l'imagination exaltée, et il faudrait de toute façon que Franz fût froid. La jeune fille, à mon gré, a trop lu Klopstock. Si l'on ne remarque pas aux beautés que l'auteur s'est amouraché de Shakspeare, on le voit d'autant mieux aux écarts de tout genre. Le sublime ne devient jamais plus sublime par la parure poétique, mais le sentiment par elle devient plus suspect. Là où le poëte a senti avec le plus de vérité et ému le plus profondément, il a parlé comme l'un de nous. On s'attend à un progrès dans le prochain drame, sans quoi on le renverra à l'ode.

Certaines allusions historiques ne me paraissent pas tout à fait exactes. Dans la nouvelle édition, l'action a été transportée au temps de l'établissement de la paix publique en Allemagne [2]. La pièce, dans la première conception des caractères et de la fable, avait une coupe moderne : le temps a été changé; fable et caractères sont restés ce qu'ils étaient. Ainsi s'est formée une œuvre bigarrée, pareille aux chausses d'Arlequin ; tous les personnages parlent d'une manière trop étudiée; on trouve maintenant dans la pièce des allusions à des choses qui ne sont arrivées ou n'ont pu être concédées que plusieurs siècles plus tard.

On voudrait aussi partout plus de bienséance et des teintes plus adoucies. Dans la nature, Laocoon peut hurler de douleur; mais, dans l'art, on ne lui permet qu'une mine souffrante. L'auteur peut objecter : « J'ai peint des brigands, et peindre des brigands modestes serait une faute contre la nature. — Très-bien, monsieur l'auteur! mais pourquoi donc aussi avez-vous peint des brigands? »

Maintenant, que dire de la morale? Le penseur en trouvera peut-être quelqu'une dans le drame, surtout s'il l'apporte avec lui; quant aux demi-penseurs et aux badauds esthétiques, on peut hardiment la leur confisquer.

Enfin, l'auteur!... car on aime à s'informer de l'artiste, quand on retourne son tableau. La culture qu'il a reçue doit avoir été simplement intuitive et d'observation. Qu'il n'a point lu de théorie et ne s'arrangerait peut-être d'aucune, c'est ce que m'apprennent ses beautés et encore plus ses fautes colossales. On dit qu'il est médecin près d'un bataillon de grenadiers de Wurtemberg, et, si c'est vrai, cela fait honneur au discernement de son prince. Si je comprends bien son ouvrage, il doit aimer les fortes doses *in emeticis* aussi bien qu'*in æstheticis*, et j'aimerais mieux lui donner à traiter dix chevaux que ma femme.

1. Voy. p. 169.
2. Sous Maximilien.

ADDITION RELATIVE A LA REPRÉSENTATION DES BRIGANDS.

La pièce a été jouée diverses fois à Mannheim. J'espère obliger mes lecteurs, en leur communiquant une lettre que mon correspondant, qui, en vue du drame, avait fait le voyage, m'a écrite, à ma demande, au sujet de la représentation.

« Worms, le 15 janvier 1782.

« Avant-hier enfin a eu lieu la représentation des *Brigands* de M. Schiller. Je reviens, à l'instant, de mon voyage, et encore tout chaud de l'impression qu'elle m'a laissée, je m'assois pour vous écrire. D'abord il faut que je m'étonne de tous les obstacles, en apparence insurmontables, que M. le président de Dalberg a eu à vaincre, pour pouvoir servir ce morceau au public. Sans doute, l'auteur a remanié la pièce pour la scène, mais comment? Pour ceux-là seuls assurément qu'anime l'esprit actif de Dalberg; mais pour tous les autres, au moins pour tous ceux que je connais, c'est, avant comme après, une pièce irrégulière. Il a été impossible de s'en tenir aux cinq actes. Le rideau est tombé deux fois entre les scènes, pour faire gagner du temps aux machinistes et aux acteurs; on a joué des intermèdes, de façon qu'il y a eu sept actes. Mais cela n'a point choqué. Tous les personnages ont paru sur la scène vêtus de neuf; deux belles décorations avaient été faites tout exprès pour la pièce; M. Danzy avait aussi composé des intermèdes nouveaux : de façon que les seuls frais accessoires de la première représentation sont montés à cent ducats. La salle était si extraordinairement pleine qu'une grande foule n'a pu trouver de place. La pièce a duré quatre heures pleines, et encore, m'a-t-il semblé, les acteurs se sont pressés.

« Mais vous devez être impatient de savoir le résultat. A tout prendre, le drame a fait le plus excellent effet. M. Bœk, comme capitaine de brigands, a rempli son rôle, autant toutefois qu'il était possible à un acteur de demeurer toujours étendu sur le chevalet de torture de la passion. Dans la scène de minuit, près de la tour, je l'entends encore, agenouillé auprès de son père, conjurer la lune et les étoiles avec l'accent le plus pathétique. — Il faut que vous sachiez que la lune, ce que je n'ai encore vu sur aucun théâtre, s'élevait au-dessus de l'horizon de la scène, et qu'à mesure qu'elle montait, elle répandait sur la contrée une lumière naturelle effrayante. — Il est seulement dommage que M. Bœk n'ait pas assez le physique de son rôle. Je m'étais figuré le brigand maigre et grand. M. Iffland, qui représentait Franz, est de tous (pourtant mon opinion ne doit pas être décisive) celui qui m'a fait le plus de plaisir. Je vous avoue que ce rôle qui n'est nullement pour la scène, je l'avais déjà regardé comme perdu, et jamais je n'ai été trompé si agréablement. Iffland s'est montré, dans les dernières scènes, un véritable maître. Je l'entends encore, dans cette situation expressive où toute la nature s'élevait contre lui pour crier : «Oui!» dire son «Non» impie, puis, comme touché par une main invisible, tomber évanoui : « Oui, oui!... là haut, un Être au-dessus des étoiles! » J'aurais voulu que vous le vissiez tombé à genoux et priant, quand déjà les appartements du château brûlaient autour de lui. Si seulement M. Iffland n'avalait pas, comme il fait, ses mots et ne précipitait pas tant sa déclamation! L'Allemagne aura encore un maître dans ce jeune homme. M. Beil, cette excellente tête, était tout Schweizer. M. Meyer a joué Hermann on ne peut mieux; Kosinsky et Spiegelberg ont aussi été saisis parfaitement. Mme Toskani a plu, à moi du moins, extraordinairement. Je craignais d'abord pour ce rôle, car le poëte l'a manqué en plusieurs endroits. Toskani a joué avec infiniment de sensibilité et de délicatesse, et réellement aussi avec expression dans les situations tragiques; il y avait seulement dans sa manière trop d'affectations théâtrales et une fatigante monotonie, larmoyante et plaintive. Quant au vieux Moor, il était impossible qu'il réussît, vu qu'il a été originairement gâté par le poëte.

« Si vous voulez que je vous dise mon opinion en bon allemand, cette pièce, malgré cela, n'est point une pièce de théâtre. Si je retranche les coups de feu, les coups de sabre, la dévastation, l'incendie, etc., elle est, pour la scène, lourde et fatigante. J'aurais voulu que l'auteur fût présent; il aurait beaucoup effacé, ou il faudrait qu'il fût très-entêté de lui-même et très-tenace. Il m'a semblé aussi qu'il y avait trop de faits accumulés qui surchargent l'impression principale. On aurait pu en faire trois pièces de théâtre, et chacune aurait produit plus d'effet. Cependant on en parle à tort et à travers. Blâme excessif, éloge excessif. Au moins est-ce là la meilleure garantie du talent de l'auteur. Nous l'aurons bientôt imprimée. M. le conseiller aulique des finances, Schwan, qui a beaucoup contribué à la réception de la pièce, et qui en est un partisan zélé, doit la publier.

« J'ai l'honneur d'être, etc.

« N.... [1] »

Pour qu'il ne manque ici aucune des pièces relatives aux *Brigands*, voici l'affiche qui fut placardée à tous les coins de rue de Mannheim, le jour de la première représentation, 13 janvier 1782 :

LES BRIGANDS.

TRAGÉDIE EN SEPT ACTES,
RETRAVAILLÉE PAR L'AUTEUR, M. SCHILLER,
POUR LE THÉATRE NATIONAL DE MANNHEIM.

(*Suit la liste des rôles et des acteurs qui les remplissent.*)

L'action se passe en Allemagne, dans l'année où l'empereur Maximilien publia la paix publique perpétuelle. Vu la longueur de la pièce, on commencera à 5 heures précises.

(*Suivent les prix des places, et dans le nombre il en est une de 8 kreutzers ou environ 30 centimes. Puis vient une sorte de proclamation compo-*

---

1. Cette lettre, comme je l'ai dit plus haut, est également de Schiller, aussi bien que l'avis qui la précède.

sée par *Schiller et retouchée par Dalberg. Nous la donnons ici, telle qu'elle a été affichée; on trouvera dans la correspondance, dans une lettre à Dalberg du 12 décembre 1782, le morceau original envoyé par le poëte :*)

L'AUTEUR AU PUBLIC.

Les Brigands, peinture d'une grande âme égarée, pourvue de tous les dons qui peuvent rendre excellent, et, avec tous ces dons.... perdue. Un feu effréné et de mauvaises liaisons corrompirent le cœur du malheureux jeune homme, l'entraînèrent d'abîme en abîme, à travers toutes les profondeurs du désespoir, jusqu'à ce qu'à la fin il se trouva à la tête d'une bande de meurtriers et d'incendiaires et entassa horreurs sur horreurs; sublime et grand toutefois, majestueux et respectable, même dans le malheur, et, par le malheur, corrigé et ramené à l'excellent. Dans la personne du brigand Moor, on pleurera et haïra un tel homme; il inspirera horreur et amour. — Franz Moor, hypocrite rampant et sournois, démasqué, et emporté par l'explosion de ses propres mines. — Le vieux Moor, gâtant ses enfants et auteur de leur corruption et de leur malheur. — Dans Amalie, les tortures d'un amour romanesque et le supplice d'une passion tyrannique. — Le regard pénétrera aussi, non sans horreur, dans la vie intime de la perversité, et on remarquera combien peu toutes les dorures de la fortune parviennent à tuer le ver intérieur de la conscience.... et comme la terreur et l'inquiétude, le repentir et le désespoir talonnent de près le coupable. Que le jeune homme considère avec effroi la fin des déportements effrénés, et que l'homme fait ne sorte point du spectacle sans en emporter cette leçon, que la sage main de la Providence sait employer aussi le scélérat comme instrument de ses plans et dénouer merveilleusement le nœud le plus embrouillé de la destinée.

LA
CONJURATION DE FIESQUE
A GÊNES
TRAGÉDIE RÉPUBLICAINE

*Nam id facinus imprimis ego memorabile
existimo, sceleris atque periculi novitate.*
   SALLUSTE, *Catilina.*
(Épigraphe de l'édition de 1783.)

PRÉFACE DE SCHILLER.

J'ai tiré l'histoire de cette conjuration principalement de *la Conjuration du comte Jean-Louis de Fiesque*, par le cardinal de Retz, de l'*Histoire des conjurations*, de l'*Histoire de Gênes*, et de l'*Histoire de Charles-Quint* (troisième partie), par Robertson. Les libertés que je me suis données par rapport aux événements seront excusées par le Dramaturge de Hambourg, si elles sont heureuses; si elles ne le sont pas, j'aime mieux avoir gâté mes propres conceptions que les faits. La vraie catastrophe du complot, où le comte périt, par un malheureux accident, au moment où il touche au but de ses désirs, il a fallu la changer absolument, car la nature du drame ne comporte pas la main du hasard ou l'action immédiate de la Providence. J'aurais peine à comprendre pourquoi jusqu'ici aucun poëte tragique ne s'est exercé sur ce sujet, si je n'en trouvais précisément une raison suffisante dans ce dénoûment antidramatique. Les esprits supérieurs suivent les fils déliés d'un événement dans toute la trame du système du monde, aussi loin qu'elle s'étend, et les voient se rattacher peut-être aux limites extrêmes de l'avenir et du passé, tandis que le commun des hommes ne remarque que le fait détaché, semblable à ces toiles de l'araignée qui flottent librement dans les airs. Mais l'artiste, dans son choix, se règle sur la vue courte de l'humanité, qu'il veut instruire, et non sur cette toute-puissance clairvoyante qui l'instruit lui-même.

Dans mes *Brigands*, j'ai pris pour sujet la victime d'une excessive sensibilité. Ici j'essaye, au contraire, de peindre une victime de l'art et de l'intrigue. Mais quelque remarquable que soit devenu dans l'histoire le malheureux projet de Fiesque, il pourrait fort bien manquer son effet au théâtre. S'il est vrai que le sentiment seul éveille le sentiment, le héros politique doit être d'autant moins, ce me semble, un sujet propre à la scène, qu'il est obligé davantage de dépouiller l'homme pour être un héros politique. Il ne tenait donc pas à moi d'animer ma fable de cette chaleur ardente qui règne dans le pur produit de l'imagination poétique; mais tirer du cœur humain les premiers fils de l'action politique, froide et stérile, et par cela même la rattacher au cœur humain, enlacer en quelque sorte l'un dans l'autre l'homme et le politique, et emprunter à l'industrieuse intrigue des situations qui intéressent l'humanité, voilà ce qui dépendait de moi. J'ajouterai que mes relations sociales m'ont familiarisé plutôt avec les secrets du cœur qu'avec ceux des cabinets, et peut-être cette faiblesse même, en ce qui touche la politique, sera-t-elle devenue un mérite au point de vue de la poésie.

PERSONNAGES.

ANDRÉ DORIA, doge de Gênes. Vénérable octogénaire. Des restes de feu. Un de ses traits caractéristiques est la gravité du langage et un laconisme sévère et impérieux.

GIANETTINO DORIA, neveu du précédent. Prétendant. Homme de vingt-six ans. Rude et blessant dans son langage, son allure, ses manières. Grossièrement orgueilleux. Caractère inégal et heurté.
(Les deux Doria sont vêtus d'écarlate.)

FIESQUE, comte de Lavagna. Chef de la conjuration. Jeune homme de vingt-trois ans, svelte, dans la fleur de la beauté, fier avec bienséance, affable avec majesté. Souplesse courtoise, mais non moins de finesse.
(Tous les nobles sont vêtus de noir. C'est absolument l'ancien costume allemand.)

VERRINA, conjuré républicain. Homme de soixante ans. Grave, sérieux et sombre. Physionomie profonde.

BOURGOGNINO, conjuré. Jeune homme de vingt ans. Noble et agréable. Fier, prompt et naturel.

CALCAGNO, conjuré. Voluptueux amaigri. Trente ans. Caractère aimable et entreprenant.

SACCO, conjuré. Quarante-cinq ans. Homme ordinaire.

LOMELLINO, confident de Gianettino. Courtisan à l'âme desséchée.

CENTURIONE,
CIBO, } mécontents.
ASSERATO,

ROMANO, peintre. Libre, simple et fier.

MULEY HASSAN, nègre de Tunis. Vraie tête de nègre vaurien et retors. Dans la physionomie un mélange original de fourberie et de spirituelle malice.

UN ALLEMAND DE LA GARDE DU DOGE. Honnête simplicité. Bravoure intrépide.

TROIS BOURGEOIS SÉDITIEUX.

PERSONNAGES.

LÉONORE, épouse de Fiesque. Dame de dix-huit ans. Pâle et élancée. Délicate et sensible. Très-attrayante, plutôt qu'éblouissante. Dans la physionomie une exaltation mélancolique. Vêtements noirs.

JULIE, comtesse, veuve Impériali, sœur de Gianettino Doria. Dame de vingt-cinq ans. Grande et riche taille. Coquette orgueilleuse. De la beauté, gâtée par de la bizarrerie. Éblouissante sans être agréable. Dans la physionomie un caractère de malignité moqueuse. Vêtements noirs.

BERTHA, fille de Verrina. Jeune personne innocente.

ROSE,
ARABELLA,   } femmes de chambre de Léonore.

DIVERS NOBLES, BOURGEOIS, ALLEMANDS, SOLDATS, DOMESTIQUES, VOLEURS.

La scène est à Gênes, en 1547.

LA CONJURATION DE FIESQUE A GÊNES.

ACTE PREMIER.

SCÈNE I.

Une salle chez Fiesque. — On entend dans l'éloignement une musique de danse et le tumulte d'un bal.

LÉONORE, *masquée;* **ROSE, ARABELLA** *accourent, troublées, sur la scène.*

LÉONORE *arrache son masque.*

Rien de plus! Pas un mot de plus! C'est dévoilé. (*Elle se jette sur un siège.*) J'en suis accablée.

ARABELLA.

Gracieuse dame....

LÉONORE, *se levant.*

Devant mes yeux! une coquette, connue pour telle dans toute la ville! à la vue de toute la noblesse de Gênes. (*Avec douleur.* Rose! Bella! et devant mes yeux en pleurs!

ROSE.

Prenez la chose pour ce qu'elle a été réellement.... une galanterie....

LÉONORE.

Une galanterie?... Et cet échange assidu de leurs regards? cette anxiété à épier ses traces? ce long baiser sans fin sur son bras nu, qui gardait l'empreinte des dents dans une tache rouge comme le feu? Ah! et cette stupeur immobile et profonde où je l'ai vu plongé, semblable, sur sa chaise, à l'extase personnifiée, comme si d'un souffle le monde entier eût disparu autour de lui et qu'il fût resté seul avec cette Julie dans le vide éternel? Galanterie?... Bonne fille, qui n'as encore jamais aimé, ne discute pas avec moi sur la galanterie et l'amour!

ROSE.

Tant mieux, Madonna! Perdre un époux, c'est gagner dix sigisbées.

LÉONORE.

Perdre?... Une légère intermittence de sentiment, et Fiesque perdu? Va, langue de serpent.... ne reparais jamais devant mes yeux!... Une agacerie innocente.... peut-être une galanterie! N'est-ce pas, ma sensible Bella?

ARABELLA.

Oh! oui, bien certainement.

LÉONORE, *absorbée dans ses réflexions.*

Mais si par suite elle se savait reine dans son cœur?... si, derrière chacune de ses pensées, son nom, à elle, était là comme en embuscade?... s'il le lisait dans chacun des vestiges de la nature?... Que dis-je? où va ma pensée? Si ce monde si beau, si majestueux, n'était pour lui qu'un magnifique diamant, où une seule image.... son image à elle, serait gravée? S'il l'aimait?... Julie! Oh! donne-moi ton bras.... soutiens-moi, Bella! (*Pause.* — *La musique se fait entendre de nouveau.*)

LÉONORE, *tressaillant.*

Écoute! n'est-ce pas la voix de Fiesque qui vient de s'élever du milieu de ce bruit? Peut-il rire, quand sa Léonore pleure dans la solitude? Mais non, mon enfant! c'était la voix rustique de Gianettino Doria.

ARABELLA.

C'était elle, signora! Mais venez dans une autre chambre.

LÉONORE.

Tu pâlis, Bella! tu mens.... Je lis dans vos yeux, dans les physionomies des Génois, quelque chose.... quelque chose.... (*Se cachant le visage.*) Oh! bien sûr, ces Génois en savent plus que l'oreille d'une épouse n'en peut entendre.

ROSE.

Oh! comme la jalousie exagère tout!

LÉONORE, *dans une exaltation mélancolique*.

Quand il était encore Fiesque.... qu'il s'avançait dans ce bois d'orangers où nous autres jeunes filles allions nous promener, c'était la fleur de jeunesse d'Apollon, fondue dans la mâle beauté d'Antinoüs. Sa démarche était fière et imposante : on eût dit que Gênes la Sérénissime se berçait sur ses jeunes épaules. Nos regards le suivaient furtivement, puis fuyaient soudain, comme surpris dans un vol sacrilége, lorsqu'ils rencontraient l'éclair de ses yeux. Ah! Bella! comme nous dévorions ses regards! avec quelle partialité l'inquiète envie les imputait à la voisine! Ils tombaient entre nous comme la pomme d'or de la discorde : les yeux les plus tendres lançaient une flamme ardente, les seins les plus paisibles palpitaient orageusement : la jalousie avait rompu notre union.

ARABELLA.

Il m'en souvient. Toutes les femmes de Gênes furent en grand émoi pour cette belle conquête.

LÉONORE, *avec enthousiasme*.

Et dire maintenant qu'il est à moi! Bonheur audacieux, effrayant! A moi, le plus grand homme de Gênes, (*avec grâce*) qui jaillit, accompli, du ciseau de l'inépuisable ouvrière, qui confond dans le plus aimable assemblage toutes les grandeurs de sa race.... Écoutez, jeunes filles! car enfin je ne puis plus me taire! Écoutez, mes filles, je vous confie un secret, (*mystérieusement*) une idée.... Comme j'étais devant l'autel, auprès de Fiesque, sa main placée dans la mienne.... j'eus cette idée, qu'il est défendu à la femme de concevoir.... « Ce Fiesque dont la main repose en ce moment dans la tienne.... ton Fiesque.... » Mais silence! que nul homme ne nous épie et ne voie comme nous sommes fières de la supériorité dechue de l'infidèle.... « Ce Fiesque qui est à toi.... » Malheur à vous si ce sentiment ne vous exalte pas!... « Il délivrera Gênes de ses tyrans! »

ARABELLA, *étonnée.*

Et cette idée a pu venir à une femme, au jour de son mariage?

LÉONORE.

Admire aussi, Rose! A une fiancée, dans les joies d'un jour de mariage! (*Plus vivement.*) Je suis une femme.... mais j'ai le sentiment de la noblesse de mon sang; je ne puis souffrir que cette maison Doria veuille s'élever au-dessus des têtes de nos aïeux. Ce débonnaire André.... c'est un plaisir de lui vouloir du bien.... qu'il continue de s'appeler doge de Gênes.... Mais Gianettino est son neveu.... son héritier.... et Gianettino a le cœur insolent, orgueilleux. Gênes tremble devant lui, et Fiesque.... (*Abîmée dans la douleur*) Fiesque.... pleurez sur moi.... aime sa sœur.

ARABELLA.

Pauvre, malheureuse femme!

LÉONORE.

Allez maintenant, et voyez ce demi-dieu des Génois, assis dans un cercle éhonté de débauchés et de courtisanes, chatouiller leurs oreilles par d'indécentes saillies, leur narrer des contes de princesses enchantées.... C'est là Fiesque!... Ah! mes filles! ce n'est pas seulement Gênes qui a perdu son héros.... moi aussi, j'ai perdu mon époux!

ROSE.

Parlez plus bas. On vient par la galerie.

LÉONORE, *tressaillant d'effroi.*

Fiesque vient. Fuyez! fuyez! mon aspect pourrait lui donner un moment de trouble. (*Elle s'enfuit dans une chambre latérale. Ses femmes la suivent.*)

SCÈNE II.

GIANETTINO DORIA, *masqué, en manteau vert.* **UN NÈGRE.**
Ils sont en conversation.

GIANETTINO.

Tu m'as compris.

LE NÈGRE.

Bien.

GIANETTINO.

Je dis : le masque blanc.

LE NÈGRE.

Bien ! bien ! bien !

GIANETTINO.

Entends-tu ? Le manquer, ce serait (*montrant la poitrine du nègre*) frapper là.

LE NÈGRE.

Soyez tranquille.

GIANETTINO.

Et un bon coup !

LE NÈGRE.

Il sera content.

GIANETTINO.

Que le pauvre comte ne souffre pas longtemps.

LE NÈGRE.

Pardon.... Combien à peu près pourrait peser sa tête ?

GIANETTINO.

Le poids de cent sequins.

LE NÈGRE *souffle entre ses doigts.*

Puh ! c'est léger comme de la plume.

GIANETTINO.

Que grognes-tu là ?

LE NÈGRE.

Je dis.... que c'est une besogne facile.

GIANETTINO.

C'est ton affaire. Cet homme est un aimant, dont les pôles attirent les têtes inquiètes. Entends-tu, drôle ! ne manque pas ton coup.

LE NÈGRE.

Mais, seigneur.... il faut que, le coup fait, je m'enfuie aussitôt à Venise.

GIANETTINO.

Eh bien! prends d'avance ton salaire. (*Il lui jette une lettre de change.*) Dans trois jours au plus tard, il faut qu'il soit refroidi. (*Il s'en va.*)

LE NÈGRE, *en ramassant le billet par terre.*

Voilà qui s'appelle avoir du crédit! Le noble seigneur se fie à ma parole de larron, sans signature. (*Il s'en va.*)

SCÈNE III.

CALCAGNO, *derrière lui* SACCO. *Tous deux en manteau noir.*

CALCAGNO.

Je m'aperçois que tu épies tous mes pas.

SACCO.

Et je remarque que tu me les caches tous. Écoute, Calcagno: depuis quelques semaines ta physionomie est travaillée d'une idée qui n'a pas directement pour objet unique la patrie.... Il me semble, frère, que nous pourrions, toi et moi, troquer secret contre secret, et qu'au bout du compte nous ne perdrions ni l'un ni l'autre à cette contrebande?... Veux-tu être franc?

CALCAGNO.

A tel point que si ces oreilles ne se soucient pas de descendre dans mon sein, mon cœur ira au-devant de toi, à moitié chemin, sur ma langue.... J'aime la comtesse Fiesque.

SACCO *recule étonné.*

Cela du moins, je ne l'aurais pas déchiffré, eussé-je passé en revue toutes les possibilités.... Ton choix met mon esprit à la torture, mais c'est fait de lui, si tu réussis.

CALCAGNO.

On dit qu'elle est un modèle de la plus austère vertu.

SACCO.

On ment. C'est tout un répertoire d'insipide morale. De deux choses l'une, Calcagno : renonce à ton entreprise ou à ton cœur....

CALCAGNO.

Le comte lui est infidèle. La jalousie est la plus rouée des entremetteuses. Un complot contre les Doria tient nécessairement le comte en haleine, et me procure l'entrée de son palais. Pendant qu'il chassera le loup de la bergerie, la martre fera irruption dans son poulailler.

SACCO.

On ne peut mieux, frère ! Je te remercie. Tu me dispenses soudain, moi aussi, de rougir. Ce que j'avais honte de penser, je puis maintenant le dire tout haut devant toi. Je suis un mendiant, si la constitution actuelle ne croule pas.

CALCAGNO.

Tes dettes sont-elles si considérables ?

SACCO.

Si énormes, que le fil de ma vie, fût-il huit fois plus long, romprait nécessairement avant d'en atteindre le dixième. Une révolution me mettra à l'aise ; je l'espère. Si elle ne m'aide pas à payer, elle épargnera à mes créanciers la peine de me poursuivre.

CALCAGNO.

Je comprends.... et à la fin, si Gênes, à cette occasion, devient libre, Sacco se fera baptiser père de la patrie. Qu'on vienne nous réchauffer ces contes rebattus de loyauté, quand c'est la banqueroute d'un vaurien et l'ardeur des sens d'un débauché qui décident du sort d'un État. Pardieu ! Sacco, j'admire en nous deux les habiles combinaisons de la Providence qui sauve le cœur, vie de tout le corps, par les abcès des membres.... Verrina sait-il ton projet ?

SACCO.

Autant qu'un patriote doit le savoir. Gênes, tu le sais comme moi, est le fuseau autour duquel toutes ses pensées tournent avec une invincible fidélité. Son œil de faucon est maintenant attaché sur Fiesque. Il te croit aussi à mi-chemin d'un hardi complot.

CALCAGNO.

Il a bon nez. Viens, cherchons-le et attisons sa passion de liberté au moyen de la nôtre. *(Ils sortent.)*

SCÈNE IV.

JULIE, *fort animée.* FIESQUE, *vêtu d'un manteau blanc, court après elle.*

JULIE.

Laquais! Coureurs!

FIESQUE.

Comtesse, où allez-vous? Que décidez-vous?

JULIE.

Rien, absolument rien. (*A des valets qui entrent:*) Qu'on fasse avancer ma voiture.

FIESQUE.

Permettez.... pas encore. Sans doute quelque offense....

JULIE.

Bah! vous ne le croyez pas.... Retirez-vous! Eh! mais, vous tirez ma garniture à la mettre en pièces.... Une offense? Qui peut ici m'offenser? Laissez-moi donc.

FIESQUE, *un genou en terre.*

Non, jusqu'à ce que vous m'ayez nommé le téméraire.

JULIE *s'arrête, les mains appuyées sur les hanches.*

Ah! voilà qui est beau, fort beau, et digne d'être vu! Si quelqu'un pouvait appeler la comtesse de Lavagna pour jouir de ce charmant spectacle!... Comment, comte! Et que devient l'époux? Cette attitude conviendrait à merveille dans la chambre à coucher de votre femme, lorsqu'en feuilletant le calendrier de vos caresses, elle trouve une lacune dans le compte. Levez-vous donc. Allez à des dames qui vous tiennent la dragée moins haute. Voyons! levez-vous! Ou bien voulez-vous expier les impertinences de votre femme par vos galanteries?

FIESQUE *se lève vivement.*

Des impertinences? A vous?

JULIE.

Se lever brusquement.... repousser son fauteuil.... tourner le dos à la table.... à la table, comte! à laquelle je suis assise.

FIESQUE.

Cela n'est pas excusable.

JULIE.

Et voilà tout?... Ah! le petit masque! Est-ce donc ma faute, *(souriant avec complaisance)* si le comte a des yeux?

FIESQUE.

Ne vous en prenez qu'à votre beauté, Madonna, s'il ne peut pas les avoir partout.

JULIE.

Pas de compliments, comte, quand c'est l'honneur qui parle. Je demande satisfaction. La trouverai-je chez vous, ou derrière les foudres du doge?

FIESQUE.

Dans les bras de l'amour, qui vous fera amende honorable pour les écarts de la jalousie.

JULIE.

Jalousie? jalousie? Que veut donc cette petite tête? *(Gesticulant devant un miroir.)* Comme si elle pouvait avoir une meilleure garantie de la bonté de son propre goût, que de me voir déclarer que c'est aussi le mien? *(Avec fierté.)* Doria et Fiesque?... Comme si la comtesse de Lavagna ne devait pas se sentir honorée que la nièce du doge trouve son choix digne d'envie? *(Amicalement, en donnant sa main à baiser au comte.)* A supposer, comte, que je le trouvasse tel.

FIESQUE, *vivement.*

Cruelle! et me tourmenter encore de la sorte!... Je sais, divine Julie, que je ne devrais éprouver pour vous que du respect. Ma raison me commande de fléchir le genou, en sujet, devant le sang des Doria, mais mon cœur adore la belle Julie. Mon amour est criminel, mais héroïque en même temps, d'oser forcer l'enceinte du rang et prendre son essor vers le soleil dévorant de la majesté.

JULIE.

Vrai mensonge de comte, qui vient à moi sur de boiteuses échasses.... Sa langue me divinise, et son cœur palpite sous le portrait d'une autre.

FIESQUE.

Dites mieux, signora, il bat avec humeur contre ce poids qui le presse et il veut le repousser. *(Il détache le portrait de Léonore, qui est suspendu à un ruban bleu de ciel, et le remet à Julie.)* Placez votre image sur cet autel, et vous pourrez détruire cette idole.

JULIE *met vivement le portrait dans son sein et dit avec joie :*
Un grand sacrifice, sur mon honneur, et qui mérite ma reconnaissance. (*Elle suspend le sien au cou de Fiesque.*) Eh bien! esclave, porte les couleurs de ton maître.   (*Elle s'en va.*)

FIESQUE, *avec feu.*

Julie m'aime! Julie! Je n'envie aucun Dieu! (*Se promenant avec transport dans la salle.*) Que cette nuit soit une nuit de fête divine; je veux que la joie fasse son chef-d'œuvre! Holà! holà! (*Une foule de valets.*) Que le nectar de Chypre ruisselle sur le sol de mes salons, que la musique éclate à réveiller la sombre nuit de son sommeil de plomb, que mille flambeaux brillants fassent fuir de dépit le soleil du matin!... Que l'allégresse soit générale! Que la danse effrénée fasse crouler en débris, sous son fracas, l'empire des morts!

(*Il sort à la hâte. Bruyant allégro, pendant lequel un rideau est tiré au milieu de la scène et ouvre une grande salle illuminée, où dansent un grand nombre de masques. Sur le côté, des buffets et des tables de jeu, où sont assis des convives.*)

SCÈNE V.

GIANETTINO, *à moitié ivre;* LOMELLINO, CIDO, CENTURIONE, VERRINA, SACCO, CALCAGNO, *tous masqués;* BEAUCOUP DE DAMES ET DE NOBLES.

GIANETTINO, *faisant tapage.*

Bravo! Bravo! Ces vins coulent à ravir, nos danseuses sautent à merveille[1]. Qu'un de vous s'en aille répandre dans Gênes que je suis de bonne humeur, qu'on peut se réjouir.... Par ma naissance! Ils marqueront ce jour en rouge sur le calendrier et écriront dessous : « Aujourd'hui le prince Doria était joyeux. »

DES CONVIVES, *portant leurs verres à leurs lèvres.*

A la république! (*Fanfare.*)

---

1. *A merveille* est en français dans le texte.

GIANETTINO *jette violemment son verre sur le sol.*

En voilà les débris par terre! (*Trois masques noirs se lèvent vivement et se réunissent autour de Gianettino.*)

LOMELLINO *conduit le prince sur le devant de la scène.*

Gracieux seigneur, vous me parliez dernièrement d'une femme que vous aviez rencontrée dans l'église de Saint-Laurent?

GIANETTINO.

C'est vrai, garçon, et il faut que je fasse sa connaissance.

LOMELLINO.

Je puis y aider Votre Grâce.

GIANETTINO, *vivement.*

Le peux-tu? le peux-tu? Lomellino, tu t'es mis dernièrement sur les rangs pour la charge de procurateur. Tu l'auras.

LOMELLINO.

Gracieux prince, c'est la seconde de l'État. Plus de soixante nobles la briguent, tous plus riches et plus considérés que le très-soumis serviteur de Votre Grâce.

GIANETTINO, *le rudoyant avec insolence.*

Tonnerre et Doria! Tu seras procurateur. (*Les trois masques viennent sur le devant.*) De la noblesse à Gênes! Laissez-la jeter tous ses ancêtres et ses armoiries dans la balance; que faut-il de plus qu'un poil de la barbe blanche de mon oncle pour faire voler au plus haut des airs toute la noblesse de Gênes? Je veux que tu sois procurateur, cela vaut autant que toutes les voix de la seigneurie.

LOMELLINO, *plus bas.*

C'est la fille unique d'un certain Verrina.

GIANETTINO.

La fille est jolie, et en dépit de tous les diables, il faut que j'en use.

LOMELLINO.

Gracieux seigneur! l'unique enfant du plus opiniâtre républicain!

GIANETTINO.

Va-t'en au diable, avec ton républicain! La colère d'un vassal et ma passion! C'est comme si le phare devait s'écrouler, quand des gamins lui jettent des coquillages. (*Les trois masques noirs s'approchent avec des marques de grande agitation.*) Le doge André est-il donc allé chercher tant de cicatrices dans les combats de ces républicains déguenillés, pour que son neveu ait à mendier les faveurs de leurs enfants et de leurs fiancées? Tonnerre et Doria! Il faut qu'ils avalent cette envie-là, ou sur les ossements de mon oncle je planterai un gibet où il faudra que leur liberté génoise se débatte jusqu'à la mort. (*Les trois masques se retirent en arrière.*)

LOMELLINO.

La jeune fille est précisément seule en ce moment. Son père est ici, c'est un de ces trois masques.

GIANETTINO.

C'est à souhait, Lomellino. Conduis-moi chez elle à l'instant.

LOMELLINO.

Mais vous allez chercher une coquette et vous trouverez une fille sentimentale.

GIANETTINO.

La force est la meilleure éloquence. Mène-moi là sur-le-champ. Je voudrais voir le chien républicain qui oserait s'élancer sur l'ours Doria. (*Il rencontre Fiesque à la porte.*) Où est la comtesse?

SCÈNE VI.

LES PRÉCÉDENTS, FIESQUE.

FIESQUE.

Je l'ai mise en voiture. (*Il prend la main de Gianettino et la presse sur sa poitrine.*) Prince, je suis désormais doublement dans vos chaînes. Gianettino domine sur ma tête et sur Gênes, et votre aimable sœur règne sur mon cœur.

LOMELLINO.

Fiesque est devenu tout épicurien. La grande sphère politique a beaucoup perdu en vous.

FIESQUE.

Mais Fiesque ne perd rien à cette grande sphère. Vivre, c'est rêver; être sage, Lomellino, c'est rêver agréablement. Est-on mieux pour cela sous les foudres du trône, là où les rouages du gouvernement craquent sans cesse dans votre oreille assourdie, que sur le sein d'une femme qui languit d'amour? Que Gianettino Doria règne sur Gênes; le lot de Fiesque sera d'aimer.

GIANETTINO.

Il faut partir, Lomellino! Il va être minuit. Le temps s'avance. Lavagna, nous te remercions de ta réception. Je suis satisfait.

FIESQUE.

C'est tout ce que je puis souhaiter, prince.

GIANETTINO.

Ainsi, bonne nuit. Demain on joue chez Doria, et Fiesque est invité. Viens, procurateur.

FIESQUE.

De la musique! des flambeaux!

GIANETTINO *traverse insolemment le groupe des trois masques.*
Place au nom de Doria!

UN DES TROIS MASQUES *murmure avec indignation:*
Dans l'enfer! Jamais à Gênes!

DES CONVIVES, *s'empressant.*

Le prince part. Bonne nuit, Lavagna! (*Ils sortent à pas chancelants.*)

SCÈNE VII.

LES TROIS MASQUES NOIRS, FIESQUE.

FIESQUE, *après un moment de silence.*

J'aperçois ici des convives qui ne partagent pas les joies de ma fête.

LES MASQUES, *murmurant entre eux avec humeur.*

Pas un!

FIESQUE, *obligeamment.*

Il se pourrait que, malgré mon bon vouloir, un Génois sortît d'ici mécontent? Alerte, laquais! qu'on recommence le bal et qu'on remplisse les grandes coupes. Je ne voudrais pas que quelqu'un s'ennuyât ici. Puis-je récréer vos yeux par un feu d'artifice? Voulez-vous entendre les bons mots de mon arlequin? Peut-être trouveriez-vous quelque distraction auprès des dames? Ou bien nous assoirons-nous à une table de pharaon, pour tromper les heures par le jeu?

UN MASQUE.

Nous sommes habitués à les payer par des actions.

FIESQUE.

Une mâle réponse, et.... c'est Verrina!

VERRINA *ôte son masque.*

Fiesque reconnaît plus vite ses amis sous leurs masques, qu'ils ne le retrouvent sous le sien.

FIESQUE.

Je ne comprends pas cela. Mais pourquoi ce crêpe de deuil à ton bras? Se pourrait-il que Verrina eût perdu quelqu'un et que Fiesque n'en sût rien?

VERRINA.

Une nouvelle de deuil ne convient pas dans les joyeuses fêtes de Fiesque.

FIESQUE.

Cependant, quand un ami le réclame.... (*Il lui serre la main avec chaleur.*) Ami de mon âme! qui nous est mort à tous deux?

VERRINA.

A tous deux! à tous deux! Oh! ce n'est que trop vrai!... Mais les fils ne portent pas tous le deuil de leur mère.

FIESQUE.

Ta mère est depuis longtemps en poussière.

VERRINA, *d'un ton significatif.*

Il me souvient que Fiesque m'appelait frère, parce que j'étais le fils de sa patrie.

FIESQUE, *d'un ton badin.*

Ah! c'est cela? Ainsi, votre intention était de plaisanter? Porter le deuil de Gênes! et c'est vrai, Gênes est en effet à l'agonie. Notre cousin commence à devenir un plaisant fort ingénieux.

CALCAGNO.

Il a parlé sérieusement, Fiesque.

FIESQUE.

Eh! sans doute, sans doute! C'est cela même. Avec ce ton tout sec et cet air larmoyant. La plaisanterie perd tout son prix, quand le plaisant rit lui-même. Une vraie mine d'enterrement! Aurais-je jamais pensé que le sombre Verrina deviendrait encore dans ses vieux jours un gaillard aussi jovial?

SACCO.

Verrina, viens! Il ne sera jamais des nôtres.

FIESQUE.

Menons gaiement la vie, mon cher compatriote. Ressemblons à ces héritiers rusés qui suivent le cercueil en sanglotant et n'en rient que plus fort dans leur mouchoir. Mais nous pourrions bien avoir, pour notre peine, une rude marâtre. Eh bien, soit! nous la laisserons gronder et ferons bombance.

VERRINA, *vivement ému.*

Ciel et terre! et nous n'agirons pas?... Où en es-tu venu, Fiesque? Où aurai-je des nouvelles de ce grand ennemi des tyrans? Je me rappelle un temps où la vue d'une couronne t'aurait donné des convulsions.... Fils déchu de la république! Tu répondras devant Dieu du peu de cas que je ferai désormais de mon immortalité, si la durée use et corrompt ainsi, même les esprits.

FIESQUE.

Tu es un éternel rêveur de chimères. Qu'il mette Gênes dans sa poche, et qu'il la vende à un corsaire de Tunis, que nous importe? Nous boirons du vin de Chypre et caresserons de jolies filles.

VERRINA *le regarde sérieusement.*

Est-ce là ta vraie et sérieuse pensée?

FIESQUE.

Pourquoi pas, ami? Est-ce donc une volupté d'être un des pieds de cette bête paresseuse, à mille pattes, qu'on nomme république? Grand merci à qui lui donne des ailes et dispense les pieds de leurs fonctions. Gianettino Doria sera doge. Les affaires d'État ne nous feront plus blanchir les cheveux.

VERRINA.

Fiesque!... Est-ce là ta vraie et sérieuse pensée?

FIESQUE.

André adopte son neveu pour fils et pour héritier de ses biens: qui serait assez fou pour lui disputer l'héritage de son pouvoir?

VERRINA, *avec un extrême mécontentement.*

Alors, venez, Génois! (*Il quitte brusquement Fiesque, les autres suivent.*)

FIESQUE.

Verrina!... Verrina!... Ce républicain est dur comme l'acier!...

SCÈNE VIII.

FIESQUE, UN MASQUE INCONNU.

LE MASQUE.

Pouvez-vous disposer d'une minute, Lavagna?

FIESQUE, *d'un air prévenant.*

Pour vous, d'une heure.

LE MASQUE.

Dans ce cas, ayez la bonté de faire avec moi une promenade hors de la ville.

FIESQUE.

Il est minuit cinquante minutes.

LE MASQUE.

Vous aurez cette bonté, comte?

FIESQUE.

Je vais faire atteler.

LE MASQUE.

Ce n'est point nécessaire. J'enverrai un cheval en avant. Ce sera assez, car j'espère qu'un seul de nous reviendra.

FIESQUE, *surpris.*

Et....

LE MASQUE.

On vous demandera pour certaine larme un compte sanglant.

FIESQUE.

Cette larme?

LE MASQUE.

D'une certaine comtesse de Lavagna. Je connais très-bien cette dame, et je veux savoir par quoi elle a mérité d'être sacrifiée à une folle.

FIESQUE.

Maintenant je vous comprends. Puis-je savoir le nom de cet étrange provocateur?

LE MASQUE.

C'est le même qui autrefois adorait mademoiselle de Cibo, et qui se retira quand Fiesque prétendit à sa main.

ACTE I, SCÈNE VIII.

FIESQUE.

Scipion Bourgognino!

BOURGOGNINO *ôte son masque.*

Et il est ici pour laver son honneur d'avoir cédé à un rival qui a l'âme assez petite pour tourmenter la douceur même.

FIESQUE *l'embrasse avec chaleur.*

Noble jeune homme! Je rends grâce aux ennuis de ma femme qui me procurent une si précieuse connaissance. Je sens la noblesse de votre indignation, mais je ne me bats point.

BOURGOGNINO, *reculant d'un pas.*

Le comte de Lavagna serait-il trop lâche pour se risquer contre les prémices de mon épée?

FIESQUE.

Bourgognino, contre toute la puissance de la France, mais non contre vous! J'honore cet aimable feu pour un objet plus aimable encore. L'intention serait digne d'un laurier, mais l'action serait puérile.

BOURGOGNINO, *indigné.*

Puérile! comte? La femme ne peut que pleurer sur un outrage.... Quel est le rôle de l'homme?

FIESQUE.

Parfaitement dit, mais je ne me bats point.

BOURGOGNINO *lui tourne le dos et veut sortir.*

Je vous mépriserai.

FIESQUE, *vivement.*

Par le ciel! jeune homme, c'est ce que tu ne feras jamais, dût la vertu perdre de son prix. (*Il lui prend la main d'un air très-sérieux.*) Avez-vous jamais éprouvé envers moi quelque chose que l'on.... comment dirai-je?... que l'on nomme du respect?

BOURGOGNINO.

Aurais-je cédé à un homme que je n'aurais pas reconnu pour le premier des hommes?

FIESQUE.

Eh bien, mon ami! un homme qui aurait autrefois mérité mon respect, il me faudrait du temps.... pour apprendre à le mépriser. Je serais porté à croire que la trame d'un maître doit être trop artistement tissue pour sauter tout d'abord aux yeux d'un apprenti superficiel.... Allez chez vous, Bourgognino, et prenez le temps de réfléchir pourquoi Fiesque agit ainsi et non autrement. (*Bourgognino se retire silencieux.*) Va, noble jeune homme! Si cette flamme se tourne en patriotisme, les Doria n'ont qu'à se bien tenir.

SCÈNE IX.

FIESQUE, LE NÈGRE *entre timidement et regarde avec soin tout autour de lui.*

FIESQUE *le regarde longtemps d'un œil pénétrant.*
Que veux-tu et qui es-tu?

LE NÈGRE, *toujours dans la même attitude.*
Un esclave de la république.

FIESQUE.
L'esclavage est un misérable métier. (*Fixant toujours sur lui un regard pénétrant.*) Que cherches-tu?

LE NÈGRE.
Seigneur, je suis un honnête homme.

FIESQUE.
Pends toujours cette enseigne devant ta face, ce ne sera pas superflu.... Mais que cherches-tu?

LE NÈGRE *cherche à se rapprocher de lui. Fiesque se recule.*
Seigneur, je ne suis pas un coquin.

FIESQUE.
Il est bon que tu ajoutes cela, et.... pourtant, d'autre part, ce n'est pas bon signe. (*Avec impatience :*) Mais que cherches-tu?

LE NÈGRE *s'approche de nouveau.*
Êtes-vous le comte Lavagna?

FIESQUE, *avec orgueil.*
Les aveugles de Gênes reconnaissent mon pas.... Que veux-tu au comte?

LE NÈGRE.
Soyez sur vos gardes, Lavagna. (*Il le touche presque.*)

FIESQUE, *d'un bond, passe de l'autre côté.*
J'y suis en effet.

LE NÈGRE, *comme plus haut.*
On ne projette rien de bon envers vous, Lavagna!

FIESQUE *se recule de nouveau.*

Je le vois.

LE NÈGRE.

Gardez-vous de Doria.

FIESQUE *se rapproche de lui d'un air confiant.*

Ami! t'aurais-je peut-être fait tort? Je redoute en effet ce nom.

LE NÈGRE.

Alors, fuyez l'homme. Savez-vous lire?

FIESQUE.

Singulière question! Tu as sans doute fréquenté plus d'un cavalier. As-tu quelque écrit?

LE NÈGRE.

Votre nom parmi de pauvres pêcheurs. (*Il lui présente un billet et se place tout près de lui. Fiesque va devant un miroir et regarde obliquement par-dessus le papier. Le nègre tourne autour de lui, en l'épiant, enfin il tire son poignard et veut frapper.*)

FIESQUE *se retourne prestement et saisit le bras du nègre.*

Doucement, canaille! (*Il lui arrache le poignard.*)

LE NÈGRE *frappe du pied avec rage.*

Diable!... Je vous demande pardon. (*Il veut s'esquiver.*)

FIESQUE *l'empoigne, et crie d'une voix forte:*

Stephano! Drullo! Antonio! (*Tenant le nègre à la gorge.*) Reste, mon bon ami! Infernale coquinerie! (*Des valets.*) Reste et réponds! Tu as fait de mauvaise besogne. A qui dois-tu demander le salaire de ta journée?

LE NÈGRE, *après plusieurs vaines tentatives pour se dégager, dit d'un ton résolu:*

On ne peut pas me pendre plus haut que la potence.

FIESQUE.

Non, console-toi. On ne t'accrochera pas aux cornes de la lune, mais pourtant assez haut pour que de là le gibet ordinaire te paraisse un cure-dents. Cependant ton choix était trop politique pour que je pusse l'attribuer à ce que ta mère t'a donné de cervelle! Parle donc, qui t'a soldé?

LE NÈGRE.

Seigneur, vous pouvez me traiter de scélérat, mais non d'imbécile, je vous prie.

FIESQUE.

La brute aurait-elle de l'orgueil? Brute, parle, qui t'a soldé!

LE NÈGRE, *réfléchissant.*

Hum! De cette façon du moins je ne serais pas seul attrapé?... Qui m'a soldé?... et pourtant ce n'étaient que cent maigres sequins!... Qui m'a soldé?... Le prince Gianettino.

FIESQUE, *exaspéré, se promenant de long en large.*

Cent sequins, et pas davantage, pour la tête de Fiesque? (*D'un ton de sarcasme.*) Rougis, prince héréditaire de Gênes. (*Courant à une cassette.*) Tiens, drôle, en voilà mille, et dis à ton maître.... qu'il est un meurtrier bien ladre. (*Le nègre le contemple de la tête aux pieds.*)

FIESQUE.

Tu hésites, drôle?

LE NÈGRE *prend l'argent, le pose, puis le reprend et regarde Fiesque avec un étonnement toujours croissant.*

FIESQUE.

Que fais-tu, drôle?

LE NÈGRE *jette résolûment l'argent sur la table.*

Seigneur.... cet argent, je ne l'ai pas gagné.

FIESQUE.

Le stupide coquin! Ce que tu as gagné, c'est le gibet. Mais l'éléphant irrité écrase des hommes, et non des vermisseaux. Je te ferais pendre, pour peu qu'il m'en coûtât plus de peine que de dire deux mots.

LE NÈGRE, *avec une joyeuse révérence.*

Monseigneur est beaucoup trop bon.

FIESQUE.

Dieu m'en préserve! pas envers toi! Ce qui me plaît, c'est de pouvoir, à ma fantaisie, conserver ou anéantir un coquin tel que toi, et voilà pourquoi je te laisse aller. Ta maladresse m'est un gage d'en haut que je suis réservé à quelque chose de grand, et voilà pourquoi je suis clément, pourquoi je te laisse aller.

LE NÈGRE, *cordialement.*

Touchez là, Lavagna! Un service en vaut un autre. Si quelque tête, dans cette péninsule, est emmanchée d'un cou qui pour vous soit de trop, ordonnez, et je le coupe, gratis.

FIESQUE.

L'animal est honnête. Il veut se montrer reconnaissant, aux dépens de la gorge d'autrui.

LE NÈGRE.

Nous n'acceptons pas de dons gratuits, seigneur. Nous avons aussi, nous autres, de l'honneur au ventre.

FIESQUE.

L'honneur des coupe-gorges !

LE NÈGRE.

Il est certes plus à l'épreuve du feu que celui de vos honnêtes gens. Ils violent les serments qu'ils font au bon Dieu ; nous tenons, nous, ponctuellement ceux que nous prêtons au diable.

FIESQUE.

Tu es un étrange coquin.

LE NÈGRE.

Je suis heureux d'être à votre goût. Mettez-moi d'abord à l'épreuve, et vous apprendrez à connaître un homme qui fait l'exercice au pied levé. M'en défiez-vous ? Je puis vous montrer des certificats de toutes les corporations de coquins, depuis la dernière jusqu'à la première.

FIESQUE.

Que n'apprend-on pas ? (*Il s'assoit.*) Ainsi les fripons reconnaissent aussi des lois et une hiérarchie ? Parle-moi donc de la dernière classe.

LE NÈGRE.

Fi ! gracieux seigneur. C'est la méprisable armée des longs doigts. Misérable métier qui ne fait éclore aucun grand homme, ne travaille qu'en vue des étrivières et de la maison de force, et, mène.... tout au plus à la potence.

FIESQUE.

Attrayante perspective ! Je suis curieux de connaître mieux que ça.

LE NÈGRE.

Au-dessus sont les espions et les dociles instruments, personnages importants à qui les grands prêtent l'oreille et chez qui ils puisent leur toute-science. Ceux-là mordent à l'âme comme des sangsues, sucent le venin du cœur, puis le dégorgent aux autorités.

FIESQUE.

Je connais cela.... Après!

LE NÈGRE.

Le degré supérieur est celui des artisans de complots, des empoisonneurs et de tous ceux qui font languir leur homme et l'attaquent de guet-apens. Ce sont souvent de lâches poltrons, mais des gaillards pourtant qui payent de leur pauvre âme leur apprentissage au diable. Pour eux la justice fait déjà quelque chose de plus! elle attache leurs os sur la route et plante leurs têtes rusées sur des pieux. C'est la troisième corporation.

FIESQUE.

Mais, parle donc, quand viendra la tienne?

LE NÈGRE.

Ah! tonnerre! seigneur. C'est précisément là la malice. J'ai passé par toutes. Mon génie exubérant a franchi lestement chaque barrière. Hier au soir, j'ai fait mon chef-d'œuvre dans la troisième classe; il y a une heure, j'ai été.... un maladroit dans la quatrième.

FIESQUE.

Ce serait donc...?

LE NÈGRE, *vivement*.

Ce sont des hommes (*avec chaleur*) qui vont chercher leur homme entre quatre murs, se frayent une route à travers le danger, lui vont droit au corps, et au premier salut lui épargnent la peine de dire « grand merci » pour le second. Entre nous, on ne les nomme que la poste accélérée de l'enfer. Si Méphistophélès a envie d'un bon morceau, il suffit d'un signe et le rôti lui est servi tout chaud.

FIESQUE.

Tu es un scélérat recuit. Il y a longtemps qu'il m'en manque un semblable. Donne-moi la main. Je veux te garder à mon service.

LE NÈGRE.

Pour rire ou sérieusement?

FIESQUE.

Très-sérieusement, et je te donne mille sequins par an.

LE NÈGRE.

Tôpe, Lavagna! Je suis à vous et j'envoie au diable la vie

privée. Employez-moi à quoi vous voudrez : comme votre chien de quête, votre chien courant, votre renard, votre serpent, votre entremetteur, votre valet de bourreau ; à toute besogne, seigneur ; mais, par mon âme, à rien d'honnête, j'y suis lourd comme une bûche.

FIESQUE.

Sois tranquille ! Quand je veux faire présent d'un agneau à quelqu'un, je ne le lui fais pas remettre par un loup. Parcours donc Gênes sans retard dès demain matin, et vois quel est l'état de l'atmosphère politique. Informe-toi adroitement de ce qu'on pense du gouvernement, de ce qu'on murmure sur les Doria ; sonde accessoirement ce que mes concitoyens disent de ma vie de fainéant et de mon roman d'amour. Inonde leur cerveau de vin, jusqu'à ce que les pensées de leur cœur débordent. Voici de l'argent : tu en répandras parmi les marchands de soie.

LE NÈGRE, *le regardant avec une certaine inquiétude.*

Seigneur....

FIESQUE.

Ne sois pas en peine. Il n'y a là rien d'honnête.... Va, appelle toute ta bande à ton aide. Demain j'entendrai ton rapport. (*Il sort.*)

LE NÈGRE, *le suivant de la voix.*

Fiez-vous à moi. Il est maintenant quatre heures du matin. Demain à huit heures vous aurez appris autant de nouvelles qu'il en peut entrer dans deux fois soixante-dix oreilles. (*Il sort.*)

SCÈNE X.

Une chambre chez Verrina.

BERTHE, *renversée sur un sofa, la tête cachée dans ses mains ;* VERRINA, *entrant d'un air sombre.*

BERTHE, *effrayée, se lève d'un bond.*

Ciel ! c'est lui !

VERRINA *s'arrête et la regarde étonné.*

Ma fille s'effraye à la vue de son père ?

BERTHE.

Fuyez ! laissez-moi fuir ! Vous êtes terrible, mon père !

VERRINA.

Pour mon unique enfant ?

BERTHE, *fixant sur lui un regard douloureux.*

Non ! Vous devez avoir encore une fille !

VERRINA.

Ma tendresse te serait-elle à charge ?

BERTHE.

Elle m'écrase, mon père.

VERRINA.

Comment ? quel accueil, ma fille ? Autrefois, quand je rentrais à la maison, le cœur accablé comme sous des montagnes d'ennuis, ma Berthe venait en sautillant au-devant de moi, et ma Berthe les écartait d'un sourire. Viens, embrasse-moi, ma fille ! Il faut que je réchauffe sur cette poitrine ardente mon cœur qui se glace auprès du lit de mort de la patrie. O mon enfant ! j'ai réglé mon compte aujourd'hui avec toutes les joies de la nature, et (*avec une extrême douleur*) il ne m'est resté que toi.

BERTHE *le mesure d'un long regard.*

Malheureux père !

VERRINA *l'embrasse, le cœur oppressé.*

Berthe ! mon unique enfant ! Berthe ! seul espoir qui me reste !... C'en est fait de la liberté de Gênes.... Fiesque est mort pour nous.... (*La serrant avec plus de force, il murmure entre ses dents :*) Deviens donc, toi, une fille perdue !...

BERTHE *s'arrache de ses bras.*

Grand Dieu ! Vous savez ?

VERRINA *demeure tout tremblant.*

Quoi ?

BERTHE.

Mon honneur virginal....

VERRINA, *furieux.*

Quoi ?

BERTHE.

Cette nuit....

VERRINA, *dans le délire de la rage.*

Quoi ?

BERTHE.

La violence. (*Elle tombe auprès du sofa.*)

VERRINA, *après une longue et terrible pause ; d'une voix étouffée.*

Encore un souffle, ma fille!... le dernier! (*D'une voix creuse et brisée :*) Qui ?

BERTHE.

Malheur à moi! pas cette colère pâle comme la mort! Secourez-moi, mon Dieu! Il balbutie et tremble!

VERRINA.

Pas que je sache.... ma fille! Qui ?

BERTHE.

Calmez-vous, calmez-vous, mon bon père, mon cher père!

VERRINA.

Au nom de Dieu! Qui! (*Il est prêt à se jeter à ses pieds.*)

BERTHE.

Un masque.

VERRINA *recule ; après une muette et orageuse délibération :*

Non! c'est impossible! Ce n'est pas Dieu qui m'envoie cette pensée. (*Il pousse un affreux éclat de rire.*) Vieux fou! comme si tout le venin jaillissait d'un seul et même reptile! (*A Berthe, avec plus de calme.*) La taille, comme la mienne, ou plus petite?

BERTHE.

Plus grande.

VERRINA, *rapidement.*

Les cheveux, noirs? crépus?

BERTHE.

Noirs comme du charbon et crépus.

VERRINA *s'éloigne d'elle en chancelant.*

Dieu! ma tête! ma tête!... La voix?

BERTHE.

Rude, une voix de basse.

VERRINA, *vivement.*

De quelle couleur?... Non, je ne veux plus rien entendre!... le manteau.... de quelle couleur?

BERTHE.

Le manteau, vert, à ce qu'il m'a semblé.

VERRINA, *couvrant son visage de ses mains, chancelle et tombe sur le sofa.*

Sois tranquille. Ce n'est qu'un éblouissement, ma fille! (*Il laisse tomber ses mains. Son visage est pâle comme la mort.*)

BERTHE, *se tordant les mains.*

Dieu de miséricorde! ce n'est plus là mon père.

VERRINA, *après une pause, avec un rire amer.*

Bien, bien! Poltron de Verrina!... que le misérable attentât au sanctuaire des lois.... ce défi était trop faible pour toi.... Il fallait encore que le misérable attentât au sanctuaire de ta famille.... (*Il se lève d'un bond.*) Vite! appelle Nicolas.... Du plomb et de la poudre.... Ou plutôt arrête, arrête! il me vient une autre idée.... meilleure.... Va me chercher mon épée, dis un *Notre père*. (*Mettant sa main devant son front.*) Mais que veux-je faire?

BERTHE.

J'ai bien peur, mon père!

VERRINA.

Viens, assieds-toi près de moi. (*D'un ton significatif.*) Berthe, raconte-moi.... Berthe, que fit ce Romain à la tête chenue, quand sa fille fut, elle aussi.... comment dirai-je donc?... fut aussi trouvée si aimable, sa fille? Écoute, Berthe, que dit Virginius à sa fille déshonorée?

BERTHE, *frissonnant.*

Je ne sais ce qu'il a dit.

VERRINA.

Folle enfant!... Il n'a rien dit. (*Se levant tout à coup, il prend une épée.*) Il a saisi un couteau de boucher.

BERTHE *se jette épouvantée dans ses bras.*

Grand Dieu! que voulez-vous faire?

VERRINA *jette l'épée dans la chambre.*

Non! il y a encore une justice à Gênes!

SCÈNE XI.

SACCO, CALCAGNO, LES PRÉCÉDENTS.

CALCAGNO.

Verrina, vite! dispose-toi! C'est aujourd'hui que commence la semaine d'élection de la république. Nous voulons aller de bonne heure à la Signoria, pour choisir les nouveaux sénateurs. Les rues fourmillent de peuple. Toute la noblesse afflue à l'hôtel de ville. Tu viendras bien avec nous, (*d'un ton railleur*) pour voir le triomphe de notre liberté.

SACCO.

Il y a là une épée à terre. Verrina a le regard farouche. Berthe a les yeux rouges.

CALCAGNO.

Par le ciel! je m'en aperçois aussi maintenant.... Sacco, il est arrivé ici quelque malheur.

VERRINA *avance deux siéges.*

Asseyez-vous.

SACCO.

Ami, tu nous effrayes.

CALCAGNO.

Ami, je ne t'ai jamais vu ainsi. Si Berthe n'avait pleuré, je te demanderais : « Gênes croule-t-elle en ruines? »

VERRINA, *d'une voix terrible.*

En ruines! asseyez-vous.

CALCAGNO, *effrayé, s'asseyant ainsi que Sacco.*

Homme! je t'en conjure!

VERRINA.

Écoutez!

CALCAGNO.

Quel soupçon, Sacco?

VERRINA.

Génois.... vous connaissez tous deux l'ancienneté de mon nom. Vos ancêtres ont été les caudataires des miens. Mes pères ont combattu les combats de la république. Mes mères étaient les modèles des Génoises. L'honneur était notre seul patrimoine, et passait, comme un héritage, du père au fils.... Qui peut dire le contraire?

SACCO.

Personne.

CALCAGNO.

Aussi vrai qu'il est un Dieu, personne.

VERRINA.

Je suis le dernier de ma race. Ma femme gît dans la tombe. Cette fille est tout ce qu'elle m'a légué. Génois, vous êtes témoins de la manière dont je l'ai élevée. Quelqu'un comparaîtra-t-il pour m'accuser d'avoir négligé ma Berthe?

CALCAGNO.

Ta fille est un modèle dans Gênes.

VERRINA.

Mes amis! je suis un vieillard. Si je la perds, je ne puis plus en espérer d'autre. Ma mémoire est éteinte. (*Avec une terrible explosion.*) Je l'ai perdue. Ma race est infâme.

TOUS DEUX, *fort agités.*

Que Dieu nous en préserve! (*Berthe se roule en sanglotant sur le sofa.*)

VERRINA.

Non! n'en doute pas, ma fille. Ces hommes sont braves et bons. S'ils pleurent sur toi, il y aura quelque part du sang de versé. Hommes, n'ayez pas l'air si stupéfaits! (*Lentement, avec gravité.*) Qui opprime Gênes, peut bien faire violence à une jeune fille?

TOUS DEUX *se lèvent d'un bond et repoussent leurs siéges.*

Gianettino Doria!

BERTHE, *poussant un cri.*

Murs, tombez sur moi! Mon Scipion!

SCÈNE XII.

BOURGOGNINO, LES PRÉCÉDENTS.

BOURGOGNINO, *tout animé.*

Saute de joie, enfant! Une heureuse nouvelle!... Noble Verrina, je viens placer mon paradis sur vos lèvres. Depuis longtemps j'aimais votre fille, et jamais je n'avais osé demander sa main, parce que tout mon avoir flottait sur des planches perfides expédiées de Coromandel. Juste en ce moment, ma fortune entre à pleines voiles, saine et sauve, dans la rade, et m'amène, dit-on, d'immenses trésors. Je suis un homme riche. Donnez-moi Berthe, je la rendrai heureuse. (*Berthe se cache le visage. Long silence.*)

VERRINA, *d'un ton grave à Bourgognino.*

Avez-vous envie, jeune homme, de jeter votre cœur dans un bourbier?

ACTE I, SCÈNE XII.

BOURGOGNINO *porte la main à son épée, mais la retire aussitôt.*

C'est le père qui a dit cela....

VERRINA.

C'est ce que diront tous les vauriens d'Italie. Vous contentez-vous de la desserte du festin d'autrui ?

BOURGOGNINO.

Ne me rends pas fou, vieillard.

CALCAGNO.

Bourgognino, le vieillard dit vrai.

BOURGOGNINO *s'élance, comme pour se jeter sur Berthe*

Il dit vrai ?... Une fille perdue se serait jouée de moi ?

CALCAGNO.

Bourgognino, pas de tels soupçons. Cette fille est pure comme un ange.

BOURGOGNINO *s'arrête stupéfait.*

Quoi ?... Aussi vrai que je veux être sauvé !... Pure et déshonorée ! Je n'y puis rien concevoir.... Ils se regardent et demeurent muets. Quelque attentat monstrueux palpite sur leurs langues tremblantes. Je vous en conjure. Ne vous amusez pas à éprouver ainsi ma raison. Elle serait pure ? Qui a dit pure ?

VERRINA.

Ma fille n'est pas coupable.

BOURGOGNINO.

Ainsi la violence ! (*Il saisit l'épée qui est à terre.*) Génois ! Par tous les péchés commis sous le ciel ! Où.... où trouverai-je le ravisseur ?

VERRINA.

Là même où tu trouveras le voleur de Gênes.... (*Bourgognino reste interdit, Verrina va et vient tout pensif, puis il s'arrête.*) Si je comprends ton signe, éternelle Providence, c'est par ma Berthe que tu veux délivrer Gênes! (*Il s'avance auprès d'elle, déroulant lentement le crêpe de son bras, puis d'un ton solennel :*) Avant que le sang du cœur d'un Doria ait lavé cette tache affreuse faite à ton honneur, aucun rayon du jour ne doit tomber sur ces joues. Jusque-là.... (*Il jette le crêpe sur elle.*) sois aveugle. (*Pause. Les autres le regardent silencieux et stupéfaits. Verrina solennellement, la main placée sur la tête de Berthe :*) Maudit soit l'air qui te rafraîchit! Maudit le sommeil qui te récrée! Maudit tout vestige humain dont la vue consolerait ta misère! Descends sous la voûte la plus profonde de ma maison. Pleure, lamente-toi, engourdis par ta douleur le cours du temps. (*Il continue d'une voix entrecoupée par des frissons:*) Que ta vie soit l'agonie convulsive du ver qui se tord expirant.... la lutte opiniâtre, écrasante.... entre l'être et l'anéantissement! Que cette malédiction pèse sur toi, jusqu'à ce que Gianettino ait râlé son dernier soupir.... Sinon, traîne-la après toi durant l'éternité, jusqu'à ce qu'on découvre le point où les deux extrémités de son cercle se rejoignent. (*Grand silence. L'horreur est sur tous les visages. Verrina regarde chacun d'un œil fixe et pénétrant.*)

BOURGOGNINO.

Père dénaturé! Qu'as-tu fait? Cette affreuse et horrible malédiction sur ta pauvre fille innocente?

VERRINA.

N'est-ce pas?... C'est effrayant, mon tendre fiancé?... (*D'un ton très-expressif:*) Qui de vous osera venir maintenant nous parler encore de sang-froid et de délai? Le sort de Gênes est jeté sur ma Berthe. Mon cœur de père est donné en garde à mon devoir de citoyen. Qui de nous serait assez poltron désormais pour différer la délivrance de Gênes, sachant que cet agneau sans tache paye notre lâcheté d'une douleur infinie? Par le ciel! ma parole n'est point le bavardage d'un fou!... J'ai fait un serment, et je n'aurai nulle pitié de mon enfant, jusqu'à ce qu'un Doria se torde dans la poussière, dussé-je raffiner sur les tortures comme un valet de bourreau, écraser en cannibale cet innocent agneau sur l'affreux chevalet!... Ils tremblent.... Ils me regardent d'un œil égaré, pâles comme des spectres.... Encore une fois, Scipion! Je la conserve comme otage de ton tyrannicide. A ce fil précieux j'attache ton devoir, le mien, le vôtre. Il faut que le despote de Gênes tombe, ou ma fille désespère. Je ne me rétracte point.

BOURGOGNINO *se jette aux pieds de Berthe.*

Et il tombera.... il tombera pour Gênes.... comme le taureau du sacrifice. Aussi vrai que je retournerai ce glaive dans le cœur de Doria, aussi vrai je cueillerai sur tes lèvres le baiser du fiancé.

(*Il se lève.*)

VERRINA.

Ce sera le premier couple béni par les Furies! Donnez-vous la main! Tu retourneras le glaive dans le cœur de Doria? Prends-la, elle est à toi!

CALCAGNO *s'agenouille.*

Voici encore un Génois qui s'agenouille et dépose son fer redoutable aux pieds de l'innocence. Puisse Calcagno trouver la route du ciel aussi sûrement que son glaive se frayera un chemin à la vie de Doria! (*Il se lève.*)

SACCO.

Raphaël Sacco se prosterne le dernier, mais non moins résolu. Si mon fer étincelant que voici n'ouvre pas la prison de Berthe, que l'oreille de celui qui exauce se ferme à ma dernière prière! (*Il se lève.*)

VERRINA, *plus serein.*

Gênes vous rend grâces par moi, mes amis! Va, maintenant, ma fille. Réjouis-toi d'être la grande victime de la patrie.

BOURGOGNINO *l'embrasse au moment où elle se retire.*

Va! espère en Dieu et en Bourgognino. Dans un seul et même jour Berthe et Gênes seront libres. (*Berthe s'éloigne.*)

SCÈNE XIII.

LES PRÉCÉDENTS, *sans Berthe.*

CALCAGNO.

Avant d'aller plus loin, encore un mot, Génois!

VERRINA.

Je le devine.

CALCAGNO.

Quatre patriotes suffiront-ils pour abattre la tyrannie, cette hydre puissante? Ne faudra-t-il pas soulever le peuple, attirer la noblesse à notre parti?

VERRINA.

Je comprends. Ecoutez donc! J'ai depuis longtemps un peintre à mes gages, qui consacre tout son art à peindre la chute d'Appius Claudius. Fiesque est un adorateur de l'art et s'exalte aisément à la vue d'une scène sublime. Nous ferons porter le tableau dans son palais, et nous serons présents quand il le regardera. Peut-être cet aspect réveillera-t-il son génie.... Peut-être....

BOURGOGNINO.

Qu'il reste à l'écart! Doublez le danger, dit le héros, et non les auxiliaires. Depuis longtemps je sentais dans ma poitrine quelque chose que rien ne pouvait assouvir.... Je vois tout à coup ce que c'était. (*Il bondit d'un air héroïque.*) J'ai un tyran!

(*Le rideau tombe.*)

ACTE DEUXIÈME.

SCÈNE I.

Antichambre dans le palais de Fiesque.

LÉONORE, ARABELLA.

ARABELLA.

Non, dis-je. Vous avez mal vu. La jalousie vous a prêté ses vilains yeux.

LÉONORE.

C'était Julie en personne. Ne me contredis pas. Mon portrait était suspendu à un ruban bleu de ciel, et celui-là était couleur de feu et moiré. Mon sort est décidé.

SCÈNE II.

LES PRÉCÉDENTES, JULIE.

JULIE, *entrant d'un air affecté.*

Le comte m'a offert son palais pour voir le cortége se rendant à l'hôtel de ville. Le temps va me paraître long. En attendant que le chocolat soit prêt, madame, tenez-moi compagnie. (*Bella s'éloigne, et revient aussitôt.*)

LÉONORE.

Ordonnez-vous que je fasse venir de la société?

JULIE.

La folle idée! Comme si j'avais besoin d'en venir chercher ici? Vous me distrairez vous-même, madame! (*Elle va et vient, en minaudant.*) Si vous le pouvez, madame!... car rien ne me réclame ailleurs.

ARABELLA, *malicieusement.*

Mais il n'en est pas de même de cette précieuse moire, signora! Quelle cruauté, songez donc! de priver les lorgnettes de nos jeunes petits-maîtres de cette belle aubaine! Ah! et l'effet éblouissant de ces perles, qui, peu s'en faut, brûlent les yeux. Par le Dieu tout-puissant! n'avez-vous pas dépouillé la mer entière?

JULIE, *devant un miroir.*

C'est sans doute une rareté pour vous, mamselle? Mais écoutez-moi, mamselle, avez-vous aussi loué votre langue à vos maîtres? C'est charmant, madame! Faire complimenter vos hôtes par des domestiques!

LÉONORE.

C'est un malheur pour moi, signora, qu'un accès d'humeur m'amoindrisse l'agrément de votre présence.

JULIE.

C'est là un vilain défaut de savoir-vivre, qui vous rend sotte et gauche. De la vivacité! du feu, de l'esprit! Ce n'est pas là la manière d'enchaîner votre mari.

LÉONORE.

Je n'en sais qu'une, comtesse! Que la vôtre demeure toujours on moyen sympathique[1]!

JULIE, *sans faire semblant de l'entendre.*

Et comme vous vous mettez, madame! Fi donc! Donnez plus de soin à votre personne. Ayez recours à l'art, là où la nature a été pour vous une marâtre. Un enduit sur ces joues que décolore la pâleur maladive de la passion. Pauvre créature! Tel qu'il est, votre minois ne trouvera jamais d'amateur.

LÉONORE, *gaiement à Arabella.*

Félicite-moi, ma fille! Il est impossible que j'aie perdu mon Fiesque, ou je n'ai rien perdu en le perdant. (*Bella apporte du chocolat et le verse.*)

JULIE.

Je vous entends murmurer le mot « perdre! » Mais aussi, mon

---

1. C'est probablement une allusion à ces moyens, nommés sympathiques, qui agissaient à *distance*, comme la poudre de sympathie, par exemple, que l'on jetait sur le sang sorti d'une blessure, et qui, à ce que l'on prétendait, exerçait son influence sur la personne blessée, quoiqu'elle fût éloignée.

Dieu! comment vous est venue cette fantaisie tragique de prendre Fiesque?... Pourquoi vous élever à cette hauteur, mon enfant, où vous êtes nécessairement en vue, exposée à la comparaison? Sur l'honneur! mon trésor, c'est un fripon ou un sot qui vous a appariés, Fiesque et vous. (*Lui prenant la main avec compassion.*) Bon petit être, l'homme admis dans les cercles du bon ton ne pouvait pas être un parti pour toi. (*Elle prend une tasse.*)

LÉONORE, *souriant à Arabella.*

Ou bien, une fois à moi, il ne voudrait plus être admis dans les maisons du bon ton?

JULIE.

Le comte a des avantages personnels.... du monde.... du goût. Le comte a eu le bonheur de faire des connaissances de haut rang. Le comte a du tempérament, du feu. Eh bien, il s'arrache, encore tout animé, au cercle le plus délicat. Il revient à la maison. Sa légitime épouse l'accueille avec quelque banale tendresse, éteint son ardeur dans un baiser humide et glacé, et lui sert en ménagère sa portion de caresses, comme à un pensionnaire. Le pauvre époux! Là, un idéal ravissant lui sourit.... ici, une sensiblerie chagrine lui donne des nausées. Signora, pour l'amour de Dieu! n'y perdra-t-il pas le sens, ou sinon que choisira-t-il?

LÉONORE, *lui apporte une tasse.*

Vous, madame.... s'il l'a perdu.

JULIE.

Bien! Que cette morsure déchire ton propre cœur. Tremble pour cette raillerie, mais, avant de trembler, rougis.

LÉONORE.

Savez-vous aussi ce que c'est, signora? Mais pourquoi pas? C'est un artifice de toilette.

JULIE.

Voyez donc! Il faut irriter le vermisseau pour tirer de lui une étincelle d'esprit. C'est bon pour le moment. C'était une plaisanterie, madame! Donnez-moi la main, en signe de réconciliation.

LÉONORE *lui donne la main avec un regard très-significatif.*

Impériali!... ne redoutez point ma colère.

JULIE.

Très-magnanime, assurément! Mais ne pourrais-je pas l'être

aussi, comtesse? (*Lentement et en observant son interlocutrice.*) Si je porte sur moi la silhouette de quelqu'un, ne s'ensuit-il pas que l'original a du prix pour moi? Qu'en pensez-vous?

LÉONORE, *rougissant et troublée.*

Que dites-vous? C'est, je l'espère, une conclusion trop précipitée.

JULIE.

Je le pense comme vous. Le cœur n'appelle jamais les sens à son aide. Jamais un vrai sentiment n'ira se retrancher derrière un objet de parure.

LÉONORE.

Grand Dieu! qu'est-ce qui vous inspire, à vous, cette vérité?

JULIE.

La pitié, rien que la pitié.... Car, voyez-vous, dans ce cas, le contraire sera également vrai.... et vous pouvez vous dire que vous avez encore votre Fiesque. (*Elle donne à Léonore son propre portrait et pousse un éclat de rire plein de méchanceté.*)

LÉONORE, *tressaillant, avec amertume.*

Ma silhouette? A vous? (*Elle se jette dans un fauteuil, accablée de douleur.*) O l'homme indigne!

JULIE, *triomphante.*

Ai-je eu ma revanche? l'ai-je eue? Eh bien, madame, plus de ces coups d'épingle tout apprêtés! (*Elle crie à la cantonade.*) Qu'on fasse avancer ma voiture! (*A Léonore, en lui caressant le menton.*) Consolez-vous, mon enfant! Il m'a donné cette silhouette dans un moment de délire. (*Elle sort.*)

SCÈNE III.

CALCAGNO *vient.*

CALCAGNO.

Impériali sort d'ici tout échauffée, et vous, Madonna, vous êtes dans une grande émotion?

LÉONORE, *avec une douleur pénétrante.*

Non! cela est inouï.

CALCAGNO.

Ciel et terre! Vous ne pleurez pas, je veux le croire?

LÉONORE.

Un ami de l'inhumain !... Otez-vous de devant mes yeux.

CALCAGNO.

De quel inhumain ? Vous m'effrayez.

LÉONORE.

De mon mari.... Non! de Fiesque.

CALCAGNO.

Qu'entends-je ?

LÉONORE.

Oh! ce n'est qu'une de ces infamies ordinaires à vous autres hommes.

CALCAGNO *saisit sa main avec vivacité.*

Gracieuse dame, j'ai un cœur pour la vertu éplorée.

LÉONORE, *sérieusement.*

Vous êtes un homme.... votre cœur n'est pas pour moi.

CALCAGNO.

Tout pour vous.... plein de vous.... Si vous saviez combien.... avec quelle ardeur infinie....

LÉONORE.

Homme, tu mens.... tu assures avant d'agir.

CALCAGNO.

Je vous jure....

LÉONORE.

Un parjure. Cesse. Vous lassez la main de Dieu qui les inscrit. O hommes, hommes! si vos serments devenaient autant de démons, ils pourraient donner l'assaut au ciel et emmener captifs les anges de lumière.

CALCAGNO.

Vous vous exaltez, comtesse! Votre indignation vous rend injuste. Le sexe entier doit-il être responsable du crime d'un seul ?

LÉONORE *le regarde avec grandeur.*

Homme! j'adorais le sexe en un seul ; n'ai-je pas le droit de l'abhorrer en lui ?

CALCAGNO.

Essayez, comtesse.... Vous vous êtes trompée une première fois en donnant votre cœur.... Je sais une place où il serait bien gardé.

LÉONORE.

Vos mensonges seraient capables d'exclure le Créateur de sa création.... Je ne veux rien entendre de toi.

CALCAGNO.

Cette condamnation, vous la rétracteriez aujourd'hui même dans mes bras.

LÉONORE, *attentive.*

Achève. Dans tes....

CALCAGNO.

Dans mes bras, qui s'ouvrent pour recevoir une délaissée, et la dédommager d'un amour perdu.

LÉONORE *le regarde finement.*

Amour ?

CALCAGNO *se jette à ses pieds et dit avec feu :*

Oui ! le mot est prononcé. Amour, Madonna ! La vie et la mort sont sur votre langue. Si ma passion est un péché, oh! alors, que les limites extrêmes de la vertu et du vice s'identifient, que le ciel et l'enfer se confondent dans une même damnation !

LÉONORE *recule avec indignation et hauteur.*

Voilà où tendait ta compassion, hypocrite ?... Tu trahis dans une génuflexion l'amitié et l'amour ! Fuis mes yeux à jamais ! Sexe abominable ! Jusqu'ici j'avais cru que tu ne trompais que des femmes ; j'ignorais encore que tu te trahissais toi-même.

CALCAGNO *se lève interdit.*

Gracieuse dame....

LÉONORE.

Ce n'est pas assez de rompre le sceau sacré de la confiance, l'hypocrite souffle encore la contagion sur le miroir immaculé de la vertu, et il veut instruire mon innocence dans l'art du parjure.

CALCAGNO, *vivement.*

Le parjure, mais c'est vous seule qui en êtes innocente, Madonna !

LÉONORE.

Je comprends, et tu voudrais que mon ressentiment pervertît mes sentiments ? Mais ce que tu ne savais pas, (*avec une grande fierté*) c'est que le malheur éminent d'être brisé pour Fiesque suffit déjà à ennoblir un cœur de femme. Va ! la honte de Fiesque ne fait pas grandir à mes yeux un Calcagno, mais.... déchoir l'humanité. (*Elle sort rapidement.*)

CALCAGNO *la suit des yeux, stupéfait, puis sort en se frappant le front.*

Imbécile !

SCÈNE IV.

LE NÈGRE, FIESQUE.

FIESQUE.

Qui est-ce qui vient de sortir ?

LE NÈGRE.

Le marquis Calcagno.

FIESQUE.

Ce mouchoir est resté sur le sofa. Ma femme était ici.

LE NÈGRE.

Je viens de la rencontrer dans une grande agitation.

FIESQUE.

Ce mouchoir est humide. (*Il le met sur lui.*) Calcagno ici ? Léonore dans une grande agitation ? (*Après un instant de réflexion, au nègre :*) Je te demanderai ce soir ce qui s'est passé ici.

LE NÈGRE.

Mamselle Bella aime qu'on lui dise qu'elle est blonde. Je vous répondrai.

FIESQUE.

Et voilà trente heures écoulées. As-tu accompli mes ordres ?

LE NÈGRE.

Jusqu'au dernier iota, mon maître.

FIESQUE *s'assoit.*

Dis-moi donc ce qu'on chante à l'endroit de Doria et du gouvernement actuel.

LE NÈGRE.

Ah, fi ! des airs affreux. Rien que le nom de Doria les secoue comme le frisson de la fièvre. Gianettino est mortellement haï. Tous murmurent. Les Français, dit-on, étaient les rats de Gênes ; le matou Doria les a dévorés, et maintenant les souris lui agréent.

FIESQUE.

Cela pourrait être vrai.... Et ne savent-ils pas de chien pour ce chat?

LE NÈGRE, *d'un ton léger.*

La ville jasait à tort et à travers d'un certain.... d'un certain.... Holà! aurais-je donc oublié ce nom?

FIESQUE *se lève.*

Imbécile! Il est aussi facile à retenir qu'il a été difficile à acquérir. Gênes en a-t-elle plus d'un?

LE NÈGRE.

Aussi peu qu'elle a deux comtes de Lavagna.

FIESQUE *s'assoit.*

C'est quelque chose! Et que chuchote-t-on de ma vie de plaisirs?

LE NÈGRE *le mesure avec de grands yeux.*

Écoutez, comte de Lavagna! Il faut que Gênes ait une haute idée de vous. On ne peut digérer qu'un cavalier de la première famille.... plein de talent et d'énergie.... dans tout son feu, très-influent.... possesseur de quatre millions de livres.... avec du sang de prince dans les veines.... un cavalier comme Fiesque, qui, au premier signe, verrait voler à lui tous les cœurs....

FIESQUE *se détourne avec mépris.*

Entendre cela d'un coquin!

LE NÈGRE.

Que le grand homme de Gênes dorme ainsi pendant la grande chute de Gênes. Beaucoup s'affligent, un très-grand nombre raillent, la plupart vous condamnent. Tous plaignent l'État de vous avoir perdu. Un jésuite prétendait avoir flairé un renard sous le costume du dormeur.

FIESQUE.

Un renard en flaire un autre.... Que dit-on de mon roman avec la comtesse Impériali?

LE NÈGRE.

Ce que je me dispenserai joliment de redire.

FIESQUE.

Parle librement. Plus ce sera impudent, plus je serai satisfait. Que murmure-t-on?

LE NÈGRE.

On ne murmure rien. Dans tous les cafés, billards, auberges, promenades.... sur le marché.... à la bourse, on crie tout haut....

FIESQUE.

Quoi? Je te l'ordonne.

LE NÈGRE, *se reculant.*

Que vous êtes un fou!

FIESQUE.

Bon! Tiens, prends ce sequin pour cette nouvelle. Je me suis coiffé du bonnet à grelots, pour que ma personne soit une énigme à ces Génois; bientôt je me tondrai le crâne, afin qu'à ma vue ils jouent paillasse pour me singer. Comment les marchands de soie se sont-ils comportés en recevant mes présents?

LE NÈGRE, *d'un ton plaisant.*

Maître fou, comme les pauvres pécheurs....

FIESQUE.

Maître fou? as-tu perdu le sens, drôle?

LE NÈGRE.

Pardonnez, je voudrais encore gagner des sequins.

FIESQUE *rit et lui en donne un.*

Eh bien! comme les pauvres pécheurs....

LE NÈGRE.

Qui ont la tête sur le billot et qui, à ce moment-là même, entendent proclamer leur pardon. Ils sont à vous corps et âme.

FIESQUE.

Cela me fait plaisir. Ils donnent l'impulsion à la populace de Gênes.

LE NÈGRE.

Il fallait voir cette scène! Peu s'en fallut, le diable m'emporte! que je ne trouvasse peu de goût à la générosité. Ils se jetaient, comme des insensés, à mon cou. Les fillettes semblaient presque s'être amourachées de la couleur de mon père, tant elles se précipitaient avec ardeur sur ma face éclipse de lune. Il faut convenir que l'or est tout-puissant, pensai-je alors; il peut blanchir les nègres.

FIESQUE.

Ta pensée valait mieux que la couche de fumier où elle a germé.... Les paroles que tu m'as apportées sont bonnes: peut-on en conclure des actions?

LE NÈGRE.

Comme des sourds grognements du ciel l'explosion prochaine de l'orage. Les têtes se rapprochent, on s'assemble par groupes, on crie : « Chut ! » dès qu'il passe, par malencontre, un étranger. Une lourde chaleur d'orage règne partout dans Gênes.... Ce mécontentement est suspendu comme un temps noir sur la république.... Au moindre vent, il tombera des grêlons et des foudres.

FIESQUE.

Silence ! écoute ! Qu'est-ce que ce bourdonnement confus ?

LE NÈGRE, *volant à la fenêtre.*

Ce sont les clameurs d'une foule d'hommes qui descendent de l'hôtel de ville.

FIESQUE.

C'est aujourd'hui l'élection du procurateur. Fais avancer ma voiture. Il est impossible que la séance soit déjà finie. J'y veux aller. Il est impossible qu'elle soit légalement finie.... Mon épée et mon manteau. Où est ma plaque ?

LE NÈGRE.

Seigneur, je l'ai volée et mise en gage.

FIESQUE.

J'en suis ravi.

LE NÈGRE.

Mais quoi ? n'aurai-je pas bientôt ma récompense ?

FIESQUE.

Pour n'avoir pas pris le manteau en même temps ?

LE NÈGRE.

Pour avoir découvert le voleur.

FIESQUE.

Le tumulte roule dans cette direction. Écoute ! ce ne sont pas là des cris d'allégresse et d'approbation. (*Vivement.*) Cours, ouvre les portes de la cour. J'ai un pressentiment. Doria est follement téméraire. L'État chancelle sur la pointe d'une aiguille. Je gage qu'il y a eu du bruit à la Signoria.

LE NÈGRE, *à la fenêtre, crie.*

Qu'est-ce que cela ? Ils descendent la rue Balbi.... Une troupe de plusieurs milliers.... Des hallebardes brillent.... des épées.... Holà ! des sénateurs.... ils accourent ici.

FIESQUE.

C'est un soulèvement! Élance-toi parmi eux. Prononce mon nom. Veille à ce qu'ils se jettent ici. (*Le nègre se hâte de descendre.*) Ce que la fourmi Sagesse traîne et entasse péniblement, le vent du hasard l'amoncelle en un clin d'œil.

SCÈNE V.

FIESQUE; CENTURIONE, CIBO, ASSERATO, *se précipitent impétueusement dans la chambre.*

CIBO.

Comte, vous pardonnerez à notre colère si nous entrons sans être annoncés.

CENTURIONE.

J'ai été outragé, mortellement outragé par le neveu du doge, aux yeux de toute la seigneurie.

ASSERATO.

Doria a souillé le livre d'or, dont chaque noble génois est un feuillet.

CENTURIONE.

Voilà pourquoi nous sommes ici. Toute la noblesse est provoquée en moi; toute la noblesse doit prendre part à ma vengeance. Pour venger mon honneur, à moi, je me déciderais avec peine à demander des auxiliaires.

CIBO.

Toute la noblesse est défiée en sa personne. Il faut que toute la noblesse jette feu et flamme.

ASSERATO.

Les droits de la nation sont en ruines. La liberté de la république a reçu un coup mortel.

FIESQUE.

Vous excitez toute mon attente.

CIBO.

Il était le vingt-neuvième des électeurs, il avait tiré une boule d'or pour l'élection du procurateur. Vingt-huit voix étaient recueillies. Quatorze étaient pour moi, autant pour Lomellino. Celle de Doria et la sienne manquaient encore.

CENTURIONE, *l'interrompant vivement.*

Manquaient encore. Je vote pour Cibo. Doria.... sentez la blessure faite à mon honneur.... Doria....

ASSERATO, *l'interrompant à son tour.*

Jamais on n'a rien vu de pareil, depuis que l'Océan baigne de ses vagues la ville de Gênes....

CENTURIONE *continue avec plus de chaleur.*

Doria tire une épée, qu'il avait tenue cachée sous sa robe d'écarlate, pique mon vote et crie à l'assemblée....

CIBO.

« Sénateurs, il est nul; il est troué. Lomellino est procurateur. »

CENTURIONE.

« Lomellino est procurateur, » et il jette son épée sur la table.

FIESQUE, *après un moment de silence.*

A quoi êtes-vous résolus?

CENTURIONE.

La république est frappée au cœur. A quoi nous sommes résolus?

FIESQUE.

Centurione, les roseaux peuvent plier sous un souffle; aux chênes il faut la tempête. Je vous demande ce que vous décidez.

CIBO.

Il faudrait demander, il me semble, ce que Gênes décide.

FIESQUE.

Gênes? Gênes? N'en parlons pas, c'est un appui fragile, qui vous rompt dans la main là où on veut le saisir. Vous comptez sur les patriciens? Peut-être parce qu'ils font une aigre grimace et haussent les épaules quand il s'agit des affaires de l'État. N'en parlons pas! Leur héroïque ardeur s'emprisonne dans les balles de denrées du levant, leurs âmes voltigent avec anxiété autour de leur flotte des Indes orientales.

CENTURIONE.

Apprenez à mieux apprécier nos patriciens. A peine l'insolente action de Doria a-t-elle été commise, qu'une centaine d'entre eux se sont enfuis sur le marché, avec leurs vêtements déchirés. La signoria se dispersa soudain.

ACTE II, SCÈNE V.

FIESQUE, *d'un ton moqueur.*

Comme des pigeons se dispersent à tire-d'aile, quand un vautour se jette dans le pigeonnier.

CENTURIONE, *impétueusement.*

Non, comme des barils de poudre, quand une mèche y tombe.

CIBO.

Le peuple est furieux aussi.... Que ne peut le sanglier blessé?

FIESQUÉ *rit.*

Ce colosse aveugle et gauche, qui commence par faire grand fracas avec son lourd squelette, et menace d'engloutir dans sa gueule béante ce qui est haut ou bas, près ou loin, et qui à la fin.... trébuche sur une ficelle! Génois, c'est peine perdue. L'époque des dominateurs de la mer est passée. Gênes a croulé sous son nom. Gênes en est venue à ce point où l'invincible Rome sauta comme un volant sur la raquette d'un enfant délicat, d'Octave. Gênes ne peut plus être libre. Il faut que Gênes soit réchauffée par un monarque. Gênes a besoin d'un souverain : ainsi rendez hommage à cette tête en délire, à Gianettino.

CENTURIONE, *éclatant.*

Quand les éléments en fureur se réconcilieront, quand le pôle du nord s'élancera vers le pôle du sud.... Venez, camarades!

FIESQUE.

Demeurez, demeurez! Quel projet couvez-vous, Cibo?

CIBO.

Rien qu'une plaisanterie qui se nommera tremblement de terre.

FIESQUE *les mène auprès d'une statue.*

Regardez donc cette figure.

CENTURIONE.

C'est la Vénus de Florence. Qu'en avons-nous affaire ici?

FIESQUE.

Mais elle vous plaît?

CIBO.

C'est probable, ou bien nous serions de mauvais Italiens. Comment pouvez-vous demander cela en ce moment?

FIESQUE.

Eh! bien, parcourez toutes les parties du monde et parmi tous les exemplaires vivants du type féminin, cherchez le plus parfait, celui où se réunissent harmonieusement tous les charmes de cette Vénus idéale....

CIRO.

Et qu'aurons-nous pour notre peine?

FIESQUE.

Vous aurez convaincu l'imagination de charlatanisme....

CENTURIONE, *impatient*.

Et qu'aurons-nous gagné à cela?

FIESQUE.

Vous aurez gagné l'éternel procès de la nature et des artistes.

CENTURIONE, *s'échauffant*.

Et alors?

FIESQUE.

Alors? alors? (*Il se met à rire.*) Alors vous aurez oublié de voir que la liberté de Gênes s'en va en ruines!

SCÈNE VI.

FIESQUE.

(*Le tumulte autour du palais augmente.*)

Très-bien! très-bien! Voilà le feu aux pailles de la république. La flamme a déjà atteint les maisons et les tours.... Courage! courage! Que l'incendie devienne général et que le vent, avec une joie maligne, siffle dans cette désolation!

SCÈNE VII.

LE NÈGRE, *en toute hâte*; FIESQUE.

Attroupement sur attroupement!

FIESQUE.

Ouvre les portes à deux battants. Laisse tout ce qui a des jambes se précipiter ici!

LE NÈGRE.

Des républicains! oui des républicains! traînant, sous le joug, leur liberté, et haletant, comme des bœufs de somme, sous leur grandeur aristocratique.

FIESQUE.

Des fous qui croient que Fiesque de Lavagna va continuer ce que Fiesque de Lavagna n'a pas commencé! La révolte vient à souhait; mais la conjuration, il faut qu'elle soit mienne. Ils montent l'escalier d'assaut.

LE NÈGRE, *sortant.*

Holà! holà! Ils vont fort poliment, pour entrer ici, faire crouler la maison. (*Le peuple se précipite dans la chambre; la porte vole en éclats.*)

SCÈNE VIII.

FIESQUE, DOUZE ARTISANS.

TOUS.

Vengeance sur Doria! vengeance sur Gianettino!

FIESQUE.

Doucement, je vous prie, mes concitoyens! Que vous me fassiez ainsi tous votre visite, cela témoigne de votre bon cœur. Mais j'ai les oreilles un peu délicates.

TOUS, *avec plus de véhémence.*

A bas les Doria! A bas l'oncle et le neveu!

FIESQUE, *qui les compte en souriant.*

Douze font une belle armée....

QUELQUES-UNS.

Plus de ces Doria! Il faut que l'État ait une autre forme!

LE PREMIER ARTISAN.

Jeter en bas de l'escalier nos juges de paix.... les juges de paix du haut des marches.

LE SECOND.

Songez donc, Lavagna, en bas de l'escalier, parce qu'ils le contredisaient pour l'élection.

TOUS.

C'est ce qu'on ne doit pas souffrir; on ne peut pas le souffrir!

UN TROISIÈME.

Apporter une épée au conseil!

LE PREMIER.

Une épée! le signe de la guerre! dans la chambre de la paix!

LE SECOND.

Venir au sénat, vêtu d'écarlate! et non en noir, comme les autres membres du conseil.

LE PREMIER.

Traverser notre capitale avec huit chevaux fougueux.

TOUS.

Un tyran! traître au pays et au gouvernement!

LE SECOND.

Acheter de l'empereur deux cents Allemands pour sa garde du corps....

LE PREMIER.

Des étrangers contre les enfants de la patrie! des Allemands contre les Italiens! des soldats auprès des lois!

TOUS.

Haute trahison! faction! ruine de Gênes!

LE PREMIER.

Porter les armes de la république sur son carrosse....

LE SECOND.

La statue d'André au milieu de la cour de la Signoria!...

TOUS.

En pièces André! En mille pièces l'André de pierre et le vivant!

FIESQUE.

Pourquoi me dire tout cela, à moi, Génois?

LE PREMIER.

Vous ne devez pas le souffrir! Vous devez le maintenir dans les bornes!

LE SECOND.

Vous êtes un homme avisé et vous ne devez pas le souffrir, et vous devez avoir de la tête pour nous.

LE PREMIER.

Et vous êtes meilleur gentilhomme, et vous devez lui faire expier cela, et vous ne devez pas le souffrir!

FIESQUE.

Votre confiance me flatte beaucoup. Puis-je m'en montrer digne par des actes?

TOUS, *en tumulte*.

Frappe! renverse! délivre!

FIESQUE.

Cependant vous entendrez bien encore une bonne parole?

QUELQUES-UNS.

Parlez, Lavagna.

FIESQUE *s'assoit*.

Génois.... il survint une fois une fermentation civile dans l'empire des animaux; les partis luttèrent contre les partis, et un chien de boucher s'empara du trône. Habitué à pousser sous le couteau les bêtes à abattre, il gouverna en vrai chien, aboyant, mordant, rongeant les os de son peuple. La nation murmurait; les plus hardis se réunirent et étranglèrent le dogue royal. Alors on tint une diète pour décider la grande question de savoir quel était le gouvernement le plus heureux. Les voix se partagèrent entre trois avis. Génois, pour quel gouvernement vous seriez-vous prononcés?

LE PREMIER BOURGEOIS.

Pour le peuple! Tout pour le peuple!

FIESQUE.

Le peuple l'emporta. Le gouvernement fut démocratique. Chaque citoyen donnait sa voix. La majorité prévalait. Peu de semaines après, l'homme déclara la guerre à ce gouvernement libre de nouvelle fabrique. Les états de l'empire s'assemblèrent. Le cheval, le lion, le tigre, l'ours, l'éléphant et le rhinocéros s'avancèrent les premiers et hurlèrent : « Aux armes! » Ce fut ensuite le tour des autres. L'agneau, le lièvre, le cerf, l'âne, le peuple entier des insectes, l'armée des oiseaux, des poissons, si effarouchés à la vue de l'homme, tous intervinrent et gémirent : « La paix! » Voyez, Génois! Il y eut plus de lâches que de braves, plus de sots que de sages.... La majorité prévalut. L'empire des animaux posa les armes et l'homme mit à contribution son domaine. On rejeta donc ce système de gouvernement. Pour quel autre, Génois, auriez-vous penché après cela?

LE PREMIER ET LE SECOND.

Pour un comité! Eh! sans doute, pour un comité!

FIESQUE.

Cet avis fut adopté. On partagea les affaires d'État entre plusieurs chambres. Des loups administraient les finances, des renards étaient leurs secrétaires. Des pigeons dirigeaient la justice criminelle, des tigres les conciliations amiables; des boucs arrangeaient les procès conjugaux. Les lièvres étaient soldats; les lions, les éléphants restaient aux bagages; l'âne était l'ambassadeur de l'empire, et la taupe avait l'inspection générale de l'administration des magistrats. Génois, que vous promettez-vous de cette sage distribution? Celui que le loup ne déchirait pas, le renard le dupait. Si l'on échappait à celui-ci, on était renversé par les brusques gaucheries de l'âne. Les tigres égorgeaient l'innocence; le pigeon faisait grâce aux voleurs et aux meurtriers, et à la fin, quand les magistrats déposaient leurs charges, la taupe les trouvait tous irréprochables dans leur administration.... Les animaux se révoltèrent. « Choisissons un monarque, crièrent-ils unanimement, qui ait des griffes, de la cervelle, et un seul estomac.... » et tous rendirent hommage à un seul chef.... à un seul, Génois!... mais (*il s'avance avec majesté au milieu d'eux*) c'était le lion.

TOUS *applaudissent et jettent leurs bonnets en l'air.*

Bravo! bravo! c'était agir habilement.

LE PREMIER.

Et il faut que Gênes fasse comme eux, et Gênes a déjà son homme.

FIESQUE.

Je ne veux pas le connaître. Allez chez vous. Songez au lion. (*Les bourgeois sortent en tumulte.*) Cela va à souhait. Le peuple et le sénat contre Doria. Le peuple et le sénat pour Fiesque.... Hassan! Hassan!... Il faut que je fortifie cette haine! que j'anime cette sympathie!... Viens, Hassan! bâtard de l'enfer! Hassan! Hassan!

SCÈNE IX.

LE NÈGRE *arrive;* FIESQUE.

LE NÈGRE, *impétueusement.*

La plante des pieds me brûle encore. Qu'y a-t-il déjà de nouveau?

FIESQUE.

Ce que j'ordonnerai.

LE NÈGRE, *d'un air souple.*

Où courir d'abord? par où finir?

FIESQUE.

Pour cette fois, je te fais grâce de la course. On te traînera. Prends à l'instant ton parti : je vais publier ton assassinat et te livrer enchaîné au conseil criminel.

LE NÈGRE, *reculant de six pas.*

Seigneur!... cela est contraire à notre convention.

FIESQUE.

Sois parfaitement tranquille. Ce ne sera rien de plus qu'une plaisanterie. En ce moment, tout dépend du grand bruit que fera l'attentat de Gianettino sur ma vie. On te fera subir un interrogatoire criminel.

LE NÈGRE.

Avouerai-je ou nierai-je?

FIESQUE.

Tu nieras. On te mettra à la torture. Tu supporteras le premier degré. Ce sera une leçon que tu pourras mettre au compte de ton assassinat. Au second degré, tu avoueras.

LE NÈGRE *secoue la tête d'un air inquiet.*

Le diable est un rusé coquin. Ces messieurs pourraient me retenir à dîner, et je serais roué par pure comédie.

FIESQUE.

Tu en sortiras sain et sauf. Je t'en donne ma parole de comte. Je demanderai pour satisfaction le droit de te punir, et je te pardonnerai aux yeux de toute la république.

LE NÈGRE.

J'y consens. Ils me disloqueront les jointures. Cela rend plus agile.

FIESQUE.

Eh bien, vivement! égratigne-moi le bras avec ton poignard, de façon que le sang coule.... Je ferai comme si je venais seulement de te prendre sur le fait. Bien! (*Poussant un cri terrible :*) Au meurtre! au meurtre! au meurtre! Gardez les passages! fermez les portes au verrou! (*Il prend le nègre à la gorge et l'entraîne dehors. Des domestiques traversent la scène en courant.*)

SCÈNE X.

LÉONORE, ROSE, *se précipitent avec effroi sur la scène.*

LÉONORE.

Au meurtre! on crie au meurtre! C'est d'ici que partait le bruit.

ROSE.

C'est bien certainement quelque vaine alarme, comme il y en a tous les jours à Gênes.

LÉONORE.

On a crié au meurtre, et le peuple murmurait clairement le nom de Fiesque. Misérables trompeurs! Ils veulent épargner mes yeux, mais mon cœur déjoue leur ruse. Vite, cours après eux, vois, dis-moi où ils l'entraînent.

ROSE.

Remettez-vous. Bella y est allée.

LÉONORE.

Bella recueillera encore son dernier regard. Heureuse Bella! Malheur à moi, c'est moi qui le tue. Si Fiesque avait pu m'aimer, jamais il ne se serait jeté dans le grand monde, jamais sur les poignards de l'envie!... Bella vient. Partons. Ne parle pas, Bella!

SCÈNE XI.

LES PRÉCÉDENTES, ARABELLA.

ARABELLA.

Le comte vit et il est sain et sauf. Je l'ai vu galoper par la ville. Jamais notre gracieux maître ne m'a paru plus beau. Son coursier se pavanait sous lui et, d'un pied orgueilleux, il écartait de son auguste cavalier la foule qui se pressait alentour. Il m'a aperçue dans sa course rapide, a souri gracieusement, a fait un signe de ce côté, et a jeté en arrière trois baisers. (*Avec malice.*) Qu'en ferai-je, signora?

LÉONORE, *ravie.*

Babillarde étourdie! Reporte-les lui.

ROSE.

Eh bien, voyez! vous voilà encore tout écarlate.

LÉONORE.

Il jette son cœur à cette coquette, et moi, je cours après un regard!... O femmes! femmes! (*Elles sortent.*)

SCÈNE XII.

Dans le palais d'André.

GIANETTINO, LOMELLINO *entrent en toute hâte.*

GIANETTINO.

Laisse-les rugir pour leur liberté, comme une lionne pour ses petits. Je ne céderai pas.

LOMELLINO.

Pourtant, gracieux seigneur....

GIANETTINO.

Au diable avec ton « pourtant », procurateur de trois heures! Je ne reculerai pas de l'épaisseur d'un cheveu. Que les tours de Gênes secouent la tête et que la mer en fureur se joigne au concert et bourdonne : « non. » Je ne crains pas la canaille.

LOMELLINO.

La plèbe sans doute est le bois qui brûle; mais la noblesse, le vent qui souffle dessus. Toute la république est en ébullition, peuple et patriciens.

GIANETTINO.

Alors je me tiens comme Néron sur la hauteur et je contemple le plaisant incendie....

LOMELLINO.

Jusqu'à ce que toute la masse soulevée se livre à un chef de parti qui soit assez ambitieux pour moissonner dans la dévastation.

GIANETTINO.

Sornettes! sornettes! Je n'en connais qu'un qui pourrait devenir redoutable, et celui-là, j'ai pris soin de lui.

LOMELLINO.

Son Altesse Sérénissime. (*André vient. Tous deux s'inclinent profondément.*)

ANDRÉ.

Seigneur Lomellino! ma nièce voudrait sortir en voiture.

LOMELLINO.

J'aurai l'honneur de l'accompagner. (*Il sort.*)

SCÈNE XIII.

ANDRÉ, GIANETTINO.

ANDRÉ.

Écoute, mon neveu! Je suis mécontent de toi.

GIANETTINO.

Daignez m'accorder audience, oncle sérénissime!

ANDRÉ.

Au mendiant le plus déguenillé de Gênes, s'il en est digne; mais jamais à un drôle, fût-il mon neveu. C'est assez de clémence de te montrer l'oncle; tu mérites d'entendre le doge et sa Signoria.

GIANETTINO.

Un seul mot, très-gracieux seigneur....

ANDRÉ.

Écoute ce que tu as fait, et ensuite justifie-toi.... Tu as renversé un édifice que j'ai construit avec soin durant un demi-siècle.... le mausolée de ton oncle.... sa seule pyramide.... l'amour des Génois. Cette légèreté, André te la pardonne.

GIANETTINO.

Mon oncle et mon doge....

ANDRÉ.

Ne m'interromps pas. Tu as violé le plus admirable chef-d'œuvre de gouvernement, que j'étais allé chercher au ciel pour les Génois, qui m'avait coûté tant de nuits, tant de dangers et de sang. A la face de toute la ville de Gênes, tu as souillé mon honneur de prince, en ne montrant nul respect de mes institutions. Pour qui seront-elles sacrées, si mon sang les méprise?... Cette stupidité, ton oncle te la pardonne.

GIANETTINO, *offensé.*

Très-gracieux seigneur, vous m'avez élevé pour être doge de Gênes.

ANDRÉ.

Tais-toi!... Tu t'es rendu coupable de haute trahison envers l'État et tu as blessé sa vie au cœur. Sa vie, enfant, remarque-le, se nomme.... soumission!... Parce que le berger s'est retiré, au soir de son jour de travail, pensais-tu que le troupeau fût abandonné? Parce que André porte des cheveux blancs, tu piétinais, en polisson, sur les lois?

GIANETTINO, *avec hauteur.*

Doucement, doge! Dans mes veines aussi bout le sang de cet André devant qui la France a tremblé.

ANDRÉ.

Tais-toi, je te l'ordonne.... Je suis accoutumé à voir la mer attentive quand je parle.... Tu as conspué, au milieu de son temple, la majesté de la justice. Sais-tu comment on châtie un tel acte, rebelle?... Maintenant réponds! (*Gianettino demeure en silence, les yeux fixés sur le sol.*) Malheureux André! c'est dans ton propre cœur que tu as fait éclore le ver qui devait ronger ton œuvre.... J'ai bâti pour les Génois un édifice qui devait braver le temps destructeur, et j'y jette moi-même le premier brandon.... que voilà! Rends grâce, imprudent, à cette tête blanche qui veut être portée au tombeau par les mains de sa famille.... Rends grâce à mon amour impie, si je ne jette pas à l'État outragé la tête du factieux.... du haut de l'échafaud. (*Il s'éloigne rapidement.*)

SCÈNE XIV.

LOMELLINO, *hors d'haleine, effrayé.* GIANETTINO, *muet et le visage enflammé, suit des yeux le doge.*

LOMELLINO.

Qu'ai-je vu? qu'ai-je entendu? Maintenant! maintenant! Fuyez, prince! Maintenant tout est perdu.

GIANETTINO, *avec une sombre fureur.*

Que restait-il à perdre?

LOMELLINO.

Gênes, prince. Je viens du marché. Le peuple se pressait autour d'un nègre que l'on traînait avec des cordes. Le comte de Lavagna et plus de trois cents nobles l'ont suivi jusqu'à la maison de justice, où les criminels sont mis à la torture. Le nègre avait été pris sur le fait, comme il tentait un assassinat sur la personne de Fiesque.

GIANETTINO *frappe du pied.*

Quoi? Tous les démons sont-ils aujourd'hui déchaînés?

LOMELLINO.

On a procédé à un interrogatoire rigoureux pour savoir qui l'avait soudoyé. Le nègre n'a rien avoué. On l'a appliqué à la première torture. Il n'a rien avoué. On l'a appliqué à la seconde. Il a déclaré, déclaré.... Gracieux seigneur, à quoi pensiez-vous de livrer votre honneur à un vaurien?

GIANETTINO, *d'un ton brusque et farouche.*

Ne me demande rien.

LOMELLINO.

Ecoutez la suite. A peine le nom de Doria a-t-il été prononcé.... j'aurais mieux aimé lire le mien sur les registres du diable que d'entendre le vôtre en ce lieu.... Fiesque se montre au peuple. Vous le connaissez cet homme, dont les prières sont des ordres, à qui les cœurs de la multitude rendent avec usure ce qu'il sème. Toute l'assemblée, en groupes immobiles, effrayants, était suspendue, hors d'haleine, à ses lèvres. Pour lui, il parle peu, mais il découvre son bras saignant. Le peuple se battait pour recueillir, comme des reliques, les gouttes qui en tombaient. Le nègre est remis à sa discrétion, et Fiesque.... coup mortel pour nous.... Fiesque lui fait grâce. Alors le silence du peuple se change en un rugissement furieux.... chaque souffle anéantissait un Doria.... et Fiesque est porté, avec mille *vivat* à sa maison.

GIANETTINO, *avec un rire étouffé.*

Que la révolte me monte jusqu'à la gorge.... L'empereur Charles! Avec ce seul mot je veux la terrasser, au point que, dans toute la ville, on n'entende plus bourdonner une seule cloche.

LOMELLINO.

La Bohême est loin de l'Italie.... Si Charles se hâte, il pourra encore arriver à temps pour le festin de vos funérailles.

GIANETTINO *tire une lettre revêtue d'un grand sceau.*

Par bonheur, il est déjà ici!... Lomellino s'étonne? Me croit-il assez follement téméraire pour exciter des républicains furieux, s'ils n'étaient déjà vendus et trahis?

LOMELLINO, *interdit*.

Je ne sais que penser....

GIANETTINO.

Et moi je pense quelque chose que tu ne sais pas. Ma résolution est prise. Après-demain, douze sénateurs tomberont. Doria deviendra monarque et l'empereur Charles le protégera.... Tu recules?

LOMELLINO.

Douze sénateurs! Mon cœur n'est pas assez large pour concevoir l'homicide multiplié par douze.

GIANETTINO.

Fol enfant que tu es, on jette ce fardeau au pied du trône. Vois-tu, j'ai considéré avec les ministres de Charles que la France avait encore de forts partis à Gênes, qui pourraient une seconde fois lui glisser la ville dans la main, si on ne les détruisait dans leur racine.... Ce ver a rongé l'esprit du vieux Charles. Il a souscrit à mon projet.... et tu vas écrire ce que je te dicterai.

LOMELLINO.

Je ne sais pas encore....

GIANETTINO.

Assieds-toi! écris!

LOMELLINO.

Mais que faut-il écrire? (*Il s'assoit.*)

GIANETTINO.

Les noms des douze candidats.... François Centurione.

LOMELLINO *écrit*.

En récompense de son vote, il mènera le convoi funèbre.

GIANETTINO.

Cornélio Calva.

LOMELLINO.

Calva.

GIANETTINO.

Michel Cibo.

LOMELLINO.

Pour guérir la fièvre de la procurature.

GIANETTINO.

Thomas Asserato avec ses trois frères. (*Lomellino s'arrête.*) (*Gianettino appuyant sur les mots.*) Avec ses trois frères.

LOMELLINO *écrit.*

Après?

GIANETTINO.

Fiesque de Lavagna.

LOMELLINO.

Prenez garde! prenez garde! Vous finirez par vous rompre le cou sur cette pierre noire.

GIANETTINO.

Scipion Bourgognino.

LOMELLINO.

Il ira faire la noce quelque autre part.

GIANETTINO.

Où ce sera moi qui conduirai la mariée.... Raphaël Sacco.

LOMELLINO.

Pour celui-là, je devrais lui ménager son pardon, jusqu'à ce qu'il m'ait payé mes cinq mille écus. (*Il écrit.*) La mort donne quittance.

GIANETTINO.

Vincent Calcagno.

LOMELLINO.

Calcagno.... Le douzième, je me risque à l'écrire de mon chef, sans quoi notre ennemi mortel est oublié.

GIANETTINO.

Tout est bien qui finit bien. Joseph Verrina.

LOMELLINO.

C'était la tête du ver. (*Il se lève, répand du sable sur la liste, la parcourt et la présente au prince.*) La mort tient après-demain un splendide gala, et elle a invité douze princes génois.

GIANETTINO *va à la table et signe.*

C'est fait.... Dans deux jours est l'élection du doge. Quand la Signoria sera assemblée, à un signal donné avec un mouchoir, une décharge soudaine couchera les douze par terre, pendant que mes deux cents Allemands occuperont, d'assaut, l'hôtel de ville. Cela fait, Gianettino Doria entre dans la salle et se fait rendre hommage. (*Il sonne.*)

LOMELLINO.

Et André?

GIANETTINO, *avec dédain.*

C'est un vieil homme (*Un domestique.*) Si le doge me demande, je suis à la messe. (*Le domestique s'en va.*) Le diable qui se cache en moi ne peut garder l'incognito que sous le masque de la sainteté.

LOMELLINO.

Mais la liste, prince?

GIANETTINO.

Tu la prends et la fais circuler dans notre parti. Cette lettre doit être expédiée par courrier à Levante. Elle met Spinola au courant de tout et lui ordonne d'arriver ici, dans la capitale, à huit heures du matin. (*Il veut sortir.*)

LOMELLINO.

Il y a un trou dans le tonneau, prince. Fiesque ne va plus au sénat.

GIANETTINO *lui crie en s'en allant :*

Gênes aura bien encore un assassin? Je m'en charge. (*Il sort par une porte de côté ; Lomellino, par une autre.*)

SCÈNE XV.

Antichambre chez Fiesque.

FIESQUE, *avec des lettres et des lettres de change.* LE NÈGRE.

FIESQUE.

Ainsi quatre galères sont entrées dans le port?

LE NÈGRE.

Elles ont jeté l'ancre heureusement dans la Darséna.

FIESQUE.

Cela vient à souhait. D'où arrivent les courriers?

LE NÈGRE.

De Rome, de Plaisance et de France.

FIESQUE *ouvre les lettres et les parcourt rapidement.*

Les bienvenus, les bienvenus à Gênes! (*D'un ton de fort bonne humeur :*) On traitera les courriers royalement.

LE NÈGRE.

Hum! (*Il veut sortir.*)

FIESQUE.

Arrête, arrête! voici de la besogne en quantité pour toi.

LE NÈGRE.

Que faut-il pour vous servir? Le nez du limier ou le dard du scorpion?

FIESQUE.

Pour le moment, l'appel de l'oiseau qui attire dans le piége. Demain au matin, deux mille hommes se glisseront, déguisés, dans la ville, pour entrer à mon service. Distribue tes agents aux portes, avec l'ordre d'ouvrir un œil vigilant sur les voyageurs qui entreront. Quelques-uns viendront comme une troupe de pèlerins qui vont faire leurs dévotions à Lorette; d'autres comme des religieux, ou des Savoyards, ou des comédiens; d'autres encore comme des colporteurs ou comme une troupe de musiciens; la plupart comme des soldats congédiés, qui veulent manger le pain de Gênes. On demandera à chaque étranger où il descend. S'il répond : « au Serpent d'or », il faudra le saluer amicalement et lui indiquer ma demeure. Mais écoute-moi, drôle, je compte sur ta prudence.

LE NÈGRE.

Autant, seigneur, que sur ma perversité. S'il m'échappe une seule boucle de leurs cheveux, vous pouvez mettre mes deux yeux dans une sarbacane et les tirer aux moineaux. (*Il veut s'en aller.*)

FIESQUE.

Attends! Encore une besogne. Les galères exciteront vivement l'attention du public. Observe ce qu'on en dira. Si l'on te questionne, tu auras entendu murmurer de loin que ton maître les emploie à donner la chasse aux Turcs. Comprends-tu?

LE NÈGRE.

Je comprends. Les barbes des circoncis couvrent le mystère. Ce qu'il y a dans le sac, le diable le sait. (*Il veut s'en aller.*)

FIESQUE.

Doucement! Encore une précaution. Gianettino a un nouveau motif de me haïr et de me tendre des piéges. Va, observe tes camarades, vois si tu ne flairerais pas quelque part un assassinat. Doria fréquente les maisons suspectes. Attache-toi aux filles de joie. Les secrets de cabinet se nichent volontiers dans les plis du cotillon. Promets-leur des chalands qui jettent l'or à pleines mains.... Promets-leur ton maître. Il n'est rien de si honorable que tu ne doives plonger dans cette fange, jusqu'à ce que tu atteignes le fond solide.

LE NÈGRE.

Halte! holà! J'ai mes entrées chez une certaine Diane Bononi, et j'ai été près de cinq trimestres son pourvoyeur. Avant-hier, j'ai vu le procurateur Lomellino sortir de chez elle.

FIESQUE.

C'est à souhait. Lomellino est précisément la cheville ouvrière de toutes les folies de Doria. Demain, dès le matin, tu iras là. Peut-être est-il cette nuit l'Endymion de cette chaste Lune.

LE NÈGRE.

Encore un renseignement, gracieux seigneur! Si maintenant les Génois me questionnent.... et le diable m'emporte, ils me questionneront.... s'ils me demandent ce que Fiesque pense de Gênes.... Continuerez-vous de porter votre masque, ou que dois-je répondre?

FIESQUE.

Répondre?... Attends.... Car enfin la moisson est mûre. Les douleurs annoncent l'enfantement.... Tu répondras que Gênes est sur le billot et que ton maître se nomme Jean-Louis Fiesque.

LE NÈGRE, *s'allongeant joyeusement.*

Foi de canaille! sur mon honneur d'infâme coquin, c'est une réponse que je placerai de telle sorte que ça fasse merveille. Et maintenant, Hassan mon ami, à l'œuvre et vivement! D'abord au cabaret! Mes pieds ont de la besogne à poignées.... Il faut que je caresse mon estomac, pour qu'il endoctrine mes jambes. (*Il part en toute hâte, mais revient aussitôt.*) A propos[1]! A babiller ainsi, j'allais oublier cela. Vous avez désiré savoir ce qui s'est passé entre votre femme et Calcagno.... Il en a été pour ses frais, seigneur, et voilà tout. (*Il sort en courant.*)

1. *A propos!* est en français dans Schiller.

SCÈNE XVI.

FIESQUE, seul.

Je vous plains, Calcagno…. Pensez-vous peut-être que j'aurais risqué un article aussi délicat que l'honneur conjugal, si la vertu de ma femme et ma propre valeur ne m'étaient des garanties suffisantes? Je me félicite toutefois de cette affinité. Tu es un bon soldat, et voilà qui t'embauche pour la ruine de Doria. (*Se promenant à grands pas.*) Maintenant, Doria, dans la lice avec moi! Tous les ressorts de la grande aventure sont en jeu; tous les instruments mis d'accord pour cet effrayant concert. Il ne manque plus que de jeter le masque et de montrer Fiesque aux patriotes de Gênes. (*On entend des pas qui approchent.*) Une visite! Qui peut me troubler en ce moment?

SCÈNE XVII.

LE PRÉCÉDENT; VERRINA; ROMANO, *avec un tableau*; SACCO, BOURGOGNINO, CALCAGNO. *Tous s'inclinent.*

FIESQUE, *allant au-devant d'eux, avec une parfaite sérénité.*

Soyez les bienvenus, mes dignes amis. Quel sujet important vous amène ainsi tous ensemble chez moi?... Te voilà aussi, mon cher frère Verrina? J'aurais bien pu désapprendre à te connaître si tu n'étais plus souvent présent à ma pensée qu'à mes yeux. N'est-ce pas depuis le dernier bal que j'ai été privé de la vue de mon cher Verrina?

VERRINA.

Ne compte pas avec lui, Fiesque. De lourds chagrins ont, pendant ce temps, courbé sa tête blanche. Mais c'est assez parler de cela.

FIESQUE.

Pas assez pour la curiosité de l'affection. Il faudra que tu m'en dises davantage, quand nous serons seuls. (*A Bourgognino.*) Soyez le bienvenu, jeune héros! Notre connaissance est verte encore, mais mon amitié est mûre. Avez-vous pris une meilleure idée de moi?

BOURGOGNINO.

Je suis sur la route.

FIESQUE.

Verrina, on me dit que ce jeune cavalier doit devenir ton gendre. Reçois toutes mes félicitations pour ce choix. Je ne lui ai parlé qu'une fois, et pourtant je serais fier qu'il fût le mien.

VERRINA.

Ce jugement me rend vain de ma fille.

FIESQUE, *aux autres*.

Sacco? Calcagno?... autant d'apparitions bien rares chez moi! Je serais tenté de rougir de mon obligeance, si les plus nobles ornements de Gênes y échappent.... Et ici je salue un cinquième hôte, qui m'est étranger, il est vrai, mais suffisamment recommandé par ce digne cercle.

ROMANO.

C'est tout simplement un peintre, gracieux seigneur. Romano est son nom. Il vit de ce qu'il dérobe à la nature, il n'a d'armoiries que son pinceau, et en ce moment il est ici (*s'inclinant profondément*) pour saisir la grande ligne d'une tête de Brutus.

FIESQUE.

Votre main, Romano. L'art, votre maître, est l'allié de ma maison. Je l'aime fraternellement. Il est la main droite de la nature. Celle-ci n'a fait que des créatures, l'art a fait des hommes. Mais que peignez-vous, Romano?

ROMANO.

Des scènes de la mâle antiquité. A Florence est mon Hercule mourant; ma Cléopâtre, à Venise; mon Ajax furieux, à Rome, où les héros des temps passés.... revivent au Vatican.

FIESQUE.

Et quelle est maintenant l'occupation de votre pinceau?

ROMANO.

Je l'ai jeté loin de moi, gracieux seigneur. Le flambeau du génie a reçu du destin moins d'aliment que le flambeau de la vie. Passé un certain point, il n'y a plus rien qui brûle que le papier qui en bas le couronne. Voici mon dernier ouvrage.

FIESQUE, *d'un ton joyeux.*

Il ne pouvait venir plus à souhait. Mon âme est aujourd'hui plus sereine que jamais; tout mon être jouit d'une sorte de calme héroïque; tout entier il s'ouvre à la belle nature. Placez là votre tableau. Je m'en fais une vraie fête. Mettez-vous autour, mes amis, et donnons-nous sans réserve à l'artiste. Placez là votre tableau.

VERRINA *fait signe aux autres.*

Maintenant, Génois, attention!

ROMANO *dresse le tableau.*

Il faut que le jour vienne de ce côté. Tirez ce rideau-ci, faites tomber celui-là. Bien. (*Il se place sur le côté.*) C'est l'histoire de Virginie et d'Appius Claudius. (*Pause longue et expressive, pendant laquelle tous contemplent le tableau.*)

VERRINA, *avec exaltation.*

Fais jaillir son sang, vieux père!... Tu trembles, tyran!... Comme vous restez-là pâles, Romains, blocs insensibles!... Suivez-le, Romains.... Le couteau brille.... Suivez-moi, blocs inertes, Génois! A bas Doria! A bas! à bas! (*Il frappe dans la direction du tableau.*)

FIESQUE, *souriant au peintre.*

Demandez-vous un suffrage plus flatteur? Votre art transforme ce vieillard en un rêveur imberbe.

VERRINA, *épuisé.*

Où suis-je?... Que sont-ils devenus? Dissipés, comme des bulles de savon? Toi ici, Fiesque? Le tyran vit encore, Fiesque?

FIESQUE.

Vois-tu? Tes yeux, à force de voir, ont oublié leur office. Tu trouves cette tête de Romain admirable? Fais-m'en grâce et regarde ici la jeune fille! Quelle expression délicate, féminine! Que de grâce encore sur ces lèvres qui se flétrissent! Quelle volupté dans ce regard qui s'éteint! Inimitable! divin! Romano!... Et encore ce sein d'une blancheur éblouissante, avec quel charme il palpite, soulevé par les derniers soupirs! Encore de telles nymphes, Romano, et je me prosternerai devant vos conceptions idéales et divorcerai avec la nature.

BOURGOGNINO.

Est-ce-là, Verrina, le grand effet que tu espérais?

VERRINA.

Prends courage, mon fils. Dieu a rejeté le bras de Fiesque, il faut qu'il compte sur le nôtre.

FIESQUE, *au peintre.*

Oui, c'est votre dernier travail, Romano. Votre veine est épuisée. Vous ne toucherez plus de pinceau.... Mais, en admirant l'artiste, j'oublie de dévorer son œuvre. Je pourrais rester là, en extase, et ne pas entendre un tremblement de terre. Emportez votre peinture. Si je devais vous payer cette tête de Virginie, il me faudrait mettre Gênes en gage. Emportez.

ROMANO.

L'artiste se paye par l'honneur. Je vous en fais don. (*Il veut sortir.*)

FIESQUE.

Un peu de patience, Romano. (*Il marche, d'un pas majestueux, dans la chambre et paraît occupé d'une grande pensée. De temps en temps il jette sur les autres un regard rapide et pénétrant; à la fin, il prend le peintre par la main et le conduit devant le tableau.*) Approche, peintre! (*Avec beaucoup de fierté et de dignité:*) Te voilà plein d'arrogance, parce que tu simules la vie sur des toiles mortes et que tu perpétues à peu de frais de grandes actions. Tu te glorifies de ton feu poétique, de ce jeu de marionnettes de l'imagination, où il n'y a ni moelle, ni cœur, ni force, ni feu pour l'action. Tu renverses des tyrans sur la toile.... et tu es toi-même un misérable esclave. Tu affranchis des républiques avec un pinceau.... et tu ne peux rompre tes propres chaînes. (*D'une voix pleine et impérieuse:*) Va! Ton travail n'est que jonglerie.... Que l'apparence cède à la réalité.... (*Avec grandeur, en renversant le tableau:*) J'ai accompli ce que toi.... tu n'as fait que peindre. (*Tous sont en proie à une vive émotion. Romano, stupéfait, emporte son tableau.*)

SCÈNE XVIII.

FIESQUE, VERRINA, BOURGOGNINO, SACCO, CALCAGNO.

FIESQUE *rompt le silence où les a jetés l'étonnement.*

Pensiez-vous que le lion dormait, parce qu'il ne rugissait pas? Seriez-vous assez vains pour vous persuader que vous étiez seuls à sentir les fers de Gênes? Seuls à désirer de les rompre? Avant que vous en eussiez entendu de loin le cliquetis, Fiesque les avait déjà brisés. (*Il ouvre sa cassette et en tire un paquet de lettres, qu'il étale toutes sur la table.*) Ici, des soldats de Parme.... Ici, de l'argent de France.... Ici, quatre galères du pape. Que manquerait-il encore pour attaquer le tyran dans son repaire? Que pourriez-vous m'indiquer encore? (*Comme tous se taisent stupéfaits, il s'éloigne de la table et ajoute, avec le sentiment de sa grandeur:*) Républicains, vous êtes plus habiles à maudire les tyrans qu'à les faire sauter en l'air. (*Tous, hormis Verrina, se jettent aux pieds de Fiesque, sans proférer une parole.*)

VERRINA.

Fiesque! Mon génie fléchit devant le tien.... mon genou ne le peut.... Tu es un grand homme; mais.... levez-vous, Génois.

FIESQUE.

Gênes entière se scandalisait de la mollesse de Fiesque. Gênes entière maudissait ce dissolu, ce libertin de Fiesque. Génois! Génois! mon libertinage a trompé le despote astucieux, ma folie a caché à votre indiscrète curiosité ma dangereuse sagesse. Dans les langes de la volupté était emmaillotée l'œuvre merveilleuse de la conjuration. Il suffit. Par vous, Gênes me connaît. Mon plus violent désir est satisfait.

BOURGOGNINO *se jette avec dépit sur un siége.*

Ne suis-je donc plus rien absolument?

FIESQUE.

Mais passons sans délai de la pensée à l'action. Toutes les machines sont dressées. Je puis donner l'assaut à la ville par terre et par mer. Rome, la France et Parme me protégent. La noblesse est prête à éclater. Les cœurs du peuple sont à moi.

Mes chants trompeurs ont endormi les tyrans. La république est mûre pour une refonte. Nous sommes d'intelligence avec la fortune. Rien ne manque.... Mais Verrina est pensif?

BOURGOGNINO.

Patience. Je sais, pour le secouer, un mot plus prompt et plus terrible que l'appel de la trompette du dernier jour. (*Il s'approche de Verrina, et lui crie d'un ton significatif:*) Père, éveille-toi! Ta Berthe se désespère.

VERRINA.

Qui a dit cela?... A l'œuvre, Génois!

FIESQUE.

Réfléchissez aux moyens d'exécution. La nuit nous a surpris dans notre premier entretien. Gênes repose endormie. Le tyran succombe à la fatigue, épuisé par les péchés de sa journée. Veillez pour tous deux.

BOURGOGNINO.

Avant de nous séparer, jurons par un mutuel embrassement cette héroïque alliance. (*Ils forment un cercle en entrelaçant les bras.*) Ici battent et s'élèvent ensemble les cinq plus grands cœurs de Gênes, pour décider les plus grandes destinées de Gênes. (*Ils se serrent plus étroitement.*) Quand l'édifice du monde croulerait, quand la sentence du jugement romprait les liens du sang, les liens de l'amour, cette tige aux cinq branches héroïques demeurerait entière! (*Ils se séparent.*)

VERRINA.

Quand nous rassemblerons-nous de nouveau?

FIESQUE.

Demain, à midi, je recueillerai vos avis.

VERRINA.

A demain donc, à midi. Bonne nuit, Fiesque! Bourgognino, viens! Tu apprendras quelque chose d'étrange. (*Verrina et Bourgognino sortent.*)

FIESQUE, *aux autres.*

Sortez par les portes de derrière, pour que les espions de Doria ne remarquent rien. (*Tous s'éloignent.*)

SCÈNE XIX.

FIESQUE *va et vient tout pensif.*

Quel tumulte dans mon sein! Quelle fuite mystérieuse de pensées!... Tels que des complices suspects qui s'acheminent à quelque noir attentat, se glissent sur la pointe du pied, et baissent timidement vers le sol leur visage enflammé, tels ces luxuriants fantômes passent devant mon âme.... Arrêtez! arrêtez! laissez-moi vous éclairer au visage.... Une bonne pensée trempe le cœur de l'homme et se montre au jour à la façon des héros.... Ah! je vous connais!... C'est la livrée de l'éternel menteur.... Disparaissez. (*Une nouvelle pause. Avec plus de force:*) Fiesque républicain! Fiesque doge?... Doucement.... C'est ici le bord abrupt du précipice, où se termine le domaine de la vertu, où le ciel et l'enfer se séparent.... C'est ici même que des héros ont bronché, que des héros sont tombés, et le monde charge leur nom d'imprécations.... C'est ici même que des héros ont hésité, que des héros se sont arrêtés et qu'ils sont devenus des demi-dieux.... (*Plus vivement:*) Penser qu'ils sont à moi, les cœurs de Gênes! et que par mes mains la redoutable Gênes se laisse conduire, de çà et de là, à la lisière! Oh! l'astuce du péché, qui place un ange devant chaque démon!... Misérable ambition! Séductrice plus vieille que le monde! C'est en baisant tes lèvres que des anges ont perdu le ciel, et la mort s'est élancée de tes flancs en travail.... (*Un frisson secoue tout son corps.*) Tu endors les anges, en leur offrant, dans tes chants de sirène, l'espoir de l'infini.... Tu amorces les hommes avec de l'or, des femmes et des couronnes! (*Après un moment de silence et de profonde réflexion, il reprend avec fermeté:*) Conquérir un diadème est grand. Le rejeter, est divin. (*D'un ton résolu*) Disparais, tyran! Sois libre, Gênes, et moi (*d'une voix attendrie*) ton plus heureux citoyen.

ACTE TROISIÈME.

SCÈNE I.

Un horrible désert.

VERRINA, BOURGOGNINO *arrivent à travers les ténèbres.*

BOURGOGNINO *s'arrête.*

Mais où me conduis-tu, mon père ? La sombre douleur avec laquelle tu es venu m'appeler gémit encore dans ta respiration pénible. Romps ce silence plein d'horreur. Parle. Je ne te suis pas plus loin.

VERRINA.

C'est ici le lieu.

BOURGOGNINO.

Le plus terrible que tu pusses trouver. Mon père, si ce que tu vas me dire ici est conforme à ce lieu, les cheveux me dresseront sur la tête.

VERRINA.

Et pourtant, comparé à la nuit de mon âme, c'est un jardin fleuri. Suis-moi là où la pourriture dévore et liquéfie les cadavres et où la mort célèbre son affreux festin.... là où les gémissements des âmes perdues réjouissent le diable, et où les larmes stériles de la désolation coulent à travers le crible de l'éternité.... là, mon fils, où le monde change son mot d'ordre et où la divinité brise sa bannière d'infinie bonté.... là, je te parlerai par des convulsions, et tu m'entendras avec des claquements de dents.

BOURGOGNINO.

Entendre ? Quoi ? Je t'en conjure !

VERRINA.

Jeune homme, je crains.... Jeune homme, ton sang est rose....

ta chair est molle et souple ; de telles natures ont d'humains et tendres sentiments : ma cruelle sagesse se fondra à cette flamme de sensibilité. Si les glaces de l'âge, ou le chagrin, ce joug de plomb, avaient paralysé l'heureux élan de tes esprits.... si un sang noir et épaissi avait fermé à la nature souffrante le chemin de ton cœur, alors tu serais capable de comprendre le langage de mon chagrin et d'admirer ma résolution.

BOURGOGNINO.

Je l'écouterai et j'en ferai la mienne.

VERRINA.

Ce n'est pas là ce que je demande, mon fils.... Verrina épargnera cette peine à ton cœur. Oh! Scipion, de lourds fardeaux pèsent sur cette poitrine.... une pensée pleine d'horreur, comme la nuit, la nuit que la lumière effarouche.... une pensée assez monstrueuse pour briser un cœur d'homme.... Vois-tu? je veux l'accomplir seul.... mais je ne puis la porter seul. Si j'étais orgueilleux, Scipion, je pourrais dire : « C'est un tourment d'être l'unique grand homme.... » La grandeur a été à charge au créateur lui-même, et il a fait des esprits ses confidents.... Ecoute, Scipion !

BOURGOGNINO.

Mon âme dévore la tienne.

VERRINA.

Ecoute, mais ne réponds rien. Rien, jeune homme! Entends-tu? Pas un mot là-dessus.... Il faut que Fiesque meure!

BOURGOGNINO *consterné*.

Qu'il meure? Fiesque?

VERRINA.

Qu'il meure !... Je te remercie, mon Dieu ! le mot est sorti.... Que Fiesque meure, mon fils, qu'il meure par moi !... Maintenant, va.... il y a des actions qui ne se soumettent plus à aucun jugement humain.... et ne reconnaissent que le ciel pour arbitre.... celle-ci est du nombre. Va. Je ne veux ni ton blâme, ni ton suffrage. Je sais ce qu'elle me coûte, et brisons là. Cependant, écoute.... tu pourrais, à y penser, devenir fou.... Ecoute.... l'as-tu vu hier se mirer dans notre stupéfaction? L'homme dont le sourire a trompé l'Italie, souffrira-t-il un égal à Gênes? Va. Fiesque renversera le tyran, c'est certain. Fiesque deviendra le plus dangereux tyran de Gênes, c'est encore plus certain. (*Il s'en va rapidement. Bourgognino le voit s'éloigner avec une muette stupéfaction, puis il le suit lentement.*)

SCÈNE II.

Un salon chez Fiesque. Dans le fond, au milieu, une grande porte vitrée, qui a vue sur la mer et sur Gênes. Le point du jour.

FIESQUE, *devant la fenêtre.*

Que vois-je ?... La lune est couchée.... L'aurore s'élance, tout enflammée, de la mer.... L'impétueux délire de mon âme enivrée a rompu mon sommeil et roulé convulsivement tout mon être autour d'un seul sentiment.... Il faut que je me dilate au grand air. (*Il ouvre la porte vitrée. La ville et la mer resplendissent des feux de l'aurore. Fiesque se promène à grands pas dans la chambre.*) Je serais le plus grand homme dans toute l'étendue de Gênes, et les âmes plus petites ne se rallieraient pas sous la grande ?... Mais j'offense la vertu ! (*Il s'arrête.*) La vertu ?... Le génie sublime a d'autres tentations que la tête vulgaire.... Doit-il partager la vertu avec elle ? L'armure qui serre le corps grêle du pygmée doit-elle s'ajuster aux membres du géant ?

(*Le soleil se lève sur Gênes.*)

Cette majestueuse cité ! (*Il s'élance, étendant les bras vers Gênes.*) A moi ! et resplendir au-dessus d'elle comme la royale clarté du jour.... la couver sous mon aile avec la puissance d'un monarque.... plonger dans cet océan sans fond toutes mes ardentes convoitises...., tous mes désirs insatiables !... Oui, pas de doute, si l'adresse du larron n'ennoblit pas le larcin, au moins la valeur du larcin ennoblit-elle le larron. Il est honteux de vider une bourse.... il y a de l'impudence à soustraire un million, mais il y a une ineffable grandeur à voler une couronne. La honte décroît à mesure que le péché grandit. (*Une pause; puis d'un ton expressif.*) Obéir !... Régner !... Intervalle immense. abîme à donner le vertige !... Jetez-y tout ce que l'homme a de précieux.... vos batailles gagnées, conquérants.... vos œuvres immortelles, artistes.... vos délices, Épicures.... vos mers et vos îles, explorateurs du monde. Obéir et régner! Être et n'être pas! Celui qui franchira le gouffre sans limites qui sépare de l'infini le dernier séraphin, celui-là mesurera aussi cette distance. (*Avec un jeu plein de grandeur.*) Se tenir à cette hauteur effrayante et sublime.... et de là abaisser un regard de dédain sur l'impétueux tourbillon de l'humanité, où la roue de l'aveugle trompeuse roule malicieusement les destinées.... porter le premier à ses lèvres la coupe de la joie.... et en bas, bien loin, mener à la lisière ce géant cuirassé qui a nom « la loi ».... le voir qui frappe de vains coups, quand sa colère, au bras trop court, se démène impuissante contre la barrière de la majesté souveraine.... dompter les passions déchaînées du peuple, comme autant de coursiers fougueux, par la délicate manœuvre du frein.... renverser dans la poussière, d'un souffle, d'un seul, l'orgueil ambitieux des vassaux, tandis que le sceptre créateur appelle à la vie jusqu'aux rêves de la fièvre royale.... Ah! quel tableau, propre à emporter par delà ses limites l'esprit enivré!... Un seul moment de pouvoir suprême suffit à dévorer toute la moelle de l'existence. Ce qui fait la valeur de la vie.... ce n'est pas l'espace où elle s'agite, c'est ce qu'elle contient. Analyse le tonnerre : des simples notes qui le forment tu feras une chanson pour assoupir les enfants; fonds-les toutes ensemble en un seul et soudain éclat, et ce son dominateur ébranlera l'éternel firmament.... Je suis résolu! (*Il se promène dans une attitude héroïque.*)

SCÈNE III.

LE PRÉCÉDENT; LÉONORE *entre avec une inquiétude visible.*

LÉONORE.

Pardonnez-moi, comte. Je crains de troubler votre repos du matin.

FIESQUE *recule d'un air très-étonné.*

Assurément, gracieuse dame, vous me surprenez étrangement.

LÉONORE.

Pour ceux qui aiment, mais pour eux seuls, il n'y a jamais de telle surprise.

ACTE III, SCÈNE III.

FIESQUE.

Belle comtesse, vous exposez traîtreusement votre beauté au souffle hostile du matin.

LÉONORE.

Mais à quoi bon ménager pour le chagrin le peu qu'il en reste ?

FIESQUE.

Le chagrin, mon amie ? J'avais cru jusqu'ici, était-ce une illusion ? que ne pas vouloir bouleverser les États s'appelait repos de l'âme.

LÉONORE.

C'est possible.... Mais je sens que mon cœur de femme se brise sous ce repos de l'âme. Je viens, mon seigneur, vous importuner d'une prière insignifiante, si vous voulez bien perdre un moment pour moi. Depuis sept mois, je faisais ce rêve étrange, que j'étais comtesse de Lavagna. Il s'est envolé, mais la tête m'en fait mal. J'aurai besoin de rappeler tout le bonheur de mon innocente enfance, pour guérir mes esprits de cette vision ardente. Permettez donc que je retourne dans les bras de ma bonne mère.

FIESQUE, *consterné*.

Comtesse !

LÉONORE.

C'est une chose faible que mon cœur, et délicate à l'excès : il faut que vous en ayez pitié. Les moindres souvenirs de mon rêve pourraient être funestes à mon imagination malade. Voilà pourquoi je restitue les derniers gages qui me restent à leur légitime possesseur. (*Elle pose sur une petite table quelques objets de parure.*) Aussi ce poignard, qui a percé mon cœur.... (*elle dépose la lettre où Fiesque lui déclarait son amour*) celui-là encore.... et (*elle sanglote et s'élance pour sortir*) je ne garde rien que la blessure.

FIESQUE, *violemment ému, court après elle et l'arrête*.

Léonore ! Quelle scène ! Pour l'amour de Dieu !

LÉONORE *tombe épuisée dans ses bras*.

Je n'ai pas mérité d'être votre épouse, mais votre épouse méritait le respect.... Comme elles sifflent maintenant les langues de la calomnie ! Quels regards obliques elles laissent tomber sur moi, les dames et les jeunes filles de Gênes! « Voyez, comme elle se flétrit, la vaniteuse qui a épousé Fiesque!... » Cruel châtiment de mon orgueil de femme! J'avais méprisé tout mon sexe, quand Fiesque me conduisit à l'autel de l'hymen.

FIESQUE.

Non, vraiment, madonna! cette scène est étrange.

LÉONORE, *à part.*

Ah! Dieu soit loué! Il pâlit et rougit. Maintenant j'ai du cœur.

FIESQUE.

Deux jours seulement, comtesse, et alors vous me jugerez.

LÉONORE.

Sacrifiée.... Ne me laisse pas le dire devant toi, lumière virginale! Sacrifiée à une coquette! Non, regardez-moi, mon époux! Il est donc vrai? les yeux qui jettent dans une crainte servile toute la ville de Gênes sont maintenant forcés de se baisser devant les larmes d'une femme....

FIESQUE, *extrêmement troublé.*

Arrêtez, signora! Rien de plus!

LÉONORE, *douloureusement et avec une certaine amertume.*

Déchirer un faible cœur de femme! Oh! cela est si digne du sexe fort.... Je me suis jetée dans les bras de cet homme. Ma faiblesse de femme s'appuyait avec délices sur sa force. Je lui ai livré mon ciel tout entier.... L'homme magnanime en fait don à une....

FIESQUE *lui coupe vivement la parole.*

Ma Léonore! non!...

LÉONORE.

Ma Léonore?... Ciel, je te rends grâces! Voilà de nouveau le vrai son, le son d'or de l'amour! Je devrais te haïr, perfide, et je me jette, affamée, sur les miettes de ta tendresse.... Haïr? Ai-je dit « haïr », Fiesque? Oh! ne le crois pas! Ton parjure m'apprend à mourir, mais non à haïr. Ma langue a trahi mon cœur. (*On entend le nègre.*)

FIESQUE.

Léonore, accordez-moi une légère faveur, un enfantillage.

LÉONORE.

Tout, Fiesque, hormis l'indifférence.

FIESQUE.

Ce que vous voudrez, comme vous voudrez.... (*D'un ton significatif.*) Jusqu'à ce que Gênes soit plus vieille de deux jours, ne m'interrogez pas, ne me condamnez pas! (*Il la conduit avec dignité dans une autre chambre.*)

SCÈNE IV.

LE NÈGRE, *haletant*; FIESQUE.

FIESQUE.

D'où viens-tu, si essoufflé?

LE NÈGRE.

Vite, gracieux seigneur....

FIESQUE.

Quelque chose est-il tombé dans nos filets?

LE NÈGRE.

Lisez cette lettre. Suis-je donc vraiment ici? Je crois que Gênes s'est raccourcie de douze rues, ou mes jambes allongées d'autant. Vous pâlissez? Oui, ils veulent faire leur partie avec des têtes, et la vôtre est atout. Que vous en semble?

FIESQUE, *vivement agité, jette la lettre sur la table.*

Tête crépue et mille diables! Comment as-tu cette lettre?

LE NÈGRE.

A peu près comme.... Votre Grâce aura la république.... Un exprès devait la porter en toute hâte à Levante. Je flaire ce bon morceau; je guette mon gaillard dans un chemin creux. Paf! la martre est par terre.... et nous avons le poulet.

FIESQUE.

Que son sang retombe sur toi! Cette lettre ne peut se payer avec de l'or.

LE NÈGRE.

Et cependant je dirai merci pour de l'argent. (*D'un ton sérieux et significatif.*) Comte de Lavagna! Dernièrement, j'ai eu fantaisie de votre tête. (*Montrant la lettre.*) Voilà qui vous la rend.... Maintenant, ce me semble, le gracieux seigneur et le vaurien sont quittes. Pour le reste, vous pourrez en remercier votre bon ami. (*Il lui tend un second billet.*) Numéro deux.

FIESQUE *prend le papier avec étonnement.*

Serais-tu fou?

LE NÈGRE.

Numéro deux. (*Il s'approche d'un air hautain et met le poing sur la hanche.*) Le lion n'a pourtant pas été si bête en pardonnant au rat? (*Avec malice.*) N'est-ce pas? Il a finement agi. Qui, sans cela, l'eût sauvé en rongeant le filet?... Eh bien! cela est-il à votre goût?

FIESQUE.

Drôle, combien de diables as-tu à ta solde?

LE NÈGRE.

Pour vous servir.... un seul, et il est au râtelier d'un comte.

FIESQUE.

La propre signature de Doria!... D'où apportes-tu cette feuille?

LE NÈGRE.

Toute chaude des mains de ma Bononi. J'ai été chez elle dès la nuit d'hier; j'ai fait sonner vos belles paroles et vos sequins, plus beaux encore. Ces derniers ont fait leur effet. Je devais me présenter de nouveau à six heures du matin. Le comte était venu justement, comme vous disiez, et avait payé avec du noir sur du blanc l'entrée de son ciel de contrebande.

FIESQUE, *avec emportement.*

Fi de ces esclaves vendus à des femmes!... Ils veulent renverser des républiques et ne peuvent se taire avec une courtisane. Je vois par ces papiers que Doria et son parti ont formé le complot de me tuer, moi et onze sénateurs, et de faire Gianettino doge souverain.

LE NÈGRE.

Rien de moins, et cela dès le matin de l'élection du doge, le 3 du mois.

FIESQUE, *vivement.*

Notre nuit diligente étranglera ce matin-là dans le sein maternel.... Vite, Hassan!... Mes projets sont mûrs.... Appelle les autres.... Nous prendrons sur eux une sanglante avance.... Dépêche-toi, Hassan!

LE NÈGRE.

Il faut encore que je vous vide mon sac aux nouvelles. Deux mille hommes se sont heureusement insinués dans la ville. Je les ai logés chez les Capucins, où le plus indiscret rayon de soleil n'est pas capable de les découvrir. Ils brûlent d'impatience de voir leur chef, et ce sont de braves gaillards.

FIESQUE.

Chaque tête te rapportera un scudo.... Et que murmurait Gênes au sujet de mes galères?

LE NÈGRE.

C'est là le meilleur tour, gracieux seigneur. Plus de quatre cents aventuriers, que la paix entre la France et l'Espagne a mis sur le pavé, se sont attachés à mes gens, les pressant de vous dire une bonne parole pour eux, afin que vous les envoyiez contre les infidèles. Je leur ai donné rendez-vous pour ce soir dans la cour du palais.

FIESQUE, *joyeux*.

Il faudra bientôt que je te saute au cou, coquin. C'est un tour de maître. Quatre cents, dis-tu?... Gênes n'est plus à sauver. Quatre cents écus sont à toi.

LE NÈGRE, *cordialement*.

N'est-ce pas, Fiesque? A nous deux, nous culbuterons Gênes, de façon qu'on pourra balayer les lois en un tas.... Une chose que je ne vous ai jamais dite, c'est que j'ai des oiseaux à moi dans la garnison de la ville, sur lesquels je puis compter comme sur ma descente aux enfers. Or, j'ai arrangé les choses de telle sorte qu'il y aura dans la garde de chaque porte au moins six de mes créatures, qui suffiront pour enjôler les autres et noyer leurs cinq sens dans le vin. Si donc vous avez envie de risquer un coup cette nuit, vous trouverez les gardes ivres.

FIESQUE.

N'en dis pas davantage. Jusqu'ici j'ai roulé ce bloc immense sans aucun secours humain. Si près du but, faut-il que le plus mauvais drôle à vingt lieues à la ronde me vienne éclipser? Ta main, mon garçon! Ce que le comte te doit encore, le doge le payera.

LE NÈGRE.

Avec tout cela, un billet de la comtesse Impériali. Elle m'a fait signe de monter de la rue où j'étais, s'est montrée fort gracieuse, et m'a demandé d'un petit air moqueur si la comtesse de

Lavagna n'avait pas eu un accès de jaunisse. Sa Seigneurie, lui ai-je dit, ne s'inquiète que d'une seule santé?...

FIESQUE *a lu le billet et le jette.*

Très-bien dit. Elle a répondu?

LE NÈGRE.

Elle a répondu qu'elle plaignait pourtant le sort de la pauvre veuve, et s'offrait à lui donner satisfaction, et à interdire désormais les galanteries à Votre Seigneurie.

FIESQUE, *avec sarcasme.*

Qui pourraient bien cesser d'elles-mêmes avant la fin du monde.... Et voilà tout ce qui a de l'importance, Hassan?

LE NÈGRE, *avec malice.*

Gracieux seigneur, ce sont les affaires des dames qui en ont le plus après la politique....

FIESQUE.

Oh! sans doute, et principalement celle-ci. Mais que veux-tu faire de ces petits papiers?

LE NÈGRE.

Effacer une diablerie au moyen d'une autre. Ces poudres m'ont été données par la signora, pour que j'en délaye une chaque jour dans le chocolat de votre femme.

FIESQUE *recule, tout pâle.*

Données par...?

LE NÈGRE.

Par donna Julia, comtesse Impériali.

FIESQUE, *vivement, après les lui avoir arrachées.*

Si tu mens, canaille, je te ferai clouer vivant à la girouette de la tour de Saint-Laurent, où le vent, d'un souffle, te fera virer neuf fois.... Ces poudres?

LE NÈGRE, *d'un ton d'impatience.*

Je dois les donner à boire à votre femme dans son chocolat, par ordre de donna Julia Impériali.

FIESQUE, *hors de lui.*

Monstre! monstre!... Cette aimable créature?... Y a-t-il place pour autant d'enfer dans une âme de femme?... Mais j'oubliais de te remercier, céleste Providence, qui as anéanti ce projet.... qui l'as anéanti par un pire démon. Tes voies sont étranges. (*Au nègre:*) Tu promettras d'obéir et tu te tairas.

LE NÈGRE.

Très-bien. Me taire? Je le puis. Elle m'a payé comptant pour cela.

FIESQUE.

Ce billet m'engage à aller chez elle.... J'irai, madame! Je vous persuaderai de me suivre ici. Bon. Tu vas maintenant te hâter autant que tu le pourras, et convoquer toute la conjuration.

LE NÈGRE.

J'ai prévu cet ordre, et, de mon chef, j'ai convoqué ici chacun, pour dix heures précises.

FIESQUE.

J'entends des pas. Ce sont eux. Drôle, tu mériterais d'avoir une potence pour toi, où aucun fils d'Adam ne se fût encore débattu. Va dans l'antichambre, jusqu'à ce que je sonne.

LE NÈGRE, en s'en allant.

Le nègre a fait sa besogne, le nègre peut s'en aller. (*Il sort.*)

SCÈNE V.

TOUS LES CONJURÉS.

FIESQUE, *allant au-devant d'eux.*

L'orage approche. Les nuages s'amoncellent. Entrez doucement. Fermez les deux serrures.

VERRINA.

J'ai fermé au verrou huit chambres derrière nous; le soupçon ne peut nous approcher à cent pas.

BOURGOGNINO.

Ici, il n'y a point de traître, si notre crainte ne nous trahit pas.

FIESQUE.

La crainte ne peut franchir mon seuil. Qu'il soit le bienvenu, quiconque est toujours le même qu'hier. Prenez vos places. (*Ils s'assoient.*)

BOURGOGNINO *se promène dans la chambre.*

Je n'aime pas à rester assis, quand je songe à détruire.

FIESQUE.

Génois, voici une heure mémorable

VERRINA.

Tu nous as exhortés à méditer un plan pour le meurtre du tyran. Interroge-nous. Nous sommes ici pour te répondre.

FIESQUE.

Eh bien donc, avant tout.... une question qui vient assez tard pour sembler étrange.... Qui doit tomber? (*Tous se taisent.*)

BOURGOGNINO, *s'appuyant sur le fauteuil de Fiesque, et d'un ton significatif :*

Les tyrans.

FIESQUE.

Bien dit, les tyrans. Faites grande attention, je vous prie, à tout le sens de ce mot. De celui qui fait mine de renverser la liberté, ou de celui qui en a le pouvoir, lequel est le plus tyran?

VERRINA.

Je hais le premier, je crains le second. Qu'André Doria tombe!

CALCAGNO, *ému.*

André! le vieil André, dont le compte avec la nature sera peut-être clos après-demain?

SACCO.

André, ce doux vieillard?

FIESQUE.

La douceur de ce vieillard est terrible, mon Sacco? La folle insolence de Gianettino n'est que risible. Qu'André Doria tombe! Ainsi l'a dit ta sagesse, Verrina.

BOURGOGNINO.

Des chaînes d'acier ou de soie.... ce sont toujours des chaînes Qu'André Doria tombe!

FIESQUE, *allant à la table.*

Ainsi, l'oncle et le neveu sont condamnés sans appel. Signez. (*Tous signent.*) Qui périra est chose réglée. (*Tous s'asseyent.*) Maintenant il s'agit du comment, qui est tout aussi grave.... Parlez le premier, ami Calcagno.

CALCAGNO.

Nous exécuterons l'arrêt en soldats ou en assassins. Le premier parti est dangereux, parce qu'il nous force à avoir beaucoup de complices; hasardeux, parce que les cœurs de la nation ne sont pas encore entièrement gagnés..., pour l'autre, cinq bons poignards suffisent. Dans trois jours, il y a une grand'-messe à l'église Saint-Laurent, les deux Doria assisteront à la solennité. Dans le voisinage du Très-Haut, l'anxiété des tyrans est elle-même endormie. J'ai tout dit.

FIESQUE, *se détournant.*

Calcagno.... votre judicieux avis est horrible.... Raphaël Sacco?

SACCO.

Les motifs de Calcagno me plaisent, mais son choix me révolte. Il vaut mieux que Fiesque invite l'oncle et le neveu à un festin, où, pressés entre toutes les haines de la république, ils auront le choix ou d'avaler la mort au bout de nos poignards, ou de lui faire raison dans de bon vin de Chypre. Cette manière est au moins commode.

FIESQUE, *avec horreur.*

Sacco! et si la goutte de vin qui humectera leur langue mourante se changeait pour nous en poix bouillante, en avant-goût de l'enfer.... Qu'en dis-tu, Sacco?... Fi de ce conseil! Parle, toi, Verrina.

VERRINA.

Un cœur franc montre un front découvert. Un assassinat ferait de nous les confrères de tous les bandits. Le glaive à la main, telle est l'attitude du héros. Mon avis est que nous donnions hautement le signal de la révolte, et que, sonnant l'alarme, nous appelions les patriotes de Gênes à la vengeance. (*Il s'élance de son siége; les autres l'imitent. Bourgognino se jette à son cou.*)

BOURGOGNINO.

Et que nous emportions, les armes à la main, la faveur de la Fortune. C'est là le vœu de l'honneur, c'est le mien.

FIESQUE.

Et le mien. Fi, Génois! (*A Calcagno et à Sacco.*) La Fortune jusqu'ici a déjà trop fait pour nous; il faut que nous nous donnions aussi du travail à nous-mêmes.... Ainsi donc la révolte, et cette nuit même. Génois! (*Verrina et Bourgognino semblent étonnés, les autres effrayés.*)

CALCAGNO.

Quoi? cette nuit même? Les tyrans sont encore trop puissants, et notre parti trop faible.

SACCO.

Cette nuit? et il n'y a rien de fait, et déjà le soleil décline.

FIESQUE.

Vos hésitations sont très-fondées, mais lisez ces feuilles. (*Il leur présente les écrits de Gianettino, et, pendant qu'ils les lisent avec curiosité, il se promène avec un sourire railleur.*) Maintenant, adieu, Doria, astre brillant! Tu étais là, fier et présomptueux, comme si tu avais affermé l'horizon de Gênes, et pourtant tu voyais que le soleil lui-même abandonne le ciel et partage avec la lune le sceptre du monde. Adieu, Doria, astre brillant!

Patrocle aussi est mort,
Et il valait mieux que toi [1].

BOURGOGNINO, *après qu'ils ont lu les papiers.*

C'est horrible.

CALCAGNO.

Douze du même coup.

VERRINA.

Demain, dans la Signoria.

BOURGOGNINO.

Donnez-moi ces papiers. Je galope à toute bride à travers Gênes, je les tiens ainsi à la main, et les pierres sauteront derrière moi et les chiens hurleront : « au meurtre! »

TOUS.

Vengeance! vengeance! vengeance! Cette nuit même!

FIESQUE.

Vous voilà où je voulais vous voir. Dès que le soir sera venu, j'inviterai à une fête les principaux des mécontents, c'est-à-dire tous ceux qui se trouvent sur la liste de meurtre de Gianettino, et en outre les Sauli, les Gentili, les Vivaldi, les Vésodimari, tous les ennemis mortels de la maison Doria, que le meurtrier a oublié de craindre. Ils accueilleront ma proposition à bras ouverts, je n'en doute pas.

---

[1]. Traduction d'un vers de l'*Iliade* (XXI, 107).

BOURGOGNINO.

Je n'en doute pas.

FIESQUE.

Avant tout, il faut que nous nous assurions de la mer. J'ai des galères et des marins. Les vingt vaisseaux des Doria sont dégréés, dégarnis d'hommes, faciles à surprendre. L'entrée de la Darséna sera obstruée, et tout espoir de fuite interdit. Si nous avons le port, Gênes est enchaînée.

VERRINA.

Sans contredit.

FIESQUE.

Ensuite les forts de la ville seront enlevés et occupés. Le plus important est la porte Saint-Thomas, qui mène au port et rattache nos forces de mer aux forces de terre. Les deux Doria seront surpris dans leurs palais et égorgés. Dans toutes les rues, on battra la générale; on sonnera les cloches d'alarme; les bourgeois seront appelés hors de leurs maisons, pour prendre notre parti et soutenir en armes la liberté de Gênes. Si la fortune nous favorise, vous apprendrez le reste dans la Signoria.

VERRINA.

Le plan est bon. Voyons comment nous nous partagerons les rôles.

FIESQUE, *d'un ton significatif.*

Génois, vous m'avez placé librement à la tête du complot. Obéirez-vous aussi à mes ordres ultérieurs?

VERRINA.

Aussi sûrement, sans aucun doute, qu'ils seront les meilleurs.

FIESQUE.

Verrina, sais-tu le petit mot usité sous les drapeaux? Génois, apprenez-lui que c'est.... subordination! Si je ne puis tourner ces têtes comme je le voudrai.... comprenez-moi bien.... si je ne suis pas le souverain de la conjuration, elle a aussi perdu un de ses membres.

VERRINA.

Une vie libre peut bien se payer de quelques heures d'esclavage.... Nous obéirons.

FIESQUE.

A présent, laissez-moi. Un de vous visitera la ville et me fera

son rapport sur le fort et le faible des divers postes. Un autre
cherchera à surprendre le mot d'ordre. Un troisième mettra du
monde sur les galères. Un quatrième fera venir les deux mille
hommes dans la cour de mon palais. Moi-même, j'aurai tout
disposé pour ce soir, et en outre, si la Fortune le veut, je ferai
sauter la banque au Pharaon. Au coup de neuf heures, tout le
monde sera ici dans le palais, pour entendre mes derniers ordres. (Il sonne.)

VERRINA.

Je me charge du port. (Il sort.)

BOURGOGNINO.

Moi, des soldats. (Il sort.)

CALCAGNO.

Je surprendrai le mot d'ordre. (Il sort.)

SACCO.

Moi, je ferai la ronde dans Gênes. (Il sort.)

SCÈNE VI.

FIESQUE, puis LE NÈGRE.

FIESQUE s'est assis à un pupitre et il écrit.

Ne se sont-ils pas débattus contre ce petit mot de subordination, comme la chenille contre l'épingle?... Mais il est trop
tard, républicains!

LE NÈGRE entre.

Gracieux seigneur....

FIESQUE se lève et lui donne une liste.

Tous ceux dont les noms sont sur cette feuille, tu les invi-
teras à une comédie pour cette nuit.

LE NÈGRE.

Sans doute pour y jouer leur rôle. L'entrée coûtera des têtes.

FIESQUE, froid et méprisant.

Cette commission faite, je ne veux pas te retenir plus longtemps à Gênes. (Il s'en va et laisse tomber derrière lui une bourse
remplie d'or.) Que ce soit ta dernière tâche! (Il s'en va.)

SCÈNE VII.

LE NÈGRE *ramasse lentement la bourse, en le suivant des yeux d'un air d'étonnement indécis.*

Est-ce ainsi que nous sommes ensemble? « Je ne veux pas te retenir plus longtemps à Gênes. » Cela signifie, traduit du chrétien en ma langue de païen : « Quand je serai doge, je ferai pendre mon bon ami à un gibet génois. » Bon! Il craint, parce que je connais ses manœuvres, que le dépôt de son honneur ne m'échappe du gosier, quand il sera doge. Doucement, seigneur comte! ce dernier point demande encore réflexion.

Maintenant, vieux Doria, je suis maître de ta peau.... C'est fait de toi, si je ne t'avertis. Si je vais de ce pas révéler le complot, je ne sauve rien moins au doge de Gênes que sa vie et son dogat; et rien de moins que ce chapeau tout rempli d'or ne pourrait être son remerciment. (*Il veut sortir, mais s'arrête tout à coup.*) Mais doucement, Hassan mon ami! Tu pourrais bien t'embarquer dans une sottise? Si maintenant toute cette tuerie manquait, et s'il en résultait quelque chose de bon.... Fi! fi! quel tour diabolique mon avarice me jouerait là!... Qu'est-ce qui produira le plus grand mal? si je berne ce Fiesque?... ou si je livre ce Doria au couteau?... Décidez-moi cette question, mes diables!... Si Fiesque réussit, Gênes peut se relever.... Non, non! cela ne peut être.... Si ce Doria se tire d'affaire, tout reste comme avant, et Gênes demeure en paix.... Ce serait encore pis.... Mais le spectacle de toutes les têtes des rebelles, roulant dans la gargote du bourreau? (*Passant de l'autre côté.*) Mais la joyeuse boucherie de cette nuit, quand les Sérénissimes seront étranglés par une malice de nègre? Non! qu'un chrétien se tire de ce labyrinthe; pour un païen l'énigme est trop subtile.... Je veux consulter un savant. (*Il sort.*)

SCÈNE VIII.

Un salon chez la comtesse Impériali.

JULIE, *en négligé;* GIANETTINO *entre, troublé.*

GIANETTINO.

Bonsoir, ma sœur.

JULIE *se lève.*

Il faut que ce soit quelque chose d'extraordinaire qui amène le prince héréditaire de Gênes chez sa sœur?

GIANETTINO.

N'es-tu pas toujours entourée de papillons, et moi d'un essaim de guêpes? Comment s'en débarrasser? Asseyons-nous.

JULIE.

Je commence à perdre patience.

GIANETTINO.

Ma sœur, quand Fiesque t'a-t-il fait sa dernière visite?

JULIE.

Étrange question! Comme si mon cerveau logeait des riens de ce genre!

GIANETTINO.

Il faut absolument que je le sache.

JULIE.

Eh bien.... il est venu hier.

GIANETTINO.

Et il s'est montré ouvert?

JULIE.

Comme de coutume.

GIANETTINO.

Et toujours aussi romanesque?

JULIE, *offensée.*

Mon frère!

GIANETTINO, *d'une voix plus forte.*

Écoute-moi! Toujours aussi romanesque?

JULIE *se lève irritée.*

Pour qui me prenez-vous, mon frère?

GIANETTINO, *restant assis, et d'un ton railleur.*

Pour un bon morceau de chair féminine, enveloppé dans de

grandes.... grandes lettres de noblesse : entre nous, sœur, puisque personne ne nous épie.

JULIE, *vivement.*

Entre nous.... vous êtes un singe follement effronté, qui va à dada sur le crédit de son oncle.... puisque personne ne nous épie.

GIANETTINO.

Sœurette! sœurette! Pas de rancune.... seulement je suis bien aise que Fiesque soit toujours aussi romanesque. C'est là ce que je voulais savoir. Mes hommages! (*Il veut sortir.*)

SCÈNE IX.

LOMELLINO *entre.*

LOMELLINO *baise la main à Julie.*

Pardon de ma témérité, gracieuse dame ! (*Se tournant vers Gianettino.*) Certaines affaires qui ne peuvent se remettre....

GIANETTINO *le prend à part. Julie, irritée, se met au clavecin, et joue un allégro.*

Tout est préparé pour demain?

LOMELLINO.

Tout, prince; mais le courrier expédié ce matin, de bonne heure, à Levante n'est pas de retour. Et Spinola n'est pas arrivé non plus. S'il avait été pris.... Je suis dans la plus grande anxiété.

GIANETTINO.

Ne t'inquiète pas. La liste est toujours dans tes mains?

LOMELLINO, *embarrassé.*

Gracieux seigneur.... la liste.... je ne sais pas.... je l'aurai laissée dans la poche de mon habit d'hier....

GIANETTINO.

C'est égal. Si seulement Spinola était revenu. Demain matin, Fiesque sera trouvé mort dans son lit. J'ai arrangé la chose.

LOMELLINO.

Mais cela fera une terrible sensation.

GIANETTINO.

C'est précisément ce qui fera notre sûreté, camarade. Des iniquités comme il s'en commet tous les jours font bouillir le sang de l'offensé, et alors l'homme est capable de tout. Des attentats extraordinaires le glacent d'effroi, et alors l'homme n'est plus rien. Sais-tu le conte de la tête de Méduse? Son aspect pétrifie.... Et que ne fait-on pas, camarade, en attendant que les pierres se réchauffent?

LOMELLINO.

Avez-vous laissé pressentir quelque chose à madame la comtesse?

GIANETTINO.

Fi donc! Il faut la traiter plus délicatement, à cause de Fiesque. Mais quand elle aura goûté les fruits, elle se consolera de ce qu'ils auront coûté. Viens. J'attends ce soir encore des troupes de Milan, et il faut que je donne l'ordre aux portes. (*À Julie.*) Eh bien! sœur, auras-tu bientôt fait passer ta colère dans ces joyeux accords?

JULIE.

Allez! vous êtes un hôte brutal. (*Gianettino veut sortir et heurte Fiesque.*)

SCÈNE X.

FIESQUE *entre*.

GIANETTINO *recule vivement.*

Ah!

FIESQUE, *empressé et prévenant.*

Prince, vous me dispensez d'une visite que je me proposais justement de faire.

GIANETTINO.

Et à moi, comte, rien ne pouvait être plus agréable que votre société.

FIESQUE *s'approche de Julie et lui baise respectueusement la main.*

On est habitué chez vous, Signora, à voir toujours son attente surpassée.

JULIE.

Fi donc! cela pourrait pour une autre paraître équivoque.... Mais mon négligé me fait peur. Excusez, comte. (*Elle veut s'élancer dans un cabinet.*)

ACTE III, SCÈNE X.

FIESQUE.

Oh! restez, belle et gracieuse dame! La femme n'est jamais aussi belle qu'en toilette de nuit. (*Souriant.*) C'est le vêtement de son rôle.... Ces cheveux comprimés au sommet de la tête.... permettez que j'y porte le désordre.

JULIE.

Vous autres hommes, vous aimez tant à tout brouiller.

FIESQUE, *d'un air innocent, à Gianettino.*

Cheveux et républiques! n'est-il pas vrai, c'est tout un pour nous?... Et ce ruban aussi est mal attaché.... Asseyez-vous, belle comtesse.... Votre Laure s'entend à tromper les yeux, mais non les cœurs.... Laissez-moi être votre femme de chambre. (*Elle s'assied; il rajuste sa toilette.*)

GIANETTINO *tire Lomellino par son habit.*

Le pauvre être insouciant.

FIESQUE, *arrangeant le fichu de Julie.*

Voyez-vous?... je cache ceci prudemment. Il faut que les sens soient toujours d'aveugles messagers et qu'ils ignorent ce que l'imagination et la nature ont à démêler ensemble.

JULIE.

Ceci est léger.

FIESQUE.

Pas le moins du monde, car, voyez-vous? la meilleure nouvelle perd de son intérêt, dès qu'elle devient la fable de la ville.... Nos sens ne sont que la lie de notre république intérieure. Ils font vivre la noblesse, mais elle s'élève au-dessus de leur goût trivial. (*Il a achevé de l'ajuster, et la conduit devant un miroir.*) Eh bien, sur mon honneur! il faut que cette toilette soit demain la mode à Gênes. (*Avec grâce.*) Me sera-t-il permis de vous conduire ainsi par la ville, comtesse?

JULIE.

Ah! l'esprit retors! Comme il s'y est pris adroitement pour m'amener, par ses mensonges, à sa volonté! Mais j'ai mal à la tête et je resterai à la maison.

FIESQUE.

Pardonnez-moi, comtesse.... vous le pouvez, si vous voulez, mais vous ne le voulez pas.... Cette après-midi, il est arrivé ici une troupe de comédiens de Florence, qui s'est offerte à jouer dans mon palais.... Je n'ai pu empêcher que la plupart des nobles dames de la ville vinssent pour être spectatrices, et je suis fort embarrassé de savoir comment je remplirai la loge d'honneur, sans faire une impolitesse à mes hôtes susceptibles. Il n'y a plus qu'un moyen. (*Avec une profonde révérence.*) Voulez-vous être assez aimable, signora?

JULIE *rougit et entre rapidement dans son cabinet.*

Laure!

GIANETTINO *s'approche de Fiesque.*

Comte, vous vous souvenez d'une histoire désagréable qui s'est passée récemment entre nous....

FIESQUE.

Mon désir, prince, est que nous l'oubliions tous deux. Nous autres hommes, nous agissons les uns avec les autres, selon que nous nous connaissons, et si mon ami Doria ne m'a pas connu à fond, à qui la faute, sinon à moi?

GIANETTINO.

Au moins n'y penserai-je jamais sans vous demander pardon de cœur....

FIESQUE.

Ni moi, sans vous pardonner de cœur.... (*Julie revient, après avoir fait quelques changements à sa toilette.*)

GIANETTINO.

Mais j'y pense, comte, il paraît que vous envoyez une croisière contre les Turcs.

FIESQUE.

On lève l'ancre ce soir.... J'ai précisément à ce sujet quelques inquiétudes dont pourrait me tirer l'obligeance de mon ami Doria.

GIANETTINO, *avec une extrême politesse.*

Avec le plus grand plaisir.... Disposez de toute mon influence.

FIESQUE.

Cette circonstance attirera peut-être, vers le soir, sur le port et près de mon palais, une certaine affluence, que le doge, votre oncle, pourrait mal interpréter....

GIANETTINO, *cordialement.*

Laissez-moi me charger de cela. Continuez toujours, et je vous souhaite beaucoup de bonheur dans votre entreprise.

FIESQUE *sourit.*

Je vous suis très-obligé.

SCÈNE XI.

LES PRÉCÉDENTS. UN ALLEMAND DE LA GARDE DU CORPS.

GIANETTINO.

Qu'y a-t-il?

L'ALLEMAND.

En passant devant la porte Saint-Thomas, j'ai vu des soldats armés courir en grand nombre vers la Darséna, et mettre les galères du comte de Lavagna en état d'appareiller.

GIANETTINO.

Rien de plus important? Cela n'ira pas plus loin.

L'ALLEMAND.

Très-bien. De plus, nombre de gens suspects sortent du couvent des Capucins et passent furtivement sur le marché. Leur démarche et leur air font présumer que ce sont des soldats.

GIANETTINO, *irrité.*

Au diable le zèle de l'imbécile! (*A Lomellino, avec confiance.*) Ce sont mes Milanais.

L'ALLEMAND.

Votre Grâce ordonne-t-elle qu'on les arrête?

GIANETTINO, *haut à Lomellino.*

Voyez-y, Lomellino. (*A l'Allemand, d'un ton brusque.*) Eh bien, va-t'en, c'est bon! (*A Lomellino.*) Faites entendre à ce bœuf allemand de tenir sa langue. (*Lomellino sort avec l'Allemand.*)

FIESQUE, *qui jusque-là a badiné avec Julie, en jetant à la dérobée quelques coups d'œil d'observation.*

Notre ami a de l'humeur. Puis-je savoir le motif?

GIANETTINO.

Ce n'est pas étonnant. Ces informations perpétuelles, ces avis! (*Il s'élance dehors.*)

FIESQUE.

Nous aussi, le spectacle nous attend. Oserai-je vous offrir le bras, gracieuse dame?

JULIE.

Patience! Il faut d'abord que je mette mon manteau. Mais pas de tragédie, comte? Cela me revient en rêve.

FIESQUE.

Oh! c'est à mourir de rire, comtesse! (*Il l'emmène. Le rideau tombe.*)

ACTE QUATRIÈME.

Il est nuit. La cour du palais de Fiesque. On allume les lanternes. On apporte des armes. Une des ailes du palais est éclairée.

SCÈNE I.

BOURGOGNINO *amène des soldats.*

BOURGOGNINO.

Halte!... A la grande porte de la cour, quatre sentinelles. Deux à chaque porte du palais. (*Les gardes prennent leurs postes.*) Entre qui veut. Personne ne sort. Qui a recours à la force, tué sur place! (*Il entre avec les autres dans le palais. Les sentinelles font leur faction. Pause.*)

SCÈNE II.

LES SENTINELLES A LA PORTE DE LA COUR *crient:*

Qui vive? (*Centurione vient.*)

CENTURIONE.

Ami de Lavagna. (*Il traverse la cour et va vers la porte de droite du palais.*)

LES SENTINELLES *de cette porte.*

Arrière!

CENTURIONE *s'arrête étonné et va vers la porte de gauche.*

LES SENTINELLES *de la porte de gauche.*

Arrière!

CENTURIONE *s'arrête interdit. Pause. Puis s'adressant à la sentinelle de gauche:*

Ami, par où va-t-on à la comédie?

LA SENTINELLE.

Je ne sais pas.

CENTURIONE *va et vient, de plus en plus surpris. Puis s'adressant à la sentinelle de droite :*

Ami, quand commence la comédie ?

LA SENTINELLE.

Je ne sais pas.

CENTURIONE, *stupéfait, se promène de long en large. Il aperçoit les armes. Consterné :*

Ami, que signifie cela ?

LA SENTINELLE.

Je ne sais pas.

CENTURIONE *s'enveloppe, effrayé, dans son manteau.*

C'est étrange.

LES SENTINELLES A LA PORTE DE LA COUR, *crient :*

Qui vive ?

SCÈNE III.

LES PRÉCÉDENTS. CIBO *vient.*

CIBO, *en entrant.*

Ami de Lavagna.

CENTURIONE.

Cibo, où sommes-nous ?

CIBO.

Quoi ?

CENTURIONE.

Regarde autour de toi, Cibo !

CIBO.

Où ? quoi ?

CENTURIONE.

Toutes les portes gardées.

CIBO.

Voici des armes.

CENTURIONE.

Personne ne donne d'éclaircissement.

CIBO.

C'est singulier.

CENTURIONE.

Quelle heure est-il?

CIBO.

Huit heures passées.

CENTURIONE.

Pouh! il fait un froid cuisant.

CIBO.

Huit heures est le temps marqué.

CENTURIONE, *secouant la tête.*

Il y a ici quelque chose de suspect.

CIBO.

Fiesque a quelque plaisanterie en tête.

CENTURIONE.

C'est demain l'élection du doge.... Cibo, il y a ici quelque chose de suspect.

CIBO.

Silence! silence! silence!

CENTURIONE.

L'aile droite du palais est tout éclairée.

CIBO.

N'entends-tu rien? N'entends-tu rien?

CENTURIONE.

Un murmure confus dans l'intérieur, et par moments....

CIBO.

Un sourd cliquetis, comme d'armures qui s'effleurent l'une l'autre....

CENTURIONE.

Épouvantable! épouvantable!

CIBO.

Une voiture! Elle s'arrête à la porte.

LES SENTINELLES A LA PORTE DE LA COUR *crient:*

Qui vive?

SCÈNE IV.

LES PRÉCÉDENTS. LES QUATRE ASSERATO.

ASSERATO, *en entrant.*

Ami de Fiesque.

CIBO.

Ce sont les quatre Asserato.

CENTURIONE.

Bonsoir, compatriote.

ASSERATO.

Nous allons à la comédie.

CIBO.

Bon voyage !

ASSERATO.

Ne venez-vous pas avec nous à la comédie ?

CENTURIONE.

Allez toujours en avant. Nous voulons d'abord prendre le frais.

ASSERATO.

On va bientôt commencer. Venez. (*Ils continuent d'avancer.*)

LA SENTINELLE.

Arrière !

ASSERATO.

Où cela tend-il ?

CENTURIONE *rit.*

A nous exclure du palais.

ASSERATO.

Il y a ici un malentendu.

CIBO.

Palpable. (*On entend de la musique dans l'aile droite.*)

ASSERATO.

Entendez-vous la symphonie ? On va jouer la pièce.

CENTURIONE.

Elle a déjà commencé, ce me semble, et nous y faisons le rôle de niais.

CIBO.

Je n'ai plus de chaleur de reste. Je m'en vais.

ASSERATO.

Des armes ici ?

CIBO.

Bah ! mobilier de comédiens.

CENTURIONE.

Resterons-nous ici, comme les fous au bord de l'Achéron ? Venez au café. (*Ils vont rapidement tous six vers la porte.*)

LES SENTINELLES *crient d'une voix forte.*

Arrière!

CENTURIONE.

Meurtre et mort! Nous sommes prisonniers.

CIBO.

Mon épée dit : « pas pour longtemps. »

ASSERATO.

Rengaine! rengaine! Le comte est homme d'honneur.

CIBO.

Vendus! trahis! La comédie était le lard et derrière la souris la porte s'est fermée.

ASSERATO.

Dieu nous en préserve! Je tremble de voir le dénoûment de tout ceci.

SCÈNE V.

LES SENTINELLES.

Qui vive? (*Verrina et Sacco viennent.*)

VERRINA.

Amis de la maison. (*Sept autres nobles viennent.*)

CIBO.

Ses intimes. Tout va maintenant s'éclaircir.

SACCO, *engagé dans un entretien avec Verrina.*

Comme je vous disais, Lescaro a la garde de la porte Saint-Thomas. C'est le meilleur officier de Doria et il lui est aveuglément dévoué.

VERRINA.

J'en suis bien aise.

CIBO, *à Verrina.*

Vous venez à souhait, Verrina, pour nous aider tous à sortir de notre rêve.

VERRINA.

Comment cela? comment cela?

CENTURIONE.

Nous sommes invités à une comédie.

VERRINA.

Alors nous suivons la même route.

CENTURIONE, *impatient.*

La route de toute chair. Je la connais. Ne voyez-vous pas que les portes sont gardées? Pourquoi sont-elles gardées?

CIBO.

Pourquoi ces armes?

CENTURIONE.

Nous sommes ici comme sous la potence.

VERRINA.

Le comte va venir lui-même.

CENTURIONE.

Qu'il se dépêche. Ma patience rompt le frein. (*Tous les nobles vont et viennent dans le fond.*)

BOURGOGNINO *sort du palais.*

Comment cela va-t-il sur le port, Verrina?

VERRINA.

Tout est heureusement embarqué.

BOURGOGNINO.

Le palais est aussi bourré de soldats.

VERRINA.

Neuf heures approchent.

BOURGOGNINO.

Le comte tarde beaucoup.

VERRINA.

Il viendra toujours trop tôt pour ce qu'il a à espérer. Bourgognino, je me sens tout glacé, quand je pense à une certaine chose.

BOURGOGNINO.

Mon père, ne précipite rien.

VERRINA.

Il ne peut y avoir de précipitation quand tout retard est impossible. Si je ne commets pas le second meurtre, je ne pourrai jamais justifier le premier.

BOURGOGNINO.

Mais quand Fiesque doit-il mourir?

VERRINA.

Quand Gênes sera libre, Fiesque mourra!

LES SENTINELLES.

Qui vive?

SCÈNE VI.

LES PRÉCÉDENTS. FIESQUE.

FIESQUE, *en entrant.*

Ami! (*Tous s'inclinent. Les factionnaires présentent les armes.*) Soyez les bienvenus, très-dignes amis! Vous avez sans doute murmuré de ce que le maître de la maison se faisait attendre si longtemps. Pardonnez-moi. (*Bas à Verrina.*) Est-ce fini?

VERRINA, *lui parlant à l'oreille.*

A souhait.

FIESQUE, *bas à Bourgognino.*

Et....

BOURGOGNINO.

Tout est en règle.

FIESQUE, *à Sacco.*

Et....

SACCO.

Tout va bien.

FIESQUE.

Et Calcagno?

BOURGOGNINO.

Il manque encore.

FIESQUE, *haut aux gardes de la porte.*

Qu'on ferme! (*Il ôte son chapeau et s'avance vers l'assemblée, avec un maintien plein d'aisance.*)

Messieurs,

J'ai pris la liberté de vous inviter à un spectacle.... mais non pour vous divertir, c'était pour vous y donner des rôles. Assez longtemps, mes amis, nous avons supporté l'insolence de Gianettino Doria et les usurpations d'André. Si nous voulons sauver Gênes, amis, il n'y a pas de temps à perdre. Dans quelle vue pensez-vous que ces vingt galères assiégent le port de notre patrie? Dans quelle vue les alliances que ces Doria ont conclues? Dans quelle vue ces armes étrangères qu'ils ont attirées au cœur de Gênes?... Maintenant il ne suffit plus de murmurer et de maudire. Pour tout sauver, il faut tout hasarder.

Un mal désespéré veut un remède audacieux. Y aurait-il quelqu'un dans cette assemblée qui eût le flegme de reconnaître pour maître celui qui n'est que son égal ? (*Murmures*).... Il n'en est pas un ici dont les ancêtres n'aient entouré le berceau de Gênes. Eh quoi ? je vous le demande ! par tout ce qu'il y a de plus sacré ! quel avantage ont donc sur nous ces deux citoyens pour prendre ainsi un essor impudent au-dessus de nos têtes ? (*Violents murmures*).... Chacun de vous est solennellement requis de prendre en main la cause de Gênes contre ses oppresseurs.... Aucun de vous ne peut sacrifier de ses droits l'épaisseur d'un cheveu, sans trahir en même temps l'âme de tout l'État. (*Il est interrompu par des mouvements impétueux qui s'élèvent parmi les spectateurs; puis il continue :*) Vous êtes émus.... Maintenant tout est gagné. Déjà je vous ai frayé la route qui mène à la gloire. Voulez-vous me suivre ? Je suis prêt à vous conduire. Ces apprêts que vous regardiez, il n'y a qu'un instant, avec épouvante, doivent vous inspirer maintenant une ardeur toute nouvelle, un courage héroïque. Ces frissons de terreur doivent se tourner en un zèle brûlant et glorieux, pour faire cause commune avec ces patriotes et moi, et ruiner de fond en comble l'édifice de la tyrannie. Le succès couronnera notre audace, car mes mesures sont infaillibles. L'entreprise est juste, car Gênes souffre. Notre projet nous rendra immortels, car il est périlleux et colossal.

CENTURIONE, *dans un bouillant transport* :

Assez ! « La liberté de Gênes ! » Avec ce cri de guerre, nous marcherions contre l'enfer même.

CIBO.

Et celui que ce cri n'arracherait pas au sommeil, qu'il se courbe à jamais, haletant, sur la rame, jusqu'à ce que la trompette du dernier jugement rompe sa chaîne.

FIESQUE.

C'est parler en homme. Vous méritez maintenant de savoir le danger qui vous menaçait, vous et Gênes. (*Il leur donne les papiers du nègre.*) Éclairez, soldats ! (*Les nobles se pressent autour d'une torche, et lisent.*) Ami, tout s'est passé comme je le désirais.

VERRINA.

Ne parle pas encore si haut. J'ai vu là-bas, à l'aile gauche, des visages pâlir et des genoux trembler.

CENTURIONE, *en fureur*.

Douze sénateurs! C'est diabolique! Saisissez tous des glaives! (*Tous se précipitent, à l'exception de deux, sur les armes entassées là toutes prêtes.*)

CIBO.

Ton nom y est aussi, Bourgognino.

BOURGOGNINO.

Et aujourd'hui même, s'il plaît à Dieu, je l'écrirai de ma main sur la gorge de Doria.

CENTURIONE.

Il reste à terre deux épées.

CIBO.

Quoi? quoi?

CENTURIONE.

Il y en a deux qui n'ont pas pris d'épée.

ASSERATO.

Mes frères ne peuvent voir le sang. Excusez-les.

CENTURIONE, *vivement*.

Quoi? quoi? Pas même le sang des tyrans? Déchirez ces lâches! Jetez-les hors de la république, ces bâtards. (*Quelques-uns des membres de la réunion se jettent avec colère sur les deux frères.*)

FIESQUE *les sépare*.

Arrêtez! arrêtez! Voulez-vous que Gênes doive sa liberté à des esclaves? Voulez-vous que notre or perde son beau son en s'alliant avec ce vil métal? (*Il les dégage.*) Vous, messieurs, vous voudrez bien vous arranger d'une chambre dans mon palais, jusqu'à ce que nos affaires soient décidées. (*A la garde:*) Deux prisonniers. Vous en répondez. Deux sentinelles vigilantes à leur porte. (*On les emmène.*)

LES SENTINELLES, *à la porte de la cour*.

Qui est là dehors? (*On frappe.*)

CALCAGNO *crie avec angoisse:*

Ouvrez!... Ami.... Ouvrez, au nom de Dieu!

BOURGOGNINO.

C'est Calcagno. Pourquoi « au nom de Dieu? »

FIESQUE.

Ouvrez-lui, soldats.

SCÈNE VII.

LES PRÉCÉDENTS; CALCAGNO, *hors d'haleine, épouvanté.*

CALCAGNO.

C'est fini, fini! Sauve qui peut! Tout est fini.

BOURGOGNINO.

Quoi fini? Leur chair est-elle d'airain et nos glaives sont-ils des roseaux?

FIESQUE.

Réfléchissez, Calcagno! Un malentendu, ici, ne serait plus pardonnable.

CALCAGNO.

Nous sommes trahis. C'est une infernale vérité. Votre nègre, Lavagna, le scélérat! Je viens du palais de la Signoria. Il avait une audience du doge. (*Tous les nobles pâlissent. Fiesque lui-même change de couleur.*)

VERRINA, *d'un ton résolu, à la garde de la grande porte.*

Soldats! présentez-moi la pointe de vos hallebardes. Je ne veux pas périr de la main du bourreau. (*Tous les nobles courent çà et là, consternés.*)

FIESQUE *a repris de l'assurance.*

Où allez-vous? que faites-vous?... Va-t'en au diable, Calcagno.... C'était, messieurs, une crainte aveugle.... Femme! dire cela devant ces enfants!... Toi aussi, Verrina?... Bourgognino, toi aussi?... Où veux-tu aller?

BOURGOGNINO, *vivement.*

A la maison, tuer ma Berthe, et revenir ici.

FIESQUE *pousse un éclat de rire.*

Demeurez! arrêtez! Est-ce là le courage des meurtriers des tyrans?... Tu as joué ton rôle en maître, Calcagno!... N'avez-vous pas remarqué que cette nouvelle était un stratagème combiné par moi? Calcagno, parlez, n'est-ce pas moi qui vous avais commandé de mettre ces Romains à l'épreuve?

VERRINA.

Certes, si tu peux rire.... Je veux te croire ou ne plus te tenir désormais pour un homme.

FIESQUE.

Honte sur vous, hommes! Succomber à cette épreuve d'enfants!... Reprenez vos armes.... Vous combattrez comme des ours, si vous voulez réparer cette brèche. (*Bas à Calcagno*.) Y étiez-vous allé vous-même?

CALCAGNO.

J'avais pénétré au milieu des gardes du corps, pour m'informer, selon ma mission, du mot d'ordre chez le doge.... Comme je me retirais, on amène le nègre.

FIESQUE, *haut*.

Ainsi le vieux est au lit? Nous le ferons sortir de son duvet, tambour battant. (*Bas*.) A-t-il parlé longtemps avec le doge?

CALCAGNO.

Mon soudain effroi et votre danger pressant m'ont à peine permis de rester là deux minutes.

FIESQUE, *haut et gaiement*.

Vois donc! comme nos concitoyens tremblent encore.

CALCAGNO.

Vous n'auriez pas dû non plus éclater si vite. (*Bas*.) Mais, pour l'amour de Dieu, comte! que gagnerez-vous à ce mensonge que vous dicte la nécessité?

FIESQUE.

Du temps, ami, et puis voilà le premier effroi passé. (*Haut*.) Holà! qu'on apporte du vin! (*Bas*.) Et avez-vous vu le doge pâlir? (*Haut*.) Allons, frères, buvons encore une santé à la danse de cette nuit! (*Bas*.) Et avez-vous vu le doge pâlir?

CALCAGNO.

Le premier mot du nègre doit avoir été : « Conjuration! »... Le vieux a reculé, blanc comme la neige.

FIESQUE, *troublé*.

Hum! hum! Le diable est fin, Calcagno.... Il n'a rien trahi jusqu'à ce qu'ils eussent le couteau sur la gorge. Maintenant, sans doute, il est leur bon ange. Le nègre est fin. (*On lui apporte une coupe de vin, il la tend vers la compagnie et boit.*) A notre bonne fortune, camarades! (*On frappe*.)

LES SENTINELLES.

Qui est là dehors?

UNE VOIX.

Une ordonnance du doge. (*Les nobles, désespérés, se précipitent de côté et d'autre.*)

FIESQUE *s'élance au milieu d'eux.*

Non, enfants! ne vous effrayez pas! ne vous effrayez pas! Je suis là! Alerte! Enlevez ces armes. Soyez hommes, je vous en prie. Cette visite me fait espérer que Doria doute encore. Entrez dans le palais. Possédez-vous. Ouvrez, soldats. (*Tous s'éloignent. On ouvre la porte.*)

SCÈNE VIII.

FIESQUE, *comme s'il sortait à l'instant du palais;* TROIS ALLEMANDS, *qui amènent le nègre garrotté.*

FIESQUE.

Qui m'a crié de descendre dans la cour?

UN ALLEMAND.

Conduisez-nous au comte.

FIESQUE.

Voici le comte. Qui me demande?

L'ALLEMAND *lui fait le salut militaire.*

Bonsoir de la part du doge. Il livre à Votre Grâce ce nègre garrotté. Il doit avoir débité des infamies. Ce billet vous apprendra le reste.

FIESQUE *prend le billet, d'un air indifférent.*

Ne t'ai-je pas, aujourd'hui même, prédit les galères? (*A l'Allemand.*) C'est bon, ami. Mon respect au doge.

LE NÈGRE *leur crie, comme ils partent.*

Et le mien aussi, et dis-lui.... au doge.... que s'il n'avait pas envoyé un âne, il aurait appris qu'il y a deux mille soldats cachés dans le palais. (*Les Allemands sortent. Les nobles reviennent.*)

SCÈNE IX.

FIESQUE, LES CONJURÉS; LE NÈGRE, *au milieu, dans une attitude d'insolent défi.*

LES CONJURÉS *reculent tremblants, à la vue du nègre.*
Ah! qu'est-ce que cela?

FIESQUE *a lu le billet, avec une colère étouffée.*
Génois, le danger est passé.... mais aussi la conjuration.

VERRINA, *étonné.*
Quoi? les Doria sont-ils morts?

FIESQUE, *dans une violente agitation.*
Par le ciel! j'étais prêt à lutter contre toutes les forces de la république.... mais non contre ceci. Le vieillard débile triomphe, avec ces quatre lignes, de deux mille cinq cents hommes. (*Il laisse tomber ses bras énervés.*) Doria triomphe de Fiesque.

BOURGOGNINO.
Mais parlez donc! cette attente nous pétrifie.

FIESQUE *lit :*
« Lavagna, vous avez, ce me semble, le même sort que
« moi... Vos bienfaits sont payés d'ingratitude. Ce nègre me
« dénonce un complot. Je vous le renvoie garrotté et je dormi-
« rai cette nuit sans garde. » (*Il laisse tomber le papier. Tous se regardent.*)

VERRINA.
Eh bien, Fiesque?

FIESQUE, *avec noblesse.*
Un Doria m'aurait vaincu en générosité? Il manquerait une vertu à la race des Fiesque?... Non, aussi vrai que je suis moi-même!... Dispersez-vous. J'y vais aller... et tout avouer. (*Il veut s'élancer dehors.*)

VERRINA *le retient.*
Homme, es-tu en délire? Était-ce donc quelque infamie que nous avions en vue?... Arrête!... N'était-ce pas la cause de la patrie?... Arrête!... ou bien en voulais-tu à la personne d'André, et non au tyran? **Arrête, te dis-je**.... je te fais prisonnier, comme traître à l'État....

LES CONJURÉS.

Liez-le, terrassez-le!

FIESQUE *arrache une épée à l'un d'eux et s'ouvre un passage.*

Doucement, je vous prie! Qui le premier jettera le lacs au tigre?... Voyez, messieurs.... je suis libre.... je pourrais passer, pour aller où je voudrais.... Maintenant, je veux rester, car j'ai réfléchi et changé d'idée.

BOURGOGNINO.

Réfléchi à votre devoir?

FIESQUE, *avec colère et fierté.*

Enfant! apprenez par cœur, d'abord, le vôtre envers moi, et ne vous avisez plus de me parler de la sorte!... Calmez-vous, messieurs... Tout demeure comme avant.... (*Au nègre, en coupant les cordes qui le lient :*) Tu as le mérite de donner lieu à une grande action.... Sauve-toi.

CALCAGNO, *irrité.*

Quoi? quoi? il vivrait, ce païen? il vivrait et nous aurait tous trahis?

FIESQUE.

Il vivra et vous aura.... fait peur à tous. Va-t'en, drôle. Fais en sorte de laisser Gênes derrière toi, on pourrait avoir envie de faire ses preuves sur toi.

LE NÈGRE.

Cela veut dire que le diable ne laisse jamais un coquin dans la peine.... Votre très-obéissant serviteur, messieurs.... Je commence à voir que la corde qui doit me pendre ne pousse pas en Italie. Il faut que j'aille la chercher ailleurs. (*Il s'en va, en éclatant de rire.*)

SCÈNE X.

UN DOMESTIQUE *entre*; LES PRÉCÉDENTS, *sans le nègre.*

LE DOMESTIQUE.

La comtesse Impériali a déjà demandé trois fois Votre Grâce.

FIESQUE.

Oui, pardieu! Il faudra bien que la comédie commence. Dis-lui que je viens sans retard.... Reste.... tu prieras ma femme d'aller dans la salle du concert et de m'attendre derrière la tapisserie. (*Le domestique s'en va.*) J'ai écrit tous vos rôles sur ce papier; si chacun remplit le sien, il n'y a plus rien à dire.... Verrina ira d'avance au port, et donnera, par un coup de canon, le signal de l'attaque, quand les vaisseaux seront conquis. Je vous quitte; j'ai encore une grande exécution à faire. Vous entendrez une clochette et vous viendrez tous à la fois dans ma salle de concert.... En attendant, entrez.... et prenez goût à mon vin de Chypre. (*Ils se séparent.*)

SCÈNE XI.

La salle de concert.

LÉONORE, ARABELLA, ROSE, *toutes trois l'air inquiet.*

LÉONORE.

Fiesque a promis de venir dans la salle de concert, et il ne vient pas. Il est onze heures passées. Le palais retentit d'un bruit effrayant d'armes et d'hommes, et Fiesque ne vient pas?

ROSE.

Vous devez vous cacher derrière la tapisserie.... Quelle peut être la pensée de monseigneur?

LÉONORE.

Il le veut, Rose; j'en sais donc assez pour obéir; assez, Bella, pour n'avoir aucune crainte.... Et pourtant, pourtant, Bella, je tremble si fort, et le cœur me bat avec une si terrible angoisse. Mes filles, au nom de Dieu! qu'aucune de vous ne s'éloigne de moi.

BELLA.

Ne craignez rien. Notre curiosité est sous la garde de notre peur.

LÉONORE.

De quelque côté que je tourne les yeux, ils ne rencontrent que des visages étrangers, creux et grimaçants comme des spectres. Si j'en appelle un, il tremble comme pris en faute et fuit dans la nuit la plus épaisse, dans l'asile affreux de la mauvaise conscience. Si l'on répond, ce n'est qu'un demi-son mystérieux, qui, sur la langue tremblante, doute encore, inquiet, s'il peut hardiment s'échapper... Fiesque?... Je ne sais quoi d'horrible se trame ici... Ah! du moins veillez sur mon Fiesque (*elle joint les mains gracieusement*), ô vous, célestes puissances!

ROSE, *tressaillant d'effroi.*

Jésus! quel est ce bruit dans la galerie?

BELLA.

C'est le soldat qui monte la garde. (*Le factionnaire crie en dehors : « Qui vive? » On répond.*)

LÉONORE.

Il vient du monde. Derrière la tapisserie! vite! (*Elles se cachent.*)

SCÈNE XII.

JULIE, FIESQUE, en *conversation.*

JULIE, *fort troublée.*

Cessez, comte! Vos galanteries ne tombent plus dans des oreilles inattentives, mais sur un sang qui bouillonne.... Où suis-je? Il n'y a ici personne que la nuit séductrice. Où votre babil a-t-il entraîné mon cœur sans défense?

FIESQUE.

Où la passion timide devient plus hardie, où les transports parlent plus librement aux transports.

JULIE.

Arrête, Fiesque! Par tout ce qu'il y a de sacré, ne va pas plus loin! Si la nuit n'était si épaisse, tu verrais mes joues enflammées et tu aurais pitié de moi.

FIESQUE.

Tu es loin de compte, Julie. Justement alors, mon émotion, voyant le signal de feu de la tienne, déborderait avec plus de témérité. (*Il lui baise la main avec passion.*)

JULIE.

Homme, ton visage est brûlant de fièvre, comme ton langage. Malheur! du mien aussi, je le sens, jaillit un feu ardent et coupable. Cherchons la lumière, je t'en supplie. Nos sens soulevés pourraient entendre le dangereux conseil de cette obscurité. Va! ces rebelles, dans leur effervescence, loin des pudiques regards du jour, pourraient exercer leur art pervers. Viens parmi les hommes, je t'en conjure.

ACTE IV, SCÈNE XII.

FIESQUE, *plus pressant.*

Comme te voilà inquiète sans motif, mon amour! La souveraine craindra-t-elle jamais son esclave?

JULIE.

O malédiction sur vous, hommes, et sur cette éternelle contradiction! Comme si vous n'étiez pas les plus dangereux vainqueurs, alors que vous vous faites les captifs de notre amour-propre. T'avouerai-je tout, Fiesque? Te dirai-je que le vice seul gardait ma vertu? que mon orgueil seul bravait tes artifices? que ce n'était que grâce à lui que mes principes tenaient bon? Tu désespères de ta ruse, et tu fais appel au sang de Julie. Ici ils m'abandonnent.

FIESQUE, *d'un ton léger et confiant.*

Et qu'as-tu perdu en les perdant?

JULIE, *animée, avec feu.*

Si je te livre étourdiment la pudeur de la femme, la clef du sanctuaire, pour qu'ensuite tu me fasses rougir, à ton gré, de ce sacrifice, que perdrai-je de moins.... que tout à la fois? Veux-tu en savoir davantage, railleur? Faut-il que je t'avoue encore que tout le secret de la sagesse de notre sexe ne consiste qu'en misérables manœuvres pour éloigner les assaillants de notre côté faible (le seul, après tout, qu'assiégent vos serments), qui ne demanderait pas mieux, je le reconnais en rougissant, que d'être conquis, qui si souvent, pour peu que la vertu détourne les yeux, reçoit traîtreusement l'ennemi? Faut-il te dire que tous nos artifices féminins ne tendent qu'à protéger ce point de mire sans défense, comme, aux échecs, toutes les pièces ne font que couvrir le Roi qui ne peut se défendre. Si tu le surprends.... échec et mat! et brouille hardiment tout l'échiquier. (*Après une pause, d'un ton sérieux:*) Je t'ai fait le tableau de notre pompeuse misère.... Sois généreux!

FIESQUE.

Et pourtant, Julie.... à qui pourrais-tu mieux confier ce trésor qu'à ma passion infinie?

JULIE.

Oh! sans doute, ni mieux à personne, ni plus mal.... Écoute, Fiesque! combien durera cet infini?... Ah! j'ai déjà joué trop malheureusement, pour ne pas exposer encore mon dernier enjeu.... Pour te captiver, Fiesque, j'ai compté hardiment sur mes charmes, mais je ne leur suppose pas la toute-puissance de te retenir.... Fi donc! que dis-je là? (*Elle recule et tient ses mains devant son visage.*)

FIESQUE.

Deux péchés tout d'une haleine. La méfiance de mon bon goût ou le crime de lèse-majesté envers ton amabilité.... lequel des deux est le plus difficile à pardonner?

JULIE, *languissante, prête à succomber, d'une voix touchante.*

Les mensonges ne sont que les armes de l'enfer.... Fiesque n'en a plus besoin pour faire succomber sa Julie. (*Elle tombe épuisée sur un sofa. Après une pause, solennellement :*) Écoute, laisse-moi te dire encore un mot, Fiesque.... Nous sommes des héroïnes, quand nous savons notre vertu en sûreté.... des enfants, quand nous la défendons, (*le regardant dans les yeux fixement et d'un air farouche*) des furies, quand nous la vengeons.... Écoute. Si tu m'immolais froidement, Fiesque?

FIESQUE *prend le ton de l'emportement.*

Froidement? froidement! Eh pardieu! qu'exige donc l'insatiable vanité de la femme, si, voyant ramper un homme à ses pieds, elle doute encore? Ah! l'homme se réveille, je le sens. (*Changeant de ton, il ajoute avec froideur :*) Mes yeux s'ouvrent à temps.... Qu'était-ce donc que je voulais mendier tout à l'heure?... Le moindre abaissement d'un homme, pour acheter les plus grandes faveurs d'une femme, est une prodigalité. (*S'adressant à elle, avec une révérence glaciale :*) Reprenez courage, madame! A présent vous êtes en sûreté.

JULIE, *consternée.*

Comte, quel soudain accès?

FIESQUE, *avec une extrême indifférence.*

Non, madame! Vous avez parfaitement raison, nous ne risquons, vous et moi, notre honneur qu'une seule fois. (*Il lui baise poliment la main.*) J'aurai le plaisir de vous témoigner mon respect devant l'assemblée. (*Il veut s'éloigner rapidement.*)

JULIE *court après lui, et le tire en arrière.*

Demeure! Es-tu en délire? Demeure! Faut-il donc le dire.... le dire tout haut, ce que tont ton sexe, à genoux.... en larmes....

à la torture, ne pourrait arracher à ma fierté?... Hélas! ces épaisses ténèbres sont-elles-mêmes trop claires pour cacher cette ardeur brûlante qui fait éclater sur mes joues mon aveu.... Fiesque.... Oh! je perce le cœur de tout mon sexe.... tout mon sexe me haïra éternellement.... Je t'adore, Fiesque! (*Elle tombe à ses genoux.*)

FIESQUE *recule de trois pas, la laisse à genoux et pousse un éclat de rire triomphant.*

Je vous plains, signora! (*Il tire la sonnette, lève la tapisserie et amène Léonore sur la scène.*) Voici mon épouse.... une femme divine! (*Il tombe dans les bras de Léonore.*)

JULIE *se relève d'un bond, en criant.*

Ah! trahison inouïe!

SCÈNE XIII.

LES CONJURÉS *entrent tous ensemble; des* DAMES *viennent du côté opposé;* FIESQUE, LÉONORE *et* JULIE.

LÉONORE.

Mon époux, c'était par trop sévère.

FIESQUE.

Un mauvais cœur ne méritait pas moins. Je devais cette satisfaction à tes larmes. (*A l'assemblée:*) Non, messieurs, non, mesdames, je ne suis pas accoutumé à prendre feu puérilement à la première occasion. Les folies des hommes m'amusent longtemps avant de m'irriter. Cette femme mérite toute ma colère, car elle avait mélangé pour cet ange la poudre que voici. (*Il montre le poison à l'assemblée, qui recule avec horreur.*)

JULIE, *dévorant sa rage.*

Bien! bien! très-bien! monsieur! (*Elle veut sortir.*)

FIESQUE *la prend par le bras et la ramène.*

Vous prendrez patience, madame.... Nous n'avons pas encore fini.... Cette société aurait grande envie d'apprendre pourquoi j'ai pu renier mon bon sens, au point de jouer cet absurde roman avec la plus grande folle de Gênes....

JULIE, *bondissant.*

C'est intolérable! Mais tremble! (*Avec menace:*) Doria tient la foudre à Gênes, et je.... suis sa sœur.

FIESQUE.

Vous êtes à plaindre, si c'est là votre dernier fiel.... Il faut, hélas! que je vous annonce que, du diadème dérobé par votre frère Sérénissime, Fiesque de Lavagna a tressé une corde avec laquelle il se propose de pendre cette nuit le voleur de la république. (*La voyant pâlir, il rit avec sarcasme.*) Fi! vous ne vous attendiez pas à cela.... et voyez-vous, (*il continue d'un ton plus mordant*) c'est pour cela que j'ai trouvé nécessaire de donner de l'occupation aux regards indiscrets de votre famille; pour cela, que je me suis affublé (*la montrant*) de cette passion d'arlequin; pour cela (*montrant Léonore*) que j'ai laissé tomber de mes mains ce diamant, et mon gibier a fort heureusement donné dans ce piége si visible. Je vous remercie de votre complaisance, signora, et je dépose ma parure de théâtre. (*Il lui remet son portrait, en faisant une profonde révérence.*)

LÉONORE *s'appuie sur Fiesque, d'un air suppliant.*

Mon Ludovico, elle pleure. Votre Léonore oserait-elle vous conjurer, tremblante?...

JULIE, *à Léonore, qu'elle brave.*

Tais-toi! femme odieuse....

FIESQUE, *à un domestique.*

Sois galant, ami, offre le bras à cette dame; elle a envie de voir ma prison d'État. Que personne, tu m'en réponds, n'incommode madame.... L'air du dehors est vif en ce moment.... L'orage qui va briser cette nuit le trône des Doria pourrait aisément gâter sa coiffure.

JULIE, *sanglotant.*

La peste sur toi, ô le plus noir et le plus traître des hypocrites! (*A Léonore, avec colère:*) Ne te réjouis pas de ton triomphe; toi aussi, il te perdra, et lui-même, et sa fin sera.... le désespoir. (*Elle se précipite dehors.*)

FIESQUE *fait signe à ses hôtes.*

Vous avez été témoins.... Sauvez mon honneur à Gênes! (*Aux conjurés:*) Vous viendrez me chercher, quand le canon tonnera.

(*Tous s'éloignent.*)

SCÈNE XIV.

LÉONORE, FIESQUE.

LÉONORE *se rapproche de lui, avec inquiétude.*

Fiesque!... Fiesque!... Je ne vous comprends qu'à demi, mais je commence à trembler.

FIESQUE, *d'un ton grave.*

Léonore.... je vous ai vue une fois marcher à la gauche d'une Génoise.... Je vous ai vue, dans les assemblées de la noblesse, vous contenter du second baisemain des chevaliers.... Léonore, cela me blessa les yeux. J'ai décidé qu'il n'en serait plus ainsi.... cela cessera. Entendez-vous le tumulte guerrier dans mon palais? Ce que vous redoutez est vrai.... Allez au lit, comtesse.... demain, je vous réveillerai dogaresse.

LÉONORE *joint vivement les mains et se jette dans un fauteuil.*

Dieu! mon pressentiment! Je suis perdue!

FIESQUE, *avec calme et dignité.*

Laissez-moi achever, mon amie! Deux de mes ancêtres ont porté la triple couronne; le sang des Fiesque ne coule libre et sain que sous la pourpre. Votre époux ne doit-il briller que d'un éclat héréditaire? (*D'un ton plus animé:*) Quoi? Faut-il qu'il doive toute sa grandeur aux prestiges du hasard, qui, dans un moment de bonne humeur, combinant des gloires réduites en poudre dans la tombe, en a bâclé un Jean-Louis Fiesque? Non, Léonore! Je suis trop fier pour me laisser donner en présent ce que je puis moi-même conquérir. Cette nuit, je rejetterai à mes aïeux, dans leur sépulcre, la parure d'emprunt.... Les comtes de Lavagna sont morts et leur race est éteinte.... Les princes de Lavagna commencent.

LÉONORE *secoue la tête, rêvant à voix basse.*

Je vois tomber mon époux, percé de profondes et mortelles blessures.... (*D'une voix plus creuse:*) Je vois un muet cortége m'apporter le corps déchiré de mon époux. (*Se levant d'un bond, avec effroi:*) La première.... l'unique balle traverse l'âme de Fiesque.

FIESQUE *la prend tendrement par la main.*

Calme-toi, mon enfant ; cette balle unique ne fera pas cela.

LÉONORE *le regarde sérieusement.*

Fiesque défie-t-il le ciel avec tant d'assurance ? Sur mille fois mille chances, n'y en eût-il qu'une seule possible, cette mille fois millième chance peut échoir et mon époux serait perdu.... Suppose que tu joues le ciel, Fiesque : si, sur un billion de coups gagnants, il y en avait un seul perdant, serais-tu assez audacieux pour jeter les dés et pour risquer contre Dieu une téméraire gageure ? Non, mon époux, quand on joue son tout, chaque coup de dés est un blasphème contre Dieu.

FIESQUE *sourit.*

Sois sans inquiétude. Nous nous entendons mieux que cela, la Fortune et moi.

LÉONORE.

Tu dis cela.... et pourtant tu as assisté à ces jeux de hasard, à cette torture de l'âme que vous nommez passe-temps.... tu as vu la perfide, comme elle amorce son favori par de petites cartes heureuses, jusqu'à ce qu'il s'anime, se lève, défie la banque.... et alors, à ce coup désespéré, elle l'abandonne.... O mon époux, ne crois pas qu'il ne s'agisse que d'aller se montrer aux Génois et d'en être adoré. Éveiller des républicains de leur sommeil, enseigner au coursier fougueux la vigueur de son sabot, ce n'est point, Fiesque, une partie de plaisir. Ne te fie pas à ces rebelles. Les habiles qui t'ont excité te craignent. Les sots qui te divinisent te seront de peu de secours, et, partout où je regarde, je vois la perte de Fiesque.

FIESQUE, *se promenant à grands pas dans la chambre.*

La pusillanimité est le plus grand péril. La grandeur exige aussi un sacrifice.

LÉONORE.

La grandeur, Fiesque ?... Ton génie peut-il vouloir tant de mal à mon cœur ?... Vois ! J'ai confiance en ta fortune : tu triomphes, je l'admets.... Alors, malheur à moi, la plus misérable de mon sexe ! Malheureuse, si tu échoues ! Si tu réussis, plus malheureuse encore ! Pas de choix pour moi, mon bien-aimé ! Si Fiesque n'est pas doge, il est perdu. Si je l'embrasse doge, je n'ai plus d'époux.

FIESQUE.

Je ne comprends pas cela.

LÉONORE.

Si fait, mon Fiesque! Dans cette région orageuse du trône, la délicate petite fleur de l'amour se flétrit. Le cœur d'un seul homme, cet homme fût-il même Fiesque, est trop étroit pour deux divinités toutes-puissantes.... deux divinités si hostiles l'une à l'autre. L'amour a des larmes et peut comprendre les larmes. L'ambition a des yeux d'airain, que jamais, jamais le sentiment n'humecte.... L'amour n'a qu'un seul bien et renonce à tout le reste de la création; l'ambition demeure affamée, après avoir fait sa proie de toute la nature.... L'ambition fait du monde en ruines une prison qui retentit du bruit des chaînes, l'amour se crée par ses rêves un Élysée dans chaque désert.... Au moment où tu voudrais te bercer sur mon sein, tu entendrais heurter quelque vassal rétif attaquant ton empire.... Quand je voudrais me jeter dans tes bras, l'anxiété du despote distinguerait derrière la tapisserie le bruit d'un meurtrier, et te chasserait, pour le fuir, de chambre en chambre. Oui, le soupçon aux grands yeux infecterait à la fin jusqu'à la concorde domestique.... Quand ta Léonore t'apporterait un breuvage rafraîchissant, tu repousserais convulsivement la coupe et insulterais sa tendresse du nom d'empoisonneuse.

FIESQUE *s'arrête, saisi d'horreur.*

Léonore, cesse! C'est un hideux tableau.

LÉONORE.

Et pourtant le tableau n'est pas achevé. Je te dirais : « Sacrifie l'amour à la grandeur, sacrifie le repos.... pourvu que Fiesque reste.....» Dieu, c'est le coup de grâce!... Rarement des anges montent sur le trône, plus rarement il en descend des anges. Celui qui n'a aucun homme à craindre, aura-t-il pitié d'un homme? Celui qui peut attacher à chacun de ses désirs un des carreaux de la foudre, jugera-t-il nécessaire de les accompagner de quelque parole de douceur? (*Elle s'arrête, puis s'approche modestement de lui et, prenant sa main, elle continue avec une imperceptible amertume:*) Les princes, Fiesque, ces ébauches avortées de la nature qui veut et ne peut pas.... aiment tant à placer leur trône entre l'humanité et la divinité.... Funestes créatures! créateurs pires encore!

FIESQUE *se promène, inquiet, à pas précipités.*

Léonore, cesse! Le pont est enlevé derrière moi....

LÉONORE *le regarde amoureusement.*

Et pourquoi, mon époux? Il n'y a que les actions qui ne puissent plus s'effacer. (*D'un ton affectueux et tendre, mais non sans malice :*) Je t'ai entendu jurer un jour que ma beauté avait renversé tous tes projets.... tu as fait un faux serment, hypocrite, ou elle s'est flétrie avant le temps.... Interroge ton cœur : qui est coupable? (*Avec plus de feu, en le serrant dans ses bras :*) Reviens sur tes pas! Sois homme! Renonce! L'amour te dédommagera. Si mon cœur ne peut étancher ta soif immense.... oh! Fiesque, le diadème sera plus impuissant encore.... (*D'une voix caressante :*) Viens! je veux apprendre par cœur tous tes souhaits, je veux fondre en un seul baiser d'amour tous les enchantements de la nature, pour retenir éternellement l'auguste fugitif dans ces liens célestes.... Ton cœur est infini.... l'amour l'est aussi, Fiesque. (*Avec attendrissement :*) Rendre heureuse une pauvre créature.... une créature qui goûte sur ton sein la félicité céleste.... cela pourrait-il laisser un vide dans ton cœur?

FIESQUE, *complètement ébranlé.*

Léonore, qu'as-tu fait? (*Il se jette sans force à son cou.*) Je ne pourrai plus paraître aux yeux d'aucun Génois....

LÉONORE, *avec un joyeux élan.*

Fuyons, Fiesque!... Jetons dans la poussière tous ces riens pompeux; vivons tout entiers à l'amour, dans une campagne romantique. (*Elle le presse sur son cœur dans un charmant transport.*) Nos âmes, sereines comme le limpide azur du ciel au-dessus de nous, ne seront plus ternies par le noir souffle du chagrin.... Notre vie alors s'écoulera mélodieusement vers le Créateur, comme une source harmonieuse.... (*On entend le coup de canon. Fiesque bondit et se dégage. Tous les conjurés entrent dans la salle.*)

SCÈNE XV.

LES CONJURÉS.

Voici le moment!

FIESQUE, *à Léonore, avec fermeté.*

Adieu! pour jamais.... ou Gênes sera demain à tes pieds. (*Il veut s'élancer dehors.*)

BOURGOGNINO *crie.*

La comtesse tombe évanouie. (*Léonore sans connaissance. Tous se précipitent pour la soutenir. Fiesque se jette à genoux devant elle.*)

FIESQUE, *d'un ton déchirant:*

Léonore! Sauvez-la! pour l'amour de Dieu! sauvez-la. (*Rose et Arabella accourent pour la ranimer.*) Elle ouvre les yeux.... (*Il se relève vivement, et d'un air resolu :*) Maintenant venez.... les fermer à Doria. (*Les conjurés se précipitent hors de la salle. Le rideau tombe.*)

ACTE CINQUIÈME.

Minuit passé. — Grande rue dans Gênes. — Çà et là, devant quelques maisons, brillent des lampes, qui s'éteignent successivement. — Dans le fond de la scène, on voit la porte Saint-Thomas, qui est encore fermée. — En perspective, la mer. — Quelques hommes traversent la scène, avec des lanternes à la main, puis le guet et des patrouilles. — Tout est paisible; seulement la mer s'agite avec une certaine violence.

SCÈNE I.

FIESQUE *arrive armé et s'arrête devant le palais d'André Doria; ensuite* **ANDRÉ.**

FIESQUE.

Le vieillard a tenu parole.... Dans le palais, toutes les lumières sont éteintes. Il n'y a point de gardes. Je vais sonner. (*Il sonne.*) Hé! holà! Éveille-toi, Doria! Tu es trahi, vendu, éveille-toi! Holà! holà! holà! Éveille-toi!

ANDRÉ *paraît au balcon.*

Qui a tiré la cloche?

FIESQUE, *déguisant sa voix.*

N'interroge pas! Écoute et obéis! Ton astre se couche, doge; Gênes se soulève contre toi. Les bourreaux sont proches, et tu peux dormir, André?

ANDRÉ, *avec dignité.*

Je me rappelle comme la mer en courroux luttait avec ma Bellone, au point que la quille craquait et que le haut du mât se brisait.... et cependant André Doria dormait paisiblement. Qui envoie les bourreaux?

FIESQUE.

Un homme plus redoutable que la mer en courroux, Jean-Louis Fiesque.

ANDRÉ *rit.*

Tu es de bonne humeur, ami! Apporte tes facéties de jour. Minuit est une heure inaccoutumée.

FIESQUE.

Tu railles ton bon génie?

ANDRÉ.

Je le remercie et vais me coucher. Fiesque s'est assoupi dans la débauche et n'a pas de temps de reste pour songer à Doria.

FIESQUE.

Malheureux vieillard!... ne te fie pas au serpent. Sept couleurs brillent à l'envi sur son dos chatoyant.... Tu approches.... et soudain la spirale meurtrière t'enlace. Tu t'es moqué de l'avis d'un traître, ne te moque pas du conseil d'un ami. Un cheval est sellé dans ta cour. Fuis à temps. Ne te ris pas d'un ami.

ANDRÉ.

Fiesque a l'âme noble. Je ne l'ai jamais offensé, et Fiesque ne me trahira pas.

FIESQUE.

Il a l'âme noble, il te trahit : il t'a donné des preuves de l'un et de l'autre.

ANDRÉ.

Eh bien, il y a là une garde du corps que nul Fiesque ne pourra renverser, s'il n'a pas des chérubins à son ordre.

FIESQUE, *avec sarcasme.*

Je voudrais parler à cette garde, la charger d'une lettre à porter dans l'éternité.

ANDRÉ, *avec grandeur.*

Pauvre railleur! ne t'a-t-on jamais dit qu'André Doria est âgé de quatre-vingts ans, et que Gènes.... est heureuse? (*Il quitte le balcon.*)

FIESQUE *le suit fixement du regard.*

Me fallait-il d'abord renverser cet homme, pour apprendre qu'il est encore plus difficile de lui ressembler? (*Il fait quelques pas, allant et venant tout pensif.*) Eh bien! j'ai rendu générosité pour générosité.... Nous sommes quittes, André! et maintenant, destruction, suis ton cours! (*Il s'élance dans la dernière ruelle. — Des tambours battant de tous côtés. Combat acharné à la porte Saint-*

Thomas. La porte est enfoncée et laisse voir le port, où sont des vaisseaux éclairés par des torches.)

SCÈNE II.

GIANETTINO DORIA, *enveloppé d'un manteau écarlate;* LOMELLINO; DES DOMESTIQUES *précèdent avec des torches. Tous empressés.*

GIANETTINO *s'arrête.*
Qui a commandé de battre la générale?

LOMELLINO.
Un coup de canon a éclaté sur les galères.

GIANETTINO.
Sans doute les forçats brisent leurs chaînes. (*Des coups de feu à la porte Saint-Thomas.*)

LOMELLINO.
On tire là-bas.

GIANETTINO.
La porte est ouverte! les gardes en rumeur! (*Aux domestiques:*) Alerte, coquins! Éclairez-moi, au port! (*Ils courent vers la porte.*)

SCÈNE III.

LES PRÉCÉDENTS; BOURGOGNINO, AVEC DES CONJURÉS, *qui viennent de la porte Saint-Thomas.*

BOURGOGNINO.
Sébastien Lescaro est un vaillant soldat.

CENTURIONE.
Il s'est défendu comme un ours avant de succomber.

GIANETTINO *recule consterné.*
Qu'est-ce que j'entends?... Halte!

BOURGOGNINO.
Qui va là avec un flambeau?

LOMELLINO.
Ce sont des ennemis, prince! Esquivez-vous par la gauche.

ACTE V, SCÈNE III.

BOURGOGNINO *crie avec feu :*

Qui va là avec un flambeau ?

CENTURIONE.

Arrêtez ! Le mot d'ordre !

GIANETTINO *tire l'épée avec arrogance.*

Soumission et Doria !

BOURGOGNINO, *écumant, terrible.*

Ravisseur de la république et de ma fiancée ! (*Aux conjurés, en se précipitant sur Doria :*) Une course d'épargnée, frères ! Ses démons nous le livrent eux-mêmes. (*Il le jette à terre en le perçant.*)

GIANETTINO *tombe en hurlant.*

Au meurtre ! au meurtre ! au meurtre ! Venge-moi, Lomellino !

LOMELLINO *et* LES DOMESTIQUES, *fuyant.*

Au secours ! des assassins ! des assassins !

CENTURIONE *crie d'une voix forte :*

Il ne l'a pas manqué. Arrêtez le comte ! (*Lomellino est fait prisonnier.*)

LOMELLINO, *à genoux.*

Épargnez ma vie, je passe de votre côté.

BOURGOGNINO.

Le monstre vit-il encore ? Laissez fuir ce poltron. (*Lomellino s'échappe.*)

CENTURIONE.

La porte Saint-Thomas est à nous ! Gianettino est mort ! Courez, tant que vous pouvez courir. Portez ces nouvelles à Fiesque.

GIANETTINO *se dresse convulsivement.*

Peste ! Fiesque.... (*Il meurt.*)

BOURGOGNINO *retire le fer du cadavre.*

Gênes est libre, et aussi ma Berthe !... Ton épée, Centurione ! Ce glaive sanglant, porte-le à ma fiancée. Son cachot est brisé. Je te suivrai bientôt et lui porterai le baiser des fiançailles. (*Ils se dispersent rapidement par diverses rues.*)

SCÈNE IV.

ANDRÉ DORIA, DES ALLEMANDS.

UN ALLEMAND.

Les assaillants se sont dirigés par là. Sautez à cheval, doge!

ANDRÉ.

Laissez-moi contempler encore une fois les tours de Gênes et le ciel. Non, ce n'est pas un rêve, André est trahi.

UN ALLEMAND.

Des ennemis de toutes parts. Partez! fuyez au delà des frontières!

ANDRÉ *se jette sur le cadavre de son neveu.*

Je veux finir ici. Que personne ne me parle de fuir. Ici gît la force de ma vieillesse. Ma carrière est terminée. (*Calcagno dans le lointain, avec des conjurés.*)

UN ALLEMAND.

Voici des assassins! Des assassins! Fuyez, mon vieux prince.

ANDRÉ, *quand les tambours recommencent à battre.*

Écoutez, étrangers! Écoutez! Ce sont les Génois, dont j'ai brisé le joug. (*Il se voile le visage.*) Récompense-t-on aussi de la sorte dans votre pays?

UN ALLEMAND.

Partez! partez! partez! pendant que nos os allemands ébrècheront leurs lames. (*Calcagno approche.*)

ANDRÉ.

Sauvez-vous! Laissez-moi! Épouvantez les nations par cette horrible nouvelle : « Les Génois ont tué leur père.... »

UN ALLEMAND.

En route! Tuer n'est pas encore chose faite.... Camarades, arrêtez. Prenez le doge au milieu de vous. (*Ils tirent leurs épées.*) Fouettez-moi ces chiens velches pour leur inculquer le respect qu'on doit à une tête blanche....

CALCAGNO *crie:*

Qui vive? qu'y a-t-il là?

LES ALLEMANDS, *frappant à grands coups.*

Des horions allemands! (*Ils sortent en combattant. Le cadavre de Gianettino est emporté.*)

SCÈNE V.

LÉONORE, *en habits d'homme ;* ARABELLA, *derrière elle. Toutes deux s'avancent avec inquiétude.*

ARABELLA.

Venez, gracieuse dame, oh! venez donc.

LÉONORE.

C'est de ce côté-là que la révolte fait rage.... Écoute! n'était-ce pas le gémissement d'un mourant?... Malheur! ils l'enveloppent.... C'est sur le cœur de Fiesque.... sur le mien, Bella, que sont braqués leurs tubes béants.... Ils font feu.... Arrêtez! arrêtez! C'est mon époux. (*Dans son égarement, elle frappe l'air de ses bras.*)

ARABELLA.

Mais au nom de Dieu....

LÉONORE, *toujours en proie à un farouche délire, crie dans toutes les directions:*

Fiesque!... Fiesque!... Fiesque!... Ils cèdent derrière lui, ils l'abandonnent, ses fidèles.... La foi des rebelles est une foi chancelante. (*Avec un grand effroi.*) Ce sont des rebelles que conduit mon époux? Bella! Ciel! C'est comme rebelle que combat mon Fiesque.

ARABELLA.

Non, non, signora, mais comme l'arbitre redoutable du destin de Gênes.

LÉONORE, *attentive.*

Voilà qui serait beau!... Léonore aurait tremblé? La plus lâche des républicaines embrasserait le premier des républicains?... Va, Arabella.... quand les hommes se disputent les États, les femmes peuvent bien aussi se sentir du courage. (*Le tambour recommence à battre.*) Je me jette parmi les combattants.

ARABELLA *joint vivement les mains.*

Dieu de miséricorde!

LÉONORE.

Doucement! Contre quoi mon pied a-t-il heurté? Voici un

chapeau et un manteau. Une épée est par terre tout auprès. (*Elle la pèse.*) Une lourde épée, ma Bella! mais je pourrai bien encore la traîner, et l'épée ne fera pas honte à la main qu'elle armera. (*On sonne le tocsin.*)

ARABELLA.

Entendez-vous? entendez-vous? Ce son plaintif vient de la tour des Dominicains. Que Dieu ait pitié de nous! Comme c'est épouvantable!

LÉONORE, *exaltée.*

Dis plutôt : comme c'est ravissant! Par ce tocsin Fiesque parle à Gênes. (*Le tambour bat plus fort.*) Hourra! hourra! Jamais le son des flûtes ne me parut plus doux.... Ces tambours, c'est aussi mon Fiesque qui les anime.... Comme mon cœur bondit et s'élève! Gênes entière s'éveille et s'empresse.... Des mercenaires, à son nom, s'élancent avec transport, et sa femme se montrerait timide! (*Le tocsin sonne dans trois autres tours.*) Non! il faut que mon héros serre dans ses bras une héroïne.... que mon Brutus embrasse une Romaine. (*Elle met le chapeau sur sa tête et se couvre du manteau écarlate.*) Je suis Porcia.

ARABELLA.

Gracieuse dame, vous ne savez comme votre exaltation est terrible! Non, vous ne le savez pas. (*Tocsin et tambour.*)

LÉONORE.

Malheureuse, tu entends tout cela et tu n'es pas transportée! Ces blocs de pierre pleureraient volontiers de n'avoir pas de pieds pour s'élancer sur les pas de mon Fiesque.... Ces palais s'indignent contre leur architecte qui les a si fort enracinés dans le sol qu'ils ne peuvent s'élancer sur les pas de mon Fiesque.... Ces rivages, s'ils le pouvaient, oublieraient leur devoir, livreraient Gênes en proie à la mer, et bondiraient derrière son tambour.... Ce qui arrache la mort de son linceul ne peut éveiller ton courage?... Va!... je trouverai mon chemin.

ARABELLA.

Grand Dieu! Vous ne voudriez pas, je pense, réaliser une telle fantaisie?

LÉONORE, *fièrement et avec héroïsme.*

C'est pourtant bien mon espoir, sotte fille.... (*Avec feu.*) Là où la mêlée est le plus terrible, le plus furieuse, où mon Fiesque combat en personne.... « Est-ce Lavagna? » les entendrai-je demander.... « lui que nul ne peut vaincre, qui jette ces dés de fer dont Gênes est l'enjeu? est-ce Lavagna? » — « Génois! c'est lui, » répondrai-je, « et cet homme est mon époux, et, moi aussi, j'ai une blessure. » (*Sacco avec des conjurés.*)

SACCO *crie :*

Qui vive? Doria ou Fiesque?

LÉONORE, *avec enthousiasme.*

Fiesque et liberté! (*Elle se jette dans une ruelle. Tumulte. Bella est séparée d'elle par la foule.*)

SCÈNE VI.

SACCO, *à la tête d'une troupe;* CALCAGNO *le rencontre avec une autre.*

CALCAGNO.

André Doria s'est échappé.

SACCO.

La pire des recommandations pour toi auprès de Fiesque.

CALCAGNO.

Ces Allemands sont des ours. Ils s'étaient plantés devant le vieillard comme des rochers. Je ne pouvais même pas l'atteindre du regard. Neuf des nôtres ont péri. Moi-même j'ai été effleuré au lobe de l'oreille gauche. S'ils font cela pour des tyrans étrangers, mille diables! comment donc doivent-ils veiller sur leurs princes?

SACCO.

Nous avons déjà un puissant parti, et toutes les portes sont à nous.

CALCAGNO.

Le combat est acharné, me dit-on, à la citadelle.

SACCO.

Bourgognino y est. Que fait Verrina?

CALCAGNO.

Il s'est posté entre Gênes et la mer, comme le Cerbère infernal : un anchois passerait à peine.

SACCO.

Je vais faire sonner le tocsin dans le faubourg.

CALCAGNO.

Je vais me porter sur la Piazza Sarzana. Allons, tambour battant! (*Ils poursuivent leur marche au bruit du tambour.*)

SCÈNE VII.

LE NÈGRE; UNE TROUPE DE VOLEURS, *avec des mèches allumées.*

LE NÈGRE.

Sachez, coquins, que c'est moi, moi en personne qui ai trempé la soupe.... On ne me donne pas de cuillère. Bon! Leur chasse à courre fait bien mon affaire. Nous allons, une bonne fois, incendier et piller. Ils se chamaillent là-bas pour un dogat; nous autres, nous allons faire bon feu dans les églises, pour réchauffer un peu les apôtres qui gèlent. (*Ils se jettent dans les maisons adjacentes.*)

SCÈNE VIII.

BOURGOGNINO; BERTHE, *déguisée.*

BOURGOGNINO.

Repose-toi ici, cher petit. Tu es en sûreté. Es-tu blessé?

BERTHE, *déguisant sa voix.*

Nulle part.

BOURGOGNINO, *vivement.*

Fi! alors lève-toi. Je vais te conduire où l'on récolte des blessures pour Gênes.... De nobles blessures, vois-tu? Comme celle-ci. (*Il découvre son bras.*)

BERTHE, *reculant avec effroi.*

O ciel!

BOURGOGNINO.

Tu t'effrayes? Gracieux enfant, tu veux faire l'homme avant le temps.... Quel âge as-tu?

BERTHE.

Quinze ans.

BOURGOGNINO.

Tant pis! C'est, pour cette nuit, un âge trop tendre, de cinq ans.... Ton père?

BERTHE.

Le meilleur citoyen de Gênes.

BOURGOGNINO.

Doucement, mon enfant! Il n'y en a qu'un qu'on puisse nommer ainsi, et sa fille est ma fiancée. Connais-tu la maison de Verrina?

BERTHE.

Il me semble.

BOURGOGNINO, *vivement.*

Et connais-tu cette céleste fille?

BERTHE.

Sa fille s'appelle Berthe.

BOURGOGNINO, *avec feu.*

Va sur-le-champ et remets-lui cet anneau. Tu lui diras que ce doit être à ses yeux l'anneau des fiançailles, et que le panache bleu se conduit vaillamment. Maintenant, adieu! Il faut que j'aille là-bas. Le danger n'est pas encore passé. (*Quelques maisons brûlent.*)

BERTHE, *comme il s'éloigne, lui crie d'une voix douce :*

Scipion!

BOURGOGNINO *s'arrête stupéfait.*

Par mon épée! je connais cette voix.

BERTHE *se jette à son cou.*

Par mon cœur! je suis fort connue ici.

BOURGOGNINO *s'écrie :*

Berthe! (*Le tocsin sonne dans le faubourg. Concours de peuple. Ils disparaissent ensemble, se tenant embrassés.*)

Au lieu de la scène qui précède, Schiller, pendant son séjour à Leipzig, en 1785, a inséré ici les suivantes, pour le théâtre de cette ville.

Une voûte souterraine, éclairée par une seule lampe. Le fond du théâtre reste complétement obscur. Sur le devant,

BERTHE, *seule, le visage couvert d'un voile noir, est assise sur une pierre. Après une pause, elle se lève et parcourt la scène.*

Toujours pas de bruit? Nulle trace humaine? Rien qui m'annonce les pas de mes sauveurs?... Effroyable attente! Effroyable et vaine, comme les désirs de l'homme enseveli vivant sous le sol du cimetière. Et quelle est ton attente, pauvre fille déçue? Un serment inviolable te tient captive sous cette voûte. « Il faut que Gianettino Doria tombe, que Gênes soit libre, ou que Berthe se consume dans ce cachot.... » ainsi l'a déclaré le serment de mon père. Horrible prison, pour laquelle il n'y a d'autre clef que le râle de la mort d'un tyran bien défendu! (*Elle regarde autour d'elle dans le caveau.*) Que ce silence est lugubre! affreux comme le silence du tombeau! De ces recoins vides il sort une nuit effrayante, et ma lampe aussi menace de s'éteindre. (*Elle marche d'un pas plus rapide.*) O viens, viens, mon bien-aimé! il est terrible de mourir ici. (*Silence; puis elle tressaille et s'élance, en se tordant les mains, à travers le caveau, avec tous les signes de la douleur.*) Il m'a abandonnée! Il a rompu son serment! Il a oublié sa Berthe. Les vivants ne se soucient plus des morts, et cette voûte fait partie des tombeaux. N'espère plus rien, malheureuse! L'espérance ne fleurit que sous les regards de Dieu, et Dieu ne regarde pas dans cette prison. (*Nouveau silence; elle devient plus inquiète.*)

Ou bien mes sauveurs ont-ils succombé? L'audacieuse conjuration a échoué et le péril a vaincu l'intrépide jeune homme.... O malheureuse Berthe! peut-être, en ce moment, leurs fantômes errent sous cette voûte et pleurent sur ton espérance. (*Elle tressaille d'effroi.*) Dieu! Dieu! me voilà donc perdue sans ressource, s'ils ne sont plus, abandonnée sans ressource à l'épouvantable mort! (*Elle s'appuie contre le roc. Après une pause,*

elle continue avec tristesse.) Et si mon bien-aimé vit encore....
s'il vient enfin pour tenir sa parole et emmener en triomphe
sa fiancée, et qu'il trouve tout ici solitaire et muet, et que le
cadavre inanimé ne réponde plus à l'ardeur de sa joie.... Si
ses baisers brûlants cherchent en vain sur mes lèvres la vie
éteinte, si ses larmes coulent en vain sur moi.... Si mon père,
se lamentant, tombe sur sa fille, et que le cri de leur souffrance leur soit renvoyé par les murailles nues de cette prison.... Oh! alors, alors, tais-leur mes plaintes, voûte sombre!
Dis-leur que j'ai souffert en héroïne et que mon dernier souffle
a été un pardon. (*Elle tombe épuisée sur la pierre. — Pause. —
On entend un bruit confus de tambours et de cloches derrière la
scène, ainsi qu'au-dessus et au-dessous. Berthe se relève d'un bond.*)
Écoute, qu'est-ce que cela? ai-je bien entendu ou est-ce un
rêve? Les cloches sonnent toutes ensemble, d'une manière terrible. Ce n'est pas là le même son que lorsqu'elles appelaient
au service divin. (*Le bruit se rapproche et devient plus fort; elle
court çà et là avec effroi.*) Plus fort, toujours plus fort! Dieu,
c'est le tocsin! c'est le tocsin! L'ennemi a-t-il fait irruption
dans la ville? Gênes est-elle en proie aux flammes?... Un
tumulte affreux, épouvantable, comme le bruit d'un millier
d'hommes! Qu'est-ce donc? (*On frappe violemment à la porte.*)
On vient ici, on tire les verrous.... (*Se précipitant vers le fond
du théâtre.*) Des hommes, des hommes! Liberté! Salut! Délivrance!

BOURGOGNINO *s'élance dans le caveau, l'épée nue à la main;
quelques hommes le suivent, portant des torches.*

BOURGOGNINO *crie à haute voix:*

Tu es libre, Berthe! Le tyran est mort. C'est cette épée qui
l'a tué.

BERTHE, *courant dans ses bras.*

Mon sauveur! Mon ange!

BOURGOGNINO.

Entends-tu les cloches d'alarme? le bruit des tambours?
Fiesque a vaincu. Gênes est libre; la malédiction de ton père,
anéantie.

BERTHE.

Dieu! Dieu! C'était donc pour moi ce bruit terrible, ce son des cloches?

BOURGOGNINO.

Pour toi, Berthe! C'est le signal de notre hymen. Quitte cet abominable cachot et suis-moi à l'autel.

BERTHE.

A l'autel, Bourgognino? Maintenant, à cette heure de minuit? Parmi ce tumulte horrible, furieux, quand le monde semble sortir de ses pôles?

VERRINA *entre, sans être vu, et s'arrête au seuil, sans parler.*

BOURGOGNINO.

Dans cette belle et magnifique nuit, où Gênes entière fête sa liberté, comme l'alliance de l'amour. Cette épée, rouge encore du sang du tyran, sera ma parure de noce. Cette main, chaude encore de son exploit héroïque, le prêtre la placera dans la tienne. Ne crains rien, ma bien-aimée, et accompagne-moi à l'église.

(*Verrina s'approche, se place entre eux deux, et les embrasse.*)

VERRINA.

Que Dieu vous bénisse, mes enfants!

BERTHE *et* BOURGOGNINO, *tombant à ses pieds.*

O mon père!

VERRINA *place ses mains sur eux.* — *Pause.* — *Puis il se tourne solennellement vers Bourgognino.*

N'oublie jamais combien tu l'as chèrement acquise! N'oublie jamais que ton mariage date de la liberté de Gênes. (*Se tournant, avec gravité et noblesse, vers Berthe.*) Tu es la fille de Verrina, et ton mari a tué le tyran. (*Après un moment de silence, il leur fait signe de se lever, et dit, le cœur oppressé:*) Le prêtre vous attend.

BERTHE *et* BOURGOGNINO, *à la fois.*

Comment, mon père? Vous ne voulez pas nous suivre?

VERRINA, *très-sérieusement.*

Un devoir terrible m'appelle ailleurs. Ma prière vous suivra. (*On entend les trompettes, les timbales et les cris de joie dans le lointain.*) Sais-tu le sens de cette jubilation?

BOURGOGNINO.

Sans doute on proclame Fiesque doge. La plèbe le divinise et lui a apporté bruyamment la pourpre. La noblesse a regardé en frémissant et n'a pu dire non.

VERRINA *rit avec amertume.*

Tu vois donc, mon fils, il faut que je parte bien vite et que je sois le premier à prêter au nouveau monarque le serment d'hommage.

BOURGOGNINO *l'arrête avec effroi.*

Que voulez-vous faire? Je vous accompagne.

BERTHE *s'attache avec anxiété à Bourgognino.*

Dieu! qu'est-ce donc, Bourgognino? Quel projet couve mon père?

VERRINA.

J'ai converti tout notre avoir en or et l'ai fait porter sur ton vaisseau. Prends ta fiancée et monte à bord sans délai. Peut-être vous suivrai-je bientôt, peut-être jamais.... Vous ferez voile pour Marseille, et (*les embrassant avec émotion*).... et que Dieu vous conduise!

BOURGOGNINO, *résolu.*

Verrina, je demeure; le danger n'est pas encore passé.

VERRINA *lui amène Berthe.*

Orgueilleux, insatiable, folâtre avec ta fiancée. Tu as expédié ton tyran, laisse-moi le mien. (*Ils sortent.*)

SCÈNE IX.

FIESQUE *entre, tout animé*; CIBO; SUITE.

FIESQUE.

Qui a mis le feu?

CIBO.

La citadelle est prise.

FIESQUE.

Qui a mis le feu?

CIBO *fait signe à la suite.*

Des patrouilles à la recherche du coupable! (*Quelques hommes sortent.*)

FIESQUE, *avec colère.*

Veulent-ils faire de moi un incendiaire, un brigand? Allez au plus vite avec des pompes et des seaux! (*La suite sort.*) Mais Gianettino est en notre pouvoir, j'espère?

CIBO.

On le dit.

FIESQUE, *impétueusement.*

Ne fait-on que le dire? Qui le dit ainsi? Cibo, sur votre honneur! s'est-il échappé?

CIBO, *pesant ses paroles.*

Si je puis mettre en balance avec l'assertion d'un noble le rapport de mes yeux, Gianettino vit.

FIESQUE, *éclatant.*

C'est une parole qui peut te couper le cou, Cibo.

CIBO.

Encore une fois.... je l'ai vu passer, bien vivant, il y a huit minutes, avec un panache jaune, et vêtu d'écarlate.

FIESQUE, *hors de lui.*

Ciel et Enfer!... Cibo!... Je ferai raccourcir de la tête Bourgognino. Volez, Cibo.... Qu'on ferme toutes les portes de la ville, qu'on coule à coups de canon toutes les felouques.... alors il ne pourra s'échapper par eau.... Ce diamant, Cibo, le plus précieux qui soit à Gênes, Lucques, Venise et Pise.... celui qui m'apportera cette nouvelle: « Gianettino est mort »…. il aura ce diamant. (*Cibo sort en toute hâte.*) Volez, Cibo!

SCÈNE X.

FIESQUE, SACCO, LE NÈGRE; SOLDATS.

SACCO.

Nous avons trouvé le nègre qui jetait une mèche allumée dans l'église des Jésuites....

FIESQUE.

Je t'ai passé ta trahison, parce que c'était moi qu'elle atteignait. Pour les brigandages le salaire est la corde. Emmenez-le sur-le-champ, pendez-le à la porte de l'église.

LE NÈGRE.

Fi! fi! fi! Cela m'arrive bien mal à propos.... Ne peut-on rien en rabattre?

FIESQUE.

Rien.

LE NÈGRE, *familièrement*.

Envoyez-moi une fois, pour essai, aux galères.

FIESQUE *fait signe aux autres*.

A la potence.

LE NÈGRE, *insolemment*.

Eh bien! je veux me faire chrétien!

FIESQUE.

L'Église n'a que faire de l'écume du paganisme.

LE NÈGRE, *d'un ton caressant*.

Au moins, envoyez-moi ivre dans l'éternité.

FIESQUE.

A jeun.

LE NÈGRE.

Mais ne me pendez pas à une église chrétienne.

FIESQUE.

Un chevalier n'a que sa parole. Je t'ai promis ta potence à toi.

SACCO, *grondant avec humeur*.

Pas tant de façons, païen! On a encore d'autre besogne.

LE NÈGRE.

Mais.... si, ma foi! après tout.... la corde cassait?...

FIESQUE, *à Sacco*.

On la prendra double.

LE NÈGRE, *résigné*.

Eh bien! soit.... et que le diable s'apprête à ce cas extraordinaire. (*Il sort avec des soldats, qui le pendent à quelque distance.*)

SCÈNE XI.

FIESQUE; LÉONORE *paraît dans le fond, couverte du manteau écarlate de Gianettino*.

FIESQUE *l'aperçoit, avance, puis recule et murmure avec colère*.

Ne connais-je pas ce panache et ce manteau? (*S'approchant sou-*

dain, il ajoute vivement :) Je connais ce panache et ce manteau! (*Il s'élance sur elle avec rage, et la renverse en la perçant de son épée.*) Si tu as une triple vie, relève-toi et marche! (*Léonore tombe, en poussant un cri étouffé. On entend une marche triomphale. Tambours, cors et hautbois.*)

SCÈNE XII.

FIESQUE, CALCAGNO, SACCO, CENTURIONE, CIBO. *Des soldats arrivent, avec de la musique et des drapeaux.*

FIESQUE *s'avance, triomphant, au-devant d'eux.*

Génois.... le grand coup est frappé.... Le voici à terre devant vous, le ver rongeur de mon âme.... l'affreux aliment de ma haine.... Élevez vos épées!... Gianettino!

CALCAGNO.

Et je viens vous dire que les deux tiers de Gênes embrassent votre parti et s'engagent par serment sous les drapeaux de Fiesque....

CIBO.

Et par moi, Verrina, du vaisseau amiral, vous envoie son salut et l'empire sur le port et la mer....

CENTURIONE.

Et par moi, le gouverneur de la ville, son bâton de commandement et les clefs....

SACCO.

Et, en ma personne, le grand et le petit conseil de la république se prosternent (*il s'agenouille*) devant leur seigneur, et implorent à ses pieds grâce et clémence....

CALCAGNO.

Pour moi, souffrez que je sois le premier à féliciter le glorieux vainqueur, à son entrée dans les rues de la ville.... Salut à vous.... Baissez les drapeaux!... doge de Gênes!

TOUS *ôtent leurs chapeaux.*

Salut, salut au doge de Gênes! (*La musique joue la marche du drapeau.*)

FIESQUE *est demeuré, tout ce temps, la tête penchée sur la poitrine, dans une attitude pensive.*

ACTE V, SCÈNE XII.

CALCAGNO.

Le sénat et le peuple attendent le moment de saluer leur chef suprême, revêtu des insignes de la souveraineté.... Permettez-nous, doge Sérénissime, de vous conduire en triomphe à la Signoria!

FIESQUE.

Permettez-moi d'abord de payer la dette de mon cœur.... Il m'a fallu abandonner dans d'inquiets pressentiments une personne bien chère, une personne qui partagera avec moi la gloire de cette nuit. (*D'un ton ému, à l'assemblée:*) Ayez la bonté de m'accompagner auprès de votre aimable dogaresse. (*Il veut partir.*)

CALCAGNO.

Et le corps de cet infâme assassin doit-il rester étendu là et cacher sa honte dans ce coin obscur?

CENTURIONE.

Plantez sa tête sur une hallebarde!

CIBO.

Que son tronc en lambeaux balaye notre pavé! (*On éclaire dans la direction du cadavre.*)

CALCAGNO, *effrayé et à demi-voix.*

Regardez, Génois! Ce n'est point là, par Dieu! un visage de Gianettino. (*Tous regardent le cadavre avec stupéfaction.*)

FIESQUE *reste immobile, jette de côté sur le corps un regard curieux, puis ses yeux deviennent fixes et il détourne lentement la tête, avec des mouvements convulsifs.*

Non, démon.... Non, ce n'est pas un visage de Gianettino, démon, railleur atroce! (*Roulant les yeux autour de lui.*) Gênes est à moi, dites-vous? à moi?... (*Sa rage éclate en un horrible cri.*) Prestige de l'enfer! C'est ma femme. (*Il tombe à terre, comme frappé de la foudre. Les conjurés demeurent dans un silence de mort, divisés en groupes où règne la consternation.*)

FIESQUE, *d'une voix sourde, après s'être relevé tout languissant.*

Ai-je tué ma femme, Génois?... Je vous en conjure, ne regardez pas ainsi de côté, pâles comme des spectres, ce jeu de la nature.... Grâce à Dieu, il y a des coups du sort que l'homme n'a pas à craindre, parce qu'il n'est qu'homme. Si les voluptés divines lui sont refusées, on ne peut vouloir qu'il endure les tourments des démons.... Cette erreur serait quelque chose de plus. (*Avec un calme épouvantable.*) Génois, grâce à Dieu! cela ne peut être.

SCÈNE XIII.

LES PRÉCÉDENTS; ARABELLA *arrive, se lamentant.*

ARABELLA.

Qu'ils me tuent, s'ils veulent! qu'ai-je encore à perdre?... Ayez pitié de moi, vous autres hommes.... C'est ici que j'ai quitté ma gracieuse dame, et je ne la retrouve nulle part.

FIESQUE, *d'une voix faible et tremblante, en s'approchant d'elle.*

Ta gracieuse dame ne s'appelle-t-elle pas Léonore?

ARABELLA, *joyeuse.*

Ah! c'est vous, mon cher et bon et gracieux seigneur!... Ne vous irritez pas contre nous, nous ne pouvions plus l'empêcher....

FIESQUE, *l'apostrophant avec une sourde colère.*

De quoi, maudite!

ARABELLA.

De s'élancer....

FIESQUE, *avec plus de violence.*

Tais-toi! s'élancer où?

ARABELLA.

Dans la mêlée....

FIESQUE, *avec rage.*

Que ta langue devienne langue de crocodile!... Ses habits?

ARABELLA.

Un manteau écarlate....

FIESQUE, *furieux, s'élance vers elle en chancelant.*

Va-t'en dans le neuvième cercle de l'enfer!... Ce manteau?...

ARABELLA.

Était ici par terre....

QUELQUES CONJURÉS *murmurent à demi-voix.*

C'est ici que Gianettino a été tué....

FIESQUE, *demi-mort, à Arabella, en chancelant en arrière.*

Ta dame est trouvée. (*Arabella s'éloigne dans une grande anxiété. Fiesque promène autour de lui, sur toute l'assemblée, ses yeux égarés, puis il continue d'une voix faible et incertaine, qui, par de-*

ACTE V, SCÈNE XIII.

gits, s'élève jusqu'à la fureur.) C'est vrai.... vrai.... et je suis le point de mire de l'infinie méchanceté. (*Frappant brutalement autour de lui.*) Arrière, visages humains!... Ah! (*Montrant les dents au ciel, avec un air d'insolent défi.*) Si seulement je tenais sa création entre ces dents.... je me sens d'humeur à défigurer toute la nature, à la labourer de mes morsures, jusqu'à ce qu'elle paraisse un épouvantail ricanant qui ressemble à ma douleur. (*Aux autres qui l'environnent tremblants.*) O hommes!... comme la voilà, la race pitoyable, se louant, se félicitant de n'être pas comme moi.... Pas comme moi! (*Il est retombé dans une sombre agitation.*) C'est moi seul que le coup a frappé.... (*Plus prompt, plus impétueux.*) Moi? Pourquoi moi? Pourquoi pas eux aussi avec moi? Pourquoi ma douleur ne peut-elle s'émousser au contact de la douleur d'un de mes semblables?

CALCAGNO, *d'une voix craintive.*

Mon cher doge....

FIESQUE *s'élance sur lui, avec une horrible joie.*

Ah! sois le bienvenu! En voilà un, Dieu soit loué! que ce même tonnerre écrase! (*Serrant Calcagno dans ses bras avec rage.*) Compagnon de torture! Bien te fasse la damnation! Elle est morte! Tu l'as aimée aussi! (*Il l'approche de force de Léonore et lui incline la tête vers le cadavre.*) Désespère! elle est morte! (*Fixant sur un coin de la scène son œil hagard.*) Ah! que ne suis-je au seuil de l'éternelle damnation! Si mes yeux pouvaient plonger dans l'abîme et voir tous les instruments de torture de l'enfer inventif, si mon oreille aspirait les gémissements des pécheurs que broient les supplices.... Si je pouvais la voir, ma souffrance, qui sait? je l'endurerais peut-être. (*Il va, en frissonnant, vers le cadavre.*) Ma femme est là, à terre, assassinée.... Non, c'est peu dire. (*D'un ton plus expressif.*) Moi, scélérat, j'ai assassiné ma femme.... Oh! fi! il y a là à peine de quoi faire sourire l'enfer.... Il commence par m'enlever habilement, comme dans un tourbillon, jusqu'au faîte le plus haut, le plus glissant, de la joie; il m'entraîne par ses séductions jusqu'au seuil du ciel.... et alors il me précipite.... alors.... oh! si mon haleine pouvait souffler la peste parmi les âmes!... alors.... alors, j'assassine ma femme.... Non! sa malice est encore plus raffinée.... alors se méprennent (*dédaigneusement*) deux yeux impatients, et (*avec une expression terrible*) j'assassine!... ma femme! (*Avec un sourire sarcastique.*) C'est là un chef-d'œuvre! (*Tous les conjurés s'appuient, tout émus, sur leurs armes. Quelques-uns essuient des larmes dans leurs yeux. Pause.*)

FIESQUE, *épuisé et plus calme, promenant ses regards dans le cercle qui l'entoure.*

Quoi? j'entends des sanglots?... Oui, par le ciel! ils pleurent, eux qui ont égorgé un prince! (*S'attendrissant, et avec une calme douleur.*) Parlez! pleurez-vous sur cette haute trahison de la mort? ou pleurez-vous sur la chute honteuse de mon génie? (*S'arrêtant près de la morte dans une attitude grave et touchante.*) Où des meurtriers au cœur de pierre fondent en larmes brûlantes, le désespoir de Fiesque s'est répandu en malédictions! (*Il tombe auprès d'elle en pleurant.*) Léonore, pardonne.... On n'arrache point le repentir au ciel par la colère. (*Avec une tendre mélancolie.*) Il y a des années, Léonore, que j'ai joui d'avance de cette heure de fête où je présenterais aux Génois leur dogaresse.... De quelle aimable et pudique rougeur je voyais déjà tes joues se colorer! avec quel charme auguste ton sein déjà palpitait, à mes yeux, sous la gaze d'argent! et qu'il était doux le murmure de ta voix, renonçant à rendre ton ravissement! (*Plus vivement.*) Ah! comme elles enivraient d'avance mon oreille, les flatteuses acclamations! Comme le triomphe de mon amour éclatait dans le silence de l'envie expirante!... Léonore.... l'heure est venue.... Ton Fiesque est doge de Gênes.... et le dernier des mendiants de Gênes hésite à échanger son ignominie contre mon tourment et ma pourpre.... (*D'une voix plus touchante.*) Une épouse partage son affliction.... avec qui puis-je partager ma grandeur? (*Il pleure plus amèrement et cache son visage, en l'appuyant sur Léonore. L'émotion est générale.*)

CALCAGNO.

C'était une dame incomparable.

CIBO.

Mais, de grâce! qu'on cache encore au peuple ce douloureux événement. Il ôterait le courage aux nôtres et en donnerait aux ennemis.

FIESQUE *se relève, ferme et résolu.*

Écoutez, Génois!... La Providence, si je comprends son avertissement, ne m'a frappé de ce coup que pour éprouver mon cœur à l'approche de la souveraine puissance.... C'était l'épreuve la plus périlleuse.... Maintenant je ne crains plus ni torture, ni enivrement. Venez! Gênes m'attend, dites-vous? Je veux donner à Gênes un prince tel que jamais l'Europe n'en a vu.... Venez! je veux célébrer à cette malheureuse princesse de telles funérailles que la vie perdra ses adorateurs et que la mort brillera comme une fiancée.... Maintenant, suivez votre doge.

(*Ils partent; la musique joue la marche du drapeau.*)

SCÈNE XIV.

ANDRÉ DORIA, LOMELLINO.

ANDRÉ.

Ils s'en vont par là avec des cris de triomphe.

LOMELLINO.

Leur bonheur les a enivrés. Les portes sont laissées sans gardes. Tout se précipite vers la Signoria.

ANDRÉ.

Il n'y avait que mon neveu qui effarouchât la cavale. Mon neveu est mort. Écoutez, Lomellino....

LOMELLINO.

Quoi? encore? Vous espérez encore, doge?

ANDRÉ, *d'un ton sérieux.*

Tremble pour ta vie, toi qui me railles avec ce nom de doge, quand je n'ai plus même le droit d'espérer.

LOMELLINO.

Très-gracieux seigneur.... Tout un peuple en effervescence est dans le plateau de Fiesque.... Qu'y a-t-il dans le vôtre?

ANDRÉ, *avec feu et grandeur.*

Le ciel!

LOMELLINO, *haussant les épaules avec une amère moquerie.*

Depuis l'invention de la poudre, les anges ne bivouaquent plus.

ANDRÉ.

Pitoyable singe, qui veut encore enlever son Dieu à un vieillard désespéré!... (*D'un ton grave et impérieux.*) Va, fais savoir qu'André vit encore.... André, diras-tu, demande à ses enfants de ne pas le forcer du moins, à l'âge de quatre-vingts ans, de fuir chez les étrangers, qui ne pardonneraient jamais à André la prospérité de sa patrie. Dis-leur cela, dis-leur qu'André demande à ses enfants autant de terre dans sa patrie qu'il en faut pour couvrir ce peu d'os.

LOMELLINO.

J'obéis, mais je désespère. (*Il veut partir.*)

ANDRÉ.

Écoute, prends cette boucle de cheveux, aussi blanche que la neige.... C'était, leur diras-tu, la dernière qui restât sur ma tête, et elle s'en est détachée la troisième nuit de janvier, quand Gênes s'est détachée de mon cœur, et elle avait tenu quatre-vingts ans, et c'est à quatre-vingts ans qu'elle a quitté ma tête chauve.... La boucle est fragile, mais assez forte cependant pour nouer le manteau de pourpre de ce grêle jeune homme. (*Il sort, en se voilant le visage. Lomellino s'éloigne rapidement par une rue opposée. On entend des cris de joie tumultueux, mêlés au bruit des trompettes et des timbales.*)

SCÈNE XV[1].

VERRINA, *venant du port;* BERTHE *et* BOURGOGNINO.

VERRINA.

Des cris de jubilation! En l'honneur de qui?

BOURGOGNINO.

Sans doute ils proclament Fiesque doge.

BERTHE *s'appuie avec anxiété sur Bourgognino.*

Mon père est effrayant, Scipion!

VERRINA.

Laissez-moi seul, mes enfants!... Oh! Gênes! Gênes!

BOURGOGNINO.

La plèbe le divinise et a demandé, en hennissant avec trans-

1. Cette scène est presque identique avec la fin de celles que Schiller a substituées, en 1785, à la scène VIII, et que nous avons données plus haut. (*Voy.* p. 330). Par cette substitution le poëte a modifié le plan du cinquième acte, et elle entraîne nécessairement la suppression de la scène XV. Nous avons laissé cependant celle-ci à sa place, pour montrer quelle était primitivement l'économie de la pièce.

port, qu'il prît la pourpre. La noblesse a regardé en frémissant, et n'a pas osé dire non.

VERRINA.

Mon fils, j'ai converti tout mon avoir en or et l'ai fait porter sur ton vaisseau. Emmène ta femme et prends le large sans délai. Peut-être vous suivrai-je bientôt, peut-être.... jamais. Vous ferez voile pour Marseille, et (*les embrassant avec angoisse et le cœur serré*) que Dieu vous conduise! (*Il s'éloigne rapidement.*)

BERTHE.

Pour l'amour de Dieu! quel projet couve mon père?

BOURGOGNINO.

As-tu compris ton père?

BERTHE.

Fuir, ô Dieu! fuir dans la nuit des noces!

BOURGOGNINO.

Il l'a dit.... A nous d'obéir. (*Ils s'en vont tous deux vers le port.*)

SCÈNE XVI.

VERRINA; FIESQUE, *avec les insignes de doge.*
(*Ils se rencontrent sur la scène.*)

FIESQUE.

Verrina! A souhait! J'étais précisément sorti pour te chercher.

VERRINA.

Je te cherchais aussi.

FIESQUE.

Verrina ne remarque-t-il aucun changement dans son ami?

VERRINA, *avec réserve.*

Je n'en désire aucun.

FIESQUE.

Mais aussi n'en vois-tu aucun?

VERRINA, *sans le regarder.*

J'espère que non.

FIESQUE.

Je te demande si tu n'en trouves aucun.

VERRINA, *après un rapide coup d'œil.*

Je n'en trouve aucun.

FIESQUE.

Eh bien! vois-tu? il faut donc qu'il soit vrai que la puissance ne fait point les tyrans. Depuis que nous nous sommes quittés, je suis devenu doge de Gênes, et Verrina (*il le presse sur sa poitrine*) trouve mon embrassement encore ardent comme autrefois.

VERRINA.

Tant pis qu'il me faille y répondre si froidement. L'aspect de la majesté tombe comme un couteau tranchant entre moi et le doge. Jean Louis Fiesque possédait des domaines dans mon cœur.... maintenant il a conquis Gênes, et je reprends mon bien.

FIESQUE, *étonné*.

Que Dieu nous en préserve! Pour un dogat ce serait un prix trop judaïque.

VERRINA *murmure d'une voix sourde*.

Hum! La liberté est-elle peut-être tellement passée de mode qu'on jette, à vil prix, les républiques à la tête du premier venu?

FIESQUE *se mord les lèvres*.

Ne dis cela à personne qu'à Fiesque.

VERRINA.

Oh! naturellement, il n'y a qu'une tête hors de pair de qui la vérité s'échappe sans recevoir de soufflets.... Mais c'est dommage! le rusé joueur ne s'est mépris dans sa partie que pour une carte. Il a calculé tout le jeu de l'envie; mais, par malheur, le politique raffiné a oublié dans son compte les patriotes. (*D'un ton très-significatif.*) L'oppresseur de la liberté a-t-il aussi en réserve quelque stratagème contre ce que pourra lui jouer la vertu romaine? Je le jure par le Dieu vivant : avant que la postérité déterre mes os du cimetière d'un duché, je veux qu'elle les recueille sur la roue.

FIESQUE *le prend avec douceur par la main*.

Quoi? même si le doge est ton frère? Même s'il ne fait de sa principauté que le trésor de sa bienfaisance, réduite jusqu'ici par son économe indigence à la mendicité? Verrina, même alors?

VERRINA.

Même alors.... Le larcin donné en présent n'a encore sauvé

de la potence aucun voleur.... D'ailleurs, cette générosité manquerait son effet sur Verrina. A mon concitoyen je pouvais bien permettre de me faire du bien.... à mon concitoyen j'espérais rendre la pareille.... Les présents d'un prince sont des grâces,... et des grâces, j'en reçois de Dieu.

FIESQUE, *avec humeur.*

J'aimerais mieux arracher l'Italie de la mer Atlantique[1] que cette tête de fer à son aveuglement.

VERRINA.

Et pourtant arracher n'est point l'art où tu t'entends le moins. Il en sait quelque chose, l'agneau République que tu as tiré de la gueule du loup Doria.... pour le dévorer toi-même.... Mais il suffit! Dis-moi seulement en passant, doge, quel crime avait donc commis ce pauvre diable que vous avez pendu à l'église des Jésuites?

FIESQUE.

Cette canaille incendiait Gênes.

VERRINA.

Mais pourtant cette canaille laissait encore les lois intactes?

FIESQUE.

Verrina rançonne bien durement mon amitié.

VERRINA.

Arrière l'amitié! Ne te l'ai-je pas dit? je ne t'aime plus; je te jure que je te hais.... que je te hais comme le reptile du paradis, qui a lancé dans la création ce premier trait perfide dont le monde saigne depuis cinq mille ans.... Écoute, Fiesque.... ce n'est point comme un sujet à son maître.... ce n'est point comme un ami à son ami, c'est d'homme à homme que je te parle. (*D'un ton incisif et véhément.*) Tu as commis une infamie contre la majesté du Dieu de vérité, en forçant la vertu de prêter les mains à ta coquinerie, et les patriotes de Gênes de forniquer avec Gênes.... Fiesque, si j'avais été, moi aussi, loyalement stupide, au point de ne pas pénétrer le fourbe.... par tous les frissons de l'éternité! Fiesque! je tresserais une corde avec mes propres entrailles et je m'étranglerais moi-même, pour te

---

1. Il y a dans Schiller *com Atlantenmeer.* Je cite le texte, parce que l'emploi qui est fait ici de ce mot peut paraître assez étrange.

cracher à la face mon dernier souffle de vie en jets d'écume convulsive. Ta royale scélératesse peut bien briser par son poids la fragile balance des péchés humains, mais tu t'es attaqué au ciel, et c'est le tribunal du jugement universel qui instruira ton procès.

FIESQUE, *stupéfait et ouvrant de grands yeux, le mesure du regard en silence.*

VERRINA.

Ne cherche pas de réponse. Voilà qui est fini. (*Après avoir fait quelques pas, allant et venant.*) Doge de Gênes, sur les vaisseaux du tyran d'hier j'ai appris à connaître une classe de pauvres pêcheurs qui, à chaque coup de rame, ruminent de vieux péchés et versent leurs larmes dans l'Océan, qui, semblable à l'homme riche, est trop grand seigneur pour les compter.... Un bon prince ouvre son règne par la clémence. Voudrais-tu te résoudre à mettre en liberté les esclaves des galères ?

FIESQUE, *d'un ton incisif.*

Que ce soient les prémices de ma tyrannie.... Va et annonce-leur, à tous, leur délivrance.

VERRINA.

Tu ne fais la chose qu'à demi, si tu te prives du spectacle de leur joie. Essaye d'y aller toi-même. Les grands seigneurs sont si rarement présents quand ils font le mal : doivent-ils aussi rester cachés, quand ils font le bien ?... Le doge n'est pas trop grand, ce me semble, pour jouir de la satisfaction d'autrui, même du dernier mendiant !

FIESQUE.

Homme, tu es terrible, mais, je ne sais pourquoi, il faut que je te suive. (*Ils se dirigent tous deux vers la mer.*)

VERRINA *s'arrête, avec une expression de profonde douleur.*

Mais, encore une fois, embrasse-moi, Fiesque ! car enfin il n'y a ici personne qui puisse voir Verrina pleurer et un prince se montrer sensible. (*Il le serre affectueusement dans ses bras.*) Jamais, certes, deux plus grands cœurs n'ont battu l'un sur l'autre ; nous nous aimions pourtant d'une ardeur si fraternelle !... (*Pleurant amèrement, suspendu au cou de Fiesque.*) Fiesque ! Fiesque ! tu laisses dans mon cœur un vide que toute la race humaine, quand on la triplerait, ne pourra plus remplir.

FIESQUE, *fort ému.*

Sois.... mon.... ami.

VERRINA.

Rejette cette pourpre odieuse, et je le suis!... Le premier prince fut un meurtrier et introduisit l'usage de la pourpre pour cacher dans cette couleur de sang les taches de son crime.... Écoute, Fiesque.... je suis un homme de guerre, les joues humides ne sont guère mon fait.... Fiesque.... ce sont mes premières larmes.... Rejette cette pourpre!

FIESQUE.

Tais-toi!

VERRINA, *avec plus de véhémence.*

Fiesque.... fais mettre ici, comme récompense, toutes les couronnes de notre planète..... et là, comme épouvantail, toutes ses tortures, pour que je m'agenouille devant un mortel.... je ne m'agenouillerai pas.... Fiesque! (*se jetant à ses pieds*) c'est ma première génuflexion.... Rejette cette pourpre!

FIESQUE.

Lève-toi et ne m'excite pas davantage.

VERRINA, *résolu.*

Je me lève, je ne t'excite plus. (*Ils sont près d'une planche qui conduit à une galère.*) Le prince a le pas. (*Ils passent sur la planche.*)

FIESQUE.

Pourquoi me tires-tu ainsi par mon manteau?... Il tombe!

VERRINA, *d'un ton d'amère et terrible raillerie.*

Eh bien! quand la pourpre tombe, il faut que le doge la suive. (*Il le précipite dans la mer.*)

FIESQUE, *dans les flots.*

Au secours, Gênes! au secours! au secours de ton doge.

(*Il est englouti.*)

SCÈNE XVII.

CALCAGNO, SACCO, CIBO, CENTURIONE, CONJURÉS, PEUPLE. *Tous empressés, inquiets.*

CALCAGNO *crie.*

Fiesque! Fiesque! André est de retour, la moitié de Gênes se jette dans le parti d'André. Où est Fiesque?

VERRINA, *d'une voix ferme.*

Il s'est noyé.

CENTURIONE.

Cette réponse sort-elle de l'enfer ou de la maison des fous?

VERRINA.

Il est noyé, si ce tour vous agrée mieux.... Je vais trouver André. (*Tous les assistants, partagés en divers groupes, demeurent atterrés. Le rideau tombe.*)

FIN DE LA CONJURATION DE FIESQUE.

APPENDICE.

REMANIEMENT DU DRAME DE FIESQUE

POUR LE THÉATRE.

Schiller, à la demande de Dalberg, retravailla, pour la scène de Mannheim, son drame de *Fiesque*. Cette version théâtrale n'a pas été imprimée du vivant de l'auteur, mais on en a conservé le manuscrit dans les archives du théâtre de Mannheim, et M. Hoffmeister, qui en a eu communication, a signalé, dans ses *Suppléments aux œuvres de Schiller*, les différences qu'il a remarquées entre les deux formes du drame, à savoir, d'une part, la forme que nous offrent les œuvres complètes et que nous avons traduite, et, de l'autre, celle du manuscrit de Mannheim, auquel on s'est conformé pour la représentation. Cette seconde version a pour titre : *La Conjuration de Fiesque à Gênes. Tragédie en cinq actes, retravaillée pour la scène de Mannheim, par l'auteur Frédéric Schiller, pour l'année 1784*.

« Si nous comparons ce remaniement, dit M. Hoffmeister, avec la forme originale du drame, nous trouvons partout des différences, grandes ou petites, soit dans le fond, soit dans la forme, différences qui, à chaque page en quelque sorte, s'accroissent et deviennent plus importantes. Partout nous voyons la main de Schiller retravaillant son œuvre, et nous reconnaissons la vérité du rapport de Streicher, qui nous dit que l'auteur a dû copier de nouveau toute sa pièce. Beaucoup de scènes sont supprimées, plusieurs transposées, d'autres sont changées en très-grande partie, un assez bon nombre enfin sont des compositions entièrement neuves. Bref, la pièce est, quant au plan et surtout quant à la tendance et au dénoûment, une œuvre dramatique toute nouvelle.

« 1° Il faut remarquer avant tout que chez Fiesque, dans la version du théâtre, la vertu républicaine triomphe de l'ambition, de façon que la pièce n'a pas un caractère de bouleversement révolutionnaire, mais qu'elle tend à l'établissement des idées de liberté : le héros s'épure et devient un précurseur du marquis de Posa. A ce point de vue, ce travail fait pour la scène est d'une grande importance pour l'histoire du développement moral de Schiller. A la fin, Fiesque ne périt point, mais il proclame les Génois libres, et c'est là la conclusion de la pièce. Après cela, on ne comprend pas bien pourquoi, dans le manuscrit du théâtre, ce drame où tout a une issue si heureuse est intitulé *Tragédie*, si toutefois ce titre vient de l'auteur.

« 2° Léonore ne meurt pas non plus et en général personne ne périt, à l'exception de Gianettino. Le nègre lui-même échappe.

« 3° Il n'est nulle part question de la passion de Calcagno pour Léonore, ni des dettes de Sacco. Évidemment toute la conjuration est encore ennoblie par la rehaussement de ces deux personnages. Tous les conjurés sont de purs républicains. Mais Calcagno et Sacco ont perdu au point de vue de l'art ce qu'ils ont gagné moralement : les deux caractères sont moins motivés.

« 4° L'outrage de Julie est adouci par cette circonstance, qu'il n'a pas lieu devant les conjurés assemblés, mais seulement devant Léonore. Ensuite, il est encore longuement parlé, entre Julie et les deux époux, de cette injure antichevaleresque, et la conduite perfide de Fiesque est excusée, pour que le héros de la nouvelle liberté ne se montre pas sous un jour défavorable. Mais c'était là un problème insoluble et sur toute cette steppe aride on ne pourrait semer qu'un vain éclat de rhétorique. Il fallait finir par rendre Julie affreuse, pour donner à Fiesque un droit apparent de la tromper et de la honnir.

« 5° Bertha n'est pas déshonorée par Gianettino, mais elle échappe à ses poursuites, et tout cet épisode est de nouvelle invention. Toutefois Schiller nous tourmente longtemps par la croyance qu'elle a subi le dernier outrage. Par suite de ce changement, la malédiction du père est maintenant moins motivée et nous apparaît presque comme un jeu atroce, tout à fait superflu si l'injure subie par la jeune fille a fait impression sur les trois républicains, et impuissant si elle ne les a point touchés.

« Tout le drame, dans ce remaniement, est moins artificiel et moins raffiné ; il se meut plus librement, plus simplement et plus naturellement, et l'on sent, à ne le pouvoir méconnaître, que le cœur du poète s'ouvre, à mesure qu'il touche de plus près au but sublime de l'action, à mesure qu'il approche de la chaude atmosphère de *don Carlos*.

« On remarquera aussi combien l'auteur s'est efforcé d'abaisser au ton ordinaire des entretiens le langage déclamatoire de la version originale, et comme il a ou traduit ou évité ou supprimé ce qui pouvait paraître étudié, recherché et obscur. »

A la suite de ce résumé, M. Hoffmeister donne toutes les variantes et toutes les parties neuves du manuscrit de Mannheim [1]. Nous en avons extrait, pour les traduire dans cet appendice, les deux morceaux qui modifient le plus l'action et l'esprit du drame : 1° Un monologue de Fiesque, qui forme la quinzième scène du quatrième acte et vient à la suite de la scène avec André Doria qui est, dans les œuvres, la première du cinquième acte (voy. p. 320) ; 2° les trois dernières scènes de la pièce, qui font connaître le nouveau dénoûment.

ACTE QUATRIÈME.

SCÈNE XV.

FIESQUE, *stupéfait, suit des yeux André et demeure perdu dans ses pensées. Après une pause :*

Me fallait-il d'abord renverser cet homme, pour apprendre qu'il est encore plus difficile de lui ressembler [2] ? Il a disparu comme un Dieu, et me voilà ici comme un condamné. Il s'endort sans inquiétude, sur le doux oreiller de sa probité ; il ne craint rien, parce qu'il a rendu Gênes heureuse.... Et que veux-je faire, moi ?

---

1. M. Boas, qui a publié aussi des *Suppléments aux œuvres de Schiller* (dédiées, pour le dire en passant, à la princesse Hélène, duchesse d'Orléans), donne, dans le tome III, le drame entier de *Fiesque*, tel qu'il se lit dans le manuscrit de Mannheim, et non pas seulement, comme M. Hoffmeister, les variantes et les parties neuves de ce remaniement.

2. Cette première phrase est dans la version originale (voy. p. 321). Le reste de la scène, à partir de là, est entièrement neuf.

Avoue-la à toi-même, ta présomptueuse fausseté, Fiesque. Ce ne sont pas les nécessités de ta patrie, ce n'est point la pitié pour tes concitoyens souffrants.... c'est une coupable ambition qui a armé ton bras. C'est vers une couronne que tu étends cette main de larron. Tu n'extermines le tyran que pour faire place à un plus puissant.

Il en est encore temps! encore! Gênes dort encore d'un doux et paisible sommeil; elle ne pressent pas l'orage que j'assemble sur elle en noires nuées. Encore, encore, je puis revenir sur mes pas. Un signe de moi désarme l'armée des rebelles; les flots soulevés de la sédition rentrent dans les rives des lois..... Ah, lâche! Et tu veux te fuir toi-même? Tu es sûr de conquérir Gênes, et tu es sans cœur pour te vaincre?... En avant! en avant! Achève ta grandeur, Fiesque.... Marche, front contre front, à la tentation, avance d'abord si près.... si près de la pourpre que tu n'aies plus qu'à étendre la main pour l'atteindre.... Puis recule et renonces-y. (*Il s'éloigne, s'arrête subitement, revient et reste immobile devant le palais de Doria.*) Ce que tu es, je le suis déjà, doge, mais jamais tu ne pourras devenir ce que je suis. Le froid de l'âge a resserré ta poitrine.... La source des désirs aux jets sublimes est tarie dans ton cœur. Ici (*frappant sur sa poitrine*) est la jeunesse, un sang bouillant, une soif ardente de puissance, d'apothéose. L'ambition de Fiesque lutte avec la vertu de Fiesque. Un adversaire plus terrible, André, que tu n'en rencontras jamais sur tes mers, qui dompta celui qui était le premier après Dieu, qui arracha du sein de l'Être infini des légions d'anges!... Et Fiesque a triomphé de lui. (*L'armée des conjurés s'avance lentement et en silence sur la place.*) Ma résolution demeure inébranlable comme le roc. (*Il s'élance vers l'armée.*) Allons, frères! (*Il brandit son épée et saisit un drapeau.*) Au nom de Dieu et du bon droit! (*Se précipitant, a leur tête, vers la porte de la ville.*) Fiesque et liberté! (*Les conjurés attaquent la porte. La garde crie « qui vive! » Ils font feu et donnent l'assaut. Le combat s'anime. Ils font sauter la porte. On voit le port, où sont beaucoup de vaisseaux, éclairés par des lumières et garnis de soldats. La porte est conquise, et Fiesque y passe avec la plus grande partie de l'armée.*)

ACTE CINQUIÈME.

SCÈNE IV.

Une place au milieu de la ville de Gênes. A l'entrée de l'hôtel de ville, devant lequel sont placés des canons, veille une garde.

FIESQUE *arrive d'une marche rapide, au bruit d'une musique guerrière, à la tête de ses soldats;* CALCAGNO, SACCO *et beaucoup d'autres nobles l'entourent, et une foule de peuple se précipite en tumulte derrière lui.*

FIESQUE *s'arrête devant l'hôtel de ville et fait signe à ses officiers.*

De l'artillerie devant la Signoria? Loin d'ici les canons! Je veux qu'ils me montrent leurs têtes grises. (*A la garde, d'un ton impérieux.*) Déposez les armes! (*La garde laisse, avec effroi, tomber ses armes.*)

FIESQUE, *dans une attitude fière.*

Montez, Calcagno, et portez ce message aux sénateurs assemblés. « Le comte de Lavagna est devant la Signoria, avec son armée victorieuse ; le conquérant, sur le sol qu'il a conquis, La ville et la mer sont à lui. Gênes tout entière prête serment à ses drapeaux. Le vainqueur ordonne au conseil assemblé de se disperser : cette épée est maintenant le livre de la loi, et cette armée le sénat. » Dites que la grâce attend la soumission, et la mort le refus. Que les pères de la république choisissent.

CALCAGNO *s'éloigne, après s'être incliné respectueusement.*

Calcagno obéit à cet ordre avec une ardeur dont il est fier. Sous la dignité d'une telle fonction, mon cœur s'élève, et que par ma bouche parle la grande âme de mon maître. (*Il entre dans l'hôtel de ville.*)

FIESQUE *se retourne vers Sacco.*

A vous, Sacco, je réserve une mission digne d'envie. J'ai dû cette nuit laisser une personne qui m'est chère dans les angoisses de l'effroi, une personne qui partagera avec moi l'éclat de ma victoire. Allez, Sacco, annoncez à Léonore de Lavagna que Fiesque vit, que Gênes domptée est à ses pieds, qu'il ne manque à son bonheur que les embrassements de Léonore.... Arrêtez, Sacco !

SACCO *revient.*

Mon commandant ? (*Fiesque lui parle bas à l'oreille.*)

SACCO, *stupéfait.*

Grand homme ! Heureuse Gênes ! Quel sacrifice !

FIESQUE *lui fait signe de se taire.*

Patience, Sacco ! Il n'est pas encore temps. Hâtez-vous, instruisez mon épouse.

SACCO.

Fiesque m'a découvert son secret pour payer tous les services de mon épée. A l'heure où Gênes entière est dans la terreur de la mort, Sacco est le seul qui éprouve et répande la joie. (*Il s'en va.*)

SCÈNE V.

LES PRÉCÉDENTS, *excepté Sacco ;* CALCAGNO, *revenant de l'hôtel de ville ; ensuite* LES SÉNATEURS ; *à la fin* VERRINA.

CALCAGNO.

Le grand et le petit conseil de la république ont appris par moi la volonté du vainqueur et voici la réponse : (*Haut et solennellement, en ôtant son chapeau et déposant son épée aux pieds de Fiesque.*) « Le Ciel, qui dirige le destin des peuples, a favorisé les armes de Fiesque, et remis cette ville en ses mains. Gianettino Doria gît immolé, le doge Doria s'est enfui au milieu des ténèbres ; le bras énervé du vieillard n'a pu retenir l'État qui croulait ; le trône de Gênes est vacant, et la justice de la guerre l'adjuge au vainqueur.¹ » (*Tombant à genoux.*) Recevez donc, sérénissime souverain, les insignes de la dignité ducale!

(*Pendant ce temps, les sénateurs sortent, en procession solennelle, de la Signoria, et le premier porte sur un coussin blanc le chapeau de doge, le sceptre et le manteau. Les soldats font place respectueusement, accompagnent le cortège d'une musique guerrière et inclinent les drapeaux. Les sénateurs se rangent autour de Fiesque, qui est demeuré calme et immobile.*)

CALCAGNO.

Recevez par ma bouche l'hommage de toute la République : Vive et vive longtemps Fiesque, doge de Gênes! (*L'armée décharge ses armes en l'air.*)

LE PEUPLE, LES SÉNATEURS et LES NOBLES, *à genoux, chapeau bas, poussent une joyeuse clameur.*

Vive longtemps Fiesque, doge de Gênes!

(*Au milieu de ce tumulte,* VERRINA *entre, et, à son aspect, la clameur tombe et fait place à un profond silence, qui devra être marqué très-soigneusement. Le peuple, l'armée, le sénat et la noblesse reculent avec crainte, à mesure qu'il avance. Suit une pause de silence général.*)

SCÈNE VI.

LES PRÉCÉDENTS, VERRINA.

(*Fiesque garde dans toute cette scène un sang-froid et un calme pleins de noblesse, qu'on recommande instamment à l'acteur.*)

VERRINA *vient lentement sur le devant de la scène et promène ses regards sur tout le cercle.*

C'est étrange! Ce soudain silence de mort, cette pâleur sur tous les visages! J'entends des cris de jubilation dont le bruit descend jusqu'à moi de l'hôtel de ville; j'accours ici, je viens savoir en toute hâte ce qui peut à ce point égayer mes compatriotes. C'est étrange! et Gênes entière recule, à mon aspect, comme un malfaiteur pris en flagrant délit?... (*Tous se taisent et se retirent en arrière, et demeurent ainsi pendant toute la scène.*) Personne ne répond, tous les yeux rampent sur le sol. Je ne suis pourtant qu'un seul homme, et je vois ici toute une nation trembler devant moi. Je n'ai rien que le cœur de Verrina; pour armes, j'ai de simples paroles, et ici mille glaives dociles me lancent leurs éclairs. Je crains, je crains que vous n'ayez fait une chose, Génois, que vous ne voulez même pas entendre exprimer. (*Il jette un regard significatif sur les insignes du dogat.*)

FIESQUE *se rapproche de lui* ².

Et Verrina ne remarquerait-il en vérité nul changement dans son ami?

---

1. J'ai suivi le texte de M. Bœas, qui est : *Die Gerechtigkeit des Kriegs spricht ihn dem Sieger zu*. Celui de M. Hoffner nous offre une leçon toute différente : *De Gerechtigkeit des Kriegs spricht ihm den Sieger zu*. « à la justice de la guerre la défense la victoire (à lui Fiesque). »

2. À partir d'ici, et jusqu'aux mots : « C'est ma première génuflexion, ne

VERRINA, *sans le regarder.*

Je n'en désire aucun.

FIESQUE.

Mais aussi n'en vois-tu aucun?

VERRINA, *sans le regarder.*

J'espère que non.

FIESQUE.

Je te demande si tu n'en trouves aucun.

VERRINA, *après un rapide coup d'œil.*

Je n'en trouve aucun.

FIESQUE.

Eh bien, vois-tu? il faut donc qu'il soit vrai que la puissance ne fait point les tyrans. Depuis que nous nous sommes quittés, je suis devenu doge de Gênes, et Verrina (*il le presse sur sa poitrine*) trouve mon embrassement encore ardent comme autrefois.

VERRINA.

Tant pis qu'il me faille y répondre si froidement. L'aspect de la majesté tombe comme un couteau tranchant entre moi et le doge. Jean-Louis Fiesque possédait des domaines dans mon cœur, maintenant il a conquis Gênes et je reprends mon bien.

FIESQUE.

Que Dieu nous en préserve! Pour un dogat, ce serait un prix trop judaïque.

VERRINA *murmure d'une voix sourde.*

Hum! La liberté est-elle peut-être tellement passée de mode qu'on jette, à vil prix, les républiques à la tête du premier venu?

FIESQUE.

Ne dis cela à personne qu'à Fiesque.

VERRINA.

Oh! naturellement, il n'y a qu'une tête hors de pair de qui la vérité sorte sans blessure. Mais c'est dommage! le rusé joueur ne s'est mépris dans sa partie que pour une carte. Il a calculé tout le jeu de l'envie; mais, par malheur, le politique raffiné a oublié dans son compte les patriotes. (*D'un ton très-significatif.*) L'oppresseur de la liberté a-t-il aussi en réserve quelque stratagème contre ce que pourra lui jouer la vertu romaine? Je le jure par le Dieu vivant : avant que la postérité déterre mes os du cimetière d'un duché, je veux qu'elle les recueille sur la roue.

FIESQUE *le prend avec douceur par la main.*

Quoi? même si le doge est ton frère? s'il ne fait de sa principauté que le trésor de sa bienfaisance, réduite jusqu'ici par son économe indigence à la mendicité? Verrina, même alors?

VERRINA.

Même alors... Le larcin donné en présent n'a encore sauvé de la potence aucun voleur. D'ailleurs cette générosité manquerait son effet sur

---

prends pas cette pourpre (p. 356). » cette scène ne fait que reproduire, avec quelques changements, la scène XVI° et avant-dernière de la version primitive du drame. (Voy. p. 343.)

Verrina. A mon concitoyen je pouvais bien permettre de me faire du bien; à mon concitoyen j'espérais rendre la pareille. Les présents d'un prince sont des grâces.... et des grâces, j'en reçois de Dieu.

FIESQUE *avec humeur.*

J'aimerais mieux arracher l'Italie de l'océan que cette tête de fer à son opinion.

VERRINA.

Et pourtant arracher n'est point l'art où tu t'entends le moins. Il en sait quelque chose, l'agneau République, que tu as tiré de la gueule du loup Doria.... pour le dévorer toi-même.

FIESQUE.

Verrina rançonne bien durement mon amitié.

VERRINA.

Arrière l'amitié! Ne te l'ai-je pas dit? je ne t'aime plus; je te jure que je te hais, que je te hais comme le reptile du paradis, qui a lancé dans la création ce premier trait perfide dont le monde saigne depuis six mille ans. Écoute, Fiesque, ce n'est point comme un sujet à son maître, ce n'est point comme un ami à son ami, c'est d'homme à homme que je te parle. (*D'un ton incisif et véhément.*) Tu as commis une infamie contre la majesté du Dieu de vérité, en forçant la vertu de prêter les mains à ta coquinerie, et les patriotes de Gênes de forniquer incestueusement avec Gênes. Fiesque, si j'eusse été, moi aussi, loyalement stupide, au point de ne pas pénétrer le fourbe.... par tous les frissons de l'éternité! Fiesque! je tresserais une corde avec mes propres entrailles et je m'étranglerais moi-même, pour te cracher à la face mon dernier souffle de vie en jets d'écume convulsive. Ta royale scélératesse fait pencher, il est vrai, la balance d'or de l'humaine justice, mais tu t'es attaqué au ciel, et c'est le tribunal du jugement universel qui instruira ton procès.

FIESQUE, *prenant un air irrité.*

Un tel langage envers moi, téméraire? Tu as oublié l'ami, mais réfléchis-tu bien que tu es devant ton doge, que les terreurs de la majesté sont là toutes prêtes, que Gênes est rassemblée en ce moment même pour me rendre hommage?

VERRINA.

Et que pourtant l'assemblée n'est pas levée encore?... et jusque-là, Fiesque, que de choses peuvent arriver? (*Lentement, d'un ton grave.*) Ce court délai peut, il est vrai, se mesurer par des pulsations, mais dans chacune d'elles la création peut être trois fois anéantie et trois fois recréée.... et la patrie ne serait plus à sauver! Prends garde, Fiesque! Tu as montré, par un grand exemple, cette nuit même, qu'une pourpre volée empoisonne, comme la tunique sanglante de Nessus.

FIESQUE *s'avance vers le sénateur qui tient les insignes.*

Cependant j'en veux courir le risque.

VERRINA *porte la main à son épée, mais la lâche aussitôt et court à Fiesque.*

Pourtant, une fois encore, laisse-moi t'embrasser, Fiesque, avant que cette scission terrible nous sépare à tout jamais. (*Se jetant à son cou.*) Sûrement, sûrement! jamais deux plus grands cœurs n'ont battu l'un sur l'autre; nous nous aimions pourtant d'une ardeur si fraternelle! O

Fiesque! Fiesque! tu laisses vide dans mon sein une place que tout le genre humain, pris neuf fois, ne pourra plus remplir.

FIESQUE.

Sois mon ami!

VERRINA.

Ne prends pas cette pourpre odieuse, et je le suis. Je suis un homme de guerre, Fiesque, les joues humides ne sont guère mon fait. Ce sont mes premières larmes! Ne prends pas cette pourpre!

FIESQUE.

Tais-toi! veux-tu arracher le ciel de ses pôles?

VERRINA, *avec plus de feu.*

Fiesque! étale devant moi, ici, comme récompense, toutes les couronnes de la terre; là, comme châtiment, toutes ses tortures, pour que je plie le genou devant une créature : je ne plierai pas le genou, Fiesque! (*Se jetant à ses pieds.*) C'est ma première génuflexion, ne prends pas cette pourpre!

FIESQUE *étend la main vers la pourpre, en souriant.*

Tu seras étonné de voir comme elle me parera magnifiquement.

VERRINA, *s'élançant, d'une voix terrible.*

Mais seulement dans le cercueil! *Il porte un coup à Fiesque. Fiesque saute en arrière et pare le coup avec son épée.*

LE PEUPLE *se presse en tumulte et crie.*

Meurtre! meurtre du prince!

VERRINA *s'arrête soudain, jette sur le peuple un regard plein d'étonnement et de gravité, et laisse lentement tomber son bras.*

Que vois-je? Gênes, toi-même, toi-même, tu retiens le bras de ton sauveur? (*Riant amèrement.*) Fou furieux que tu étais, Verrina! Tu voulais devenir un meurtrier dans ta soixantième année, pour défendre la liberté de ce peuple, et tu as oublié de t'informer si ce peuple aussi voulait être libre? Il ne veut pas être libre, il défend ses chaînes. Je suis ton prisonnier. (*Il lui jette son épée devant les pieds.*)

FIESQUE.

Sais-tu ce que tu as fait, malheureux?

VERRINA, *fier et calme.*

Je sais qu'il faut que je meure, doge. Je sais que je suis le premier qui, sous le règne de Fiesque, monterai sur l'échafaud. (*Haut et solennellement au peuple.*) Le premier, Génois, mais non le dernier. Je connais cet homme : il a le cœur d'un Dieu, et vous, insensés, vous lui avez donné les foudres.

LE PEUPLE *crie impétueusement, et plusieurs tirent l'épée.*

Meurs, traître! violateur de la majesté!

FIESQUE *leur fait signe de reculer, puis s'avance avec un air de calme grandeur.*

Que cette fureur est flatteuse pour moi, Génois! Vous voici maintenant au point où Fiesque vous attendait. Sûr et sans effroi, je puis monter sur votre trône, puisque votre amour pour moi va jusqu'à fermer votre oreille à l'appel tout-puissant de la liberté; puisque votre avocat le plus redoutable se livre lui-même aux mains du bourreau, puisque, avec la tête de Verrina, l'hydre aux mille têtes de la révolte tombe immolée à mes pieds. Maintenant, Génois, le doute et la crainte n'ont plus de part à ma résolution. (*Il s'avance vers le sénateur, et lui prend le sceptre.*) Conquérir un diadème est grand; le rejeter, divin! Soyez libres, Génois! (*Il brise le sceptre et en jette les fragments parmi le peuple.*) Et que la puissance monarchique périsse avec ses insignes!

LE PEUPLE *se jette à genoux, avec des transports de jubilation.*
Fiesque et la liberté!

VERRINA *s'approche de Fiesque, en exprimant le plus grand étonnement.*
Fiesque!

FIESQUE.

Et tu voulais, avec des menaces, m'arracher une résolution que mon propre cœur n'eût pas enfantée? La liberté de Gênes était résolue dans ce sein, avant même que Verrina tremblât pour elle; mais il fallait que Fiesque en fût lui-même le créateur. (*Saisissant la main de Verrina, avec tendresse.*) Et pourtant te revoilà mon ami, Verrina?

VERRINA, *se jetant dans ses bras avec enthousiasme.*
Pour l'éternité!

FIESQUE, *avec une profonde émotion, jetant un regard sur le peuple, qui est encore à genoux et exprime sa joie de toutes les manières.*

Céleste aspect, récompense supérieure à toutes les couronnes du monde! (*S'élançant vers le peuple.*) Levez-vous, Génois! Je vous ai fait grâce du monarque, embrassez votre plus heureux concitoyen.

AVERTISSEMENT DE L'AUTEUR DE FIESQUE AU PUBLIC [1].

Le tableau devrait proprement parler pour l'artiste, et lui-même attendre le jugement derrière le rideau. Aussi mon dessein n'est-il pas ici de gagner d'avance en faveur de ma manière le jugement des spectateurs. Le fil de la tragédie, d'ailleurs, n'est pas très-caché. Cependant j'attache trop de prix à l'attention de mon public pour ne pas chercher à lui sauver jusqu'au peu d'instants qu'il dépenserait à le trouver.

Fiesque est le point principal de la pièce, vers lequel tendent toutes les actions, tous les caractères qui y figurent, comme les fleuves vers l'océan; Fiesque, que je ne puis mieux recommander préliminairement qu'en rappelant que J. J. Rousseau le portait dans son cœur; Fiesque, une puissante et redoutable tête, qui, sous le voile trompeur d'une molle oisiveté d'épicurien, dans une obscurité paisible et sans bruit, pareil à l'esprit créateur porté sur le chaos, couve, solitaire et sans témoin,

---

1. Cet avertissement, qui rappelle l'annonce relative aux *Brigands* (voy. p. 195), fut placardé dans les rues de Manheim, avec l'affiche de la première représentation de *Fiesque*, le 17 janvier 1784. Il nous a été conservé par la *Gazette littéraire et théâtrale* (21° numéro de l'année 1784.)

un monde, et affecte la mine vide et souriante d'un vaurien, pendant que des plans gigantesques et de furieux désirs fermentent dans son sein; Fiesque, qui, assez longtemps méconnu, s'avance enfin pareil à un Dieu, expose aux regards étonnés son œuvre mûre et achevée, et reste là, en calme spectateur, quand les rouages de la grande machine courent infailliblement au but désiré; Fiesque, qui ne craint rien que de trouver son semblable, qui est plus fier de dompter son propre cœur que de vaincre une république redoutable; Fiesque, qui, à la fin, jette loin de lui le prix séduisant, éclatant, de son travail, la couronne de Gênes, avec un empire sur lui-même vraiment divin, et trouve une plus grande volupté à être le plus heureux citoyen, qu'à se voir le prince de son peuple.

On s'attend peut-être à ce que je justifie les libertés que je me suis permises, dans ce Fiesque transformé, contre la vérité historique, et même contre ma première façon de le représenter. D'après l'histoire comme d'après ma première conception, le comte travaille au renversement de la république; d'après l'une et l'autre, il périt dans la conjuration. Pour ce qui est de l'histoire, j'espère avoir bientôt réglé mon compte avec elle, car je ne suis pas l'historien de Fiesque, et une seule grande émotion produite dans le sein de mes spectateurs par la fiction que j'ai hasardée, pèse plus à mes yeux que la plus sévère exactitude historique. Le Fiesque génois n'a dû prêter à mon Fiesque que son nom et son masque; tout le reste, il le pouvait garder. Est-ce donc ma faute s'il pensait moins noblement? s'il a été plus malheureux? Faut-il que mes spectateurs expient ce fâcheux dénoûment? Mon Fiesque n'est, j'en conviens, que supposé; mais que m'importe, pourvu qu'il soit plus grand que le vrai, pourvu que mon public prenne goût à mon héros? Mais pourquoi ai-je maintenant contredit ma propre peinture primitive qui fait périr le comte par son ambition? C'est là une autre question. Il peut se faire qu'au temps où j'ai tracé ce premier Fiesque, j'aie été plus consciencieux ou plus timide. Mais peut-être aussi ai-je voulu, à dessein, composer autrement ma fable pour le lecteur tranquille, qui dénoue avec réflexion le fil le plus embrouillé, que pour l'auditeur entraîné, qui est forcé de jouir du moment, et l'on conviendra qu'il est plus attrayant de courir à l'envi dans la lice avec un grand homme[1] que de tirer une leçon du châtiment d'un criminel.

Sur l'application morale de la pièce il ne restera, je pense, de doute à personne. S'il est vrai, pour le malheur de l'humanité, que ce soit chose si ordinaire et si quotidienne de voir nos penchants les plus divins, les meilleurs germes qui sont en nous, pour le grand, pour le bien, ensevolis sous la pression de la commune vie civile; si la petitesse d'esprit et la mode rognent l'ébauche hardie de la nature, si mille convenances

1. Dans le texte de M. Hoffmeister, aussi bien que dans celui de M. Boas, il y a *Mit dem grossen Manne in die Welte zu laufen*, « courir dans le flot avec le grand homme, » ce qui conviendrait assez mal à l'ancien dénoûment, et ne peut s'appliquer, en aucune manière, au nouveau, dont il est ici question. Il faut sans doute lire *in die Wette zu laufen*, « courir à l'envi. » La locution la plus ordinaire, dans ce sens, est *um die Wette*. Cependant on dit aussi, quoique moins bien, *in die Wette*. (Voy. le grand *Dictionnaire allemand* de Campe.)

ridicules façonnent artificiellement en tous sens le grand sceau de la divinité : ce ne peut être un spectacle sans but que celui qui offre à nos yeux le miroir de toute notre force, qui vivifie et fait jaillir en flammes la mourante étincelle de l'héroïsme, qui, du cercle étroit, étouffant, de notre vie quotidienne, nous élève à une plus haute sphère. C'est un tel spectacle que présente, je l'espère, *la Conjuration de Fiesque*.

Il fut toujours sacré et solennel pour moi, ce calme et grand moment où les cœurs de tant de centaines d'hommes, comme au coup tout-puissant d'une baguette magique, palpitent au gré de la fantaisie d'un poëte,.... où, arraché de tous ses masques, de tous ses recoins, l'homme de la nature écoute, les sens ouverts.... où je mène à la bride l'âme du spectateur, et la puis lancer à volonté, comme une paume, vers le ciel ou l'enfer.... et c'est haute trahison envers le génie, haute trahison envers l'humanité, de laisser échapper cet heureux moment, où il y a tant à perdre ou à gagner pour le cœur. Si chacun de nous apprend à renoncer, pour le bien de la patrie, à la couronne qu'il est capable de conquérir, la morale de *Fiesque* est la plus grande de la vie.

Je n'en pouvais moins dire à un public qui, par le très-bienveillant accueil qu'il a fait à mes *Brigands*, a vivifié ma passion pour le théâtre, et à qui sont dédiées par avance toutes mes futures œuvres dramatiques.

L'INTRIGUE ET L'AMOUR

TRAGÉDIE BOURGEOISE

PERSONNAGES.

LE PRÉSIDENT DE WALTER, à la cour d'un prince allemand.
FERDINAND, son fils, major.
DE KALB, maréchal de la cour.
LADY MILFORD, favorite du prince.
WURM, secrétaire intime du président.
MILLER, chef de musique de la ville [1].
SA FEMME.
LOUISE, sa fille.
SOPHIE, femme de chambre de lady Milford.
UN VALET DE CHAMBRE DU PRINCE.
Divers personnages accessoires.

---

1. Il y a dans le texte : « MILLER, musicien de ville, ou, comme on les nomme en certains endroits, *Kunstpfeifer* (fifre artiste). » On désigne par ce dernier mot, ou par celui de « *Stadtpfeifer* (fifre de ville), » un chef de musique qui est chargé par la ville de fournir pour toutes les fêtes, réjouissances, etc., publiques ou privées, des musiciens qu'il forme et dirige.

L'INTRIGUE ET L'AMOUR.

TRAGÉDIE BOURGEOISE.

ACTE PREMIER.

SCÈNE I.
Une chambre chez le musicien.

MILLER *vient de se lever de son siège et met son violon de côté.* LA FEMME MILLER, *encore en toilette de nuit, est assise à une table et prend son café.*

MILLER *allant et venant à grands pas.*
Une fois pour toutes ! l'affaire devient sérieuse. La liaison de ma fille et du baron commence à faire du bruit. Ma maison sera décriée. Le président aura vent de la chose, et.... bref, j'interdis ma maison au jeune gentilhomme.

LA FEMME.
Tu ne l'as pas enjôlé pour l'attirer dans ta maison.... tu ne lui as pas jeté ta fille à la tête.

MILLER.
Je ne l'ai pas attiré dans ma maison.... je ne lui ai pas jeté la fillette à la tête : qui s'informera de cela?... J'étais maître dans la maison. J'aurais dû mieux sermonner ma fille. J'aurais dû

mieux dire son fait au major.... ou bien il eût fallu tout conter sans retard à Son Excellence monsieur son papa. Le jeune baron en sera quitte pour une semonce, voilà ce que je dois me dire, et tout l'orage tombera sur le racleur de violon.

LA FEMME *achève de savourer sa tasse.*

Sornettes ! bavardage ! Qu'est-ce qui peut t'arriver ? qui peut s'en prendre à toi ? Tu fais ton métier et ramasses des écoliers là où il y en a.

MILLER.

Mais, dis-moi donc, qu'est-ce qui résultera après tout de ce commerce ?... Il ne peut pas épouser la fillette.... Il n'est même pas question d'épouser.... et en faire sa.... Dieu me pardonne!... Votre serviteur !... N'est-ce pas ? quand un de ces beaux messieurs *de* a déjà cherché sa vie à droite et à gauche, deçà et delà, et qu'il y a gagné le diable sait quoi, il est bien naturel que le joyeux convive prenne plaisir une fois à chercher une source fraîche. Prends garde ! prends garde ! quand tu aurais des yeux à toi dans tous les coins de la maison, quand tu espionnerais chaque goutte de sang de leurs veines, il l'enjôlera à ton nez, lui laissera son paquet, puis s'éclipsera, et la fillette sera déshonorée pour le reste de sa vie, et restera sur nos crochets, ou bien elle aura pris goût au métier et le continuera, (*le poing sur le front*) Jésus mon Dieu !

LA FEMME.

Que Dieu nous protége dans sa miséricorde !

MILLER.

Il y a certes bien lieu à protection. Quelle autre vue pourrait avoir ce freluquet ?... La fillette est jolie.... taille élancée.... pied mignon. Ce qui loge sous le toit, dans la tête, sera comme on voudra ; avec vous autres femmes, on ne regarde pas à cela, pourvu qu'au rez-de-chaussée[1] le bon Dieu n'ait rien laissé à désirer.... Si mon jeune téméraire découvre encore ce chapitre-là.... eh ! ce sera un trait de lumière, comme pour mon ami Rodney[2] quand il a vent d'un Français.... aussitôt, toutes voiles

1. *Au rez-de-chaussée* est exprimé dans le texte par les mots français *par terre*.
2. L'amiral George Bridge Rodney combattait sur mer, avec succès, les Français et les Espagnols, dans le temps même où Schiller composait ce drame. Il battit le comte de Grasse, en 1782, dans la mer des Antilles.

dehors pour courir sus, et.... je ne lui en veux pas du tout. Un homme est un homme. Je dois le savoir.

LA FEMME.

Je voudrais seulement que tu lusses les charmants billets que ce jeune seigneur écrit à ta fille. Bon Dieu! on y voit, clair comme le jour, qu'il n'est occupé que de sa belle âme.

MILLER.

C'est la bonne visée. On tape sur le sac, et c'est à l'âne qu'on en a. Qui veut offrir ses hommages à la chair adorée, n'a qu'à charger le bon cœur du message. Comment ai-je fait moi-même? Quand une fois on a réussi à mettre les âmes d'accord, zest! à leur tour, les corps suivent le bon exemple; la valetaille imite les maîtres, et, au bout du compte, le clair de lune a été le seul entremetteur.

LA FEMME.

Mais tu n'as donc pas vu les superbes livres que le major a envoyés à la maison? Aussi ta fille prie-t-elle toujours dedans.

MILLER *siffle.*

Oui-da! prier! tu t'y entends. Les consommés toniques de la simple nature sont encore trop indigestes pour l'estomac à biscuits de Sa Seigneurie.... Il faut d'abord qu'il les fasse mijoter dans la cuisine empestée des phrasiers du diable. Au feu tout ce fatras! La pauvre enfant y puise, Dieu sait quelles balivernes, cherchées au troisième ciel, qui ensuite se coulent dans le sang comme les cantharides et finissent même par dissiper la petite dose de christianisme que le père à grand'peine a préservée, comme il a pu, jusqu'ici. Au feu, te dis-je! La fillette se mettra toutes ces diableries dans la tête, et, à force de s'égarer dans le pays de Cocagne, elle ne retrouvera plus à la fin sa maison; elle oubliera qu'elle a pour père Miller, le violon; elle en rougira, et au bout du compte elle me refusera quelque brave et honnête gendre, qui aurait été tout heureux d'hériter de mes pratiques.... Non! Dieu me damne! (*Avec feu et sautant en l'air.*) Il faut à l'instant mettre le pain au four, et au major.... oui, oui, au major, je veux montrer l'endroit où le charpentier a fait un trou. (*Il veut sortir.*)

LA FEMME.

Sois plus aimable, Miller! Quels beaux deniers rien que les présents ne nous ont-ils pas...?

MILLER *revient et s'arrête devant elle.*

Le prix du sang de ma fille?... Va-t'en au diable, infâme entremetteuse. J'aime mieux mendier de porte en porte avec mon violon, et donner des concerts pour un peu de soupe.... J'aime mieux briser mon violoncelle et charrier du fumier dans sa caisse d'harmonie, que de me régaler avec de l'argent que mon unique enfant gagnerait au prix de son âme et de son salut.... Renonce à ton maudit café et à ton tabac, et tu n'auras pas besoin de mettre en vente le visage de ta fille. J'ai toujours mangé mon soûl, et j'ai toujours eu une bonne chemise sur le corps, avant que ce mille tonnerres de damoiseau eût fourré son nez dans ma chambre.

LA FEMME.

Mais, de grâce, n'enfonce pas tout de suite les portes! Comme tu jettes feu et flamme au premier mot! Je voulais seulement dire qu'il ne faut pas faire affront à monsieur le major, parce qu'il est fils du président.

MILLER.

Voilà où gît le lièvre. C'est pour cela, justement pour cela, qu'il faut en finir aujourd'hui même. Le président m'en saura gré, si c'est un père digne de ce nom. Tu vas me brosser mon habit de peluche rouge, et j'irai me faire annoncer à Son Excellence. Je dirai à Son Excellence : « Monsieur votre fils a jeté les yeux sur ma fille; ma fille est trop peu de chose pour être la femme de monsieur votre fils; mais pour être la catin de monsieur votre fils, ma fille a trop de prix, et sur cela.... suffit!... Je me nomme Miller. »

SCÈNE II.

LE SECRÉTAIRE WURM; LES PRÉCÉDENTS.

LA FEMME.

Ah! bonjour, monsieur le secrétaire! A-t-on donc enfin le plaisir de vous revoir?

WURM.

Le plaisir est pour moi, pour moi, chère cousine. Quand on reçoit les visites d'un noble cavalier, on ne tient nul compte du plaisir tout bourgeois que je puis faire.

LA FEMME.

Que dites-vous donc là, monsieur le secrétaire? Sa Seigneurie le major de Walter daigne nous faire de temps en temps cette faveur.... mais nous ne méprisons personne pour cela.

MILLER, *avec humeur.*

Un siége à monsieur, femme! Voulez-vous vous débarrasser, monsieur mon voisin?

WURM *pose son chapeau et sa canne, et s'assoit.*

Eh bien! eh bien! et comment se porte donc ma future.... ou ma passée? Je ne veux pourtant pas croire.... Est-ce qu'on ne pourra pas la voir.... Mlle Louise?

LA FEMME.

Merci de votre intérêt, monsieur le secrétaire! Mais ma fille n'est pas du tout fière.

MILLER, *mécontent, la pousse du coude.*

Femme!

LA FEMME.

Seulement je regrette qu'elle ne puisse avoir l'honneur de la visite de monsieur le secrétaire. Elle vient justement d'aller à la messe, ma fille.

WURM.

Cela me plaît, cela me plaît. J'aurai en elle un jour une femme pieuse, bonne chrétienne.

LA FEMME *sourit d'un air de stupide importance.*

Oui.... mais, monsieur le secrétaire....

MILLER, *dans un embarras visible, lui pince les oreilles.*

Femme!

LA FEMME.

Si pour toute autre chose nous pouvions vous être agréables.... avec bien du plaisir, monsieur le secrétaire.

WURM, *avec un regard malveillant.*

Pour toute autre chose? Grand merci! grand merci!... Hem! hem! hem!

LA FEMME.

Mais comme monsieur le secrétaire doit lui-même le comprendre....

MILLER, *irrité, la poussant par derrière.*

Femme!

LA FEMME.

Ce qui est bon est bon, ce qui est meilleur est meilleur, et quand on n'a qu'un seul enfant, on ne peut pourtant pas s'opposer à son bonheur. (*Avec un rustique orgueil.*) Vous me devinez, je pense, monsieur le secrétaire?

WURM *s'agite, tout inquiet, sur son siège, se gratte derrière les oreilles et tire ses manchettes et son jabot.*

Deviner? mais non.... Ah! oui.... Comment l'entendez-vous?

LA FEMME.

Là.... là.... je voulais seulement dire.... je pensais (*elle tousse*), puisque le bon Dieu, ma foi! veut absolument faire de ma fille une grande dame....

WURM *s'élance de sa chaise.*

Que dites-vous là? Quoi?

MILLER.

Restez assis! Restez assis, monsieur le secrétaire! Ma femme est une oie stupide. D'où voulez-vous que sorte ce titre de grande dame? Quel est l'âne qui nous montre sa longue oreille dans ce bavardage?

LA FEMME.

Crie tant que tu voudras. Je sais ce que je sais.... et ce que monsieur le major a dit est dit.

MILLER, *hors de lui, court à son violoncelle.*

Veux-tu tenir ta langue? Veux-tu que mon violoncelle te caresse le crâne?... Que peux-tu savoir?... Que peut-il avoir dit?... Ne vous arrêtez pas à ce babillage, monsieur mon cousin.... Va-t'en toi, à ta cuisine!... J'espère bien que vous ne me croirez pas apparenté à la bêtise incarnée au point de vouloir pousser la fillette dans le grand monde? Vous n'aurez pas une telle idée de moi, monsieur le secrétaire?

WURM.

Aussi bien n'ai-je pas mérité cela de votre part, monsieur le chef de musique. Vous vous êtes toujours montré à moi comme un homme de parole, et mes prétentions sur votre fille étaient comme agréées. J'ai un emploi qui, avec de l'ordre, peut fort bien nourrir un maître de maison. Le président me veut du bien, et les recommandations ne me manqueront pas, si je veux me pousser plus haut. Vous voyez que mes vues sur mam'selle Louise sont sérieuses, tandis que, circonvenus peut-être par quelque noble hâbleur....

LA FEMME.

Monsieur le secrétaire Wurm, un peu plus de respect, s'il vous plaît....

MILLER.

Tiens ta langue, te dis-je.... Ne vous inquiétez pas, monsieur mon cousin! Je n'ai qu'une parole. Ce que je vous ai répondu l'automne dernier, je vous le répète encore aujourd'hui. Je ne force point ma fille. Si vous lui convenez.... c'est bien.... à elle de voir comment elle sera heureuse avec vous. Si elle secoue la tête.... encore mieux.... à la volonté de Dieu, voulais-je dire.... vous empochez le refus et buvez une bouteille avec le père.... C'est la fillette qui devra vivre avec vous.... non pas moi.... Pourquoi, par pure obstination, lui jetterais-je à la tête un homme qu'elle ne pourrait sentir?... Pour que le diable me pourchasse dans mes vieux jours, comme une proie à lui.... pour que, dans chaque verre de vin.... dans chaque cuillerée de soupe, j'avale ce remords : « Tu es le coquin qui a fait le malheur de son enfant. »

LA FEMME.

Et bref et sans phrases.... moi, je refuse absolument mon consentement. Ma fille est prédestinée à quelque chose de grand, et j'aurai recours aux tribunaux, si mon mari se laisse enjôler.

MILLER.

Veux-tu que je te casse bras et jambes, langue maudite?

WURM, à *Miller*.

Le conseil d'un père peut beaucoup sur une fille, et j'espère que vous me connaissez, monsieur Miller.

MILLER.

Eh! par tous les diables! c'est à la fillette à vous connaître. Ce qui pourrait me plaire en vous, à moi, vieux barbon, ne serait justement pas un régal pour la jeune friande. Je vous dirai, à un cheveu près, si vous avez ce qu'il faut pour faire votre partie dans l'orchestre.... mais une âme féminine est trop subtile, même pour un maître de chapelle.... Et puis, pour vous parler à cœur ouvert, monsieur mon cousin.... je suis un franc Allemand, tout rond.... vous ne seriez pas, après tout, bien reconnaissant de mon conseil. Je ne conseillerais personne à ma fille.... mais vous, je la dissuaderais de vous prendre, monsieur le secrétaire! Laissez-moi achever. Un amoureux qui appelle le père à son secours ne m'inspire pas.... permettez-moi.... ombre de confiance. S'il a quelque mérite, il aura honte de recourir à cette méthode surannée pour faire valoir ses avantages auprès de sa bien-aimée.... Si le courage lui manque pour agir en personne, c'est un poltron, et les Louise ne sont pas faites pour lui.... Voyez-vous? c'est à l'insu du père qu'il doit jouer son rôle auprès de la fille. Il faut qu'il amène la fillette à laisser père et mère s'en aller au diable, plutôt que de renoncer à lui.... ou bien à venir elle-même se jeter aux pieds de son père et lui demander, au nom de Dieu, ou la noire et livide mort, ou l'unique ami de son cœur.... Voilà ce que je nomme un gaillard! voilà ce qui s'appelle aimer! Celui qui ne sait pas se pousser ainsi auprès du sexe, celui-là.... n'a qu'à charmer sa solitude en chevauchant sur sa plume d'oie.

WURM *prend son chapeau et sa canne et sort de la chambre.*

Bien obligé, monsieur Miller!

MILLER *le suit lentement.*

De quoi? de quoi! Vous n'avez rien pris, monsieur le secrétaire. (*Revenant.*) Il n'entend rien, il s'en va.... Quand j'ai sous les yeux ce gratte-papier, c'est comme si j'avalais du poison ou de l'émétique. Un drôle madré, repoussant! On dirait qu'un contrebandier l'a introduit en fraude dans le monde du bon Dieu.... De petits yeux de souris pleins de ruse.... des cheveux d'un rouge ardent.... un menton de galoche, tout juste comme si la nature, par dépit d'avoir fait de si mauvaise besogne, eût pris par là mon maquin et l'eût jeté dans quelque coin.... Non! plutôt que de sacrifier ma fille à un pareil gredin, j'aimerais mieux la voir.... Que Dieu me pardonne!...

LA FEMME, *aigrelet, et faisant mine de cracher.*

Le chien!... mais elle te passera devant le bec.

MILLER.

Mais toi aussi avec ta peste de jeune seigneur!... Tu m'as mis tout à l'heure hors des gonds.... Jamais tu n'es plus bête que lorsqu'il faudrait à tout prix être prudente. A quelle fin tout ce bavardage de grande dame et de ta fille? Tu choisis bien ton homme! C'est à lui qu'il faut flanquer au nez une chose de ce genre, si l'on veut que demain elle soit criée et publiée à la fontaine du marché. C'est précisément un de ces quidams qui s'en vont flairant de tous côtés dans la maison des gens, raisonnant sur la cave et la cuisine, et, s'il vous échappe quelque parole indiscrète.... crac! le prince, la favorite, le président le savent à l'instant, et le tonnerre vous tombe tout brûlant sur le corps!

SCÈNE III.

LOUISE MILLER *entre, un livre à la main ;* **LES PRÉCÉDENTS.**

LOUISE *dépose son livre, va à Miller et lui serre la main.*
Bonjour, mon cher père!

MILLER, *avec chaleur.*

Bravo, ma Louise!... Je me réjouis de te voir penser si assidûment à ton Créateur. Reste toujours ainsi, et son bras te soutiendra.

LOUISE.

Oh! je suis une grande pécheresse, mon père!... Est-il venu, ma mère?

LA FEMME.

Qui? mon enfant.

LOUISE.

Ah! j'oubliais qu'il y a encore d'autres hommes que lui.... Ma tête est si confuse.... Il n'est pas venu, Walter?

MILLER, *avec tristesse et gravité.*

Je pensais que ma Louise aurait laissé ce nom-là à l'église.

LOUISE, *après l'avoir regardé fixement pendant quelque temps.*

Je vous comprends, mon père.... je sens le poignard que vous m'enfoncez dans la conscience ; mais il est trop tard.... Je n'ai plus de dévotion, mon père.... Le ciel et Ferdinand s'arrachent mon âme saignante, et je crains.... je crains.... (*Après une pause.*) Non pourtant, mon bon père! L'artiste ne trouve-t-il pas, quand nous l'oublions pour son tableau, que c'est là pour lui l'éloge le plus délicat?... Dieu ne doit-il pas être ravi, si la joie que j'éprouve à la vue de son chef-d'œuvre détourne mon attention de lui-même?

MILLER *se jette, avec humeur, sur un siège.*

Nous y voilà! C'est là le fruit de ces lectures impies!

LOUISE *s'approche d'une fenêtre, d'un air inquiet.*

Où peut-il être maintenant?... Les demoiselles du grand monde, qui le voient.... l'entendent.... Moi, je suis une pauvre fille oubliée. (*Elle s'épouvante à cette parole et se précipite vers son père.*) Non pourtant, non! pardonnez-moi. Je ne déplore pas mon sort.... Je ne veux que penser à lui.... un peu.... Cela ne coûte rien. Cette parcelle de vie.... que ne puis-je la changer en un souffle doux et caressant, pour rafraîchir son visage?... Cette fleur de jeunesse.... si elle était une violette et s'il marchait dessus, et si elle pouvait mourir modestement sous ses pieds! Cela me suffirait, mon père! Quand le moucheron se baigne dans les rayons du soleil.... l'astre fier et majestueux peut-il l'en punir?

MILLER, *ému, se courbe sur le bras de son fauteuil et se couvre le visage.*

Écoute, Louise.... je donnerais mon pauvre reste de vie pour que tu n'eusses jamais vu le major.

LOUISE, *effrayée.*

Que dites-vous? quoi?... Non ce n'est pas là ce que veut dire mon bon père. Vous ne savez sans doute pas que Ferdinand est à moi, qu'il a été créé pour moi, pour mon bonheur, par le père de ceux qui aiment. (*Elle reste pensive.*) Quand je le vis pour la première fois.... (*plus vivement*) et que le sang monta à mes joues, mon cœur battit avec plus d'élan, plus de joie; chaque pulsation disait, chaque souffle murmurait : « C'est lui!... » et mon cœur reconnut celui qui lui avait toujours manqué, et affirma : « C'est lui!... » Et comme ce mot retentit dans la nature entière, joyeuse de ma joie! Alors.... oh! alors seulement, la première aurore se leva dans mon âme. Mille sentiments nouveaux jaillirent de mon cœur, comme les fleurs jaillissent du sol, quand vient le printemps. Je ne voyais plus le monde, et pourtant je me rappelle qu'il n'avait jamais été si beau. Je ne pensais plus à Dieu, et pourtant je ne l'avais jamais tant aimé.

MILLER *s'élance vers elle et la presse sur sa poitrine.*

Louise.... chère.... adorable enfant.... Prends ma vieille tête débile.... prends tout.... tout!... Le major.... Dieu m'en est témoin.... jamais je ne pourrai te le donner. (*Il sort.*)

LOUISE.

Aussi je ne veux pas l'avoir maintenant, mon père! Cette pauvre goutte de rosée qu'on nomme le temps.... un seul rêve, occupé de Ferdinand, suffit à l'absorber délicieusement. Je renonce à lui pour cette vie. Puis après, mère, après, quand les barrières de la séparation seront renversées.... quand nous rejetterons loin de nous cette odieuse enveloppe des conditions diverses.... que les hommes ne seront que des hommes.... Alors, je n'apporterai avec moi que mon innocence; mais mon père a dit si souvent que les parures et les titres pompeux seront de peu de valeur quand Dieu viendra, et que le prix des cœurs haussera. Alors je serai riche. Là-haut, les larmes comptent pour des triomphes et les bonnes pensées pour des aïeux. Alors je serai noble, mère!... Qu'aura-t-il alors, je te le demande, de plus que son amie?

LA FEMME *saute en l'air.*

Louise! Le major! Il franchit la planche du ruisseau. Où me cacher?

LOUISE *commence à trembler.*

Restez donc, ma mère.

LA FEMME.

Mon Dieu! comme je suis faite! c'est à en rougir! Je ne puis pas paraître ainsi devant Sa Seigneurie! (*Elle sort.*)

SCÈNE IV.

FERDINAND DE WALTER, LOUISE.

Il vole vers elle. — Elle tombe, faible et décolorée sur un fauteuil. — Il s'arrête devant elle. — Ils se regardent pendant quelque temps en silence. — Pause.

FERDINAND.

Tu es pâle, Louise?

LOUISE *se lève et se jette à son cou.*

Ce n'est rien, rien! N'es-tu pas là? C'est passé.

FERDINAND, *lui prenant la main et la portant à ses lèvres.*

Et ma Louise m'aime-t-elle encore? Mon cœur est ce qu'il était hier, en est-il de même du tien? Je ne fais qu'entrer bien à la hâte, je veux voir si tu es calme et sereine, m'en aller et l'être aussi.... Tu ne l'es point!

LOUISE.

Si, si, mon bien-aimé.

FERDINAND.

Dis-moi la vérité. Tu ne l'es point! Je vois à travers ton âme, comme à travers l'eau limpide de ce brillant. (*Il montre sa bague.*) Ici, il ne s'attache point une petite bulle de vapeur que je ne la remarque.... Sur ce visage, il ne peut poindre aucune pensée qui m'échappe. Qu'as-tu? dis-le bien vite. Pourvu que ce miroir soit clair à mes yeux, le monde est pour moi sans nuages. Qu'est-ce qui te chagrine?

LOUISE *le regarde quelque temps en silence et d'un air expressif, puis elle dit avec mélancolie:*

Ferdinand! si tu savais comme ce langage va bien à la petite bourgeoise....

FERDINAND.

Qu'est-ce que cela? (*Avec surprise.*) Jeune fille, écoute! D'où te vient cette idée?... Tu es ma Louise! Qui te dit que tu doives être encore autre chose? Vois-tu, méchante, de quelle froide pensée je te trouve occupée? Si tu n'étais qu'amour pour moi, où aurais-tu trouvé le temps de faire une comparaison! Quand je suis près de toi, toute ma raison se fond en un regard.... en

ACTE I, SCÈNE IV.

un rêve, plein de toi, quand je suis loin, et toi, tu trouves encore place pour de la prudence, auprès de ton amour?... Rougis! Chaque instant que tu as perdu dans ton chagrin, tu l'as volé à ton ami.

LOUISE *prend sa main, en secouant la tête.*

Tu veux m'endormir, Ferdinand.... Tu veux détourner mes yeux de cet abîme où je dois tomber sans aucun doute. Je vois dans l'avenir.... La voix de la gloire.... tes projets.... ton père.... mon néant. (*Elle s'effraye et laisse tout à coup tomber sa main.*) Ferdinand! un poignard sur toi et sur moi! On nous sépare!

FERDINAND.

On nous sépare! (*Il se lève d'un bond.*) D'où te vient ce pressentiment, Louise? On nous sépare?... Qui peut rompre l'alliance de deux cœurs ou diviser violemment les sons d'un accord? Je suis un gentilhomme.... Voyons si mes lettres de noblesse sont plus anciennes que le premier plan de l'immense univers? ou mes armoiries plus authentiques que ce décret du ciel que je lis dans les yeux de Louise : « Cette femme est pour cet homme?... » Je suis le fils du président. Raison de plus. Quelle autre chose que l'amour peut m'adoucir les malédictions que me légueront les exactions de mon père?

LOUISE.

Oh! que je le crains, ce père!

FERDINAND.

Je ne crains rien.... rien.... que les bornes de ton amour. Que les obstacles s'accumulent entre nous comme des montagnes, je m'en ferai des degrés, et m'élancerai par-dessus dans les bras de Louise. Les orages du destin contraire donneront plus d'essor à mes sentiments; les dangers ne feront que me rendre ma Louise plus ravissante.... Ne me parle donc plus de crainte, ma bien-aimée! Moi-même.... je veillerai sur toi, comme le dragon enchanté sur des trésors souterrains.... Confie-toi à moi. Tu n'as pas besoin d'un autre ange gardien.... Je me jetterai entre toi et le destin.... je recevrai pour toi chaque blessure.... je recueillerai pour tes lèvres chacune des gouttes de la coupe de la joie.... et te les apporterai dans la coupe de l'amour. (*L'embrassant tendrement.*) Je veux que ma Louise, appuyée sur ce bras, traverse gaîment la vie; je veux que tu retournes au ciel, plus belle que je ne t'ai reçue de lui, et qu'il soit forcé d'avouer avec admiration que l'amour seul peut mettre la dernière main à la beauté des âmes.

LOUISE *l'éloigne d'elle, avec une grande émotion.*

Rien de plus! Je t'en prie, tais-toi!... Si tu savais.... Laisse-moi.... tu ne sais pas que tes espérances déchirent mon cœur comme des furies. (*Elle veut sortir.*)

FERDINAND *la retient.*

Louise? Comment? Quoi? Quel accès?

LOUISE.

J'avais oublié ces rêves et j'étais heureuse.... Maintenant, maintenant! à partir d'aujourd'hui.... la paix de ma vie est perdue.... d'impétueux désirs, je le sais, vont sévir dans mon sein.... Va.... que Dieu te le pardonne!... Tu as jeté la torche enflammée dans mon jeune et paisible cœur, et jamais, jamais plus elle ne s'éteindra. (*Elle se précipite dehors. Il la suit en silence.*)

SCÈNE V.

Un salon chez le président.

LE PRÉSIDENT, *une décoration au cou, une plaque sur la poitrine, et* LE SECRÉTAIRE WURM, *entrent ensemble.*

LE PRÉSIDENT.

Un attachement sérieux? Mon fils?... Non, Wurm, jamais vous ne me ferez croire cela.

WURM.

Que Votre Excellence daigne m'en demander la preuve.

LE PRÉSIDENT.

Qu'il fasse la cour à la canaille bourgeoise.... qu'il lui dise des douceurs.... qu'il aille, je le veux bien, jusqu'à jouer la passion.... ce sont là autant de choses que je trouve possibles.... que je trouve pardonnables.... mais.... et encore la fille d'un musicien, dites-vous?

WURM.

La fille du maître de musique Miller.

LE PRÉSIDENT.

Jolie?... Cela va sans dire.

WURM, vivement.

Le plus beau modèle de blondine, qui, ce n'est pas trop dire, ferait figure à côté des premières beautés de la cour.

LE PRÉSIDENT rit.

Vous me dites, Wurm.... qu'il a du goût pour la fillette.... je le comprends.... mais voyez-vous, mon cher Wurm, si mon fils est sensible aux charmes du beau sexe, cela me fait espérer que les dames ne le haïront pas. Il pourra faire son chemin à la cour. La fille est jolie, dites-vous; je suis charmé que mon fils ait du goût. S'il séduit la folle par de solides promesses.... encore mieux.... cela me prouve qu'il a assez d'esprit pour tirer bon parti du mensonge. Il pourra devenir président. Si, en outre, il en vient à ses fins.... à merveille! ce sera preuve qu'il a du bonheur. Si la farce a pour dénoûment un petit-fils bien portant.... incomparable! je boirai une bouteille de malaga de plus à l'heureuse perspective de mon arbre généalogique, et je payerai pour sa maîtresse l'amende de l'inconduite.

WURM.

Tout ce que je souhaite, Votre Excellence, c'est que vous ne soyez pas obligé de boire cette bouteille pour vous distraire.

LE PRÉSIDENT, sérieusement.

Wurm, souvenez-vous que, lorsqu'une fois je crois, je crois obstinément, et qu'une fois en colère, je suis furieux.... Vous avez voulu me monter la tête, je veux bien ne pas m'en fâcher. Que vous ayez eu bonne envie de vous débarrasser d'un rival, je le crois de grand cœur. Comme vous pourriez avoir de la peine à supplanter mon fils auprès de la fille, vous voulez que son père vous serve de chasse-mouche, cela me paraît encore concevable.... et que vous ayez de si belles dispositions pour le métier de fourbe, c'est ce qui me charme vraiment.... Seulement, mon cher Wurm, il ne faut pas vouloir vous jouer de moi avec cela.... Seulement, entendez-moi bien, il ne faut pas pousser votre ruse jusqu'à vous attaquer à mes principes.

WURM.

Que Votre Excellence me pardonne! Si réellement...... comme

vous le soupçonnez.... la jalousie devait être ici en jeu, au moins ne le serait-elle que des yeux, et non de la langue.

LE PRÉSIDENT.

Et moi, je serais d'avis qu'il la faut mettre entièrement de côté. Pauvre imbécile! Que vous importe qu'un carlin vous vienne tout neuf de la monnaie ou de chez un banquier? Consolez-vous par l'exemple de notre noblesse.... Sciemment ou non.... il se conclut rarement un mariage chez nous qu'une demi-douzaine au moins des convives...., ou des laquais.... ne soit en état de faire le plan géométrique du paradis de l'époux.

WURM *s'incline*.

Sur ce point, je resterai volontiers bourgeois, monseigneur.

LE PRÉSIDENT.

D'ailleurs, vous pourrez très-prochainement vous donner le plaisir de rendre de la belle façon cette raillerie à votre rival. C'est précisément un plan arrêté dans le cabinet, que lady Milford, à l'arrivée de la nouvelle duchesse, doit en apparence être congédiée, et, pour compléter l'illusion, contracter un mariage. Vous savez, Wurm, combien mon crédit s'appuie sur l'influence de milady.... comme en général mes plus puissants ressorts cherchent leur force dans les passions du prince. Le duc cherche un parti pour la Milford. Un autre peut s'offrir.... conclure le marché, attirer à lui, avec la dame, la confiance du prince, se rendre indispensable.... Pour que le prince demeure donc dans les filets de ma famille, mon Ferdinand doit épouser la Milford.... Est-ce clair pour vous?

WURM.

Au point que les yeux m'en cuisent.... Au moins le président a-t-il prouvé ici qu'auprès de lui le père n'est qu'un apprenti. Si le major se montre fils obéissant, autant que vous vous montrez père tendre, la traite pourrait bien vous revenir avec un protêt.

LE PRÉSIDENT.

Par bonheur, jamais encore je n'ai été inquiet de l'exécution d'un projet, quand je pouvais m'appuyer d'un bon : *Cela doit être!* Mais voyez, Wurm, ceci nous a ramenés à notre sujet de tout à l'heure. J'annonce à mon fils son mariage, dès ce matin. La figure qu'il va faire justifiera votre soupçon ou le réfutera complétement.

WURM.

Monseigneur, je vous demande bien pardon! La sombre figure qu'il vous montrera sans le moindre doute, pourra tout aussi bien se mettre sur le compte de la future que vous lui donnez que de celle que vous lui enlevez. Je vous invite à recourir à une épreuve plus concluante. Choisissez-lui le parti le plus irréprochable qu'il y ait dans le pays, et s'il dit oui, le secrétaire Wurm consent à traîner le boulet pendant trois ans.

LE PRÉSIDENT *se mord les lèvres*.

Diable!

WURM.

C'est comme je vous dis. La mère.... qui est la bêtise même.... m'en a conté trop long dans sa simplicité.

LE PRÉSIDENT *se promène de long en large, étouffant sa colère*.

Bon! Ce matin même.

WURM.

Seulement, que Votre Excellence n'oublie pas que le major.... est fils de mon maître.

LE PRÉSIDENT.

Je te ménagerai, Wurm.

WURM.

Et que le service de vous aider à écarter une bru importune....

LE PRÉSIDENT.

Mérite qu'en retour on vous aide à vous procurer une femme. Soit encore, Wurm!

WURM *s'incline, d'un air satisfait*.

Éternellement à vous, monseigneur. (*Il veut sortir.*)

LE PRÉSIDENT.

Ce que je vous ai confié tout à l'heure, Wurm.... (*Le menaçant.*) Si vous jasez....

WURM *rit*.

Dans ce cas, Votre Excellence montrera mes fausses signatures. (*Il sort.*)

LE PRÉSIDENT.

Il est vrai que je suis sûr de toi. Je te tiens par ta propre coquinerie, comme le hanneton par un fil.

UN VALET DE CHAMBRE *entre.*

Le maréchal de la cour de Kalb.

LE PRÉSIDENT.

Il vient à propos.... Dites-lui qu'il est le bien venu. (*Le valet de chambre sort.*)

SCÈNE VI.

LE MARÉCHAL DE KALB, *en habit de cour, riche, mais sans goût, avec une clef de chambellan, deux montres et une épée, chapeau bas, frisure à la hérisson; il vole, avec fracas, vers le président et répand sur tout le parterre une odeur de musc;* LE PRÉSIDENT.

LE MARÉCHAL, *l'embrassant.*

Ah! bonjour, mon très-cher! Comment avez-vous reposé? Comment avez-vous dormi?... Vous pardonnez, n'est-ce pas? si j'ai si tard le plaisir.... Des affaires pressantes.... le menu du dîner.... des cartes de visite.... l'arrangement des divers groupes pour la partie de traîneaux d'aujourd'hui.... Ah!... et puis, il fallait bien que je fusse au lever pour annoncer à Son Altesse Sérénissime le temps qu'il fait.

LE PRÉSIDENT.

Oui, maréchal, je vois que vous ne pouviez vraiment pas être libre.

LE MARÉCHAL.

Et par-dessus tout cela, ce coquin de tailleur m'a fait attendre.

LE PRÉSIDENT.

Et pourtant en règle et tout prêt?

LE MARÉCHAL.

Ce n'est pas encore tout. Aujourd'hui un malheur en amenait un autre. Écoutez seulement.

LE PRÉSIDENT, *distrait.*

Est-il possible?

LE MARÉCHAL.

Écoutez seulement. A peine suis-je descendu de voiture que les chevaux s'effarouchent, frappent le pavé et ruent, de façon.... je vous prie.... que la boue de la rue m'éclabousse les culottes du haut en bas. Que faire? Pour l'amour de Dieu! mettez-vous à ma place, baron! Me voyez-vous là? Il était tard. C'est tout un voyage...., et paraître en cet état devant Son Altesse Sérénissime.... Juste Dieu! Qu'ai-je imaginé? Je feins un évanouissement. On me porte précipitamment dans la voiture. Je retourne ventre à terre à la maison.... je change d'habits.... je reviens.... Qu'en dites-vous? et je suis encore le premier dans l'antichambre.... Que vous en semble?

LE PRÉSIDENT.

C'est un admirable impromptu de la finesse humaine.... Mais laissons cela, Kalb.... Vous avez donc déjà parlé au duc?

LE MARÉCHAL, *d'un air d'importance.*

Vingt minutes et demie.

LE PRÉSIDENT.

Il faut avouer.... Et sans doute vous pouvez déjà m'apprendre quelque importante nouvelle?

LE MARÉCHAL, *sérieusement, après un moment de silence.*

Son Altesse Sérénissime porte aujourd'hui une castorine merde d'oie.

LE PRÉSIDENT.

Songez donc!... Non, maréchal, dans ce cas, j'ai pourtant encore mieux à vous apprendre.... Que lady Milfort devient la femme du major de Walter, cela est sans doute nouveau pour vous?

LE MARÉCHAL.

Il serait vrai! Et c'est déjà conclu?

LE PRÉSIDENT.

Signé, maréchal.... et vous m'obligerez, si vous allez sans délai préparer milady à sa visite, et publier dans toute la résidence la résolution de mon Ferdinand.

LE MARÉCHAL, *ravi.*

Oh! avec un extrême plaisir, mon très-cher!... Que peut-il m'arriver de plus agréable?... J'y vole à l'instant.... (*Il l'embrasse.*) Portez-vous bien,... Dans trois quarts d'heure, toute la ville le saura. (*Il sort en sautant.*)

LE PRÉSIDENT *le suit des yeux en riant.*

Qu'on dise encore que ces créatures ne servent à rien dans ce monde.... Maintenant, il faut bien que mon Ferdinand le veuille, ou toute la ville aura menti. (*Il sonne.* — *Wurm vient.*) Que mon fils entre.... (*Wurm sort. Le président va et vient, tout pensif.*)

SCÈNE VII.

FERDINAND, LE PRÉSIDENT; WURM, *qui sort aussitôt.*

FERDINAND.

Vous avez ordonné, monsieur mon père....

LE PRÉSIDENT.

Hélas! il le faut bien, quand je veux une fois jouir de la vue de mon fils.... Laissez-nous seuls, Wurm!... Ferdinand, je t'observe déjà depuis quelque temps, et je ne retrouve plus cette vive et confiante jeunesse qui autrefois me charmait tant. Un étrange chagrin siége sur ton visage. Tu me fuis.... tu fuis tes cercles ordinaires.... Fi! à ton âge on pardonne dix extravagances plutôt qu'un seul accès de sombre humeur. C'est à moi que convient cette disposition-là. Laisse-moi travailler à ton bonheur, et ne pense à rien qu'à jouer dans mon jeu.... Viens, embrasse-moi, Ferdinand!

FERDINAND.

Vous êtes aujourd'hui bien bon pour moi, mon père.

LE PRÉSIDENT.

Aujourd'hui, fripon!.... et encore cet aujourd'hui est-il accompagné d'une aigre grimace. (*Sérieusement.*) Ferdinand!... Pour l'amour de qui me suis-je frayé la route périlleuse qui mène au cœur du prince? Pour l'amour de qui ai-je rompu à jamais avec ma conscience et avec le ciel?... Écoute, Ferdinand.... Je parle à mon fils.... A qui ai-je fait place en écartant mon prédécesseur?... histoire qui me fait d'autant plus saigner le cœur, que je cache avec plus de soin le poignard aux yeux du monde. Écoute! dis-moi, Ferdinand! Pour qui ai-je fait tout cela?

FERDINAND *recule avec effroi.*

De grâce, pas pour moi, mon père? Ce n'est pas sur moi que doit tomber le reflet sanglant de ce crime? Par le Dieu tout-puissant! il vaut mieux n'être jamais né que de servir d'excuse à un tel méfait.

ACTE I, SCÈNE VII.

LE PRÉSIDENT.

Qu'est-ce-ci? quoi? Mais je veux bien le pardonner à la tête romanesque.... Ferdinand!... je ne veux pas m'échauffer.... Enfant inconsidéré, est-ce ainsi que tu me payes de mes nuits sans sommeil? de mes soucis incessants, de l'éternel scorpion attaché à ma conscience? C'est sur moi que tombe le fardeau de la responsabilité.... sur moi la malédiction, sur moi le tonnerre du juge.... Tu reçois ta fortune de la seconde main.... Le crime ne passe point à l'héritier.

FERDINAND *étend la main droite vers le ciel.*

Je renonce ici solennellement à un héritage qui ne pourrait me faire songer qu'avec horreur à mon père.

LE PRÉSIDENT.

Écoute, jeune homme, ne m'irrite pas!... Si les choses allaient à ta tête, tu ramperais dans la poussière toute ta vie.

FERDINAND.

Oh! cela vaudrait toujours mieux, mon père, que de ramper autour du trône.

LE PRÉSIDENT, *étouffant sa colère.*

Hum!... Il faut te forcer à reconnaître ton bonheur! Le but auquel dix autres ne peuvent atteindre, malgré tous leurs efforts, tu t'y trouves porté, en jouant, en dormant. Tu es enseigne à douze ans! à vingt, major! Je viens d'obtenir du prince que tu quitterais l'uniforme et entrerais au ministère! Le prince a parlé de conseil privé.... d'ambassades.... de faveurs extraordinaires. Une magnifique perspective s'ouvre devant toi.... Une route toute frayée au premier rang après le trône.... au trône même, si le pouvoir a autant de valeur que ses insignes.... Cela ne t'enthousiasme pas?

FERDINAND.

C'est que mes idées de grandeur et de bonheur ne sont pas tout à fait les mêmes que les vôtres. Votre félicité ne se manifeste guère que par la ruine. L'envie, la crainte, la malédiction, sont les tristes miroirs où la grandeur de l'homme puissant se contemple avec un sourire de complaisance.... Les larmes, les imprécations, le désespoir, sont l'affreux festin dont se repaissent ces heureux si vantés, dont ils se lèvent, ivres, pour s'en aller ainsi, chancelants, dans l'éternité, devant le trône de

Dieu.... Mon idéal de bonheur se renferme plus modestement en moi-même.... C'est dans mon cœur que reposent enfouis tous mes souhaits.

LE PRÉSIDENT.

A merveille! incomparable! magnifique! Me voilà revenu, après trente ans, à ma première leçon!... Seulement, il est dommage que ma tête de cinquante ans soit trop dure pour apprendre.... Toutefois.... pour ne pas laisser se rouiller un si rare talent, je veux mettre quelqu'un auprès de toi avec qui tu pourras t'exercer à ton gré dans ces brillantes extravagances.... Tu te décideras.... te décideras aujourd'hui même.... à prendre une femme.

FERDINAND *recule consterné.*

Mon père!

LE PRÉSIDENT.

Pas de façons.... J'ai envoyé à lady Milford une carte en ton nom. Tu voudras bien aller chez elle sans retard et lui dire que tu es son fiancé.

FERDINAND.

A la Milford, mon père?

LE PRÉSIDENT.

Si elle est connue de toi!...

FERDINAND, *hors de lui.*

De quel pilori dans le duché ne l'est-elle pas?... Mais je suis ridicule, mon cher père, de prendre au sérieux votre accès de bonne humeur? Voudriez-vous être le père du coquin de fils qui épouserait une courtisane privilégiée?

LE PRÉSIDENT.

Mieux que cela. Je prétendrais moi-même à sa main, si elle voulait d'un homme de cinquante ans.... Ne voudrais-tu pas être le fils de ce coquin de père?

FERDINAND.

Non, aussi vrai que Dieu existe!

LE PRÉSIDENT.

Une insolence, sur mon honneur! que je pardonne pour sa rareté....

FERDINAND.

Je vous en conjure, mon père! Ne me laissez pas m'arrêter

ACTE I, SCÈNE VII.

plus longtemps à une supposition où il me devient insupportable de m'appeler votre fils.

LE PRÉSIDENT.

Enfant, es-tu fou? Quel homme de sens ne serait avide de la distinction d'alterner en lieu tiers avec son souverain?

FERDINAND.

Vous devenez pour moi une énigme, mon père! Vous nommez cela une distinction.... une distinction d'entrer en partage avec le souverain, là où lui-même se dégrade au-dessous de l'homme?

LE PRÉSIDENT *pousse un éclat de rire.*

FERDINAND.

Vous pouvez rire.... et je veux passer là-dessus, mon père! De quel front paraîtrais-je devant le dernier des artisans, à qui sa femme apporte au moins pour dot un corps intact? De quel front, devant le monde? Devant le prince? De quel front, devant la courtisane elle-même, qui laverait dans ma honte la flétrissure de son honneur?

LE PRÉSIDENT.

Où diable, mon garçon, prends-tu tout ce bavardage?

FERDINAND.

Mon père, je vous en conjure au nom du ciel et de la terre! Vous ne pouvez, en livrant ainsi votre fils, devenir aussi heureux que vous le rendez malheureux. Je vous donne ma vie, si cela peut vous faire monter plus haut. C'est de vous que je tiens la vie; je n'hésiterai pas un instant à la sacrifier tout entière à votre grandeur.... Mon honneur, mon père!... si vous me le prenez, oh! alors, ç'a été un acte d'odieuse légèreté de me donner la vie, et je suis contraint de maudire le père, comme je maudis l'entremetteur.

LE PRÉSIDENT, *d'un ton amical, en lui frappant sur l'épaule.*

Bravo, mon cher fils! Je vois maintenant que tu es vraiment un homme, un homme digne d'avoir la meilleure femme de tout le duché.... Elle sera à toi.... Cette après-midi même, tu seras fiancé avec la comtesse d'Ostheim.

FERDINAND, *de nouveau consterné.*

Cette heure est-elle donc destinée à m'accabler entièrement?

LE PRÉSIDENT, *l'épiant du regard.*

A cela ton honneur n'aura rien à objecter, j'espère ?

FERDINAND.

Non, mon père. Frédérique d'Ostheim pourrait faire de tout autre que moi le plus heureux des mortels. (*A part, dans le plus grand trouble.*) Ce que sa méchanceté m'avait encore laissé d'intact dans le cœur, sa bonté le déchire.

LE PRÉSIDENT, *les yeux toujours fixés sur lui.*

J'attends l'expression de ta reconnaissance, Ferdinand !

FERDINAND *s'élance vers lui et lui baise la main avec ardeur.*

Mon père, votre bonté enflamme tout ce que j'ai de sentiment.... Mon père, mes remercîments les plus ardents pour votre cordiale intention.... Votre choix est irréprochable... mais.... je ne puis.... je ne dois.... plaignez-moi.... je ne puis aimer la comtesse !

LE PRÉSIDENT, *reculant d'un pas.*

Holà ! maintenant je vous tiens, mon jeune monsieur ! Ainsi, il est tombé dans le piége, l'hypocrite rusé.... Ainsi, ce n'était pas l'honneur qui t'éloignait de milady.... Ce n'était pas la personne, c'était le mariage que tu avais en horreur.

FERDINAND *s'arrête comme pétrifié, puis il s'élance et veut s'enfuir.*

LE PRÉSIDENT.

Où vas-tu ? Demeure. Est-ce là le respect que tu me dois ? (*Le major revient.*) Tu es annoncé chez milady. Le duc a ma parole. La ville et la cour savent que c'est une affaire conclue.... Si tu fais de moi un menteur, enfant.... si aux yeux du prince.... de milady.... de la ville.... de la cour, tu fais de moi un menteur.... Écoute, enfant.... ou si je viens à découvrir certaines histoires !... Demeure ! Holà ! qu'est-ce qui éteint ainsi tout à coup le feu de tes joues ?

FERDINAND, *blanc comme la neige et tremblant.*

Comment ? Quoi ? Il n'y a rien assurément, mon père.

LE PRÉSIDENT, *fixant sur lui un regard terrible.*

Et s'il y a quelque chose.... et si je viens à trouver la trace de ce qui cause cette résistance.... Ah ! jeune homme, le soupçon seul me met déjà en fureur. Va sur-le-champ ! La parade commence. Tu seras chez milady, dès que le mot d'ordre sera donné.... Quand je me montre, tout un duché tremble ! Voyons si un obstiné de fils me fera la loi. (*Il s'en va, puis revient sur ses pas.*) Enfant, je te le dis, tu iras, ou fuis ma colère. (*Il sort.*)

FERDINAND, *se réveillant d'une sombre stupeur.*

Est-il parti ? Était-ce la voix d'un père ?... Oui, j'irai chez elle.... j'irai.... je lui dirai des choses.... je lui présenterai un miroir.... Infâme! et si après cela tu demandes encore ma main.... En présence de la noblesse assemblée, des soldats et du peuple.... Ceins tes reins de tout l'orgueil de ton Angleterre.... je te rejette.... moi, l'enfant de l'Allemagne! (*Il sort précipitamment.*)

ACTE DEUXIÈME.

Un salon dans le palais de lady Milford : à main droite, un sofa ; à gauche, un piano.

SCÈNE I.

MILADY, *dans un négligé libre, mais charmant, non coiffée encore, est assise au piano et prélude ;* SOPHIE, *sa femme de chambre, vient de la fenêtre.*

SOPHIE.

Les officiers se séparent. La parade est finie.... mais je ne vois pas encore de Walter.

MILADY, *très-agitée, se levant et parcourant le salon.*

Je ne sais comment je me trouve aujourd'hui, Sophie.... Je ne me suis jamais sentie ainsi.... Tu ne l'as donc pas du tout aperçu ?... Eh ! sans doute.... Il ne doit pas être pressé.... Cela me pèse sur la poitrine comme un remords.... Va, Sophie.... qu'on m'amène le coureur le plus fougueux qu'il y ait aux écuries ! Il faut que j'aille en plein air.... que je voie des hommes et l'azur du ciel, et que je me soulage le cœur en galopant.

SOPHIE.

Si vous vous sentez indisposée, milady.... réunissez du monde ici ! Dites au duc de tenir table ici, ou faites placer la table d'hombre devant votre sofa. Si j'avais, moi, le prince et toute sa cour à mes ordres, je voudrais voir qu'un seul caprice chagrin me bourdonnât dans la tête !

MILADY *se jette sur le sofa.*

Je t'en prie, épargne-moi. Je te donnerai un diamant pour chaque heure où je pourrai me débarrasser d'eux. Veux-tu que je tapisse mes chambres de ce monde-là ?... Ce sont des hommes vils, pitoyables, qui s'épouvantent quand il m'échappe du cœur une parole vive et généreuse, et ouvrent la bouche et les narines comme s'ils voyaient un revenant.... Esclaves d'un seul fil à marionnettes que je gouverne plus aisément que le tissu de mon filet.... Que faire avec des gens dont les âmes marchent aussi uniformément que leurs montres? Puis-je trouver quelque plaisir à leur faire une question, quand je sais d'avance ce qu'ils me répondront? ou à échanger des paroles avec eux, quand ils n'ont pas le cœur d'être d'un autre avis que moi?... Loin de moi ces gens-là! Il est ennuyeux de monter un cheval qui ne mord jamais son frein. (*Elle va à la fenêtre.*)

SOPHIE.

Mais vous excepterez au moins le prince, milady? Le plus bel homme.... l'amant le plus enflammé.... la tête la plus spirituelle de tout son duché!

MILADY *revient.*

Parce que le duché est à lui.... et il n'y a que le titre de souverain, Sophie, qui puisse fournir à mon goût une excuse tolérable.... Tu dis qu'on m'envie. Pauvre fille! On devrait plutôt me plaindre. Entre tous ceux qu'une Majesté nourrit et allaite, c'est la favorite qui est le plus mal partagée, parce que seule elle voit l'homme riche et puissant réduit au rôle de mendiant.... C'est vrai, il peut, avec le talisman de sa grandeur, faire sortir de terre, comme un palais de fées, toutes les fantaisies de mon cœur.... Il met sur ma table toutes les saveurs des deux Indes.... change des déserts en paradis.... fait jaillir au ciel les sources de la contrée, courbées en arcs majestueux, ou pétiller en feux d'artifice la substance de ses sujets.... mais peut-il aussi commander à son cœur de battre avec ardeur et magnanimité contre un cœur magnanime? Peut-il contraindre son aride cerveau à une seule impression généreuse?... Mon cœur jeûne, au milieu de toute cette satiété des sens; et que me servent mille bons sentiments, si je ne suis là que pour éteindre l'effervescence du sang?

SOPHIE *la regarde avec étonnement.*

Mais combien de temps y a-t-il donc que je suis à votre service, milady?

MILADY.

Parce qu'aujourd'hui seulement tu fais connaissance avec moi ?... C'est vrai, chère Sophie.... J'ai vendu mon honneur au prince; mais mon cœur, je l'ai gardé libre.... un cœur, ma bonne Sophie, qui peut-être est encore digne d'un homme.... et sur lequel l'air empoisonné de la cour n'a fait que passer comme le souffle sur un miroir.... Crois-moi, ma chère, depuis longtemps je l'aurais su défendre contre ce pitoyable prince, si seulement je pouvais contraindre mon ambition à céder le pas à une autre dame à la cour.

SOPHIE.

Et ce cœur s'est soumis de si bonne volonté à l'ambition :

MILADY, *vivement*.

Comme s'il ne s'était pas déjà vengé !... Comme si, maintenant encore, il ne se vengeait pas ! Sophie (*d'un ton expressif, en laissant tomber sa main sur l'épaule de Sophie*), nous autres femmes, nous ne pouvons choisir qu'entre régner et servir; mais la plus grande volupté du pouvoir ne nous est qu'une misérable ressource, quand la volupté plus grande nous est interdite, d'être esclaves d'un homme que nous aimons.

SOPHIE.

Si c'est une vérité, milady, vous êtes la dernière de qui je voudrais l'entendre.

MILADY.

Et pourquoi, ma Sophie? Ne voit-on pas à notre manière puérile de tenir le sceptre que nous ne sommes bonnes qu'à mener à la lisière? N'as-tu pas remarqué, à mes caprices folâtres.... à mes divertissements fougueux, qu'ils n'avaient d'autre objet que d'étourdir en moi des désirs plus fougueux encore?

SOPHIE *recule stupéfaite*.

Milady!

MILADY, *plus vivement*.

Apaise-les. Donne-moi l'homme auquel je pense maintenant.... que j'adore.... qu'il faut que je possède, ou sinon je meurs. (*D'une voix attendrie.*) Laisse-moi entendre de sa bouche que les larmes de l'amour brillent d'un plus bel éclat dans nos yeux que les diamants dans notre chevelure, (*avec feu*) et je jette aux pieds du prince son cœur et son duché, et je fuis avec cet homme, je fuis dans le désert le plus éloigné qu'il y ait au monde....

SOPHIE *la regarde avec effroi.*

Ciel! que faites-vous? Qu'est-ce qui vous arrive, milady?...

MILADY, *consternée.*

Tu pâlis!... En aurais-je trop dit?... Oh! laisse-moi enchaîner ta langue par ma confiance.... Apprends encore.... apprends tout.

SOPHIE *regarde autour d'elle avec inquiétude.*

Je crains, milady.... je crains.... que je n'aie plus besoin de l'apprendre.

MILADY.

Cette union avec le major.... Le monde et toi, vous vous figurez que c'est une cabale de cour.... Sophie.... ne rougis pas.... n'aie pas honte de moi.... elle est l'œuvre.... de mon amour.

SOPHIE.

Par le ciel! j'en avais le pressentiment.

MILADY.

Ils se sont laissé enjôler, Sophie.... le faible prince.... le rusé courtisan Walter.... le sot maréchal.... Chacun d'eux jurera que ce mariage est le moyen le plus infaillible de me conserver au duc, de resserrer nos liens!... Oui! le moyen de les rompre à jamais, de briser ces chaînes honteuses!... Menteurs trompés! joués par une faible femme!... C'est vous-mêmes qui m'amenez celui que j'aime. Eh! c'était là tout ce que je voulais.... Quand une fois je l'aurai.... quand je l'aurai.... oh! alors, bonsoir pour toujours, abominable grandeur!...

SCÈNE II.

UN VIEUX VALET DE CHAMBRE DU PRINCE, *portant un écrin;* **LES PRÉCÉDENTES.**

LE VALET DE CHAMBRE.

Son Altesse Sérénissime le duc offre ses compliments à milady et lui envoie ces brillants pour son mariage. Ils viennent d'arriver de Venise.

MILADY *a ouvert l'écrin et recule effrayée.*

Homme! combien ton duc paye-t-il pour ces pierreries?

LE VALET DE CHAMBRE, *d'un air sombre.*

Elles ne lui coûtent pas un denier.

MILADY.

Quoi? Es-tu fou? Rien?... Et *(s'éloignant de lui d'un pas)* tu me jettes un regard, comme si tu voulais me percer le cœur.... Ces pierreries d'une valeur inappréciable ne lui coûtent rien?

LE VALET DE CHAMBRE.

Hier sept mille enfants du pays sont partis pour l'Amérique.... Ils payent tout.

MILADY *dépose subitement l'écrin, parcourt rapidement le salon; puis, après une pause, s'adressant au valet de chambre.*

Homme! Qu'as-tu? Je crois que tu pleures?

LE VALET DE CHAMBRE *s'essuie les yeux, puis d'une voix effrayante, et tremblant de tous ses membres.*

Des pierreries, comme celles-là.... j'y ai aussi une couple de fils.

MILADY *se détourne tout émue, lui prenant la main.*

Mais aucun de contraint?

LE VALET DE CHAMBRE, *avec un rire terrible.*

Oh! mon Dieu!... non.... rien que des volontaires. Il est bien sorti des rangs quelques garçons indiscrets qui ont demandé au colonel combien le prince vendait l'attelage d'hommes?... Mais notre gracieux souverain fit avancer tous les régiments sur la place de la parade et fusiller les badauds. Nous entendîmes la détonation des carabines, nous vîmes leur cervelle jaillir sur le pavé, et toute l'armée cria : «Houvra! En route pour l'Amérique!»

MILADY *tombe, saisie d'horreur, sur le sofa.*

Dieu! Dieu! et je n'ai rien entendu? et je n'ai rien remarqué?

LE VALET DE CHAMBRE.

Oui, gracieuse dame!... Pourquoi fallait-il que vous fussiez tout juste en route avec monseigneur, pour la chasse à l'ours, quand on a battu pour le départ?... Vous n'auriez pas dû manquer ce superbe spectacle, quand soudain le bruit du tambour nous annonça qu'il était temps, quand, d'un côté, des orphelins éplorés poursuivaient de leurs lamentations un père vivant, que, de l'autre, une mère en délire s'élançait pour jeter sur la pointe des baïonnettes son enfant à la mamelle, et qu'on séparait à coups de sabre l'amant de l'amante, et qu'on voyait des barbes grises en proie au désespoir, et finissant par jeter aux jeunes gars leurs béquilles, à emporter aussi dans le nouveau monde.... Oh! et, joint à tout cela, le vacarme et le roulement des tambours, pour empêcher celui qui sait tout de nous entendre prier....

MILADY *se lève, vivement émue.*

Loin de moi ces pierreries.... elles me lancent dans le cœur des jets de flammes infernales! (*D'une voix plus douce, au valet de chambre:*) Calme-toi, pauvre vieillard! Ils reviendront. Ils reverront leur patrie.

LE VALET DE CHAMBRE, *avec feu et d'une voix pénétrée:*

Le ciel le sait! Ils reviendront!... A la porte de la ville, ils se retournèrent encore et crièrent : « Que Dieu soit avec vous, femmes et enfants!... Vive le père du pays!... Au jour du jugement, on nous reverra! »

MILADY, *allant et venant à grands pas.*

Horrible! épouvantable!... On me persuadait que je les avais toutes séchées, les larmes du pays.... Une lumière affreuse, affreuse, vient éclairer mes yeux.... Va.... Dis à ton maître.... Je le remercierai en personne. (*Le valet de chambre veut sortir, elle lui jette une bourse dans son chapeau.*) Et prends ceci pour m'avoir dit la vérité.....

LE VALET DE CHAMBRE *la rejette avec mépris sur la table.*

Mettez cela avec le reste. (*Il s'en va.*)

MILADY *le suit des yeux avec stupeur.*

Sophie, cours après lui, demande-lui son nom. Il faut qu'on lui rende ses fils. (*Sophie sort. Milady va et vient, toute pensive. Une pause. A Sophie, qui revient:*) Le bruit n'a-t-il pas couru dernièrement que le feu avait ravagé une ville sur la frontière et réduit à la mendicité près de quatre cents familles? (*Elle sonne.*)

SOPHIE.

Comment songez-vous à cela?... C'est parfaitement exact, et la plupart de ces malheureux servent maintenant comme esclaves leurs créanciers, ou périssent dans les mines d'argent du prince.

UN DOMESTIQUE *entre.*

Qu'ordonne milady?

MILADY *lui donne la parure.*

Que ceci soit porté sans retard dans ce canton.... On le convertira sur-le-champ en argent, je l'ordonne, et le prix sera partagé entre les quatre cents familles que l'incendie a ruinées.

SOPHIE.

Milady, songez-vous que vous vous exposez à la plus complète disgrâce?

MILADY, *avec grandeur.*

Faut-il que je porte dans mes cheveux la malédiction de son pays? (*Elle fait signe au domestique. Il sort.*) Ou veux-tu que je tombe à terre sous l'affreux fardeau de tant de larmes?... Va, Sophie.... il vaut mieux avoir de faux bijoux dans la chevelure, avec la conscience d'une telle action dans le cœur!

SOPHIE.

Mais des bijoux comme ceux-ci! N'auriez-vous pas pu prendre vos moins beaux? Non, vraiment, milady, ce n'est point pardonnable!

MILADY.

Folle que tu es! En récompense, il tombera pour moi, en un seul moment, plus de brillants et de perles que dix rois n'en ont porté dans leurs diadèmes, et de plus beaux....

LE DOMESTIQUE *revient.*

Le major de Walter.

SOPHIE *s'élance vers milady.*

Dieu! vous pâlissez.

MILADY.

Le premier homme qui me fasse peur.... Sophie.... Dites que je suis indisposée, Édouard.... Arrête.... Est-il de bonne humeur? Rit-il? que dit-il? Oh! Sophie, n'est-ce pas? je parais laide?

SOPHIE.

Je vous conjure, milady.

LE DOMESTIQUE.

Ordonnez-vous que je le congédie?

MILADY, *balbutiant.*

Dites-lui qu'il est le bienvenu. (*Le domestique sort.*) Parle, Sophie!... que lui dirai-je? Comment le recevrai-je?... Je serai muette.... Il se moquera de ma faiblesse.... Il va..... Oh! quel pressentiment.... Tu me quittes, Sophie?... Demeure!..., Mais non.... Va.... Eh! demeure donc! (*Le major traverse l'antichambre.*)

SOPHIE.

Remettez-vous. Le voilà.

SCÈNE III.

FERDINAND DE WALTER, LES PRÉCÉDENTES.

FERDINAND, *avec une légère révérence.*

Si je vous interromps en quelque chose, gracieuse dame....

MILADY, *avec un battement de cœur visible.*

En rien qui puisse avoir pour moi plus d'importance, monsieur le major.

FERDINAND.

Je viens sur l'ordre de mon père....

MILADY.

Je lui suis obligée....

FERDINAND.

Et je dois vous annoncer que nous nous marions.... Telle est la commission de mon père.

MILADY *pâlit et tremble.*

Et non de votre propre cœur?

FERDINAND.

Les ministres et les entremetteurs n'ont pas coutume de s'en informer.

MILADY, *avec une telle angoisse que les paroles lui manquent.*

Et vous-même vous n'auriez rien de plus à ajouter?

FERDINAND, *jetant un regard sur la femme de chambre.*

Beaucoup, milady!

MILADY *fait un signe à Sophie. Celle-ci s'éloigne.*

Puis-je vous offrir une place sur ce sofa?

FERDINAND.

Je serai bref, milady.

MILADY.

Eh bien!

FERDINAND.

Je suis un homme d'honneur.

MILADY.

Que je sais apprécier.

FERDINAND.

Gentilhomme.

MILADY.

Il n'y en a pas de meilleur dans le duché.

FERDINAND.

Et officier.

MILADY, *d'un ton flatteur.*

Vous mentionnez là des avantages que d'autres partagent avec vous! Pourquoi en taisez-vous de plus grands qui ne sont qu'à vous?

FERDINAND, *d'un ton glacial.*

Je n'en ai que faire ici.

MILADY, *avec une anxiété toujours croissante.*

Mais que dois-je penser de ce préambule?

FERDINAND, *lentement et d'une voix expressive.*

Que ce sont là les objections de l'honneur, si vous aviez envie de me contraindre à vous donner la main.

MILADY, *éclatant.*

Qu'est-ce que cela, monsieur le major?

FERDINAND, *avec calme.*

Le langage de mon cœur.... de mon écusson.... et de cette épée!

MILADY.

Cette épée, c'est le prince qui vous l'a donnée.

FERDINAND.

L'État me l'a donnée par la main du prince.... mon cœur, je le tiens de Dieu.... mon écusson date de cinq siècles.

MILADY.

Le nom du duc....

FERDINAND, *avec feu.*

Le duc peut-il fausser les lois de l'humanité, ou frapper nos actions à son coin, comme il fait ses deniers? Lui-même n'est pas élevé au-dessus de l'honneur, mais il peut lui fermer la bouche avec son or. Il peut jeter son manteau d'hermine sur sa honte. Je vous en prie, plus un mot de cela, milady.... Il ne s'agit plus de perspective sacrifiée, ni d'aïeux.... ni de ce gland d'épée, ni de l'opinion du monde.... Je suis prêt à fouler tout cela aux pieds, dès que vous m'aurez convaincu que le prix du sacrifice n'est pas pire que le sacrifice même.

MILADY, *avec douleur, en s'éloignant de lui.*

Monsieur le major, je n'ai pas mérité cela.

FERDINAND, *lui prenant la main.*

Pardonnez-moi. Nous parlons ici sans témoins. La circonstance qui nous réunit, vous et moi.... aujourd'hui, et pour cette seule fois.... m'autorise, me contraint, à ne pas vous dissimuler mes plus intimes sentiments.... Il ne peut m'entrer dans la tête, milady, qu'une dame de tant de beauté et d'esprit.... qualités qu'un homme apprécierait.... puisse s'abandonner à un prince qui a appris à n'admirer en elle que son sexe, et qu'en même temps cette dame n'ait pas honte d'offrir son cœur à un homme.

MILADY *le regarde en face, avec un grand air.*

Dites tout.

FERDINAND.

Vous vous dites Anglaise. Permettez-moi.... je ne puis croire que vous soyez une Anglaise. La fille libre du peuple le plus libre qui soit sous le ciel.... qui est trop fier, même pour encenser la vertu de l'étranger.... ne pourrait jamais se vendre aux vices de l'étranger. Il n'est pas possible que vous soyez une Anglaise.... ou il faut que le cœur de cette Anglaise soit d'autant plus petit que celui de l'Angleterre est plus grand et plus hardi.

MILADY.

Avez-vous fini?

FERDINAND.

On pourrait répondre : c'est vanité féminine.... passion.... tempérament.... amour du plaisir! Plus d'une fois, l'honneur a survécu à la vertu. Plus d'une femme, après être entrée avec ignominie dans cette carrière, s'est ensuite réconciliée avec le monde par de nobles actions, et a su, par le bel emploi de son crédit, ennoblir un odieux métier.... Mais d'où vient que le pays est aujourd'hui plus affreusement pressuré qu'il ne l'a jamais été?... Je viens de parler au nom du duché.... J'ai fini.

MILADY, *avec douceur et noblesse.*

C'est la première fois, Walter, qu'on ose m'adresser un discours de ce genre, et vous êtes le seul homme à qui je réponde sur de telles paroles.... Que vous rejetiez ma main, je vous en estime. Que vous calomniiez mon cœur, je vous le pardonne! Que vous pensiez sérieusement ce que vous dites, je ne le crois pas. Celui qui se hasarde à dire de tels outrages à une dame qui n'a besoin que d'une nuit pour le perdre, doit supposer à cette dame une grande âme, ou.... avoir perdu le sens. Vous faites retomber sur ma tête la ruine de cette contrée! que le Dieu tout-puissant vous le pardonne, Dieu qui un jour nous confrontera, vous, moi et le duc.... Mais vous avez provoqué en moi l'Anglaise, et ma patrie doit répondre à des reproches de ce genre.

FERDINAND, *appuyé sur son épée.*

Je suis curieux....

MILADY.

Écoutez donc ce que je n'ai encore confié à personne, ce que je ne veux jamais confier à nul autre qu'à vous. Walter, je ne suis pas l'aventurière que vous voyez en moi. Je pourrais me faire valoir et dire : Je suis du sang des princes.... de la famille du malheureux Norfolk, qui s'immola pour Marie d'Écosse.... Mon père, premier chambellan du roi, fut accusé d'entretenir des intelligences criminelles avec la France, condamné par une sentence du parlement et décapité.... Tous nos biens, confisqués, échurent à la couronne. Nous-mêmes fûmes exilés du pays. Ma mère mourut le jour de l'exécution. Moi.... jeune fille de quatorze ans... je me réfugiai en Allemagne, avec ma gouvernante.... une petite cassette de bijoux.... et cette croix de famille, que ma mère mourante avait mise dans mon sein, en me donnant sa dernière bénédiction.

FERDINAND *devient pensif et jette sur milady des regards que l'intérêt anime.*

MILADY *poursuit, avec une émotion toujours croissante.*

Malade.... sans nom.... sans protection et sans fortune.... orpheline étrangère, je vins à Hambourg. Je n'avais rien appris qu'un peu de français.... à faire du filet, et à toucher du piano.... Je n'en savais que mieux manger dans l'or et dans l'argent, dormir sous des couvertures de damas, faire voler, au moindre signe, dix laquais, et recevoir les flatteries des grands de votre rang.... Six ans déjà s'étaient passés dans les larmes.... Ma dernière épingle de prix fut vendue.... Ma gouvernante mourut.... En ce temps-là, ma destinée amena votre duc à Hambourg. Je me promenais sur les bords de l'Elbe, je regardais le fleuve et je commençais à rêver et à me demander si cette eau était plus profonde que ma souffrance.... Le duc me vit, me suivit, trouva ma demeure, se jeta à mes pieds, et me jura qu'il m'aimait. (*Elle s'arrête, vivement émue; puis elle continue d'une voix entrecoupée de sanglots:*) Toutes les images de mon heureuse enfance se réveillèrent alors avec un éclat séducteur.... Un avenir désolé, noir comme la tombe, me menaçait de son horreur.... Mon cœur brûlait de trouver un cœur.... Je me laissai tomber sur le sien. (*S'élançant loin de lui.*) Maintenant condamnez-moi!

FERDINAND, *fort ému, court après elle et l'arrête.*

Milady? Oh! ciel! Qu'entends-je? Qu'ai-je fait?... Je vois mon crime dans toute son horreur! Vous ne pourrez plus me pardonner.

MILADY *revient, et après avoir essayé de se remettre:*

Écoutez la suite. Le prince surprit, il est vrai, ma jeunesse sans défense.... mais le sang des Norfolk se révolta en moi. Il me criait: « Toi, née princesse, Émilie, et maintenant la concubine d'un prince! » L'orgueil et le destin luttaient dans mon sein, quand le duc m'amena ici et que le spectacle le plus épouvantable apparut soudain à mes yeux.... La volupté des grands de ce monde est l'hyène insatiable qui va cherchant des victimes à son ardente voracité.... Elle avait déjà exercé dans ce pays de terribles ravages.... elle avait séparé la fiancée de son fiancé.... brisé même les liens divins du mariage.... Ici, elle avait détruit le paisible bonheur d'une famille.... là, ouvert un jeune cœur inexpérimenté aux ravages de la contagion, et les pauvres filles perverties maudissaient en écumant de rage, dans les convulsions de l'agonie, le nom de leur corrupteur.... Je me plaçai entre l'agneau et le tigre, j'obtins qu'il me donnât, dans un moment de passion, sa parole de prince, et ces abominables sacrifices durent cesser.

FERDINAND *court à travers la salle, violemment agité.*

Assez, milady! Rien de plus!

MILADY.

Cette triste période avait fait place à une autre plus triste encore. La cour et le sérail fourmillaient du rebut de l'Italie. De folâtres Parisiennes avaient fait du sceptre redoutable leur jouet, et le peuple saignait sous le joug de leurs caprices.... Leur règne finit successivement. Je les vis tomber dans la poussière à mes côtés, car j'étais plus coquette qu'elles toutes. Je pris les rênes de l'État des mains du tyran, que la volupté amollissait dans mes embrassements.... Ta patrie, Walter, sentit pour la première fois une main humaine, et se reposa avec confiance sur mon sein. (*Moment de silence, pendant lequel elle le regarde avec attendrissement.*) Oh! faut-il que le seul homme de qui je voudrais n'être pas méconnue, me force en ce moment à me vanter moi-même et à brûler ainsi les ailes à ma vertu silencieuse en l'exposant à la lumière de l'admiration? Walter, j'ai forcé des cachots.... j'ai déchiré des arrêts de mort, et abrégé plus d'une fois l'horrible perpétuité des galères. Dans d'incurables blessures, j'ai du moins versé un baume calmant.... j'ai couché dans la poussière des criminels puissants, et la cause perdue de l'innocence, souvent j'ai réussi à la sauver encore, avec une larme de courtisane.... Ah! jeune homme, combien cela m'était doux! Avec quelle fierté mon cœur pouvait réfuter chaque accusation de mon auguste naissance!... Et voici venir l'homme qui seul devait me payer de tout cela.... l'homme que mon destin épuisé me réservait peut-être comme le dédommagement de mes souffrances passées.... l'homme à qui déjà je m'attachais en rêve avec une brûlante ardeur....

FERDINAND *l'interrompt, remué jusqu'au fond de l'âme.*

C'est trop! c'est trop! Ceci est contre nos conventions, milady. Vous deviez repousser des accusations et vous faites de moi un coupable. Épargnez.... je vous en conjure.... épargnez mon cœur, que déchirent la honte et un cruel remords.

MILADY, *tenant sa main.*

Maintenant ou jamais! L'héroïne a tenu bon assez longtemps.... Il faut que tu sentes encore le poids de ces larmes. (*Du ton le plus tendre :*) Écoute, Walter!... Si une malheureuse.... attirée vers toi, par une force irrésistible, toute-puissante.... se presse contre toi, le cœur rempli d'un amour brûlant, inépuisable.... Walter!... et que toi, maintenant encore, tu prononces ce mot glacial d'honneur.... si cette malheureuse.... accablée sous le sentiment de sa honte.... lasse du vice.... héroïquement relevée par l'appel de la vertu.... se jette ainsi.... dans tes bras (*elle l'entoure de ses bras, avec une expression suppliante et solennelle*).... veut être sauvée par toi.... par toi rendue au ciel, ou (*d'une voix creuse et tremblante, en détournant le visage*) si, pour échapper à ton image, elle va, obéissant au terrible appel du désespoir, en proie au vertige, se plonger plus avant dans les hideux abîmes du vice....

FERDINAND, *s'arrachant de ses bras, dans la plus affreuse angoisse.*

Non, par le Dieu tout-puissant! je ne puis supporter cela.... Milady, il faut.... le ciel et la terre m'accablent.... il faut que je vous fasse un aveu, milady!

MILADY, *fuyant loin de lui.*

Pas maintenant! pas maintenant, par le grand Dieu du ciel.... pas dans ce moment horrible où mon cœur déchiré saigne de mille coups de poignard.... Que ce soit la mort ou la vie.... je ne puis pas.... je ne veux pas l'entendre!

FERDINAND.

Si pourtant, bonne lady! Il le faut. Ce que je vais vous dire amoindrira ma faute, et sera une éloquente excuse de ce qui s'est passé.... Je me suis mépris sur vous, milady.... Je comptais.... je désirais vous trouver digne de mon mépris. Je suis venu ici, fermement résolu de vous offenser, de mériter votre haine. Heureux tous deux, si mon plan eût réussi! (*Après un moment de silence, d'une voix moins haute et plus timide.*) J'aime, milady.... j'aime une jeune fille bourgeoise.... Louise Miller, la fille d'un musicien. (*Milady se détourne de lui, toute pâle; il continue plus vivement.*) Je sais où je me précipite; mais si la prudence commande à la passion de se taire, le devoir n'en parle que plus haut.... Je suis le coupable. C'est moi qui le premier ai rompu la précieuse paix de son innocence.... qui ai bercé son cœur d'espérances téméraires, et l'ai livré traîtreusement en proie à la passion fougueuse.... Vous allez me rappeler mon rang.... ma naissance.... les principes de mon père.... Mais j'aime.... Mon espérance monte d'autant plus haut, que la nature a croulé plus bas sous le poids des convenances.... Ma résolution et le préjugé!... Voyons qui de la mode ou de l'humanité restera sur le champ de bataille. (*Milady cependant s'est retirée à l'extrémité de la chambre et tient son visage caché sous ses deux mains. Il va auprès d'elle.*) Vous vouliez me dire quelque chose, milady?

MILADY, *avec l'expression de la plus vive souffrance.*

Rien, monsieur de Walter! Rien, sinon que vous nous perdez, vous, moi, et encore une troisième.

FERDINAND.

Encore une troisième?

MILADY.

Nous ne pouvons être heureux ensemble, et il faut cependant que nous soyons victimes de la précipitation de votre père. Jamais je n'aurai le cœur d'un homme qui ne me donne sa main que par contrainte.

FERDINAND.

Par contrainte, milady? donne par contrainte? et ainsi, la donne cependant? Vous pourriez, vous, exiger la main sans le cœur? Vous, dérober à une jeune fille l'homme qui est tout pour cette jeune fille? Vous, arracher à un homme la jeune fille qui est tout pour cet homme? Vous, milady.... qui étiez, il n'y a qu'un instant, l'admirable Anglaise.... Vous pourriez cela?

MILADY.

Parce qu'il le faut. (*Avec gravité et énergie.*) Ma passion, Walter, cède à ma tendresse pour vous. Mon honneur ne le peut plus.... Notre union est l'entretien de tout le pays. Tous les yeux, tous les traits de la raillerie sont dirigés sur moi. C'est un outrage ineffaçable, si un sujet du prince me refuse. Plaidez avec votre père. Défendez-vous le mieux que vous pourrez!... Moi, je fais jouer toutes les mines. (*Elle s'éloigne rapidement. Le major demeure muet et pétrifié. — Une pause. — Puis il se précipite par la porte principale.*)

SCÈNE IV.

Une chambre chez le musicien.

MILLER, LA FEMME MILLER et LOUISE *entrent.*

MILLER, *s'élançant dans la chambre.*

Ne l'avais-je pas dit d'avance?

LOUISE *se précipite vers lui avec anxiété.*

Quoi, mon père? quoi?

MILLER, *courant comme un fou en long et en large.*

Mon habit de cérémonie.... vivement.... Il faut que je le prévienne.... et une chemise blanche à manchettes!... Je me l'étais imaginé tout aussitôt.

LOUISE.

Pour l'amour de Dieu! Quoi?

LA FEMME.

Qu'y a-t-il donc? qu'est-ce donc?

MILLER *jette sa perruque dans la chambre.*

Vite chez le friseur!... Ce qu'il y a? (*S'élançant devant le miroir.*) Et ma barbe qui est déjà longue d'un doigt!... Ce qu'il y a?... Que veux-tu qu'il y ait, carogne?... Le diable est déchaîné, et que le tonnerre t'écrase!

LA FEMME.

Là, voyez donc! Il faut tout de suite que tout tombe sur moi.

MILLER.

Sur toi? Oui, maudite langue de tonnerre! Et sur qui donc du reste? Ce matin, avec ton diable de jeune seigneur.... ne l'ai-je pas dit au moment même?... Wurm a bavardé.

LA FEMME.

Ah! comment? D'où peux-tu le savoir?

MILLER.

D'où je peux le savoir?... Là!... sous la porte de la maison il rôde un estafier du ministre, qui demande le joueur de violon.

LOUISE.

Je suis morte.

MILLER.

Et toi aussi, avec tes yeux de « ne m'oubliez pas »! (*Il va avec amertume.*) Le proverbe a raison : quand le diable vous pond un œuf dans le ménage, il vous naît une jolie fille.... Ça me saute aux yeux maintenant.

LA FEMME.

D'où sais-tu donc qu'il s'agit de Louise? Tu peux avoir été recommandé au duc. Il peut te vouloir pour l'orchestre.

MILLER *saute sur sa canne.*

Que la pluie de soufre de Sodome te...! L'orchestre!... Oui, entremetteuse, où tu hurleras le dessus, et où mon dos noir et bleu figurera la contre-basse. (*Il se jette sur un siège.*) Dieu du ciel !

LOUISE *s'assied, pâle comme la mort.*

Ma mère! mon père! Pourquoi suis-je tout à coup si inquiète?

MILLER *s'élance de son siège.*

Mais que l'écrivassier vienne une fois à ma portée!... Qu'il y vienne!... Que ce soit dans ce monde ou dans l'autre.... Si je ne lui broie pas l'âme et le corps en bouillie, si je ne lui écris pas sur le cuir les dix commandements et les sept prières du *Pater*, et tous les livres de Moïse et des prophètes, de façon qu'on voie encore les taches bleues à la résurrection des morts....

LA FEMME.

Oui, jure et fais tapage! Cela conjurera maintenant le diable! Viens à notre aide, Seigneur Dieu! Que faire à présent? Où trouver un expédient? Que faire? Père Miller, mais parle donc! (*Elle court, en hurlant, à travers la chambre.*)

MILLER.

Je veux sur-le-champ aller chez le ministre. Je veux parler le premier.... dénoncer moi-même la chose. Tu l'as sue avant moi. Tu aurais pu m'avertir. La fillette aurait encore pu se laisser guider. Il eût encore été temps.... mais non!... Il y avait là quelque chose à pêcher, à tripoter!... Tu as encore mis du bois sur le feu.... Aussi maintenant veille à ta peau d'entremetteuse. Mange la soupe que tu as trempée. Moi, je prends ma fille dans mes bras et je passe la frontière avec elle!

SCÈNE V.

FERDINAND DE WALTER *se précipite, effrayé et hors d'haleine, dans la chambre;* **LES PRÉCÉDENTS.**

FERDINAND.

Mon père est-il venu ici?

LOUISE *se lève avec terreur.*

Son père! Dieu tout-puissant! ⎫
⎪
LA FEMME, *joignant les mains.* ⎪
⎬ *Tous à la fois.*
Le président! C'est fait de nous! ⎪
⎪
MILLER, *riant avec amertume.* ⎪
⎭
Dieu soit loué! Dieu soit loué! Nous voilà bien lotis!

FERDINAND *s'élance vers Louise et la serre avec force dans ses bras.*

Tu es à moi, quand l'enfer et le ciel se jetteraient entre nous!

LOUISE.

Ma mort est certaine.... Continue... Tu as prononcé un nom terrible.... Ton père?

FERDINAND.

Rien! rien! L'épreuve est surmontée. Je t'ai retrouvée! Tu m'as retrouvé! Oh! laisse-moi reprendre haleine sur ton sein. Ç'a été une heure terrible.

LOUISE.

Quelle heure? Tu me fais mourir.

FERDINAND *recule et la regarde d'un air expressif.*

Une heure, Louise, où une figure étrangère s'est jetée entre mon cœur et toi.... où mon amour a pâli devant ma conscience.... où ma Louise cessait d'être tout pour son Ferdinand....

LOUISE *se laisse tomber sur son siège, en se cachant le visage.*

FERDINAND *court vers elle, et s'arrête, muet, la regardant fixement, puis il la quitte tout à coup, dans une grande agitation.*

Non! jamais! Impossible, milady! C'est trop demander! Je ne puis te sacrifier cette innocence.... Non, par le Dieu infini! je ne puis violer mon serment, que cet œil éteint me rappelle plus impérieusement que ne ferait le tonnerre du ciel.... Milady.... regarde ici.... ici, père dénaturé.... Je dois égorger cet ange? Je dois jeter l'enfer dans ce sein céleste? (*S'élançant vers elle d'un air résolu.*) Je veux la conduire devant le trône du juge suprême, et l'Éternel dira si mon amour est un crime. (*Il la prend par la main et la fait lever de son siège.*) Prends courage, ma bien-aimée!... Tu as vaincu! Je reviens à toi, en triomphateur, du plus périlleux combat!

LOUISE.

Non, non!... Ne me cache rien! Prononce-la, l'horrible sentence! Tu as nommé ton père! Tu as nommé milady?... Les frissons de la mort me saisissent.... On dit qu'elle va se marier.

FERDINAND *se précipite consterné aux pieds de Louise.*

Avec moi, malheureuse!

LOUISE, *après une pause, d'une voix douce et tremblante, et avec un calme effrayant.*

Eh bien!... pourquoi donc ai-je peur?... Le vieillard que voilà me l'a souvent dit.... je n'ai jamais voulu le croire. (*Une pause, puis elle se jette en sanglotant dans les bras de Miller.*) Père, voici ta fille qui revient.... Pardon, père!... Est-ce la faute de ta fille, si ce rêve était si beau et.... si maintenant le réveil est si terrible?...

MILLER.

Louise! Louise!... Oh! Dieu, elle a perdu connaissance.... Ma fille, mon pauvre enfant.... Malédiction sur le séducteur!... Malédiction sur la femme qui lui a servi d'entremetteuse!

LA FEMME *se jette en se lamentant, sur Louise.*

Mérité-je cette malédiction, ma fille! Que Dieu vous le pardonne, baron!... Qu'a fait cet agneau, pour que vous l'égorgiez?

FERDINAND, *d'un bond, se relève, tout contre elle, plein de résolution.*

Mais je veux traverser ses cabales.... je veux rompre toutes ces chaînes de fer du préjugé.... Libre comme un homme de cœur, je veux faire mon choix, à donner le vertige à ces âmes d'insectes, si elles mesurent du regard, jusqu'à son faîte, l'œuvre gigantesque de mon amour. (*Il veut sortir.*)

ACTE II, SCÈNE V.

LOUISE *se lève, tremblante, de son siège, et le suit.*

Reste! reste! Où veux-tu aller?... Mon père.... Ma mère.... il nous abandonne dans ce moment d'angoisse.

LA FEMME *court après lui, s'attache à lui.*

Le président va venir ici.... Il va maltraiter notre enfant.... Il va nous maltraiter.... monsieur de Walter, et vous nous abandonnez?

MILLER *rit avec rage.*

Il nous abandonne! Eh sans doute! Pourquoi pas?... Ne lui a-t-elle pas tout donné? (*Prenant d'une main le major et de l'autre Louise.*) Patience, monsieur! On ne sort de ma maison qu'en passant sur elle.... Commence par attendre ton père, si tu n'es pas un coquin. Raconte-lui comment, trompeur, tu t'es glissé dans son cœur ou, par le ciel! (*Lui jetant sa fille, avec violence et fureur.*) Il faut d'abord que tu m'écrases ce vermisseau plaintif, que son amour pour toi a dévoué à l'opprobre.

FERDINAND *revient et se promène de long en large, plongé dans de profondes réflexions.*

Il est vrai que le pouvoir du président est grand.... Le droit paternel est un mot d'une grande étendue.... Le crime même peut se cacher dans ses plis.... Il peut pousser les choses loin.... fort loin!... Cependant l'amour seul va jusqu'aux dernières extrémités.... Viens, Louise! Ta main dans la mienne! (*Il lui prend la main avec force.*) Aussi vrai que je demande à Dieu de ne pas m'abandonner à mon dernier soupir!... le moment qui séparera ces deux mains, rompra aussi tout lien entre moi et la création!

LOUISE.

J'ai peur! Détourne les yeux. Tes lèvres tremblent! Tes yeux roulent d'une manière effrayante!

FERDINAND.

Non, Louise! ne tremble pas! Ce n'est pas le délire qui parle par ma bouche! C'est le don précieux du ciel, la résolution au moment décisif, où la poitrine oppressée ne peut se dégager que par quelque effort inouï.... Je t'aime, Louise.... Tu seras à moi, Louise.... Maintenant, je vais trouver mon père. (*Il s'éloigne précipitamment, et heurte.... le président.*)

SCÈNE VI.

LE PRÉSIDENT, *avec une suite de domestiques;* **LES PRÉCÉDENTS.**

LE PRÉSIDENT, *en entrant.*

Le voilà déjà!

TOUS *sont effrayés.*

FERDINAND, *reculant de quelques pas.*

Dans la maison de l'innocence.

LE PRÉSIDENT.

Où le fils apprend à obéir à son père.

FERDINAND.

Souffrez que sur ce point....

LE PRÉSIDENT, *l'interrompant, à Miller.*

Vous êtes le père?

MILLER.

Miller, musicien de la ville.

LE PRÉSIDENT, *à la femme.*

Vous, la mère?

LA FEMME.

Hélas! oui, la mère!

FERDINAND, *à Miller.*

Père, éloignez votre fille.... Elle va s'évanouir.

LE PRÉSIDENT.

Soin superflu! Je me charge de la frictionner. (*A Louise.*) Depuis combien de temps connaissez-vous le fils du président?

LOUISE.

Je ne me suis jamais inquiétée du fils du président. Ferdinand de Walter vient me voir depuis le mois de novembre.

FERDINAND.

Il l'adore.

LE PRÉSIDENT.

Avez-vous reçu des assurances?

FERDINAND.

Il y a peu d'instants, les plus solennelles, à la face de Dieu.

LE PRÉSIDENT, *avec colère, à son fils.*

Quand tu devras confesser ta folie, on te donnera le signal. (*A Louise.*) J'attends une réponse.

LOUISE.

Il m'a juré amour.

FERDINAND.

Et il tiendra son serment.

LE PRÉSIDENT.

Faut-il que je t'ordonne de te taire?... Avez-vous accepté ce serment ?

LOUISE, *avec tendresse*.

J'en ai fait un semblable, en retour.

FERDINAND, *d'une voix ferme*.

L'alliance est conclue.

LE PRÉSIDENT.

Je ferai jeter dehors cet écho. (*Méchamment à Louise.*) Mais chaque fois, sans doute, il vous a payée comptant?

LOUISE, *attentive*.

Je ne comprends pas tout à fait cette question.

LE PRÉSIDENT, *avec un rire mordant*.

Non? Eh bien, je veux seulement dire.... que chaque métier nourrit qui l'exerce.... Vous aussi, je l'espère, vous n'aurez pas donné gratis vos faveurs.... Ou peut-être vous arrangiez-vous du débit en lui-même ? Qu'en dites-vous ?

FERDINAND *s'élance comme hors de lui.*

Enfer ! qu'ai-je entendu ?

LOUISE, *au major avec noblesse et indignation.*

Monsieur de Walter, maintenant vous êtes libre.

FERDINAND.

Mon père, la vertu commande le respect, même sous l'habit du mendiant.

LE PRÉSIDENT *éclate de rire*.

Plaisante prétention! Le père doit respecter la catin de son fils.

LOUISE *tombe*.

O ciel et terre!

FERDINAND, *parlant en même temps que Louise, et faisant avec son épée un mouvement convulsif contre le président, mais la laissant aussitôt retomber.*

Mon père! vous aviez une vie à réclamer de moi.... Elle est

payée. (*Remettant son épée dans le fourreau.*) Le titre de créance du devoir filial est là en pièces....

MILLER, *qui jusque-là s'est tenu timidement à l'écart, s'avance très-agité; tantôt il grince des dents avec fureur, tantôt elles claquent d'effroi.*

Votre Excellence.... L'enfant est l'œuvre du père.... Sauf révérence!... Qui traite l'enfant de catin, frappe le père au visage, et soufflet pour soufflet.... telle est la taxe chez nous.... Sauf révérence.

LA FEMME.

Secourez-nous, mon Dieu et mon Sauveur!... Voilà aussi le vieux déchaîné.... Tout l'orage va nous éclater sur la tête.

LE PRÉSIDENT, *qui n'a entendu qu'à moitié.*

L'entremetteur bouge-t-il aussi?... Nous nous parlerons tout à l'heure, monsieur le complaisant.

MILLER.

Sauf révérence, je m'appelle Miller, si vous voulez entendre un adagio.... Je ne fais pas le commerce de galanteries. Aussi longtemps que la cour fournira elle-même sa provision, ce trafic ne descendra pas à nous autres bourgeois! sauf révérence!

LA FEMME.

Au nom du ciel, mon mari! Tu perds ta femme et ton enfant.

FERDINAND.

Vous jouez ici un rôle, mon père, pour lequel vous auriez dû au moins vous passer de témoins.

MILLER, *s'approchant davantage, continue avec plus d'assurance.*

En bon allemand, sauf révérence.... Votre Excellence gouverne et commande dans le pays. Ici, c'est ma chambre. Mes très-humbles compliments, si jamais je vous porte un mémoire, une supplique; mais un hôte mal appris, je le jette à la porte.... Sauf révérence.

LE PRÉSIDENT, *pâle de fureur.*

Comment?... Qu'est-ce que cela ? (*Il se rapproche de lui.*)

MILLER, *recule doucement.*

Ce n'était là que ma manière de voir, monsieur.... Sauf révérence.

LE PRÉSIDENT, *éclatant.*

Ah! coquin. C'est à la maison de force que te conduira ton

insolente manière de voir.... Allez! Qu'on fasse venir les gens de justice. (*Quelques hommes de la suite sortent. Le président court, furieux, par la chambre.*) Le père à la maison de force.... Au pilori la mère et sa catin de fille.... La justice prêtera son bras à ma fureur. Pour cet affront, j'aurai une satisfaction terrible.... Une telle canaille renverserait mes plans, et exciterait impunément l'un contre l'autre le père et le fils!... Ah, maudits! j'assouvirai ma haine dans votre ruine; toute la couvée, père, mère et fille, je les sacrifierai à mon ardente vengeance.

FERDINAND *s'avance entre eux, avec calme et fermeté.*

Oh! non pourtant! soyez sans crainte. Je suis là. (*Au président, d'un ton soumis.*) Pas de précipitation, mon père! Si vous vous aimez vous-même, pas de violence!... Il y a une région dans mon cœur où le nom de père n'a encore jamais été entendu.... Ne pénétrez pas jusque-là!

LE PRÉSIDENT.

Vaurien! tais-toi! N'excite pas encore plus ma colère.

MILLER, *qui était demeuré pensif, sort tout à coup de sa stupeur.*

Veille sur ton enfant, femme! Je cours chez le duc!... Le tailleur de Son Altesse.... C'est Dieu qui m'a inspiré cela.... Le tailleur de Son Altesse prend chez moi des leçons de flûte. Je ne puis manquer d'arriver jusqu'au duc. (*Il veut sortir.*)

LE PRÉSIDENT.

Au duc, dis-tu?... As-tu oublié que je suis le seuil qu'il faut que tu franchisses, si tu ne veux te casser le cou?... Au duc, imbécile? Essaye-le, quand tu seras enterré tout vivant dans un cachot souterrain, aussi bas que la tour est haute, où la nuit fait les yeux doux à l'enfer, et où le son et la lumière n'ont pas d'accès. Alors fais sonner tes chaînes et crie en pleurant : « Mon sort est trop affreux! »

SCÈNE VII.

DES GENS DE JUSTICE, LES PRÉCÉDENTS.

FERDINAND *se précipite vers Louise, qui tombe à demi morte dans ses bras.*

Louise! Au secours! Sauvez-la! La terreur l'a accablée.

MILLER *saisit sa canne, met son chapeau et attend résolûment l'attaque.*

LA FEMME *se jette à genoux devant le président.*

LE PRÉSIDENT, *aux gens de justice, en leur montrant sa plaque.*

Prêtez main-forte, au nom du duc!... Éloigne-toi de la catin, jeune homme!... Évanouie ou non.... quand elle aura le carcan au cou, on la réveillera bien à coups de pierre!

LA FEMME.

Pitié! Votre Excellence! Pitié! pitié!

MILLER *relève violemment sa femme.*

Agenouille-toi devant Dieu, vieille catin braillarde, et non pas devant.... des gredins, puisque d'ailleurs je vais déjà à la maison de force.

LE PRÉSIDENT *se mord les lèvres.*

Tu pourrais faire un faux calcul, coquin. Il y a encore place au gibet. (*Aux gens de justice.*) Faut-il que je le répète?

LES GENS DE JUSTICE *s'avancent sur Louise.*

FERDINAND *bondit, se place devant elle et crie avec colère :*

Qui veut avoir affaire à moi? (*Il prend son épée par le fourreau et se défend avec la poignée.*) Osez la toucher, si vous n'avez pas aussi loué votre crâne à la justice. (*Au président.*) Épargnez-vous vous-même. Ne me poussez pas plus loin, mon père!

LE PRÉSIDENT, *avec menace, aux gens de justice.*

Si vous tenez à votre pain, poltrons....

LES GENS DE JUSTICE *veulent de nouveau saisir Louise.*

FERDINAND.

Mort et mille diables! Arrière! vous dis-je.... Encore une fois, mon père! ayez pitié de vous-même! Ne me poussez pas à bout!

LE PRÉSIDENT, *avec emportement, aux gens de justice.*

Est-ce ainsi que vous remplissez votre devoir, drôles?

LES GENS DE JUSTICE *redoublent d'ardeur à la saisir.*

FERDINAND.

Eh bien! s'il le faut (*il tire son épée et en blesse quelques-uns.*) Justice, pardonne-moi!

LE PRÉSIDENT, *en fureur.*

Je veux voir si je sentirai aussi cette épée. (*Il saisit lui-même Louise, la soulève de force et la remet à un sergent de justice.*)

FERDINAND, *avec un rire amer.*

Mon père, mon père! vous faites ici une mordante épigramme contre la divinité, qui connaît si mal son monde et a fait un mauvais ministre d'un parfait valet de bourreau.

LE PRÉSIDENT, *aux autres.*

Qu'on l'emmène.

FERDINAND.

Mon père, elle figurera au pilori, mais avec le major, le fils du président.... Persistez-vous encore?

LE PRÉSIDENT.

Le spectacle sera d'autant plus bouffon.... Partez.

FERDINAND.

Mon père, je jette sur cette jeune fille mon épée d'officier.... Persistez-vous encore?

LE PRÉSIDENT.

L'épée à ton côté s'est habituée à être au pilori..... Allez! allez! vous connaissez ma volonté.

FERDINAND *repousse un sergent de justice, saisit Louise d'un bras, et de l'autre dirige sur elle son épée.*

Mon père, avant que vous déshonoriez mon épouse, je la perce de mon épée.... Persistez-vous encore?

LE PRÉSIDENT.

Fais-le, si la pointe est assez aiguë.

FERDINAND *lâche Louise et lève au ciel un regard terrible.*

Dieu tout-puissant! tu en es témoin.... Il n'y a pas un moyen humain que je n'aie tenté.... Il faut que j'en emploie un diabolique.... Vous la conduisez au pilori : moi, pendant ce temps (*il crie à l'oreille du président*) je raconterai une histoire à la résidence : la manière dont on devient président.   (*Il sort.*)

LE PRÉSIDENT, *comme frappé de la foudre.*

Qu'est-ce que cela?... Ferdinand!... Laissez-la libre. (*Il court après le major.*)

ACTE TROISIÈME.

SCÈNE I.

Un salon chez le président.

LE PRÉSIDENT *et* LE SECRÉTAIRE **WURM** *entrent.*

LE PRÉSIDENT.

C'est un tour diabolique.

WURM.

C'est ce que je craignais, monseigneur. La contrainte exaspère les cœurs exaltés, mais ne les convertit jamais.

LE PRÉSIDENT.

J'avais la plus grande confiance dans ce plan. Je raisonnais ainsi : Si la fille est déshonorée, il faudra, comme officier, qu'il renonce à elle.

WURM.

Parfait! mais il en fallait venir à la déshonorer.

LE PRÉSIDENT.

Et pourtant.... quand j'y réfléchis de sang-froid.... je n'aurais pas dû me laisser repousser.... C'était une menace, qu'il n'eût sans doute jamais exécutée.

WURM.

Ne croyez pas cela. Pour la passion irritée il n'y a pas de folie trop extravagante. Vous me dites que M. le major a toujours secoué la tête quand il s'est agi de votre administration. Je le crois. Les principes qu'il a rapportés ici des universités ne m'ont jamais bien satisfait. Que signifiaient ces rêves fantastiques de grandeur d'âme et de noblesse personnelle, dans une cour où la plus grande sagesse est de se faire à propos, d'une adroite façon, grand ou petit? Il est trop jeune, trop ardent pour prendre goût à la marche lente et tortueuse de l'intrigue, et rien ne pourra exciter son ambition que ce qui est grand et aventureux.

LE PRÉSIDENT, *avec humeur.*

Mais comment votre très-sage remarque pourra-t-elle réparer notre affaire?

WURM.

Elle montrera la blessure à Votre Excellence, et peut-être aussi le moyen de la bander. Un tel caractère.... permettez.... on n'eût jamais dû en faire un confident, ou jamais un ennemi. Il abhorre les moyens par lesquels vous vous êtes élevé. Peut-être bien le fils a-t-il seul jusqu'ici enchaîné la langue du traître. Donnez-lui l'occasion de renoncer légitimement au premier des deux rôles; persuadez-lui, par des assauts répétés à sa passion, que vous n'avez point la tendresse d'un père, et les devoirs du patriote prendront chez lui le dessus. Oui, rien que l'étrange fantaisie de faire à la justice un sacrifice aussi remarquable pourrait avoir à ses yeux assez d'attrait pour le pousser à perdre son père.

LE PRÉSIDENT.

Wurm!... Wurm!... Vous me menez là au bord d'un horrible abîme.

WURM.

Je veux vous en éloigner, monseigneur. Puis-je parler librement?

LE PRÉSIDENT, *s'asseyant.*

Comme un damné à son compagnon de damnation.

WURM.

Ainsi vous permettez.... Le président doit, ce me semble, tout ce qu'il est à la souplesse d'un courtisan : pourquoi le père n'y aurait-il pas aussi recours? Je me rappelle avec quelle cordialité vous décidâtes votre prédécesseur à une partie de piquet et comme vous noyâtes, chez lui, dans le bourgogne de l'intimité une bonne moitié de la nuit, et pourtant c'était la nuit même où la grande mine devait partir et faire sauter en l'air le bonhomme.... Pourquoi avez-vous montré l'ennemi à votre fils? Jamais il n'aurait dû apprendre que je connaissais son commerce d'amour. Vous auriez miné le roman du côté de la jeune fille et conservé le cœur de votre fils. Vous auriez joué le rôle du général prudent qui n'attaque pas l'ennemi au cœur de ses troupes, mais ménage des divisions dans les rangs.

LE PRÉSIDENT.

Comment fallait-il s'y prendre?

WURM.

De la façon la plus simple.... et la partie n'est pas encore absolument compromise. Abstenez-vous pour un temps de faire valoir vos droits de père. Ne vous mesurez pas avec une passion que toute résistance ne ferait que rendre plus puissante.... Laissez-moi le soin de faire éclore, au propre feu de cette passion, le ver qui la rongera.

LE PRÉSIDENT.

Je suis curieux....

WURM.

Ou je connais bien mal le baromètre de l'âme, ou M. le major est aussi terrible en jalousie qu'en amour. Rendez-lui la jeune fille suspecte.... vraisemblablement ou non. Un grain de levain suffit pour mettre la masse entière dans une fermentation à tout détruire.

LE PRÉSIDENT.

Mais où prendre ce grain?

WURM.

C'est là le point essentiel.... Avant tout, monseigneur, dites-moi clairement ce que vous risquez par la résistance du major, si elle se prolonge.... jusqu'à quel point il vous importe de mettre fin à son roman avec la petite bourgeoise, et de conclure le mariage avec lady Milford.

LE PRÉSIDENT.

Pouvez-vous encore me le demander, Wurm?... Toute mon influence est en péril, si l'union avec milady échoue, et ma tête, si je contrains le major.

WURM, *vivement.*

Maintenant faites-moi la grâce de m'entendre.... Nous enlacerons M. le major par la ruse. Vis-à-vis de la jeune fille, nous emploierons toute votre autorité. Nous lui dicterons un billet doux, adressé à une tierce personne, et nous le ferons tomber adroitement dans les mains du major.

LE PRÉSIDENT.

Folle idée! Comme s'il était si vite fait de l'amener à écrire sa propre sentence de mort!

WURM.

C'est chose faite, si vous me donnez carte blanche. Je connais à fond ce bon cœur. Elle n'a que deux côtés vulnérables, par lesquels nous pouvons livrer assaut à sa conscience.... son père et le major. Le dernier restera absolument en dehors du jeu; nous pourrons d'autant plus librement nous retourner avec le musicien....

LE PRÉSIDENT.

Par exemple?

WURM.

D'après ce que Votre Excellence m'a dit de la scène qui a eu lieu dans sa maison, rien ne sera plus facile que de menacer le père d'un procès capital. La personne du favori, du garde des sceaux, est en quelque sorte l'ombre de la Majesté.... Offenser celui-là, c'est blesser celle-ci.... Du moins, je me fais fort avec cet épouvantail subtilement combiné de faire passer le pauvre diable par le trou d'une aiguille.

LE PRÉSIDENT.

Pourtant.... il ne faudrait pas que l'affaire devînt sérieuse.

WURM.

Non assurément.... mais seulement autant qu'il le faut pour jeter la famille dans la détresse.... Nous mettons donc tout doucement le musicien en prison.... Pour rendre l'angoisse d'autant plus pressante, on pourrait y mettre aussi la mère.... puis nous parlons d'accusation criminelle, d'échafaud, de détention perpétuelle, et nous faisons de la lettre de la fille l'unique moyen de délivrance.

LE PRÉSIDENT.

Bien, bien! Je comprends.

WURM.

Elle aime son père.... jusqu'à la passion, pourrais-je dire. Le danger de sa vie.... de sa liberté tout au moins.... les reproches que lui fera sa conscience d'être la première cause du mal....

l'impossibilité de posséder le major.... enfin l'égarement de sa tête, dont je me charge.... c'est immanquable,... elle tombera nécessairement dans le piége.

LE PRÉSIDENT.

Mais mon fils ? N'aura-t-il pas tout aussitôt vent de la chose ? N'en deviendra-t-il pas plus furieux ?

WURM.

Reposez-vous sur moi, monseigneur.... Le père et la mère ne seront pas relâchés, avant que la famille entière se soit engagée par un serment formel à garder le secret sur toute l'affaire et à confirmer notre tromperie.

LE PRÉSIDENT.

Un serment? A quoi peut servir un serment, imbécile ?

WURM.

A rien chez nous, monseigneur; chez cette espèce de gens, à tout.... Et voyez comme, de cette façon, nous arrivons bien l'un et l'autre à notre but.... La jeune fille perd l'amour du major et sa réputation de vertu. Le père et la mère radoucissent le ton, et assouplis d'outre en outre par des épreuves de ce genre, ils finiront par trouver que c'est un acte de miséricorde de ma part, de réhabiliter leur fille, en lui donnant ma main.

LE PRÉSIDENT *rit, en secouant la tête.*

Oui, je m'avoue vaincu, coquin! La trame est d'une finesse satanique. L'écolier surpasse son maître.... Maintenant, il s'agit de savoir à qui doit être adressé le billet. Avec qui la compromettrons-nous ?

WURM.

Nécessairement avec quelqu'un qui ait tout à gagner ou tout à perdre à la résolution de votre fils.

LE PRÉSIDENT, *après un moment de réflexion.*

Je ne vois que le maréchal du palais.

WURM *hausse les épaules.*

J'avoue que ce ne serait pas précisément là mon caprice, si je m'appelais Louise Miller.

LE PRÉSIDENT.

Et pourquoi pas? Ce serait étrange. Une garde-robe éblouissaute.... une atmosphère d'eau de mille fleurs[1] et de musc.... à tout niais propos, la main pleine de ducats...., et tout cela ne séduirait pas à la fin la délicatesse d'une petite bourgeoise? Oh! mon bon ami, la jalousie n'est pas aussi scrupuleuse. J'envoie chez le maréchal. (*Il sonne.*)

WURM.

Pendant que Votre Excellence s'occupera de ceci et de l'arrestation du violon, je vais aller rédiger le billet doux convenu.

LE PRÉSIDENT, *allant à son pupitre.*

Que vous m'apporterez à lire, aussitôt qu'il sera prêt. (*Wurm s'en va. Le président s'assoit pour écrire. Un valet de chambre entre. Le président se lève et lui donne un papier.*) Qu'on porte sur-le-champ cet ordre d'arrestation au tribunal.... un autre messager ira prier le maréchal de la cour de venir chez moi.

LE VALET DE CHAMBRE.

La voiture de M. le maréchal s'arrête à l'instant à la porte.

LE PRÉSIDENT.

Encore mieux.... mais vous recommanderez qu'on procède avec circonspection, de façon qu'il n'y ait point d'esclandre.

LE VALET DE CHAMBRE.

Très-bien, Votre Excellence.

LE PRÉSIDENT.

Vous comprenez? Tout paisiblement.

LE VALET DE CHAMBRE.

Parfaitement, Votre Excellence. (*Il sort.*)

SCÈNE II.

LE PRÉSIDENT *et* LE MARÉCHAL DE LA COUR.

LE MARÉCHAL, *l'air affairé.*

Seulement en passant[2], mon très-cher!... Comment êtes-vous? Comment vous portez-vous?... Ce soir, le grand opéra de Didon.... le plus beau feu d'artifice.... Toute une ville en flammes.... vous viendrez aussi la voir brûler? Quoi?

---

1. « Eau de mille fleurs » est en français dans le texte.
2. « En passant » est en français dans le texte.

LE PRÉSIDENT.

J'ai assez de feux d'artifice dans ma propre maison, qui pourraient bien faire sauter en l'air toute ma grandeur. Vous venez à souhait, mon cher maréchal, pour me conseiller, pour m'aider activement, dans une affaire qui peut ou nous pousser tous deux ou nous perdre complétement. Asseyez-vous.

LE MARÉCHAL.

Ne me faites pas peur, mon bon.

LE PRÉSIDENT.

Comme je vous le dis.... nous pousser ou nous perdre complétement. Vous savez mon projet au sujet du major et de milady. Vous comprenez aussi combien cette union était indispensable pour affermir notre fortune à tous deux.... Tout peut crouler, Kalb! Mon Ferdinand ne veut pas.

LE MARÉCHAL.

Ne veut pas.... ne veut pas.... mais je l'ai déjà publié dans toute la ville. Ce mariage est dans toutes les bouches.

LE PRÉSIDENT.

Vous risquez de passer pour un hâbleur aux yeux de toute la ville. Il en aime une autre.

LE MARÉCHAL.

Vous plaisantez. Est-ce bien là un obstacle?

LE PRÉSIDENT.

Pour cette tête obstinée, le plus insurmontable de tous.

LE MARÉCHAL.

Il serait assez insensé pour repousser sa fortune? Quoi?

LE PRÉSIDENT.

Demandez-le-lui, et écoutez ce qu'il vous répondra.

LE MARÉCHAL.

Mais, mon Dieu[1]! que peut-il donc répondre?

LE PRÉSIDENT.

Qu'il veut dévoiler à tout l'univers le crime par lequel nous nous sommes élevés.... qu'il veut dénoncer nos fausses lettres, nos fausses quittances.... et nous livrer l'un et l'autre au glaive de la justice. Voilà ce qu'il peut répondre.

---

1. « Mon Dieu » est en français dans le texte.

LE MARÉCHAL.

Avez-vous perdu le sens?

LE PRÉSIDENT.

Voilà ce qu'il a répondu, ce qu'il était déjà prêt à exécuter.... J'ai à peine réussi à l'en détourner jusqu'ici par la plus humble attitude. Qu'avez-vous à dire à cela?

LE MARÉCHAL, *d'un air hébété.*

Ma raison s'y perd.

LE PRÉSIDENT.

Passe encore cela! Mais en même temps mes espions m'informent que le grand échanson de Bock est tout prêt à demander la main de milady.

LE MARÉCHAL.

Vous me rendrez fou à lier. Qui dites-vous? de Bock, dites-vous?... Mais savez-vous que nous sommes ennemis mortels? Et savez-vous pourquoi nous le sommes?

LE PRÉSIDENT.

C'est le premier mot que j'en apprends.

LE MARÉCHAL.

Mon très-cher! vous allez le savoir et vous en frissonnerez à sortir de votre peau. Vous souvenez-vous encore du bal de la cour.... il y a de cela près de vingt et un ans.... vous savez.... où l'on dansa la première anglaise, et où la cire bouillante d'un lustre tomba goutte à goutte sur le domino du comte de Meerschaum?... Ah! mon Dieu, vous devez certainement encore vous en souvenir!

LE PRÉSIDENT.

Qui pourrait oublier pareille chose?

LE MARÉCHAL.

Eh bien, voyez! La princesse Amélie avait, dans la chaleur de la danse, perdu sa jarretière.... Voilà tout le monde, naturellement, en grand émoi.... De Bock et moi.... nous étions encore jeunes gentilshommes de la chambre.... nous nous traînons par tout le bal masqué, pour chercher la jarretière.... Enfin je l'aperçois.... de Bock le remarque.... de Bock s'élance dessus, me l'arrache des mains.... je vous demande un peu! il l'apporte à la princesse et réussit à me souffler le compliment.... Que vous en semble?

LE PRÉSIDENT.

L'impertinent!

LE MARÉCHAL.

Il me souffle le compliment.... Je pensai me trouver mal. On n'a jamais vu pareille malice.... A la fin, je reprends courage, je m'approche de Son Altesse et je lui dis : « Très-gracieuse dame! de Bock a eu le bonheur de présenter la jarretière à Votre Altesse Sérénissime, mais celui qui le premier a aperçu la jarretière jouit au fond du cœur de sa bonne fortune, et se tait. »

LE PRÉSIDENT.

Bravo, maréchal! bravissimo!

LE MARÉCHAL.

« Et se tait.... » Mais j'en garderai rancune à de Bock jusqu'au jugement dernier.... Le vil et rampant flatteur!... Et ce n'était pas assez.... Au moment où nous tombions tous deux sur la jarretière, de Bock m'enlève toute la poudre du côté droit de ma coiffure, et me voilà défiguré pour tout le reste du bal.

LE PRÉSIDENT.

Voilà l'homme qui va épouser la Milford et devenir le premier personnage de la cour.

LE MARÉCHAL.

Vous m'enfoncez un poignard dans le cœur. Va épouser? va devenir? Et pourquoi va-t-il? Quelle nécessité?

LE PRÉSIDENT.

Parce que mon Ferdinand ne veut pas et qu'aucun autre ne se présente.

LE MARÉCHAL.

Mais ne savez-vous donc absolument aucun moyen de décider le major?... Aucun, quelque bizarre et désespéré qu'il soit?... Que peut-il y avoir au monde de si répugnant qui ne nous agréât en ce moment pour supplanter cet odieux de Bock ?

LE PRÉSIDENT.

Je n'en sais qu'un et il dépend de vous.

LE MARÉCHAL.

Il dépend de moi? Et ce serait?

LE PRÉSIDENT.

De brouiller le major avec celle qu'il aime.

LE MARÉCHAL.

Les brouiller? Comment l'entendez-vous?... et comment m'y prendrais-je?

LE PRÉSIDENT.

Tout est gagné, dès que nous lui rendrons la fille suspecte.

LE MARÉCHAL.

Suspecte de voler, n'est-ce pas?

LE PRÉSIDENT.

Eh! non.... Comment le croirait-il?... D'avoir encore commerce avec un autre.

LE MARÉCHAL.

Et cet autre?

LE PRÉSIDENT.

Il faudrait que ce fût vous, baron?

LE MARÉCHAL.

Que ce fût moi? moi?... Est-elle noble?

LE PRÉSIDENT.

Pourquoi cette question? Quelle idée!... La fille d'un musicien.

LE MARÉCHAL.

Ainsi, une bourgeoise? Cela ne pourra pas aller. Quoi?

LE PRÉSIDENT.

Qu'est-ce qui ne pourra pas aller? Quelle bouffonnerie! Qui, sous le soleil, serait tenté de demander à deux joues fraîches et rondes une généalogie?

LE MARÉCHAL.

Mais songez donc! Un homme marié! Et ma réputation à la cour!

LE PRÉSIDENT.

C'est autre chose! Pardonnez-moi! J'ignorais jusqu'ici que l'homme de mœurs irréprochables fût plus à vos yeux que l'homme influent. Brisons là-dessus, si vous le voulez bien!

LE MARÉCHAL.

Pas de folie, baron! Je ne l'entendais pas ainsi.

LE PRÉSIDENT, *très-froidement.*

Non.... non! Vous avez parfaitement raison. J'en suis las, moi aussi. Je laisse le char embourbé. Bonne chance à de Bock pour être premier ministre! Il y a encore place ailleurs dans ce monde. Je demande mon congé au duc.

LE MARÉCHAL.

Et moi?... Vous en parlez à votre aise, vous! Vous êtes un homme lettré! mais moi..., mon Dieu¹! que suis-je, si Son Altesse me congédie?

LE PRÉSIDENT.

Un bon mot¹ d'avant-hier! La mode de l'an passé.

LE MARÉCHAL.

Je vous en conjure, mon cher, mon précieux ami!... Étouffez cette pensée! Je me prêterai à tout ce qu'on voudra.

LE PRÉSIDENT.

Voulez-vous prêter votre nom pour un rendez-vous¹ que cette fille Miller vous donnerait par écrit?

LE MARÉCHAL.

Oui, au nom du ciel! Je le prêterai.

LE PRÉSIDENT.

Et laisser tomber la lettre en quelque endroit où elle frappera les yeux du major.

LE MARÉCHAL.

Par exemple, à la parade, je la jetterai de ma poche, comme par hasard, en tirant mon mouchoir.

LE PRÉSIDENT.

Et soutenir vis-à-vis du major votre rôle d'amoureux?

LE MARÉCHAL.

Mort de ma vie¹! Je lui laverai la tête! Je ferai passer l'envie à cet impertinent d'être friand de mes amours.

LE PRÉSIDENT.

Voilà qui va à souhait. Il faut que la lettre soit écrite aujourd'hui même. Vous viendrez avant le soir pour la prendre et bien étudier votre rôle avec moi.

LE MARÉCHAL.

Aussitôt que j'aurai fait seize visites qui sont de la plus haute importance. Pardonnez-moi donc si je prends congé de vous sans délai. (*Il s'en va.*)

1. En français dans le texte.

LE PRÉSIDENT *sonne.*
Je compte sur votre subtile adresse, maréchal!
LE MARÉCHAL *lui crie de l'antichambre.*
Ah! mon Dieu¹! Vous me connaissez.

SCÈNE III.

LE PRÉSIDENT et WURM.

WURM.

Le violon et sa femme ont été mis heureusement en lieu sûr, et sans aucun tapage. Votre Excellence veut-elle maintenant parcourir la lettre?

LE PRÉSIDENT, *après avoir lu.*

Parfait, parfait! secrétaire! Le maréchal aussi a mordu.... Un poison comme celui-là changerait la santé même en lèpre purulente.... Maintenant, bien vite les propositions au père, et puis tout chaud chez la fille. (*Ils sortent par deux côtés différents.*)

SCÈNE IV.

Une chambre dans la maison de Miller.

LOUISE et FERDINAND.

LOUISE.

Je t'en prie, cesse. Je ne crois plus à des jours heureux. Toutes mes espérances sont renversées.

FERDINAND.

Et les miennes en ont grandi. Mon père est irrité; mon père dirigera contre nous toutes ses batteries. Il me forcera à me montrer fils dénaturé. Je ne réponds plus de mon devoir filial. La fureur et le désespoir m'arracheront le noir secret de son meurtre. Le fils livrera le père aux mains du bourreau.... Le danger est au comble.... et il fallait que le danger fût au comble pour que mon amour pût oser ce pas de géant.... Écoute, Louise!... Une pensée, grande et audacieuse comme ma passion,

---

1. En français dans le texte.

se presse devant mon âme.... Toi, Louise, et moi, et l'amour!...
Le ciel entier n'est-il pas dans ce cercle? Te faut-il une quatrième
chose avec cela?

LOUISE.

Arrête! rien de plus. Je pâlis d'avance à ce que tu veux dire...

FERDINAND.

Avons-nous encore quelque chose à demander au monde? Pourquoi donc mendier son suffrage? Pourquoi hasarder, où il n'y a rien à gagner et peut-être tout à perdre?... Ces yeux ne brilleront-ils pas de la même tendresse, qu'ils se mirent dans le Rhin, ou dans l'Elbe, ou dans la mer Baltique? Ma patrie est où Louise m'aime. La trace de tes pieds dans le sable d'un désert sauvage a plus d'intérêt pour moi que le temple le plus vénéré de ma ville natale.... La magnificence des villes nous manquera-t-elle? En quelque lieu que nous soyons, Louise, il y a un soleil qui se lève, un soleil qui se couche.... spectacles qui font pâlir les plus brillants efforts de l'art. Si nous ne pouvons plus servir Dieu dans un temple, la nuit déroulera devant nos yeux sa religieuse horreur, la lune qui croît et décroît nous prêchera la pénitence, et les étoiles, pieux troupeau, prieront avec nous!... Épuiserons-nous jamais les doux propos d'amour? Un sourire de ma Louise, en voilà pour des siècles, et le rêve de la vie s'achève avant que j'approfondisse cette larme.

LOUISE.

Et il ne te reste plus d'autre devoir que ton amour?

FERDINAND, *l'embrassant.*

Le plus sacré de tous, c'est ton repos.

LOUISE, *d'un ton très-sérieux.*

En ce cas, tais-toi et laisse-moi.... J'ai un père qui n'a d'autre bien que cette fille unique.... qui demain aura soixante ans.... qui a tout à craindre de la vengeance du président.

FERDINAND *l'interrompt vivement.*

Il nous accompagnera. Ainsi plus d'objections, ma bien-aimée. Je vais convertir en argent tout ce que j'ai de précieux, emprunter quelques sommes sur le crédit de mon père. Il est permis de dépouiller qui dépouille autrui, et ses trésors ne sont-ils pas le prix du sang de la patrie.... Sur le coup d'une heure après minuit, une voiture s'arrêtera à cette porte. Vous vous y jetez et nous fuyons.

LOUISE.

Et la malédiction de ton père nous suivra?... Une malédiction, tu n'y songes pas, que le meurtrier lui-même ne profère jamais sans être exaucé, que la vengeance du ciel accomplit, fût-elle le dernier cri du voleur sur la roue, qui s'attachant à nous, dans notre fuite, comme un spectre impitoyable, nous chasserait d'une mer à l'autre.... Non, mon bien-aimé, si un crime peut seul te conserver à moi, j'ai encore assez de force pour te perdre.

FERDINAND *demeure immobile et murmure d'un air sombre.*
En vérité?

LOUISE.

Te perdre!... Oh! cette pensée est horrible, d'une horreur sans bornes.... assez affreuse pour percer et tuer une âme immortelle, et faire pâlir la joue brûlante de la Joie incarnée.... Ferdinand! te perdre! Mais que dis-je? on ne perd que ce qu'on a possédé, et ton cœur appartient à ton rang.... Ma prétention était un sacrilége, et j'y renonce en frissonnant.

FERDINAND, *le visage contracté, et se mordant la lèvre.*
Tu y renonces?

LOUISE.

Non! Regarde-moi, cher Walter! Ne grince pas des dents si amèrement! Viens! Laisse-moi maintenant ranimer par mon exemple ton courage défaillant. Laisse-moi être l'héroïne de cette crise.... rendre à un père son fils qui le fuit.... renoncer à une alliance qui troublerait les relations sociales et porterait atteinte aux lois constantes de l'ordre commun.... C'est moi qui suis la coupable.... mon sein a nourri des vœux téméraires, insensés.... Mon malheur est mon châtiment, mais laisse-moi du moins aujourd'hui la douce et consolante illusion que c'est un libre sacrifice.... M'envieras-tu cette jouissance?

FERDINAND, *dans sa distraction et sa fureur, a saisi un violon et essaye d'en jouer. Soudain il en arrache les cordes, brise l'instrument sur le sol et part d'un bruyant éclat de rire.*

LOUISE.

Walter! Dieu du ciel! que fais-tu?... Prends courage!... Cet instant veut de la fermeté!... C'est celui de la séparation! Tu as un cœur, cher Walter! Je le connais.... Ton amour est ardent comme la vie, et sans bornes comme l'immensité.... Donne-le à une fille noble, à une plus digne.... elle n'enviera rien aux plus heureuses de son sexe.... (*Étouffant ses larmes.*) Moi, tu ne me verras plus.... Que dans des murs solitaires, la fille vaine et déçue consume son chagrin dans les pleurs : ces pleurs, personne ne s'en souciera.... Mon avenir est vide et mort.... Pourtant je respirerai parfois encore les fleurs flétries du passé. (*Elle lui tend, en détournant le visage, une main tremblante.*) Adieu, monsieur de Walter.

FERDINAND *tressaille et sort de sa stupeur.*

Je fuis, Louise. Est-ce qu'en vérité tu ne me suivras pas?

LOUISE *s'est assise au fond de la chambre et tient son visage caché dans ses deux mains.*

Mon devoir m'ordonne de rester et de souffrir.

FERDINAND.

Tu mens, serpent! Quelque autre raison t'enchaîne ici.

LOUISE, *avec le ton de la plus profonde souffrance du cœur :*

Tenez-vous-en à cette supposition.... elle rend peut-être moins malheureux.

FERDINAND.

Le devoir glacial en regard de l'amour brûlant.... Et ce conte m'éblouirait?... Un amant t'enchaîne, et malheur à toi et à lui, si mon soupçon se confirme! (*Il s'éloigne rapidement.*)

SCÈNE V.

LOUISE *seule. Elle demeure encore quelque temps immobile et muette sur son siége ; enfin elle se lève, s'avance et regarde avec effroi autour d'elle.*

Où peuvent rester mes parents?... Mon père avait promis d'être de retour dans peu de minutes, et voilà déjà cinq heures, cinq terribles heures de passées.... Si quelque accident.... Qu'est-ce que j'éprouve?... Pourquoi ma poitrine est-elle ainsi oppressée? (*En ce moment, Wurm entre dans la chambre et reste dans le fond, sans être remarqué d'elle.*) Ce n'est rien de réel.... Ce ne sont que les affreuses illusions de mon sang échauffé.... Lorsqu'une fois notre âme s'est assez pénétrée d'horreur, les yeux voient des spectres dans chaque coin.

SCÈNE VI.

LOUISE et LE SECRÉTAIRE WURM.

WURM *s'approche.*

Bonsoir, mademoiselle!

LOUISE.

Dieu! qui parle ici? (*Elle se retourne, aperçoit le secrétaire et recule effrayée.*) Horrible! horrible! Voilà déjà mes pressentiments inquiets qui se réalisent de la manière la plus funeste. (*Au secrétaire, avec un regard plein de mépris.*) Cherchez-vous peut-être le président? Il n'est plus ici.

WURM.

Mademoiselle, c'est vous que je cherche.

LOUISE.

Alors je m'étonne que vous ne soyez pas allé à la place du marché.

WURM.

Et pourquoi là, je vous prie?

LOUISE.

Pour aller prendre votre fiancée au pilori.

WURM.

Mam'selle Miller, vous avez d'injustes soupçons.

LOUISE, *étouffant une réponse qu'elle a sur les lèvres.*

Qu'y a-t-il pour votre service?

WURM.

Je viens, envoyé par votre père.

LOUISE, *consternée.*

Par mon père?... Où est mon père?

WURM.

En un lieu où il voudrait ne pas être.

LOUISE.

Pour l'amour de Dieu! vite! J'ai un triste pressentiment.... Où est mon père?

WURM.

A la tour, puisque vous voulez le savoir.

LOUISE, *jetant un regard vers le ciel.*

Encore cela! encore cela!... A la tour? Pourquoi à la tour?

WURM.

Par l'ordre du duc.

LOUISE.

Du duc?

WURM.

Oui, à la nouvelle de l'outrage fait à la Majesté dans la personne de son représentant....

LOUISE.

Quoi? Comment? O Dieu tout-puissant!

WURM.

A résolu de châtier le coupable d'une façon exemplaire.

LOUISE.

Cela me manquait encore! Cela!... Sans doute, sans doute, mon cœur avait encore, outre le major, une autre affection.... elle ne pouvait pas être épargnée.... Outrage à la Majesté.... Céleste Providence! Sauve, oh! sauve ma foi chancelante.... Et Ferdinand?

WURM.

Choisira entre lady Milford et la malédiction du fils déshérité.

LOUISE.

Horrible alternative!... Et pourtant.... pourtant il est plus heureux. Il n'a point de père à perdre. Il est vrai que n'en avoir pas est déjà un sort assez affreux.... Mon père accusé de lèse-majesté.... Mon amant, époux de milady, ou maudit et déshérité.... En vérité, c'est admirable. Une parfaite scélératesse est aussi une perfection en son genre.... Une perfection? Non! Il y manquerait encore quelque chose.... Où est ma mère?

WURM.

A la maison de travail.

LOUISE, *avec un sourire douloureux.*

Maintenant c'est complet!... complet, et maintenant je serais donc libre.... Dégagée de tout devoir.... et des larmes.... et des joies.... dégagée de toute prévoyance. Je n'en ai plus besoin....

(*Terrible silence.*) Avez-vous peut-être encore quelque nouvelle? Dites toujours. Maintenant je puis tout entendre.

WURM.

Ce qui est arrivé, vous le savez.

LOUISE.

Mais pas encore, il paraît, ce qui arrivera. (*Nouvelle pause, pendant laquelle elle regarde le secrétaire de la tête aux pieds.*) Pauvre homme! tu fais un triste métier, où il est impossible que tu sois heureux. Faire des malheureux est déjà assez horrible; mais ce qui est épouvantable, c'est de leur annoncer leur malheur.... de leur venir chanter le chant du hibou, d'être là quand leur cœur saignant palpite au bout de la hampe de fer de la Nécessité, et que des chrétiens doutent de Dieu.... Que le ciel me protège! Quand chacune des gouttes que tu vois tomber de leur sueur d'angoisse te serait payée une tonne d'or.... je ne voudrais pas être toi.... Que peut-il encore arriver?

WURM.

Je ne sais pas.

LOUISE.

Vous ne voulez pas le savoir.... Ce message de ténèbres a peur du son des mots, mais dans le silence funèbre de votre visage le spectre m'apparaît?... Que reste-t-il encore?... Vous disiez tout à l'heure que le duc voulait punir d'une façon exemplaire? Qu'appelez-vous exemplaire?

WURM.

Ne me demandez rien de plus.

LOUISE.

Écoute, homme! Tu as été à l'école chez le bourreau. Comment, sans cela, t'entendrais-tu si bien à promener la barre de fer, lentement, avec précaution, le long des jointures qui craquent, te jouant à menacer du coup de grâce le cœur qui palpite convulsivement? Quel sort attend mon père?... La mort est dans les paroles que tu dis en riant; que doit être ce que tu retiens? Achève. Que je reçoive tout d'une fois toute la charge de l'arme meurtrière! Qu'est-ce qui menace mon père?

WURM.

Un procès criminel.

LOUISE.

Qu'est-ce que cela?... Je suis une ignorante, une innocente

créature, je ne comprends guère vos terribles mots latins. Qu'appelle-t-on un procès criminel?

WURM.

Un jugement où il y va de la vie ou de la mort.

LOUISE, *avec fermeté.*

Bien! je vous remercie. (*Elle court dans une chambre voisine.*)

WURM *demeure interdit.*

Qu'est-ce que cela veut dire? La folle voudrait-elle peut-être...? Diable! pourvu qu'elle n'aille pas.... Je cours après elle.... Je réponds de sa vie.... (*Il se dispose à la suivre.*)

LOUISE *revient, enveloppée dans un manteau.*

Pardonnez-moi, secrétaire! Je vais fermer la porte.

WURM.

Et où allez-vous si vite?

LOUISE.

Chez le duc. (*Elle veut sortir.*)

WURM.

Quoi? Où? (*Il la retient, tout effrayé.*)

LOUISE.

Chez le duc. Ne m'entendez-vous pas? Chez ce duc, vous dis-je, qui veut qu'on prononce sur la vie ou la mort de mon père.... Je me trompe, qui ne veut pas le faire juger.... mais y est contraint, parce qu'il y a quelques scélérats qui le veulent; qui à tout ce procès de lèse-majesté ne prête autre chose que sa Majesté et sa signature de prince.

WURM, *éclatant de rire.*

Chez le duc?

LOUISE.

Je sais ce qui vous fait rire.... mais je ne prétends trouver là aucune pitié.... Dieu m'en préserve! rien que du dégoût.... le dégoût qu'exciteront mes clameurs. On m'a dit que les grands de ce monde ne savaient pas encore ce que c'est que le comble du malheur.... qu'ils ne voulaient pas l'apprendre. Je veux lui dire ce qu'est le malheur.... je veux lui peindre, par toutes les convulsions de la mort, ce qu'est le malheur.... lui hurler, dans des plaintes à broyer ses os jusqu'à la moelle, ce qu'est le malheur.... et quand, à ce tableau, ses cheveux se dresseront sur sa tête, je veux encore, pour finir, lui crier aux oreilles qu'à l'heure de la mort les poumons des dieux de la terre se prennent aussi à râler, et que le dernier jugement secoue dans le même crible les Majestés et les mendiants. (*Elle veut sortir.*)

WURM, *avec méchanceté, sous un air amical.*

Allez, oui, allez! Vous ne pouvez, en vérité, rien faire de plus sage. Je vous le conseille, allez, et je vous donne ma parole que le duc se rendra à votre désir.

LOUISE *s'arrête tout à coup.*

Comment dites-vous?... Vous me le conseillez vous-même? (*Elle revient subitement sur ses pas.*) Hum! qu'allais-je donc faire? Il faut que ce soit quelque chose d'affreux, puisque cet homme m'y engage.... D'où savez-vous que le duc se rendra à mon désir?

WURM.

Parce qu'il n'aura pas à le faire gratuitement.

LOUISE.

Pas gratuitement? A quel prix peut-il mettre un acte d'humanité?

WURM.

La belle suppliante est un prix suffisant.

LOUISE *demeure comme pétrifiée, puis elle s'écrie d'une voix brisée:*
Juste Dieu!

WURM.

Et pour le salut d'un père, vous ne trouverez pas, j'espère, que cette gracieuse taxe soit exagérée.

LOUISE *va et vient, hors d'elle-même.*

Oui! oui! c'est vrai! Ils sont retranchés, vos grands.... défendus contre la vérité par leurs propres vices, comme par les glaives des chérubins.... Que le Tout-Puissant te vienne en aide, mon père! Ta fille peut mourir, mais non pécher pour toi.

WURM.

C'est une nouvelle qui pourra le surprendre, le pauvre homme abandonné.... « Ma Louise, me disait-il, m'a renversé. Ma Louise aussi me relèvera. »…. Je me hâte, mam'selle, de lui porter votre réponse. (*Il fait mine de s'éloigner.*)

LOUISE *court après lui et le retient.*

Restez! restez! Patience!... Comme ce Satan est agile, dès qu'il s'agit de réduire les gens au désespoir! Je l'ai renversé. Il faut que je le relève. Parlez! Conseillez! Que puis-je? que dois-je faire?

WURM.

Il n'y a qu'un moyen.

LOUISE.

Cet unique moyen?

WURM.

Votre père aussi désire.....

LOUISE.

Mon père aussi?... Qu'est-ce que ce moyen?

WURM.

Cela vous est facile.

LOUISE.

Je ne connais rien de plus difficile que la honte.

WURM.

Si vous voulez dégager le major.

LOUISE.

De son amour? Vous moquez-vous de moi?... Abandonner à mon libre arbitre ce à quoi j'ai été contrainte?

WURM.

Ce n'est pas là ce que je pensais, chère demoiselle. Il faut que le major se retire de lui-même et volontairement.

LOUISE.

Il ne le fera pas.

WURM.

Cela vous paraît ainsi. Mais croyez-vous qu'on aurait recours à vous, si vous n'aviez, vous seule, le moyen de l'y amener?

LOUISE.

Puis-je le contraindre à me haïr?

WURM.

Nous essayerons. Asseyez-vous!

LOUISE, *interdite*.

Homme! que couves-tu?

WURM.

Asseyez-vous! Écrivez! Voici une plume, du papier et de l'encre.

LOUISE *s'assoit, extrêmement agitée*.

Que dois-je écrire? A qui dois-je écrire?

WURM.

Au bourreau de votre père.

LOUISE.

Ah! tu t'y entends, à mettre les âmes à la torture. (*Elle saisit une plume.*)

WURM *dicte.*

« Gracieux seigneur....

LOUISE *écrit d'une main tremblante.*

WURM.

« Trois insupportables jours se sont déjà passés.... se sont passés.... sans que nous nous soyons vus. »

LOUISE *hésite et pose la plume.*

A qui la lettre?

WURM.

Au bourreau de votre père.

LOUISE.

O mon Dieu!

WURM.

« Prenez-vous-en au major.... au major.... qui me garde tout le jour comme un argus. »

LOUISE *se lève d'un bond.*

Scélératesse inouïe! A qui s'adresse la lettre?

WURM.

Au bourreau de votre père.

LOUISE *va et vient, en se tordant les mains.*

Non! non! non! C'est une tyrannie, ô ciel! Punis les hommes d'un châtiment humain, quand ils t'irritent; mais pourquoi m'étouffer entre deux horreurs? Pourquoi me bercer ainsi entre la vie et la honte? Pourquoi me mettre sur la nuque ce vampire infernal?... Faites ce que vous voudrez. Jamais je n'écrirai cela.

WURM *prend son chapeau.*

Comme vous voudrez, mademoiselle. Cela dépend tout à fait de votre volonté.

LOUISE.

Volonté, dites-vous? De ma volonté?... Va, barbare! suspends un malheureux au-dessus du gouffre de l'enfer, adresse-lui une prière, et blasphème Dieu en lui demandant : «Voulez-vous? »... Oh! tu ne sais que trop bien que notre âme est enchaînée par ses affections naturelles, comme par d'invincibles liens.... Désormais, tout m'est égal. Continuez à dicter. Je cesserai de penser. Je cède à l'enfer, subjuguée par ses ruses. (*Elle s'assied pour la seconde fois.*)

WURM.

« .... me garde tout le jour comme un argus. » Avez-vous mis cela?

LOUISE.

Continuez, continuez.

WURM.

« Le président est venu chez nous hier. C'était chose plaisante de voir ce bon major se démener pour défendre mon honneur. »

LOUISE.

Oh! bien! bien! admirable!... Continuez toujours....

WURM.

« J'eus recours à un évanouissement.... à un évanouissement.... pour ne pas éclater de rire. »

LOUISE.

Oh ciel!

WURM.

« Mais ce masque commence à me devenir intolérable.... intolérable.... Si seulement je pouvais me dégager....

LOUISE *s'arrête, se lève, va et vient, la tête baissée, comme si elle cherchait quelque chose sur le sol; puis elle se rassied et se remet à écrire.*

« .... pouvais me dégager.

WURM.

« Demain, il est de service.... Guettez le moment où il me quittera, et venez à l'endroit que vous savez.... » Avez-vous mis : « que vous savez? »

LOUISE.

J'ai tout mis.

WURM.

« A l'endroit que vous savez, auprès de votre tendre... Louise. »

LOUISE.

Il manque encore l'adresse.

WURM.

« A monsieur le maréchal de la cour, de Kalb. »

LOUISE.

Éternelle Providence! Un nom aussi étranger à mes oreilles que ces lignes infâmes le sont à mon cœur! (*Elle se lève et demeure longtemps silencieuse, les yeux fixés sur ce qu'elle a écrit; à la fin elle le présente au secrétaire, et lui dit d'une voix épuisée et mourante:*) Prenez, monsieur, c'est mon nom sans tache.... c'est Ferdinand.... c'est tout le bonheur de ma vie, que je mets dans vos mains.... Je n'ai plus rien au monde.

WURM.

Mais non, ne vous désespérez pas, chère demoiselle! J'ai cordialement pitié de vous. Peut-être.... qui sait?... Je pourrais bien passer par-dessus certaines choses.... En vérité! par le ciel! j'ai pitié de vous.

LOUISE *le regarde d'un œil fixe et pénétrant.*

N'achevez pas, monsieur! vous êtes sur le point de vous souhaiter une chose épouvantable.

WURM *veut lui baiser la main.*

Supposé que ce soit cette gentille main.... Que vous en semble, chère demoiselle?

LOUISE, *d'un air imposant et terrible.*

C'est que dans la nuit des noces je t'étranglerais, et qu'ensuite je me laisserais avec délices attacher sur la roue. (*Elle veut sortir, mais revient aussitôt sur ses pas.*) Avons-nous fini, monsieur? La colombe peut-elle maintenant s'envoler?

WURM.

Encore une simple bagatelle, mademoiselle. Il faut que vous veniez avec moi et que vous vous engagiez par la sainte cène à reconnaître cette lettre comme volontaire.

LOUISE.

Dieu! Dieu! et il faut que tu nous donnes toi-même le sceau, pour sceller les œuvres de l'enfer? (*Wurm l'entraîne.*)

ACTE QUATRIÈME.

SCÈNE I.

Un salon chez le président.

FERDINAND DE WALTER, *une lettre ouverte à la main, vient précipitamment par une porte ;* **UN VALET DE CHAMBRE** *entre par une autre.*

FERDINAND.

Le maréchal n'est-il pas venu ici ?

LE VALET DE CHAMBRE.

Monsieur le major, monsieur le président vous demande.

FERDINAND.

Mille tonnerres ! je vous demande si le maréchal n'est pas venu ici.

LE VALET DE CHAMBRE.

Son Excellence est là-haut, assise à la table de pharaon.

FERDINAND.

Au nom de tout l'enfer ! que Son Excellence vienne ici.

SCÈNE II.

FERDINAND, *seul, parcourant des yeux la lettre, tantôt immobile et stupéfait, tantôt s'élançant par la salle avec fureur.*

Ce n'est pas possible ! pas possible ! Ces dehors célestes ne peuvent cacher un cœur si diabolique.... Et pourtant ! pourtant Quand tous les anges descendraient pour garantir son innocence.... quand le ciel et la terre, la création et le Créateur se réuniraient pour garantir son innocence.... c'est son écriture....

Tromperie monstrueuse, inouïe, telle que l'humanité n'en a jamais vu de semblable!... Voilà donc pourquoi l'on s'opposait si opiniâtrément à la fuite!... C'était pour cela.... Ô Dieu! maintenant je m'éveille, maintenant tout se dévoile à moi. C'est pour cela qu'on abandonnait si héroïquement toute prétention à mon amour, et peu s'en faut, bien peu, que ce masque céleste ne m'ait trompé moi-même. (*Il court avec plus de violence par la chambre, puis s'arrête de nouveau, pensif.*)

Pénétrer ainsi jusqu'au fond de mon être!... Répondre à mes sentiments les plus hardis, à toutes mes impressions mystérieuses et timides, à toutes mes ardeurs brûlantes.... Saisir mon âme dans ses vibrations les plus vagues, les plus délicates, les plus indéfinissables.... M'apprécier par une seule de mes larmes.... M'accompagner sur tous les sommets escarpés de la passion, venir au-devant de moi sur le bord des abîmes qui donnent le vertige.... Dieu! Dieu! et tout cela rien que grimace?... grimace!... Oh! si le mensonge a des couleurs qui tiennent si bien, comment se fait-il que jamais démon n'ait encore pu se glisser traîtreusement dans le royaume des cieux?

Quand je lui découvris le danger que courait notre amour, avec quelle fausseté persuasive elle a pâli, la perfide! Avec quelle dignité triomphante elle a terrassé la cynique raillerie de mon père, et pourtant, dans ce moment-là même, cette femme se sentait coupable.... Quoi? n'a-t-elle pas subi jusqu'à l'infaillible épreuve de la vérité?... l'hypocrite tombe évanouie. Quelle langue parlerez-vous désormais, sentiments vrais du cœur? Les coquettes aussi tombent évanouies. Comment te justifieras-tu, innocence?... Les catins aussi tombent évanouies.

Elle sait ce qu'elle a fait de moi. Elle a vu toute mon âme. Quand notre premier baiser enflamma mon visage, mon cœur entra visiblement dans mes yeux, et elle ne sentit rien? ne sentit peut-être que le triomphe de son art?... Quand mon heureux délire se flattait d'étreindre, en sa personne, tout le ciel; que mes désirs les plus fougueux se taisaient! que devant mon âme il n'y avait plus d'autre pensée que l'éternité et cette jeune fille.... Dieu! alors elle ne sentait rien! ne sentait rien que le succès de son plan? rien qu'un hommage rendu à ses charmes? Mort et vengeance! rien, sinon que j'étais trompé?

SCÈNE III.

LE MARÉCHAL DE LA COUR et FERDINAND.

LE MARÉCHAL, *entrant à petits pas dans la chambre.*
Vous avez témoigné le désir, mon très-cher....
FERDINAND, *murmurant à part.*
De rompre le cou à un drôle. (*Haut.*) Maréchal, cette lettre doit être tombée de votre poche à la parade.... encore, est-ce moi (*avec un rire amer*), par bonheur, qui l'ai trouvée.
LE MARÉCHAL.
Vous ?
FERDINAND.
Par le plus plaisant hasard. Arrangez cela avec le Tout-Puissant.
LE MARÉCHAL.
Vous voyez comme j'en suis effrayé, baron.
FERDINAND.
Lisez! lisez! (*S'éloignant de lui.*) Si je ne suis pas bon au rôle d'amant, peut-être m'entendrai-je d'autant mieux à celui d'entremetteur. (*Pendant que le maréchal lit, Ferdinand s'approche de la muraille et en détache deux pistolets.*)
LE MARÉCHAL *jette la lettre sur la table et veut s'éloigner.*
Malédiction !
FERDINAND *le ramène par le bras.*
Patience, cher maréchal! La nouvelle me paraît agréable. Je veux mon salaire pour la trouvaille. (*Il lui montre les pistolets.*)
LE MARÉCHAL *recule consterné.*
Vous serez raisonnable, mon très-cher!
FERDINAND, *d'une voix forte et terrible.*
Plus qu'il ne faut pour envoyer dans l'autre monde un coquin comme toi. (*Il le force de prendre un pistolet, en même temps il tire son mouchoir.*) Prenez! Tenez ce mouchoir! Je l'ai de la courtisane!
LE MARÉCHAL.
Sur le mouchoir? Êtes-vous fou? A quoi pensez-vous?
FERDINAND.
Prends ce bout, te dis-je! sans quoi tu tireras mal, pol-

tron.... Comme il tremble, le poltron! Tu devrais remercier Dieu, poltron, que, pour la première fois, il t'entre quelque chose dans le cerveau. (*Le maréchal joue des jambes.*) Doucement! quant à ceci, pardon! (*Il l'atteint et ferme la porte au verrou.*)

LE MARÉCHAL.

Dans la chambre, baron?

FERDINAND.

Comme s'il valait la peine d'aller avec toi jusqu'au rempart.... Mon trésor, le coup n'en résonnera que mieux, et c'est sans doute la première fois que tu feras du bruit dans le monde.... En joue!

LE MARÉCHAL *s'essuie le front.*

Et vous voulez risquer ainsi votre vie précieuse, jeune homme plein d'espérance?

FERDINAND.

En joue, te dis-je! Je n'ai plus rien à faire dans ce monde.

LE MARÉCHAL.

Mais bien moi, et infiniment, mon très-estimable baron!

FERDINAND.

Toi, drôle? Comment, toi?... Et quelle affaire? D'être un pis aller là où les hommes se font rares? De te raccourcir et de te rallonger sept fois en une minute, comme le papillon que cloue une épingle? De tenir registre des garde-robes de ton maître et d'être le souffre-douleur de ses traits d'esprit? Autant vaut que je t'emmène avec moi comme une marmotte curieuse à voir. Tu danseras là-bas, en singe savant, au bruit des hurlements des damnés, rapportant, faisant le service et égayant par tes talents de cour l'éternel désespoir.

LE MARÉCHAL.

Comme il vous plaira, monsieur! comme vous l'ordonnerez! Seulement, écartez-moi ces pistolets.

FERDINAND.

Comme le voilà, cet enfant de douleur!... A la honte du sixième jour de la création! Comme si un contrefacteur[1] avait

---

1. Il y avait dans les premières éditions : « Comme si un contrefacteur de Tubingue. »

voulu copier l'œuvre du Créateur !... Seulement je regrette, perte irréparable! l'once de cervelle si mal placée dans ce crâne stérile! Cette seule once de plus aurait élevé le babouin au niveau de l'homme, tandis que là elle ne fait qu'une fraction de raison.... Et partager son cœur avec cet être!... Monstrueux! Impardonnable!... Avec un drôle, plus fait pour déshabituer du péché que pour y engager.

LE MARÉCHAL.

Sois à jamais loué, ô mon Dieu! Il commence à faire de l'esprit.

FERDINAND.

Laissons-le pour ce qu'il est. Cette compassion qui épargne la chenille doit aussi lui profiter. On haussera les épaules à sa rencontre; peut-être même admirera-t-on la sage économie du ciel qui, avec du marc et de la lie, trouve encore moyen de nourrir des créatures; qui apprête un festin pour le corbeau aux fourches patibulaires, et pour le courtisan dans les excréments des Majestés.... Enfin, qui sait? on s'émerveillera de la sublime police de la Providence qui, dans le monde des esprits, entretient aussi des vipères et des tarentules pour l'exportation du poison.... Mais (*avec un retour de fureur*) que la vermine ne vienne pas ramper sur ma fleur, ou bien (*saisissant le maréchal et le secouant rudement*) je l'écrase ainsi, et ainsi, et encore ainsi, en mille pièces.

LE MARÉCHAL, *soupirant à part soi*.

O mon Dieu! S'il y avait moyen de s'esquiver! d'être à cent milles d'ici, dans Bicêtre, près Paris! partout plutôt qu'auprès de cet homme!

FERDINAND.

Misérable! si elle a cessé d'être pure! Misérable, si tu possédais, tandis que j'adorais! (*Plus furieux.*) Si tu te livrais à la débauche là où je me sentais un dieu! (*Il se tait soudain, puis reprend d'une voix terrible:*) Mieux vaudrait pour toi, misérable, de te réfugier dans l'enfer que de rencontrer ma colère dans le ciel.... Jusqu'où en es-tu venu avec cette jeune fille? Avoue.

LE MARÉCHAL.

Lâchez-moi. Je trahirai tout.

FERDINAND.

Oh! avec elle, un commerce galant doit avoir plus de charmes qu'avec une autre les plus célestes rêveries.... Si elle voulait sortir du droit chemin, si elle voulait, elle pourrait dégrader l'âme, et frelater la vertu par la volupté. (*Appuyant le pistolet sur le cœur du maréchal.*) Jusqu'où en es-tu venu avec elle? Avoue, ou je tire!

LE MARÉCHAL.

Il n'y a rien.... absolument rien. Ayez seulement une minute de patience. Je vous dis qu'on vous trompe.

FERDINAND.

Et tu me le rappelles, scélérat? Jusqu'où en es-tu venu avec elle? Avoue, ou tu es mort.

LE MARÉCHAL.

Mon Dieu! mon Dieu¹! Puisque je veux tout vous dire.... Écoutez seulement.... Son père.... son vrai, son propre père²....

FERDINAND, *avec plus de colère.*

T'a vendu sa fille? Et jusqu'où en es-tu venu avec elle? Avoue, ou je te tue.

LE MARÉCHAL.

Vous êtes en démence. Vous n'entendez pas. Je ne l'ai jamais vue. Je ne la connais pas. Je ne sais rien d'elle, rien absolument....

FERDINAND, *reculant.*

Tu ne l'as jamais vue? Tu ne la connais pas? Tu ne sais rien d'elle?... La Miller est perdue par ton fait, et tu la renies trois fois tout d'une haleine?... Va-t'en, mauvais drôle! (*Il le frappe avec le pistolet et le pousse hors de la chambre.*) La poudre n'a pas été inventée pour ceux de ta sorte.

1. « Mon Dieu » est une fois en français, et une fois en allemand dans le texte : « Mon Dieu! *mein Gott!* »
2. Il y a là dans le texte un jeu de mots intraduisible. Le maréchal veut dire à Ferdinand : « Votre père vous trompe, » mais les mots allemands *Ihr Vater*, peuvent signifier à la fois « votre père » et « son père, le père de Louise, » et c'est dans ce second sens que Ferdinand les entend, comme on le voit par sa réponse.

SCÈNE IV.

FERDINAND, *après un long silence, pendant lequel une pensée terrible se développe graduellement dans ses traits.*

Perdu! oui, malheureuse!... Je le suis. Tu l'es aussi! Oui, par le Dieu tout-puissant! si je suis perdu, tu l'es aussi.... Juge du monde! ne me la redemande pas. Cette fille est à moi. Je t'avais abandonné, pour cette fille, tout ton univers; j'ai renoncé à toute ton admirable création. Laisse-moi cette fille!... Juge du monde! il y a là des millions d'âmes qui soupirent après toi.... Tourne de ce côté tes regards de miséricorde.... Laisse-moi faire, sans me voir, Juge du monde. (*Il joint les mains avec une expression terrible.*) Le riche et tout-puissant Créateur pourrait-il être avare d'une âme qui d'ailleurs est devenue la plus misérable de sa création?... Cette fille est à moi! à moi, naguère son dieu, maintenant son démon. (*Fixant les yeux avec horreur dans un coin de la chambre.*) Une éternité, attaché avec elle sur la roue de la damnation.... mes yeux enracinés dans ses yeux.... mes cheveux se dressant sur ma tête contre ses cheveux.... et aussi nos sourds gémissements se confondant en un seul son...., et alors lui redire mes tendresses, et alors lui chanter ses serments.... Dieu! Dieu! ce mariage est épouvantable.... mais éternel! (*Comme il s'élance pour sortir, le président entre.*)

SCÈNE V.

LE PRÉSIDENT et FERDINAND.

FERDINAND, *reculant.*

Oh!... Mon père!

LE PRÉSIDENT.

C'est fort à propos que nous nous rencontrons, mon fils. Je viens t'apprendre quelque chose d'agréable, mon cher fils, qui très-certainement te surprendra. Nous asseyons-nous?

FERDINAND *le regarde longtemps d'un œil fixe.*

Mon père! (*Allant à lui dans un état de vive agitation et saisis-*

sant sa main.) Mon père! (*Lui baisant la main et se jetant à ses genoux.*) O mon père!

LE PRÉSIDENT.

Qu'as-tu, mon fils? Lève-toi. Ta main brûle et tremble.

FERDINAND, *avec une fougueuse et ardente émotion.*

Pardon de mon ingratitude, mon père! Je suis un homme réprouvé. J'ai méconnu votre bonté. Vous aviez pour moi des intentions si paternelles.... Oh! votre âme lisait dans l'avenir..... Maintenant il est trop tard.... Pardon! pardon! Votre bénédiction, mon père.

LE PRÉSIDENT *affecte un air d'innocence.*

Lève-toi, mon fils! Songe que tu me dis des énigmes.

FERDINAND.

Cette Miller, mon père!... Oh! vous connaissez les hommes!... Votre fureur était alors si juste, si noble, si pleine de tendresse paternelle.... Seulement, dans son ardeur, le zèle du père s'est trompé de chemin.... Cette Miller!...

LE PRÉSIDENT.

Ne me martyrise pas, mon fils! Je maudis ma dureté! Je suis venu pour te demander pardon....

FERDINAND.

Demander pardon, à moi!... Maudire à cause de moi!... Votre réprobation était sagesse!... Votre dureté était une céleste compassion.... Cette Miller, mon père....

LE PRÉSIDENT.

Est une noble, une aimable jeune fille!... Je rétracte mes soupçons précipités. Elle a conquis mon estime.

FERDINAND *bondit, hors de lui.*

Quoi? Vous aussi? mon père! vous aussi?... Et n'est-il pas vrai, mon père, l'innocence en personne?... Et il est si naturel d'aimer cette jeune fille!

LE PRÉSIDENT.

Dis plutôt que c'est un crime de ne pas l'aimer.

FERDINAND.

Inouï! monstrueux!... Et pourtant, d'ordinaire, vous pénétrez si bien les cœurs! Et de plus vous la regardiez avec les yeux de la haine!... Hypocrisie sans exemple.... Cette Miller, mon père!...

LE PRÉSIDENT.

Est digne d'être ma fille. Je lui compte sa vertu pour des ancêtres, sa beauté pour de l'or. Mes principes cèdent à ton amour.... Qu'elle soit à toi!

FERDINAND *se précipite hors de la chambre, dans une effrayante agitation.*

Cela manquait encore!... Adieu, mon père! (*Il sort.*)

LE PRÉSIDENT, *le suivant.*

Reste! reste! Où te précipites-tu? (*Il sort.*)

SCÈNE VI.

Un salon magnifique chez milady.

MILADY et SOPHIE *entrent ensemble.*

MILADY.

Ainsi, tu l'as vue? Viendra-t-elle?

SOPHIE.

A l'instant! Elle était encore en déshabillé. Elle voulait seulement changer en toute hâte.

MILADY.

Ne me parle pas d'elle.... Silence.... Je tremble comme une criminelle de voir cette fille heureuse dont le cœur est si cruellement en harmonie avec le mien.... Et comment a-t-elle pris mon invitation?

SOPHIE.

Elle a paru stupéfaite, est devenue pensive, m'a regardée avec de grands yeux, et s'est tue. Je m'apprêtais déjà à entendre ses excuses, lorsqu'avec un regard qui m'a surprise extrêmement, elle m'a répondu : « Votre dame m'ordonne ce que je comptais lui demander demain comme une faveur. »

MILADY, *fort agitée.*

Laisse-moi, Sophie. Plains-moi! Il me faudra rougir, ne fût-elle qu'une femme comme toutes les femmes; si elle est plus, désespérer.

SOPHIE.

Mais, milady!... ce n'est pas là une disposition de cœur à recevoir une rivale. Souvenez-vous qui vous êtes! Appelez à

votre aide votre naissance, votre rang, votre pouvoir. Il faut
que la fierté de l'âme relève la fière magnificence de votre aspect.

MILADY, *distraite.*

Que nous dit la folle?

SOPHIE, *avec malice.*

Ou c'est peut-être par hasard que tout juste aujourd'hui les
plus précieux diamants étincellent sur vous? Par hasard, que
tout juste aujourd'hui il vous a fallu vous couvrir de la plus
riche étoffe.... que votre antichambre fourmille d'heiduques et
de pages, et que la petite bourgeoise est attendue dans le salon
ducal de votre palais.

MILADY, *allant et venant, pleine d'amertume.*

C'est odieux, intolérable, que les femmes aient de ces yeux
de lynx pour les faiblesses des femmes.... Mais comme il faut
que je sois déjà tombée, tombée bas, pour qu'une telle créature
me pénètre!

UN VALET DE CHAMBRE *entre.*

Mam'selle Miller.

MILADY, *à Sophie.*

Toi, va-t'en! Éloigne-toi! (*D'un ton menaçant, en voyant
qu'elle hésite.*) Va-t'en! Je l'ordonne. (*Sophie s'en va. Milady
fait un tour dans le salon.*) Bien! je suis fort aise d'être ainsi
animée. Je me trouve comme je voulais être. (*Au valet de chambre.*) Mam'selle peut entrer. (*Le valet de chambre s'en va. Elle se
jette sur un sofa et prend une attitude d'importance négligée.*)

SCÈNE VII.

LOUISE MILLER *entre timidement et s'arrête à une grande distance
de milady;* MILADY *lui a tourné le dos et la regarde quelque
temps avec attention dans le miroir qui est devant elle.*

LOUISE, *après une pause.*

Gracieuse dame, j'attends vos ordres!

MILADY *se tourne vers Louise et se contente de faire un léger
mouvement de tête, d'un air froid et réservé.*

Ah! ah! vous voilà!... Sans doute, mam'selle.... une certaine.... Comment vous nomme-t-on donc?

LOUISE, *avec une certaine susceptibilité.*

Mon père se nomme Miller, et Votre Grâce a envoyé chercher sa fille.

MILADY.

Bien ! bien ! je me rappelle.... la pauvre fille du violon, dont on parlait dernièrement. (*Après une pause, à part soi.*) Très-intéressante, mais pas une beauté cependant.... (*Haut à Louise.*) Approchez-vous, mon enfant. (*Encore à part soi.*) Des yeux qui se sont exercés à pleurer.... Comme je les aime, ces yeux ! (*Reprenant haut.*) Plus près.... tout près.... Chère enfant, je crois que tu as peur de moi !

LOUISE, *avec grandeur, d'un ton décisif.*

Non, milady ! Je méprise le jugement de la foule.

MILADY, *à part.*

Voyez donc !... et ce ton de bravade, elle l'a de lui. (*Haut.*) On vous a recommandée à moi, mam'selle. Vous avez, dit-on, quelque instruction, et du reste du savoir-vivre.... Eh bien, oui ! je veux le croire.... aussi ne voudrais-je, pour rien au monde, taxer de mensonge un si ardent protecteur.

LOUISE.

Pourtant je ne connais personne, milady, qui pût se donner la peine de me chercher une protectrice.

MILADY, *avec une intention piquante.*

La peine ? pour la cliente ou pour la protectrice ?

LOUISE.

Ceci, gracieuse dame, est au-dessus de ma portée.

MILADY.

Plus de malice que cette figure ouverte n'en laisse supposer ! Vous vous nommez Louise ? et peut-on vous demander quel est votre jeune âge ?

LOUISE.

Seize ans passés.

MILADY *se lève vivement.*

Voilà le mot de l'énigme ! Seize ans ! La première pulsation de l'amour.... Les premiers sons argentins qui inaugurent un clavier encore intact.... Rien de plus séduisant.... Assieds-toi, je te veux du bien, ma chère fille.... Et lui aussi, il aime pour la première fois.... Quoi d'étonnant, que les rayons d'une même aurore se rencontrent? (*Très-amicalement et lui prenant la main.*) C'est convenu, je veux faire ta fortune, ma chère.... Rien, rien qu'une douce et éphémère rêverie! (*Frappant sur les joues de Louise.*) Ma Sophie se marie. Tu auras sa place.... Seize ans! Cela ne peut pas durer.

LOUISE *lui baise respectueusement la main.*

Je vous remercie de cette faveur, milady, comme si je pouvais l'accepter.

MILADY, *changeant de ton et s'emportant.*

Voyez donc la grande dame! Ordinairement les filles de votre condition s'estiment encore heureuses de trouver une place.... Quelles sont donc vos prétentions, ma précieuse? Ces doigts sont-ils trop mignons pour travailler? Est-ce votre petit minois qui vous rend si dédaigneuse?

LOUISE.

Mon visage ne m'appartient pas plus, madame, que ma condition.

MILADY.

Ou croyez-vous peut-être que cela durera toujours?... Pauvre créature, celui qui t'a mis cela dans la tête, quel qu'il soit.... vous a dupés, toi et lui-même. Ces joues n'ont pas été dorées au feu. Ce que ton miroir te donne pour de l'or massif et inaltérable n'est qu'une mince écume superficielle, qui tôt ou tard restera dans la main de ton adorateur... Que ferons-nous alors?

LOUISE.

Je plaindrai l'adorateur, milady, qui achetait un diamant parce qu'il lui paraissait enchâssé dans de l'or.

MILADY, *sans vouloir faire attention à la réponse de Louise.*

Une jeune fille de votre âge a toujours deux miroirs à la fois, le véritable, et son admirateur.... La complaisante souplesse du second corrige la rude franchise du premier. L'un dénonce une laide marque de petite vérole. « Loin de là, dit l'autre, c'est une fossette des Grâces. » Vous, bonnes filles, vous ne croyez, de ce que vous montre le premier, que ce que le dernier vous dit, et vous sautez de l'un à l'autre, jusqu'à ce que leurs deux témoignages finissent par se confondre à vos yeux.... Pourquoi me regardez-vous ainsi, tout ébahie!

LOUISE.

Pardonnez-moi, gracieuse dame.... J'étais occupée de plaindre ce superbe et brillant rubis, à qui il faut cacher que sa maîtresse prêche si sévèrement contre la vanité.

MILADY, *rougissant.*

Point d'écart, malicieuse!... Si ce ne sont pas les promesses de votre tournure, quelle autre raison au monde pourrait vous empêcher de choisir une condition qui est la seule où vous puissiez apprendre le monde et les bonnes façons, la seule où vous puissiez vous défaire de vos préjugés bourgeois?

LOUISE.

Et aussi de mon innocence bourgeoise, milady.

MILADY.

Objection puérile! Le libertin le plus effronté n'ose se risquer à nous faire une proposition offensante, si nous ne l'encourageons par quelque prévenance. Montrez qui vous êtes! Armez-vous de dignité et d'honneur, et je garantis votre jeunesse contre toute tentation.

LOUISE.

Permettez, gracieuse dame, que j'ose en douter. Les palais de certaines dames sont souvent l'asile des plus libres réjouissances. Qui pourrait attendre un tel héroïsme de la fille du pauvre violon, assez d'héroïsme pour se jeter au milieu de la peste, et y garder l'horreur de la contagion? Qui pourrait se figurer, même en rêve, que lady Milford entretienne auprès d'elle un éternel scorpion de sa conscience, qu'elle consacre des sommes d'argent à se procurer l'avantage de rougir de honte à chaque instant?... Je suis franche, gracieuse dame.... Ma vue vous réjouirait-elle, quand vous iriez à quelque divertissement? La supporteriez-vous, quand vous reviendriez?... Oh! plutôt, plutôt, que des zones entières nous séparent!... Que des mers coulent entre nous!... Soyez prévoyante, milady.... Des heures sans ivresse, des instants de lassitude pourraient vous visiter.... Les serpents du repentir pourraient assaillir votre cœur, et alors, quelle torture pour vous, de lire sur le visage de votre fille de service cette paix sereine par laquelle l'innocence récompense d'ordinaire un cœur pur! (*Elle recule d'un pas.*) Encore une fois, gracieuse dame, je vous supplie de me pardonner.

MILADY, *allant çà et là, avec toutes les apparences d'une grande agitation.*

Il est intolérable qu'elle me dise cela! Plus intolérable encore qu'elle ait raison! (*S'approchant de Louise et la regardant fixement dans les yeux.*) Enfant, je ne serai point ta dupe. De simples opinions ne s'expriment pas avec tant de chaleur. Derrière ces maximes se cache un ardent intérêt qui te représente mon service comme particulièrement affreux.... et qui vient de donner tant de feu à ton langage.... et cet intérêt, (*avec menace*) il faut que je le découvre.

LOUISE, *avec calme et noblesse.*

Et quand vous le découvririez? Et quand, d'un coup de talon dédaigneux, vous éveilleriez le vermisseau offensé à qui son Créateur a encore donné un aiguillon pour se défendre contre l'injure?... Je ne crains pas votre vengeance, milady. La pauvre pécheresse sur l'infâme échafaud voit en riant la ruine du monde. Mon malheur est monté si haut que ma franchise la plus imprudente ne peut plus l'augmenter. (*Après une pause, très-sérieusement.*) Vous voulez me tirer de la poussière où je suis née. Je ne veux point l'analyser, cette grâce suspecte. Je me contenterai de demander ce qui a pu porter milady à voir en moi une folle qui rougit de son origine? Ce qui a pu lui donner le droit de s'ériger en créatrice de ma fortune, avant de savoir si je voulais accepter ma fortune de ses mains?... J'avais déchiré mes titres éternels aux joies de ce monde.... J'avais pardonné à la Fortune sa précipitation.... Pourquoi m'y faire songer de nouveau?... Quand la Divinité même cache aux regards des créatures les rayons de sa gloire, pour que le plus sublime des séraphins ne frissonne point à la vue de sa propre obscurité.... pourquoi les hommes veulent-ils être si cruellement miséricordieux?... D'où vient, milady, que votre bonheur si vanté mendie l'admiration et l'envie de la misère?... Votre volupté a-t-elle donc un tel besoin que le désespoir joue auprès d'elle le rôle de Folie?... Oh! plutôt ne m'enviez pas un aveuglement qui seul peut encore me réconcilier avec ma barbare destinée.... Car enfin, l'insecte se trouve aussi heureux dans une goutte d'eau que si c'était un royaume céleste.... si heureux, si content.... jusqu'à ce qu'on vienne lui parler d'un Océan où se jouent des flottes et des baleines.... Mais, soit! vous voulez me savoir heureuse? (*Après une pause, s'approchant soudain de milady et l'interrogeant à l'improviste :*) Êtes-vous heureuse, milady? (*Celle-ci la quitte rapidement, tout interdite; Louise la suit et lui met la main sur le cœur.*) Ce cœur a-t-il aussi part au riant éclat de votre position? Et si en ce moment nous devions échanger cœur contre cœur, destin contre destin.... et si, avec l'innocence d'un enfant.... si sur votre conscience.... si, comme à ma mère, je vous demandais votre avis.... me conseilleriez-vous cet échange?

MILADY, *violemment émue, se jette sur le sofa.*

Inouï, inconcevable! non, ma fille, non! Cette grandeur, tu ne l'as pas apportée au monde, et elle est trop juvénile pour te venir de ton père. Ne mens pas. J'entends la parole d'un autre maître....

LOUISE, *la regardant dans les yeux d'un œil fin et pénétrant.*

Il serait étrange, milady, que l'idée de ce maître ne vous fût venue qu'en ce moment et qu'avant cela pourtant vous m'eussiez déjà trouvé une condition.

MILADY *se lève d'un bond.*

C'est insupportable!.... Eh bien, oui! puisque je ne puis t'échapper.... Je le connais.... je sais tout... j'en sais plus que je n'en voudrais savoir. (*Elle s'arrête subitement, puis elle reprend avec une violence qui peu à peu s'élève jusqu'à la rage.*) Mais ose, malheureuse.... ose encore l'aimer ou être aimée de lui!... Que dis-je?... Ose penser à lui ou être une seule de ses pensées, à lui.... Malheureuse, je suis puissante, terrible.... Aussi vrai qu'il y a un Dieu, tu es perdue.

LOUISE, *avec fermeté.*

Sans ressource, milady, dès que vous l'aurez forcé à vous aimer.

MILADY.

Je te comprends.... mais je ne veux pas qu'il m'aime. Je veux triompher de cette honteuse passion, subjuguer mon cœur et écraser le tien.... Je veux jeter entre vous des montagnes et des abîmes; je veux, comme une furie, traverser votre ciel. Il faut que l'effroi de mon nom, comme un fantôme disperse des malfaiteurs, vienne désunir vos baisers; que ta jeune et florissante beauté tombe flétrie, au milieu de ses embrassements, comme une momie desséchée.... Je ne puis être heureuse avec lui.... mais je ne veux pas non plus que tu le sois.... Sache-le, malheureuse! Ruiner le bonheur, c'est encore un bonheur.

LOUISE.

Un bonheur qu'on vous a déjà ravi, milady! Ne calomniez pas votre propre cœur. Vous n'êtes pas capable d'accomplir ces menaces si terribles dont vous m'accablez. Vous n'êtes pas capable de torturer une créature qui ne vous a fait d'autre mal que de sentir comme vous.... Mais je vous aime pour cet emportement, milady.

MILADY, *redevenue maîtresse d'elle-même.*

Où suis-je? Où étais-je? Qu'ai-je laissé paraître?... A qui l'ai-je fait paraître?... Oh! Louise, noble et grande âme, âme divine! Pardonne à une insensée!... Je ne toucherai pas à un de tes cheveux, mon enfant! Désire, exige! Je veux te porter dans mes bras, je veux être ton amie, ta sœur.... Tu es pauvre.... Vois! (*Elle enlève quelques-uns de ses diamants.*) Je veux vendre cette parure.... vendre ma garde-robe, mes chevaux, mes voitures.... Que tout t'appartienne, mais renonce à lui!

LOUISE *recule, frappée de surprise.*

Se moque-t-elle d'une désespérée, ou n'aurait-elle eu réellement aucune part à cette barbarie? Ah! je pourrais donc, en ce cas, me donner encore l'apparence d'une héroïne, et me faire de mon impuissance un brillant mérite. (*Elle s'arrête un moment, pensive, puis s'approche de milady, lui prend la main et la regarde d'un œil fixe et expressif.*) Prenez-le donc, milady!... Je vous abandonne volontairement l'homme qu'on a arraché de mon cœur saignant, avec les crocs de l'enfer.... Peut-être l'ignorez-vous, vous-même, milady, mais vous avez détruit le ciel de deux amants; séparé violemment deux cœurs que Dieu avait unis; écrasé une créature qui lui tenait au cœur, comme vous; qu'il avait créée, comme vous, pour la joie; qui l'a béni, comme vous, et qui désormais ne le bénira plus.... Milady! la dernière convulsion du ver qu'on écrase crie aussi vengeance dans l'oreille de celui qui sait tout.... Il ne peut voir avec indifférence égorger les âmes qu'il tient dans ses mains. Maintenant il est à vous! Maintenant, milady, prenez-le! Courez dans ses bras! Traînez-le à l'autel!... Seulement, n'oubliez pas qu'entre vos lèvres, au baiser nuptial, se glissera le spectre d'une suicide.... Dieu sera miséricordieux.... Je n'ai pas d'autre refuge! (*Elle se précipite dehors.*)

SCÈNE VIII.

MILADY, *seule, demeure consternée et hors d'elle, le regard fixé sur la porte par laquelle Louise est sortie; enfin elle s'éveille de sa stupeur.*

Qu'était-ce donc! Qu'ai-je éprouvé? Qu'a dit la malheureuse?... Encore, ô ciel! encore en ce moment, ils déchirent mon oreille ces mots terribles, ces mots qui me condamnent : « Prenez-le!... » Qui, infortunée? Le don du râle de ta mort?... l'horrible legs de ton désespoir? Dieu! Dieu! suis-je tombée si bas?... si subitement renversée de tous les trônes de mon orgueil, que j'attende, affamée, ce que me jettera, dans sa dernière agonie, la générosité d'une mendiante?... « Prenez-le! » et elle dit cela d'un ton.... et elle accompagne ces mots d'un regard.... Ah! Émilie! est-ce pour cela que tu as franchi les limites de ton sexe? Était-ce la peine de prétendre au nom imposant de magnanime Anglaise, pour que l'édifice pompeux de ta gloire croulât devant la vertu supérieure d'une petite bourgeoise sans éducation?... Non, orgueilleuse infortunée!... On peut faire rougir Émilie Milford.... mais non l'avilir. Moi aussi, j'ai la force de renoncer. (*Allant et venant d'un pas majestueux.*) Cache-toi maintenant, femme délicate et souffrante!... Disparaissez, douces visions, rêves d'or de l'amour.... Que la grandeur d'âme soit maintenant mon seul guide.... Ce couple d'amants est perdu, ou il faut que Milford abandonne ses prétentions et s'éteigne dans le cœur du prince. (*Après une pause, vivement.*) C'est fait.... Il est levé, le terrible obstacle!... Tous les liens sont rompus entre moi et le duc.... Cet amour furieux est arraché de mon sein.... Je me jette dans tes bras, vertu!... Accueille-la, ta fille repentante, Émilie!... Ah! comme je me sens bien!... Comme tout à coup je me sens légère et élevée!... Grande comme un soleil qui tombe des cieux, je veux aujourd'hui descendre du faîte de ma prospérité.... que ma magnificence meure avec mon amour, et que mon cœur seul m'accompagne dans mon fier exil. (*Elle va, d'un air résolu, vers une table à écrire.*) Il faut que cela se fasse à l'instant même.... sur-le-champ, avant que le charme de ce jeune homme adoré ne renouvelle la lutte sanglante de mon cœur.

(*Elle s'assied et commence à écrire.*)

SCÈNE IX.

MILADY, UN VALET DE CHAMBRE, SOPHIE; *ensuite,* LE MARÉCHAL DE LA COUR; *à la fin,* DES DOMESTIQUES.

LE VALET DE CHAMBRE.

Monsieur le maréchal de Kalb est dans l'antichambre, chargé d'un message du duc.

MILADY, *animée à écrire.*

Elle sautera en l'air tout étourdie, l'auguste marionnette. En vérité! l'idée est assez drôle pour faire éclater un crâne sérénissime.... Messieurs ses courtisans auront le vertige.... Tout le pays sera en effervescence.

LE VALET DE CHAMBRE *et* SOPHIE.

Le maréchal de la cour, milady!

MILADY *se retourne.*

Qui? quoi?... Tant mieux! Cette sorte de créature est au monde pour porter le sac. Qu'il soit le bienvenu!

LE VALET DE CHAMBRE *sort.*

SOPHIE, *s'approchant d'un air inquiet.*

Si je ne craignais, milady, que ce fût une indiscrétion. (*Milady continue vivement d'écrire.*) La Miller s'est précipitée, hors d'elle, à travers l'antichambre.... Vous êtes brûlante.... Vous vous parlez à vous-même. (*Milady continue toujours d'écrire.*) Je tremble.... Que doit-il être arrivé?

LE MARÉCHAL DE LA COUR *entre, fait mille révérences derrière le dos de milady; comme elle ne le remarque pas, il s'approche, se place derrière son siège, cherche à s'emparer du bord de sa robe et y dépose un baiser; puis il murmure d'une voix craintive*

Son Altesse Sérénissime....

MILADY, *jetant du sable sur le papier et parcourant ce qu'elle a écrit.*

Il m'accusera de la plus noire ingratitude.... J'étais abandonnée. Il m'a tirée de la misère.... De la misère?... Abominable marché!... Déchire ton compte, séducteur! Mon éternelle honte le paye avec usure.

LE MARÉCHAL DE LA COUR, *après qu'il a tourné en vain tout autour de milady.*

Milady paraît un peu distraite.... Il faudra que je prenne moi-même la liberté.... (*Très-haut.*) Son Altesse Sérénissime m'envoie, milady, pour demander s'il y aura ce soir vauxhall ou comédie allemande.

MILADY *se lève en riant.*

Un des deux, mon ange!... En attendant portez à votre duc ce billet pour dessert. (*Se tournant vers Sophie.*) Toi, Sophie, ordonne qu'on attelle et fais venir tous mes gens dans ce salon....

SOPHIE *sort toute consternée.*

O ciel! Quel pressentiment! Que va-t-il encore arriver?

LE MARÉCHAL DE LA COUR.

Vous êtes bien animée, gracieuse dame.

MILADY.

Ces lignes n'en seront que plus véridiques.... Hourra, monsieur le maréchal de la cour! Il va y avoir une place vacante. Beau temps pour les entremetteurs! (*Comme le maréchal jette un regard incertain sur le billet.*) Lisez, lisez! Je tiens à ce que le contenu ne demeure pas entre quatre yeux.

LE MARÉCHAL DE LA COUR *lit; pendant ce temps, les domestiques de milady se rassemblent dans le fond du salon.*

« Un contrat que vous avez rompu si légèrement ne peut plus
« me lier. Le bonheur de vos États était la condition de mon
« amour. L'erreur a duré trois ans. Le bandeau tombe de mes
« yeux. Je déteste des marques de faveur arrosées des larmes
« de vos sujets.... Donnez cet amour, que je ne puis plus payer
« de retour, à votre patrie éplorée, et apprenez d'une princesse
« anglaise à compatir aux souffrances de votre peuple allemand.
« Dans une heure, j'aurai passé la frontière.

« JEANNE NORFOLK. »

TOUS LES DOMESTIQUES, *stupéfaits, murmurent entre eux :*
Passé la frontière ?

LE MARÉCHAL DE LA COUR, *effrayé, met le billet
sur la table.*

Dieu m'en garde, ma bonne et gracieuse dame! Le cou démangerait au porteur, aussi bien qu'à l'auteur de la lettre.

MILADY.

C'est là ton inquiétude, précieux ami !... Hélas ! je sais que toi et tes pareils vous suffoquez rien qu'à être l'écho de ce que d'autres ont fait.... Mon avis serait que le pâtissier mît ce billet dans un pâté de venaison : de cette façon, Son Altesse le trouverait sur son assiette....

LE MARÉCHAL DE LA COUR.

Ciel[1]! une telle audace!... Considérez donc, songez donc dans quelle disgrâce vous vous jetez, milady!

MILADY *se tourne vers ses gens rassemblés et leur dit ce qui suit,
avec la plus profonde émotion :*

Vous êtes là consternés, braves gens, vous attendez avec anxiété quel sera le mot de l'énigme.... Approchez, mes amis.... Vous m'avez servie honnêtement et cordialement, vous regardiez plus souvent mes yeux que ma bourse; l'obéissance était pour vous une passion; ma faveur, votre orgueil.... Faut-il que le souvenir de votre fidélité soit en même temps la mémoire de mon abaissement! Triste destinée, qui a voulu que vos jours heureux fussent mes jours les plus sombres ! (*Avec des larmes dans les yeux.*) Je vous congédie, mes enfants!... Lady Milford n'est plus, et Jeanne de Norfolk est trop pauvre pour acquitter la dette qu'elle lui lègue.... Que mon trésorier partage ma cassette entre vous.... Ce palais reste au duc.... Le plus pauvre de vous sortira d'ici plus riche que sa maîtresse. (*Elle leur tend les mains, que tous, l'un après l'autre, baisent avec ardeur.*) Je vous comprends, mes bons amis.... Adieu! adieu pour toujours! (*Elle maîtrise l'émotion qui l'oppresse.*) J'entends avancer la voiture. (*Elle se dégage et veut sortir; le maréchal se précipite devant elle.*) Homme de pitié, tu es toujours là ?

---

1. *Ciel* est en français dans le texte.

LE MARÉCHAL DE LA COUR, *qui, pendant tout ce temps, a regardé le billet d'un air déconfit.*

Et ce billet, il faut que je le remette directement dans les augustes mains de Son Altesse Sérénissime !

MILADY.

Homme de pitié! directement, dans ses augustes mains, et tu diras à ses augustes oreilles que, ne pouvant aller nu-pieds à Lorette, je travaillerai à la journée pour me laver de la honte d'avoir régné sur lui. (*Elle se hâte de sortir. Tous les autres se séparent fort émus.*)

ACTE CINQUIÈME.

Une chambre dans la maison du musicien, le soir, au crépuscule.

SCÈNE I.

LOUISE *est assise, muette et sans mouvement, dans un coin obscur de la chambre, la tête renversée sur son bras. Après une longue pause de profond silence,* MILLER *entre, tenant à la main une lanterne, qu'il promène avec inquiétude dans la chambre, sans remarquer Louise; il met ensuite son chapeau sur la table et dépose la lanterne.*

MILLER.

Elle n'est pas non plus ici.... Ici non plus.... J'ai été par toutes les rues, chez toutes nos connaissances, j'ai demandé à toutes les portes de la ville.... Nulle part on n'a vu mon enfant. (*Après un moment de silence.*) Patience, pauvre malheureux père! Attends jusqu'à demain matin. Peut-être alors ta fille unique viendra-t-elle flotter au rivage.... Dieu! Dieu! Si j'ai attaché mon cœur avec trop d'idolâtrie à cette enfant!... Le châtiment est dur. Père céleste, bien dur! Je ne veux pas murmurer, Père céleste, mais le châtiment est dur. (*Il se jette, accablé de douleur, sur une chaise.*)

LOUISE *lui parle du coin où elle est.*

Tu as raison, pauvre vieillard! Habitue-toi, tandis qu'il en est encore temps, à la douleur de perdre.

MILLER *s'élance de sa chaise.*

Es-tu là, mon enfant? Est-ce toi?... Mais pourquoi ainsi seule et sans lumière!

LOUISE.

Je ne suis pas seule pour cela. Quand tout devient ainsi bien noir autour de moi, c'est le moment où j'ai mes plus chères visites.

MILLER.

Que Dieu te garde! Il n'y a que le ver de la conscience qui rêve avec le hibou. Les pécheurs et les mauvais esprits redoutent la lumière.

LOUISE.

L'éternité aussi, mon père, qui parle à l'âme sans intermédiaire.

MILLER.

Enfant! enfant! Quels sont ces discours?

LOUISE *se lève et vient sur le devant de la scène.*

J'ai combattu un rude combat. Vous le savez, mon père! Dieu m'a donné la force. La lutte est finie. Mon père, on a coutume de nommer notre sexe faible et fragile. Ne croyez plus cela. Nous frissonnons à la vue d'une araignée, mais nous pressons, en jouant, dans nos bras, le noir fantôme de la mort. Apprenez la nouvelle, mon père! Votre Louise est joyeuse.

MILLER.

Écoute, ma fille! je voudrais t'entendre sangloter. Tu me plairais mieux ainsi.

LOUISE.

Comme je l'attraperai, mon père! Comme je tromperai le tyran!... L'amour est plus fin que la méchanceté et plus hardi.... Il ne savait pas cela, l'homme à l'étoile sinistre.... Oh! ils sont malins, tant qu'ils n'ont affaire qu'à la tête, mais dès qu'ils engagent la partie avec le cœur, les méchants deviennent bêtes.... Il a cru sceller sa fourberie par un serment. Les serments, mon père, enchaînent sans doute les vivants, mais, dans la mort, fond aussi le lien de fer des plus saintes promesses. Ferdinand connaîtra sa Louise.... Voulez-vous faire parvenir ce billet, mon père? Aurez-vous cette bonté?

MILLER.

A qui, ma fille?

LOUISE.

Singulière question! L'infini et mon cœur n'ont point, à eux deux, assez de place pour une seule pensée se rapportant à lui.... A qui du reste aurais-je jamais pu écrire?

ACTE V, SCÈNE I.

MILLER, *inquiet.*

Écoute, Louise! Je romps le cachet de la lettre.

LOUISE.

Comme vous voudrez, mon père.... mais elle ne vous instruira guère. Les lettres sont couchées sur le papier comme de froids cadavres et ne vivent que pour les yeux de l'amour.

MILLER *lit.*

« Tu es trahi, Ferdinand.... Une scélératesse sans exemple a
« rompu le lien de nos cœurs, mais un serment terrible a en-
« chaîné ma langue, et ton père a posté partout ses espions....
« Cependant, si tu as du courage, mon bien-aimé?... je sais un
« lieu tiers où aucun serment n'enchaîne plus et où ses espions
« n'ont pas accès. » (*Miller s'arrête et la regarde sérieusement au visage.*)

LOUISE.

Pourquoi me regardez-vous ainsi? Achevez donc de lire, mon père.

MILLER.

« Mais il faut que tu aies assez de courage pour t'engager
« dans une sombre voie, où rien ne t'éclairera que ta Louise et
« Dieu.... Il faut que tu viennes tout amour, que tu laisses à la
« maison toutes tes espérances, tous tes désirs impétueux; rien
« ne pourra te servir que ton cœur.... Veux-tu?... Alors pars
« quand la cloche frappera le dernier coup de minuit dans la
« tour des Carmélites. Si tu as peur.... alors efface auprès du
« nom de ton sexe le mot « fort », car une jeune fille t'aura fait
« honte. » (*Miller pose le billet et regarde longtemps devant lui d'un œil fixe et douloureux; enfin, il se tourne vers elle et dit d'une voix faible et brisée:*) Et ce lieu tiers, ma fille?

LOUISE.

Vous ne le connaissez pas? Vous ne le connaissez réellement pas, mon père?... C'est étrange! Le lieu est dépeint de telle sorte qu'on doit le trouver sans peine. Ferdinand le trouvera.

MILLER.

Hum! parle plus clairement.

LOUISE.

Je ne sais en ce moment, pour le nommer, aucun mot aimable.... Il ne faut pas vous effrayer, mon père, si je vous dis

un nom qui est laid. Ce lieu.... Oh! pourquoi l'amour n'a-t-il pas inventé des noms? il lui aurait donné le plus beau de tous. Ce lieu tiers, mon bon père.... mais il faut que vous me laissiez achever.... ce lieu tiers est le tombeau.

MILLER *va tomber, en chancelant, sur un siége.*

Oh! mon Dieu!

LOUISE *va à lui et le soutient.*

Mais non, mon père! Ce sont des terreurs qui ne s'attachent qu'au nom.... Écartez-le, et vous voyez devant vous un lit nuptial, sur lequel l'aurore étend son tapis d'or et que chaque printemps jonche de ses guirlandes aux mille couleurs. Le pécheur, dans ses hurlements, a seul pu injurier la mort du nom de squelette; c'est un enfant charmant et aimable, tout florissant, comme on peint le dieu de l'amour, mais avec moins de malice.... un génie calme et secourable, qui offre son bras au pèlerin, à la pauvre âme fatiguée, pour l'aider à franchir le fossé du temps, qui lui ouvre le palais magique de la gloire éternelle, le salue amicalement de la tête et disparaît.

MILLER.

Quel est ton projet, ma fille?... Tu veux attenter toi-même à ta vie?

LOUISE.

N'appelez pas cela ainsi, mon père. Quitter une société où l'on ne se soucie pas de moi.... m'élancer d'avance en un lieu dont je ne puis plus être absente.... est-ce donc là un péché?

MILLER.

Le suicide est le plus affreux de tous, mon enfant!... Le seul dont on ne puisse se repentir, parce que la mort et le crime coïncident.

LOUISE *demeure pétrifiée.*

C'est horrible!... Mais cela n'ira pas si vite. Je veux me jeter dans la rivière, mon père, et, en allant à fond, j'implorerai la miséricorde du Dieu tout-puissant.

MILLER.

C'est-à-dire que tu te repentiras du vol dès que tu en sauras le produit en sûreté.... Ma fille! ma fille! prends garde à ne pas te jouer de Dieu, quand tu as plus que jamais besoin de lui. Oh!

tu es allée loin, bien loin!... Tu as renoncé à la prière, et le Miséricordieux a retiré sa main de toi.

LOUISE.

Aimer est-il donc un crime, mon père?

MILLER.

Si tu aimes Dieu, jamais ton amour n'ira jusqu'au crime.... Tu m'as courbé bien bas, mon unique enfant! bas, bien bas, peut-être jusqu'au tombeau.... Mais je ne veux pas accabler encore plus ton cœur.... Ma fille, j'ai parlé tout à l'heure; je croyais être seul. Tu m'as écouté, et pourquoi devrais-je le cacher plus longtemps? Tu étais mon idole! Écoute, Louise, s'il y a encore place dans ton cœur pour les sentiments d'un père.... Tu étais mon tout! Maintenant ce n'est plus ton bien que tu dépenses. Moi aussi, j'ai tout à perdre. Tu vois, mes cheveux commencent à blanchir. Il m'annonce peu à peu son approche, ce temps où nous recueillons à propos, nous autres pères, le capital que nous avons placé dans le cœur de nos enfants.... Veux-tu m'en frustrer, Louise? Veux-tu fuir en emportant d'ici tout l'avoir et le bien de ton père?

LOUISE *lui baise la main, avec la plus vive émotion.*

Non, mon père! Je sors de ce monde avec une dette immense envers vous, et je la payerai avec usure dans l'éternité.

MILLER.

Prends garde de te tromper dans ton calcul, mon enfant! (*D'un ton très-grave et solennel :*) Nous retrouverons-nous dans cet autre lieu?... Vois comme tu deviens pâle!... Ma Louise comprend elle-même que je ne pourrai plus guère l'atteindre dans ce monde-là, parce que je ne m'y élance pas aussitôt qu'elle. (*Louise se jette dans ses bras, saisie de frissons. Il la presse avec ardeur sur sa poitrine et continue d'une voix suppliante :*) Oh! ma fille, ma fille! fille tombée, peut-être déjà perdue! Pèse dans ton cœur les sérieuses paroles de ton père. Je ne puis pas veiller sur toi. Je puis te prendre les couteaux, tu peux te tuer avec une aiguille de ton tricot. Je puis te préserver du poison, tu peux t'étrangler avec un collier de perles.... Louise.... Louise.... je ne peux que t'avertir encore.... Veux-tu courir le risque de voir ta perfide illusion fuir loin de toi, sur ce pont terrible qui joint le temps à l'éternité?... Veux-tu te hasarder devant le trône de celui qui sait

tout, avec ce mensonge : « C'est pour toi que je viens ici »....
tandis que tes yeux coupables chercheront ton idole mortelle ?...
Et si ce Dieu fragile de ton cerveau, alors vermisseau comme toi,
se tord aux pieds de ton juge, dément, dans ce moment d'angoisse, ta confiance impie, et renvoie tes espérances trompées
à l'éternelle miséricorde, que le malheureux pourra à peine
fléchir pour lui-même.... que sera-ce alors? (*Avec plus d'expression et plus haut.*) Que sera-ce, malheureuse? (*Il la tient avec plus
de force, la regarde pendant quelque temps, d'un œil fixe et pénétrant, puis la quitte tout à coup.*) Maintenant, je ne sais rien de
plus. (*Levant la main droite.*) Je ne te réponds plus, Dieu juge,
de cette âme. Fais ce que tu voudras. Offre à ton élégant jeune
homme un sacrifice que tes mauvais génies accueillent avec des
cris de joie et qui fasse reculer d'horreur tes bons anges.... Va,
pars! Charge sur tes épaules tous tes péchés, sans oublier celui-ci, le dernier, le plus affreux de tous, et si le fardeau est
encore trop léger, que ma malédiction achève le poids.... Voici
un couteau.... perce ton cœur et (*il sanglote et veut s'élancer
dehors*) le cœur de ton père!

LOUISE *se précipite après lui.*

Arrête! arrête! ô mon père!... Ah! que la tendresse soit une
contrainte plus barbare encore que la rage des tyrans!... Que
dois-je faire? Je ne puis. Que faut-il que je fasse?

MILLER.

Si les baisers de ton major sont plus brûlants que les larmes
de ton père.... meurs!

LOUISE, *après un cruel combat, avec une certaine fermeté.*

Mon père! Voici ma main! Je veux.... Dieu! Dieu! Que fais-je?
Qu'est-ce que je veux? Mon père, je jure.... malheur à moi!
malheur! Criminelle, de quelque côté que je me tourne!... Mon
père, eh bien soit! Ferdinand.... Dieu voit de là-haut!... J'a-
néantis ainsi son dernier souvenir. (*Elle déchire la lettre.*)

MILLER *se jette ivre de joie à son cou.*

Voilà ma fille! Lève les yeux! Tu te prives d'un amant, mais
tu rends un père bien heureux. (*Il l'embrasse, riant et pleurant à
la fois.*) Enfant! enfant, que de ma vie je n'ai mérité! Dieu sait
comment un homme de rien tel que moi a pu avoir un tel ange
en partage!... Ma Louise, mon paradis! O Dieu! je m'entends

peu à l'amour, mais que ce soit une torture de cesser d'aimer.... oh! cela, je le comprends encore!

LOUISE.

Mais quittons ce pays, mon père!... Quittons cette ville où mes compagnes me raillent, où ma bonne renommée est à jamais perdue.... Fuyons loin, bien loin de ce lieu où tant de vestiges de la félicité perdue parlent à mon cœur.... Oh! loin d'ici, pour peu qu'il soit possible!

MILLER.

Partout où tu voudras, ma fille. Le pain du bon Dieu pousse en tout pays et il me fera aussi trouver des oreilles attentives à mon violon. Oui! quand nous aurions tout perdu.... Je mettrai en musique pour la guitare l'histoire de ton chagrin, et je chanterai la complainte de la fille qui, pour honorer son père, a déchiré son propre cœur.... Nous irons mendier, de porte en porte, avec cette ballade, et l'aumône nous sera douce de la main de ceux qui pleureront en l'entendant.

SCÈNE II.

FERDINAND et LES PRÉCÉDENTS.

LOUISE *l'aperçoit la première, et se jette au cou de Miller,*
en poussant un grand cri.

Dieu! Le voilà! Je suis perdue!

MILLER.

Où?... Qui?

LOUISE *montre le major de la main, en détournant le visage,*
et se serre avec plus de force contre son père.

Lui! lui-même!... Vous n'avez qu'à tourner les yeux, mon père.... C'est pour me tuer qu'il est ici!

MILLER *l'aperçoit et recule vivement.*

Quoi? Vous ici, baron?

FERDINAND *s'approche lentement, s'arrête en face de Louise, et fixe*
sur elle un regard scrutateur. Après une pause

Trouble de la conscience surprise, je te rends grâce.... Ton aveu est terrible, mais prompt et sûr, et il m'épargne la torture. Bonsoir, Miller!

MILLER.

Mais, pour l'amour de Dieu! que voulez-vous, baron? qu'est-ce qui vous amène? Pourquoi nous surprenez-vous ainsi?

FERDINAND.

Je me rappelle un temps où l'on divisait le jour en secondes, où la passion de me voir s'attachait aux poids de la pendule, trop lents à descendre, où l'on épiait la pulsation qui marquait l'instant de ma venue..... D'où vient qu'aujourd'hui ma visite surprend?

MILLER.

Partez, partez, baron.... S'il vous est resté dans le cœur une étincelle d'humanité, si vous ne voulez pas égorger celle que vous prétendez aimer, fuyez, ne restez pas un instant de plus! La bénédiction de Dieu est sortie de ma cabane, du moment que vous y avez mis le pied. Vous avez appelé le malheur sous mon toit, où la joie seule séjournait auparavant. N'êtes-vous pas encore satisfait? Voulez-vous encore fouiller la blessure que votre malheureuse connaissance a faite à mon unique enfant?

FERDINAND.

Père étonnant, eh! mais je viens pour dire à ta fille une joyeuse nouvelle.

MILLER.

Peut-être de nouvelles espérances, suivies d'un nouveau désespoir?... Va, messager de malheur! Ton visage décrie ta marchandise.

FERDINAND.

Enfin il apparaît à mes yeux, le but de mes espérances. Lady Milford, le plus terrible obstacle à notre amour, vient à l'instant de fuir loin du pays. Mon père approuve mon choix. Le destin cesse de nous poursuivre. Nos astres heureux se lèvent.... Je viens pour dégager la parole que j'ai donnée et conduire ma fiancée à l'autel.

MILLER.

L'entends-tu, ma fille? L'entends-tu se faire un jeu de tes espérances déçues? Oh! en vérité, baron! cela va si bien au séducteur d'égayer encore son esprit sur son crime?

FERDINAND.

Tu crois que je plaisante? Non, sur mon honneur! Ma parole

est vraie, comme l'amour de ma Louise, et je veux la tenir avec une foi aussi sainte qu'elle a tenu ses serments.... Je ne connais rien de plus saint.... Doutes-tu encore? La joie ne colore pas encore les joues de ma belle épouse? C'est étrange. Il faut que le mensonge soit ici monnaie courante, pour que la vérité y trouve si peu de créance. Vous vous défiez de mes paroles? Eh bien! croyez-en ce témoignage écrit. (*Il jette à Louise la lettre au maréchal.*).

LOUISE *l'ouvre, et tombe, pâle comme la mort.*

MILLER, *sans le remarquer, au major :*

Qu'est-ce que cela signifie, baron? Je ne vous comprends pas.

FERDINAND *le mène auprès de Louise.*

Celle-ci ne m'en a que mieux compris.

MILLER *se jette à genoux auprès de Louise.*

O Dieu! Ma fille!

FERDINAND.

Pâle comme la mort!... Voilà comme elle me plaît, ta fille! Jamais elle n'a été si belle, ta pieuse et honnête fille.... Avec ce visage de cadavre.... Le souffle du dernier jugement, qui enlève le vernis de tous les mensonges, vient d'effacer le fard avec lequel la magicienne a trompé jusqu'aux anges de lumière.... C'est son plus beau visage! C'est, pour la première fois, son vrai visage! Laisse-moi le baiser! (*Il veut aller à elle.*)

MILLER.

Arrière! Loin d'ici! Ne t'attaque pas au cœur du père, enfant! Je n'ai pu la préserver de tes caresses; mais de tes offenses, je le puis.

FERDINAND.

Que veux-tu, tête grise? Je n'ai pas affaire à toi. Ne te mêle pas dans une partie qui est si évidemment perdue.... ou bien en saurais-tu plus long peut-être que je n'eusse supposé? As-tu prêté aux galanteries de ta fille la sagesse de tes soixante ans, et déshonoré par le métier d'entremetteur cette tête vénérable?... Oh! s'il n'en est pas ainsi, malheureux vieillard, couche-toi là à terre, et meurs.... Il en est encore temps. Tu peux encore t'endormir dans cette douce illusion : « Je fus un heureux père!... » Un moment plus tard, tu jetteras cette vipère venimeuse dans son infernale patrie, tu maudiras ce don et celui qui te l'a fait, et tu descendras dans la tombe, le blasphème à la bouche. (*A Louise.*) Parle, malheureuse! As-tu écrit cette lettre?

MILLER, *à Louise, avec sollicitude.*

Au nom de Dieu, ma fille! n'oublie pas! n'oublie pas!

LOUISE.

Oh! cette lettre, mon père!

FERDINAND.

Qu'elle soit tombée dans de mauvaises mains!... Je bénis le hasard, il a fait de plus grandes choses que la subtile raison, et subira mieux l'épreuve du dernier jour que l'esprit de tous les sages.... Le hasard, dis-je?... Oh! si la Providence intervient quand des passereaux tombent, pourquoi pas aussi quand un démon doit être démasqué?... Je veux une réponse.... As-tu écrit cette lettre?

MILLER, *à part, à Louise, d'un ton suppliant.*

Ferme! ferme! ma fille! Encore ce seul oui, et toute l'épreuve est surmontée.

FERDINAND.

C'est charmant, charmant! Le père trompé comme moi! Tous trompés! Et voyez, comme elle est là, l'infâme, et comme à présent sa langue même refuse l'obéissance à son dernier mensonge! Jure par le nom de Dieu! par le nom redoutable du Dieu de vérité! As-tu écrit cette lettre?

LOUISE, *après une cruelle lutte, pendant laquelle elle s'est entretenue des yeux avec son père, répond d'un ton ferme et décisif:*

Je l'ai écrite.

FERDINAND *s'arrête effrayé.*

Louise!... Non! Aussi vrai que mon âme vit, tu mens.... L'innocence elle-même confesse, sur le chevalet, des crimes qu'elle n'a jamais commis.... Je t'ai interrogée trop violemment.... N'est-ce pas, Louise?... Tu n'as avoué qu'à cause de la violence de ma demande?

LOUISE.

J'ai avoué ce qui est vrai.

FERDINAND.

Non, dis-je! non! non! Tu ne l'as pas écrite. Ce n'est pas du tout ta main.... Et quand ce serait ta main, est-il donc plus dif-

ficile de contrefaire les écritures que de corrompre les cœurs?....
Dis-moi la vérité, Louise!... Ou plutôt, non, non, ne le fais
pas.... Tu n'aurais qu'à dire oui, et je serais perdu.... Un mensonge, Louise, un mensonge!... Oh!... si maintenant tu en imaginais un, si tu me le jetais avec cette physionomie d'ange, si ouverte; si seulement tu persuadais mon oreille et mes yeux, dusses-tu tromper ce cœur de la manière la plus abominable!... O Louise! que dès lors, à ta voix, j'y consens, toute vérité sorte de la création et que le bon droit désormais condamne sa tête altière aux courbettes des courtisans! (*D'une voix timide et tremblante :*) As-tu écrit cette lettre?

LOUISE.

Par le nom de Dieu! le nom redoutable du Dieu de vérité! Oui!...

FERDINAND, *après une pause, avec l'expression*
de la plus vive douleur.

Femme! femme!... Le visage avec lequel tu es là maintenant devant moi.... mets en vente, avec ce visage, les délices du paradis, tu ne trouveras pas d'acquéreur, même dans l'empire de la damnation.... Savais-tu ce que tu étais pour moi, Louise? C'est impossible! Non! Tu ne savais pas que tu étais tout pour moi! Tout!... C'est un pauvre et misérable petit mot, mais l'éternité a de la peine à l'embrasser entièrement; des systèmes de mondes achèvent leur révolution dans son sein.... Tout! et s'en jouer si criminellement!... Oh! c'est épouvantable!

LOUISE.

Vous avez mon aveu, monsieur de Walter. Je me suis condamnée moi-même. Allez maintenant! Quittez une maison où vous avez été si malheureux.

FERDINAND.

Bien! bien! Ne suis-je pas calme?... Calme! n'est-ce pas ce qu'on dit aussi d'une contrée sur laquelle la peste a passé!... Je le suis. (*Après un moment de réflexion.*) Encore une prière, Louise.... la dernière! Ma tête est brûlante de fièvre. J'ai besoin de me rafraîchir. Veux-tu me préparer un verre de limonade? (*Louise sort.*)

SCÈNE III.

FERDINAND et MILLER.
Tous deux se promènent, pendant quelques instants, sans dire un mot, aux deux côtés opposés de la chambre.

MILLER *s'arrête enfin et regarde le major d'un air triste.*

Cher baron, serait-ce peut-être un adoucissement à votre chagrin, de vous avouer que je vous plains cordialement?

FERDINAND.

C'est bon, Miller! (*Ils font encore quelques pas.*) Miller, je me rappelle à peine comment je vins dans votre maison.... A quelle occasion?

MILLER.

Comment, monsieur le major? Eh! mais vous vouliez prendre chez moi des leçons de flûte. Vous ne vous en souvenez plus?

FERDINAND, *vivement.*

Je vis votre fille. (*Encore quelques moments de silence.*) Vous ne m'avez pas tenu parole, mon ami! Notre convention était: du calme pour nos heures de solitude. Vous m'avez trompé et vous m'avez vendu des scorpions. (*Voyant l'agitation de Miller.*) Non, de grâce, ne t'effraye pas, vieillard! (*Il se jette, tout ému, à son cou.*) Tu n'es pas coupable.

MILLER, *s'essuyant les yeux.*

Dieu le sait, lui qui sait tout.

FERDINAND *se remet à se promener, abîmé dans de sombres pensées.*

Elle est étrange, oh! incroyablement étrange, la façon dont Dieu joue avec nous. A des fils minces et imperceptibles sont souvent suspendus des poids effrayants.... Si l'homme savait qu'en mangeant cette pomme il trouverait la mort.... Hum!... S'il le savait. (*Allant et venant avec plus de véhémence, puis saisissant la main de Miller, avec une grande émotion.*) Homme! je te paye trop cher tes quelques leçons de flûte.... et tu n'y gagnes seulement pas.... Toi aussi, Tu perds peut-être tout. (*S'éloignant de lui, le cœur serré.*) Malheureuse flûte, dont jamais l'idée n'eût dû me venir!

ACTE V, SCÈNE III.

MILLER *cherche à cacher son émotion.*

La limonade, aussi, se fait bien attendre. Je ferai bien, je crois, d'y aller voir, si vous ne le trouvez pas mauvais.

FERDINAND.

Cela ne presse pas, mon cher Miller. (*Murmurant à part lui.*) Surtout pas pour le père.... Demeurez.... que voulais-je donc vous demander ?... Ah ! oui.... Louise est-elle votre fille unique? Vous n'avez pas d'autres enfants?

MILLER, *avec chaleur.*

Je n'en ai pas d'autres, baron!... et je n'en souhaite pas d'autres. La fille est juste ce qu'il faut pour remplir tout mon cœur de père.... Tout ce que j'ai de comptant, en amour, je l'ai placé sur ma fille.

FERDINAND, *violemment ému.*

Ah!... Voyez donc plutôt si la boisson est prête, mon bon Miller. (*Miller sort.*)

SCÈNE IV.

FERDINAND, *seul.*

Son unique enfant!... Sens-tu cela, meurtrier? L'unique, meurtrier? Entends-tu, l'unique?... Et cet homme, dans le vaste univers du bon Dieu, n'a que son instrument et cet enfant unique.... Tu veux le lui ravir?... Ravir? ravir le dernier denier à un mendiant? Jeter aux pieds du perclus sa béquille brisée? Comment? En aurai-je aussi le cœur?... Et s'il accourt, impatient de calculer sur le visage de sa fille toute la somme de ses joies, et qu'en entrant il voie cette fleur couchée à ses pieds.... flétrie.... morte.... écrasée de gaieté de cœur.... sa dernière, son unique, son incomparable espérance.... Ah! et s'il est là devant elle, et que la nature entière n'ait plus pour lui un souffle de vie, et que son regard glacé parcoure en vain l'immensité dépeuplée, et cherche Dieu, et ne puisse plus trouver Dieu et revienne à lui, vain et déçu!... Dieu! Dieu! Mais mon père aussi n'a que ce fils unique.... Ce fils unique, mais non cette unique richesse.... (*Après une pause.*) Mais après tout cependant, que perd-il donc?

La jeune fille pour qui les sentiments les plus sacrés de l'amour n'étaient que des jouets, pourrait-elle rendre un père heureux?... Non, elle ne le peut! elle ne le peut! Et je mérite même des remercîments, pour écraser la vipère, avant qu'elle ait aussi blessé son père.

SCÈNE V.

MILLER, *qui revient*, *et* FERDINAND.

MILLER.

Vous serez servi à l'instant, baron.... La pauvre enfant est assise là dehors et pleure à en mourir. Elle vous donnera des larmes à boire dans la limonade.

FERDINAND.

Et ce serait bien, qu'il n'y eût que des larmes.... Puisque nous venons de parler de musique, Miller! (*Tirant une bourse.*) Je suis encore votre débiteur.

MILLER.

Comment? Quoi? Allons donc, baron! Pour qui me prenez-vous? C'est en bonnes mains. De grâce, ne me faites pas cet affront! Ce ne sera pas, s'il plaît à Dieu, la dernière fois que nous nous verrons.

FERDINAND.

Qui peut savoir? Prenez toujours. On ne sait qui vit ni qui meurt.

MILLER, *riant*.

Oh! quant à cela, baron! je crois qu'on en peut courir le risque avec vous.

FERDINAND.

Ce serait vraiment un risque.... N'avez-vous jamais entendu dire que des jeunes gens étaient morts.... des jeunes filles et des jeunes gens, les enfants de l'espérance, les châteaux en Espagne de leurs pères déçus?... Ce que l'âge et le ver rongeur du chagrin ne peuvent faire, souvent un coup de foudre l'accomplit.... Votre Louise non plus n'est pas immortelle.

MILLER.

C'est Dieu qui me l'a donnée.

FERDINAND.

Écoutez.... Je vous dis qu'elle n'est pas immortelle. Cette fille est la prunelle de vos yeux. Vous vous êtes attaché de cœur et d'âme à cette fille. Soyez prévoyant, Miller! Il n'y a qu'un joueur désespéré qui mette tout sur un seul coup de dés. On traite de téméraire le marchand qui charge tout son avoir sur un seul vaisseau.... Écoutez, songez à cet avertissement!... Mais pourquoi ne prenez-vous pas votre argent?

MILLER.

Quoi, monsieur? Toute cette bourse qui regorge? A quoi pense Votre Grâce?

FERDINAND.

A ma dette.... Voilà! (*Il jette la bourse sur la table, de manière qu'il en tombe des pièces d'or.*) Je ne puis pas tenir ainsi cette guenille toute une éternité.

MILLER, *stupéfait*.

Quoi? Ce n'est pas là, grand Dieu! le son de l'argent! (*Il s'approche de la table et s'écrie avec épouvante :*) Comment? au nom de tout le ciel! baron! baron! qu'est-ce qui vous arrive? Que faites-vous, baron? C'est ce que j'appelle une distraction! (*Joignant vivement les mains.*) Eh! mais je vois là devant moi.... ou je suis ensorcelé, ou.... Dieu me damne! je touche là du bel et bon or jaune, l'or du bon Dieu.... Non, Satan! tu ne me prendras pas à ce piège.

FERDINAND.

Avez-vous bu du vin vieux ou du nouveau, Miller?

MILLER, *d'un ton grossier*.

Tonnerre et tempête! Mais voyez donc là!... De l'or!

FERDINAND.

Eh bien, après?

MILLER.

Au nom du diable.... je vous dis.... je vous en prie par le saint nom de Jésus-Christ.... de l'or!

FERDINAND.

Eh! voilà sans doute une chose bien surprenante!

MILLER, *après un moment de silence, va à lui et dit avec un sentiment de délicatesse blessée :*

Monseigneur, je suis un homme simple et droit. Si par hasard vous voulez m'atteler à quelque coquinerie.... Car autant d'argent que cela ne peut se gagner, Dieu sait! par des voies honnêtes.

FERDINAND, *ému.*

Soyez parfaitement tranquille, mon cher Miller. Vous avez gagné cet argent depuis longtemps, et Dieu me garde de vouloir vous acheter avec cela votre bonne conscience.

MILLER, *sautant en l'air, comme à moitié fou.*

A moi donc, à moi! De l'aveu et du plein gré du bon Dieu, à moi! (*Courant vers la porte et criant:*) Ma femme! ma fille! Victoire! Accourez! (*Revenant.*) Mais, bonté du ciel! Comment suis-je tout à coup possesseur de toute cette effrayante richesse? Comment l'ai-je gagnée? Comment la mériter? Hein?

FERDINAND.

Pas avec vos leçons de musique, Miller!... Avec l'argent que voilà, je vous paye, (*il s'arrête, saisi de frissons*) je vous paye.... (*après une pause, avec une profonde tristesse*) le malheureux rêve de trois mois de votre fille.

MILLER *saisit sa main, qu'il presse fortement.*

Monseigneur! Si vous étiez tout bonnement un petit bourgeois.... (*vivement*) et que ma fillette ne vous aimât pas, je serais capable de l'égorger, la fillette. (*Il revient à l'argent, puis dit, tout abattu:*) Mais voilà que j'ai tout, et vous rien, et il me faudra maintenant rendre gorge et restituer tout mon trésor? Hein?

FERDINAND.

Que cela ne vous tourmente pas, mon ami!... Je pars, et, dans le pays où je compte m'établir, ces pièces-là n'ont point cours.

MILLER, *qui, pendant ce temps, n'a pas détourné les yeux de l'argent, dit avec transport:*

Cela me reste donc, à moi? Cela me reste?... Seulement, je suis fâché que vous partiez.... Et attendez un peu quelle figure je ferai désormais! Comme je vais avoir les joues pleines! (*Il met son chapeau et s'élance à travers la chambre.*) Et mes leçons de musique, oui, c'est sur le marché que je les donnerai, et je fumerai du Trois-Rois, numéro cinq, et le diable m'emporte si à la comédie je m'assois encore aux places à douze sous. (*Il veut sortir.*)

FERDINAND.

Restez! Taisez-vous! et ramassez votre argent. (*D'un ton expressif.*) Taisez-vous seulement ce soir, et désormais, pour l'amour de moi, ne donnez plus de leçons de musique.

MILLER, *avec encore plus de feu, le saisissant fortement par le gilet, et plein d'une joie intime.*

Et, monsieur, ma fille! (*Le lâchant.*) Ce n'est pas l'argent qui fait l'homme.... ce n'est pas l'argent.... Que j'aie mangé des pommes de terre ou de la perdrix, rassasié est rassasié, et cet habit sera toujours bon, tant que le soleil du bon Dieu ne luira pas à travers ma manche.... Pour moi les guenilles.... Mais c'est à ma fillette que cette bénédiction doit échoir; tout ce que je pourrai deviner dans ses yeux, je veux qu'elle l'ait....

FERDINAND *l'interrompt brusquement.*

Silence, oh! silence....

MILLER, *avec une chaleur toujours croissante.*

Et je veux qu'elle apprenne le français à fond, et le menuet et le chant, et si bien qu'on en parle dans les gazettes; et je veux qu'elle porte un bonnet comme les filles de conseillers auliques et un *kidebarri*[1], comme ils l'appellent, et je veux qu'on parle de la fille du musicien à quatre milles à la ronde.

FERDINAND *lui saisit la main avec la plus effrayante émotion.*

Rien de plus! rien de plus! Au nom du ciel, taisez-vous! Seulement aujourd'hui, taisez-vous! C'est la seule reconnaissance que je vous demande.

SCÈNE VI.

LOUISE, *avec la limonade;* LES PRÉCÉDENTS.

LOUISE, *les yeux rouges de larmes, et d'une voix tremblante, en apportant le verre au major sur une assiette.*

Si vous ne la trouvez pas assez forte, vous n'avez qu'à commander.

---

1. Altération germanique du mot français « cul-de-Paris, » par lequel on désignoit autrefois sans scrupule un de ces artifices de toilette appelés plus tard du nom de « tournure. »

FERDINAND *prend le verre, le pose et se tourne vivement vers Miller.*

Ah! j'aurais presque oublié.... Puis-je vous adresser une prière, mon cher Miller? Voulez-vous me rendre un petit service?

MILLER.

Plutôt mille qu'un. Qu'ordonnez-vous?

FERDINAND.

On m'attendra à souper. Par malheur, je suis dans une très-mauvaise disposition d'esprit. Il m'est tout à fait impossible de paraître en société.... Voulez-vous aller jusque chez mon père et m'excuser?

LOUISE, *effrayée, reprend subitement :*

C'est une course que je puis faire.

MILLER.

Chez le président?

FERDINAND.

Pas lui-même. Vous chargerez du message quelque valet dans la chambre des domestiques.... Pour vous accréditer, voici ma montre.... Je serai encore ici quand vous reviendrez.... Vous attendrez une réponse.

LOUISE, *fort inquiète.*

Ne puis-je donc pas aussi bien m'acquitter de cela?

FERDINAND, *à Miller, qui est prêt à sortir.*

Attendez.... et encore quelque chose. Voici une lettre pour mon père, qui m'est arrivée ce soir sous enveloppe.... Peut-être des affaires pressantes.... Cette commission ira avec l'autre.

MILLER.

C'est bien, baron.

LOUISE *s'attache à lui, dans une horrible anxiété.*

Mais, mon père, je pourrais très-bien m'acquitter de tout cela.

MILLER.

Tu es seule, et il fait nuit sombre, ma fille. (*Il s'en va.*)

FERDINAND.

Éclaire ton père, Louise. (*Pendant qu'elle accompagne Miller avec la lumière, il s'approche de la table et jette du poison dans le verre de limonade.*) Oui, il faut qu'elle y passe! Il le faut! Les puissances d'en haut me font signe de la tête, et j'entends leur terrible oui; la vengeance du ciel y souscrit; son bon ange l'abandonne.

SCÈNE VII.

FERDINAND et LOUISE. *Elle revient lentement avec la lumière, la pose, et se place du côté opposé au major, les yeux baissés vers la terre; seulement, de temps à autre, elle jette sur lui, à la dérobée, un regard craintif. Il est debout de l'autre côté, et regarde fixement devant lui. — Le commencement de cette scène doit être marqué par un intervalle de profond silence.*

LOUISE.

Si vous voulez m'accompagner, monsieur de Walter, je jouerai un morceau sur le forte-piano! (*Elle ouvre le piano.*)

FERDINAND *ne lui répond pas.* (*Pause.*)

LOUISE.

Vous me devez aussi une revanche aux échecs. Faisons-nous une partie, monsieur de Walter? (*Nouvelle pause.*)

LOUISE.

Monsieur de Walter, le portefeuille que j'ai promis de vous broder.... je l'ai commencé.... Ne voulez-vous pas voir le dessin? (*Encore une pause.*)

LOUISE.

Oh! je suis bien malheureuse!

FERDINAND, *toujours dans la même attitude.*

Cela pourrait être vrai.

LOUISE.

Ce n'est pas ma faute, monsieur de Walter, si je vous tiens si mal compagnie.

FERDINAND *rit à part lui, avec une expression offensante.*

En effet, que peux-tu pour ma timide modestie?

LOUISE.

Je savais bien que nous n'étions pas faits pour rester maintenant ensemble. Aussi je me suis effrayée tout d'abord, je l'avoue, quand vous avez fait sortir mon père.... Monsieur de Walter, je suppose que ce moment nous sera à tous deux également insupportable.... Si vous voulez bien me le permettre, j'irai chercher quelques-unes de mes connaissances.

FERDINAND.

Oh! oui, fais cela. J'irai aussi inviter à l'instant quelques-unes des miennes.

LOUISE *le regarde, d'un air de doute.*

Monsieur de Walter !

FERDINAND, *d'un ton de sarcasme.*

Sur mon honneur! c'est l'idée la plus ingénieuse qu'on puisse avoir dans une pareille situation. Nous changerons cet ennuyeux duo en divertissement, et, à l'aide de quelques galanteries, nous nous vengerons des caprices chagrins de l'amour.

LOUISE.

Vous êtes de bonne humeur, monsieur de Walter.

FERDINAND.

D'une façon tout extraordinaire, à faire courir après moi les petits garçons sur la place du marché. Non! En vérité, Louise! Ton exemple me convertit[1].... tu seras mon institutrice. Bien fous sont ceux qui parlent d'amour éternel. L'éternelle monotonie rebute, le changement seul est le sel du plaisir.... Tope, Louise! J'en suis.... Nous sauterons de roman en roman, nous nous roulerons de bourbier en bourbier.... Toi, d'un côté.... moi, de l'autre.... Peut-être retrouverai-je en un mauvais lieu mon repos perdu.... Peut-être, après avoir couru à l'envi les joyeuses aventures, nous rencontrerons-nous de nouveau, avec la plus agréable surprise, sous la forme de deux squelettes en dissolution, et alors, comme dans les comédies, nous nous reconnaîtrons à cet air de famille qu'aucun enfant de cette mère-là ne peut renier, et entre le dégoût et la honte il s'établira encore une harmonie, que l'amour le plus tendre n'avait pu produire.

LOUISE.

O jeune homme! jeune homme! tu es déjà malheureux; veux-tu encore mériter de l'être?

FERDINAND, *murmurant avec colère entre ses dents.*

Je suis malheureux? Qui t'a dit cela? Femme, tu es trop dépravée pour sentir toi-même.... Avec quoi peux-tu juger le sentiment d'un autre?... Malheureux! a-t-elle dit.... Ah! ce mot pourrait ressusciter du tombeau ma fureur!... Je devais deve-

---

1. Je lis *bekehrt mich*. D'autres éditions ont *belehrt mich*, « m'instruit. »

ACTE V, SCÈNE VII.

nir malheureux : elle le savait. Mort et damnation! elle le savait, et pourtant elle m'a trahi.... Vois, serpent! c'était ta seule chance de pardon.... Cet aveu est ta mort.... Jusqu'ici je pouvais pallier ton crime au moyen de ta simplicité; par mon mépris tu aurais presque échappé à ma vengeance. (*Saisissant soudain le verre.*) Ainsi tu n'as pas été légère.... tu n'as pas été stupide.... tu étais un démon. (*Il boit.*) Cette limonade est fade comme ton âme.... Goûte!

LOUISE.

O! ciel! Ce n'est pas sans raison que j'ai craint cette scène.

FERDINAND, *d'un ton impérieux.*

Goûte!

LOUISE *prend le verre un peu à contre-cœur et boit.*

FERDINAND *se détourne, au moment où elle porte le verre à ses lèvres, et pâlissant soudain, il se retire à la hâte au fond de la chambre.*

LOUISE.

La limonade est bonne.

FERDINAND, *sans se retourner, et saisi de frissons.*

Bien te fasse!

LOUISE, *après avoir posé le verre.*

Oh! si vous saviez, Walter, comme vous outragez affreusement mon âme!

FERDINAND.

Hum!

LOUISE.

Il viendra un temps, Walter....

FERDINAND, *revenant sur le devant de la scène.*

Oh! nous n'avons plus rien à faire avec le temps, ce me semble.

LOUISE.

Où le soir d'aujourd'hui pourra peser bien lourdement sur votre cœur....

FERDINAND *commence à marcher à grands pas et devient plus inquiet.*
— *Jetant loin de lui son écharpe et son épée.*

Adieu, service des princes!

LOUISE.

Mon Dieu! Qu'avez-vous?

FERDINAND.

Je brûle et je suis oppressé.... Je veux me mettre à mon aise.

LOUISE.

Buvez! buvez! Cette boisson vous rafraîchira.

FERDINAND.

Oui, sans aucun doute.... La catin a bon cœur...., mais elles sont toutes de même.

LOUISE, *courant dans ses bras.*

Parler ainsi à ta Louise, Ferdinand?

FERDINAND *la repousse.*

Va-t'en! va-t'en! Arrière ces doux et tendres regards! Je succombe. Viens dans ton affreuse horreur, serpent! bondis contre moi, reptile! Déroule devant moi tes nœuds épouvantables! Dresse tes anneaux contre le ciel!... aussi monstrueux que tu apparus jamais à l'abîme infernal.... mais que je ne voie plus l'ange.... De grâce, plus d'ange maintenant.... Il est trop tard.... Il faut que je t'écrase, comme une vipère, ou je tombe dans le désespoir.... Aie pitié!

LOUISE.

Oh! que nous en soyons venus là!

FERDINAND, *la regardant de côté.*

Ce bel ouvrage du céleste sculpteur!... Qui pourrait le croire?... Qui devrait le croire? (*Saisissant sa main et la levant vers le ciel.*) Je ne veux pas te citer à mon tribunal, Dieu créateur!... Mais pourquoi mettre ton poison dans un si beau vase?!... Le vice peut-il germer et croître sous un climat si doux?... Oh! c'est étrange.

LOUISE.

Entendre cela et être forcée de se taire!

FERDINAND.

Et cette voix douce et mélodieuse!... Comment des cordes brisées peuvent-elles rendre de si beaux sons? (*Il la contemple d'un œil ivre d'amour.*) Tout si beau.... si bien proportionné.... si divinement parfait!... Rien qui ne marque la plus tendre préférence du Créateur! Par le ciel! on dirait que ce vaste univers n'a pris naissance que pour mettre le Très-Haut en humeur de former son chef-d'œuvre!... Et pour l'âme seule Dieu se serait mépris? Est-il possible qu'un monstre aussi révoltant soit entré dans ce corps sans défaut? (*Il s'éloigne d'elle tout à coup.*) Ou bien a-t-il vu qu'un ange naissait sous son ciseau et a-t-il en toute hâte corrigé son erreur en lui donnant un cœur d'autant plus mauvais?

LOUISE.

Oh! la criminelle obstination! Plutôt que de se reconnaître coupable d'un jugement trop précipité, il aime mieux s'en prendre au ciel.

FERDINAND *se jette à son cou, en pleurant amèrement.*

Encore une fois, Louise!... Encore une fois, comme au jour de notre premier baiser, quand tu balbutias le nom de Ferdinand et que le premier *tu* vint sur tes lèvres brûlantes.... Oh! il semblait que ce moment contint le germe des joies infinies, ineffables, comme le bouton contient la fleur!... L'éternité était là devant nos yeux comme un beau jour de mai; des siècles d'or passaient devant notre âme, comme un chœur de jeunes fiancées.... Alors j'étais heureux entre tous!... O Louise, Louise! Pourquoi m'as-tu fait cela?

LOUISE.

Pleurez, pleurez, Walter! Votre douleur sera plus juste envers moi que votre emportement.

FERDINAND.

Tu te trompes. Ce ne sont pas des larmes de douleur.... Ce n'est pas cette chaude et voluptueuse rosée qui coule comme un baume sur les blessures du cœur et remet en mouvement les rouages engourdis de l'âme sensible. Ce sont des gouttes froides.... qui tombent une à une.... c'est l'horrible et éternel adieu de mon amour. (*Avec une effrayante solennité, en laissant tomber sa main sur la tête de Louise.*) Ce sont des larmes que je pleure sur ton âme, Louise!... sur la divinité dont la bienveillance infinie est venue échouer ici, et à qui l'on enlève de gaieté de cœur le plus beau de ses ouvrages.... Oh! il me semble que toute la création devrait prendre le deuil et se montrer consternée de cet exemple donné au milieu d'elle.... C'est chose ordinaire que les hommes tombent, que des paradis soient perdus; mais quand la peste sévit parmi les anges, il faut proclamer le deuil dans toute la nature.

LOUISE.

Ne me poussez pas à bout, Walter! J'ai de la force d'âme autant qu'une autre.... mais il faut que l'épreuve soit humaine. Walter, ce mot encore, et ensuite séparons-nous.... Une horrible destinée a jeté la confusion dans le langage de nos cœurs. S'il m'était permis d'ouvrir la bouche, Walter, je pourrais te dire des choses.... je pourrais.... mais la fatalité cruelle a enchaîné ma langue comme mon amour, et il faut que j'endure que tu me maltraites comme une ignoble courtisane.

FERDINAND.

Te sens-tu bien, Louise?

LOUISE.

Pourquoi cette question?

FERDINAND.

C'est qu'autrement je serais affligé pour toi que tu dusses partir d'ici avec un mensonge sur la conscience.

LOUISE.

Je vous en conjure, Walter....

FERDINAND, *avec des marques de violente agitation.*

Non, non! Cette vengeance serait trop satanique! Non! Que Dieu m'en préserve! Je ne veux pas pousser le châtiment jusque dans l'autre monde.... Louise, as-tu aimé le maréchal? Tu ne sortiras plus de cette chambre.

LOUISE.

Demandez ce que vous voudrez. Je ne répondrai plus. (*Elle s'assoit.*)

FERDINAND, *d'un ton plus grave.*

Songe à ton âme immortelle, Louise!... As-tu aimé le maréchal? Tu ne sortiras plus de cette chambre.

LOUISE.

Je ne réponds plus.

FERDINAND, *dans une terrible agitation, se jette à ses pieds.*

Louise! As-tu aimé le maréchal? Avant que cette lumière achève de brûler.... tu paraîtras... devant Dieu!

LOUISE *se lève d'un bond, tout effrayée.*

Jésus! Qu'est cela?... et je me sens très-mal. (*Elle retombe en arrière, sur son siège.*)

ACTE V, SCÈNE VII.

FERDINAND.

Déjà?... Oh! les femmes! éternelle énigme! Leurs nerfs délicats résistent sans rompre à des crimes qui rongent l'humanité dans ses racines, et un misérable grain d'arsenic les renverse.

LOUISE.

Du poison! du poison! Seigneur, mon Dieu!

FERDINAND.

Je le crains. Ta limonade a été assaisonnée dans l'enfer. C'est un toast que tu as porté à la mort.

LOUISE.

Mourir! mourir! Mon Dieu! Miséricorde infinie! Du poison dans la limonade et mourir!... Oh! prends pitié de mon âme, Dieu de miséricorde!

FERDINAND.

C'est là le point capital. Je lui demande la même grâce.

LOUISE.

Et ma mère.... mon père.... Sauveur du monde! Mon pauvre père, c'est fait de lui! N'y a-t-il plus de salut? Ma vie si jeune.... et pas d'espoir de salut? Et faut-il déjà partir?

FERDINAND.

Pas d'espoir de salut, il faut partir.... mais sois tranquille. Nous ferons route ensemble.

LOUISE.

Ferdinand, toi aussi! Du poison, Ferdinand!... De toi! O Dieu, pardonne-lui.... Dieu de bonté, absous-le de ce péché.

FERDINAND.

Songe à ton propre compte.... Je crains qu'il ne soit en mauvais état.

LOUISE.

Ferdinand! Ferdinand!... Oh!... maintenant je ne puis plus me taire.... La mort.... la mort rompt tous les serments.... Ferdinand!... Le ciel et la terre n'ont rien de plus malheureux que toi.... Je meurs innocente, Ferdinand!

FERDINAND, *effrayé*.

Que dit-elle là? On n'a pourtant pas coutume de se charger d'un mensonge pour ce voyage?

LOUISE.

Je ne mens pas.... je ne mens pas... Je n'ai menti qu'une

fois dans ma vie.... ah! quel frisson de glace dans mes veines!... quand j'ai écrit la lettre au maréchal de la cour....

FERDINAND.

Ah! cette lettre!... Dieu soit loué! Je retrouve toute ma fermeté.

LOUISE, *sa langue s'appesantit, ses doigts commencent à s'agiter convulsivement.*

Cette lettre.... Prépare-toi à entendre un mot horrible.... Ma main écrivit ce que mon cœur condamnait.... Ton père l'a dictée.

FERDINAND, *immobile et semblable à une statue, demeure comme enraciné dans le sol; après un long silence de mort, il tombe tout à coup comme frappé de la foudre.*

LOUISE.

Oh! la déplorable méprise!... Ferdinand.... on m'a contrainte.... Pardonne.... Ta Louise aurait préféré la mort.... mais mon père.... le danger.... Ils s'y sont pris habilement.

FERDINAND, *se relevant terrible.*

Dieu soit loué! Je ne sens pas encore le poison. (*Il tire violemment son épée.*)

LOUISE, *s'affaiblissant de plus en plus.*

Malheur! Que veux-tu faire? C'est ton père....

FERDINAND, *avec l'expression de la rage la plus effrénée.*

Meurtrier et père de meurtrier!... Il faut qu'il vienne avec nous, pour que le juge du monde n'exerce sa fureur que sur le coupable. (*Il veut sortir.*)

LOUISE.

Mon sauveur a pardonné en mourant.... Grâce pour toi et pour lui. (*Elle meurt.*)

FERDINAND *se retourne rapidement, aperçoit le dernier mouvement de son agonie, et tombe, accablé de douleur, auprès de la morte.*

Arrête! arrête! Ne m'échappe pas, ange du ciel! (*Il prend sa main et la laisse promptement retomber.*) Froide, froide et humide! Son âme s'est envolée! (*Il se relève d'un bond.*) Dieu de ma Louise! Grâce! grâce au plus exécrable des meurtriers! Ce fut sa dernière prière!... Comme elle est ravissante et belle, même dans la mort! L'ange du trépas, attendri, a passé avec ménagement sur ces joues aimables.... Cette douceur n'était pas un

masque, elle a résisté même à la mort. (*Après une pause.*) Mais comment? Pourquoi n'éprouvé-je rien? La force de ma jeunesse voudrait-elle me sauver? Peine inutile! Tel n'est pas mon avis.
(*Il saisit le verre.*)

SCÈNE VIII.

FERDINAND, LE PRÉSIDENT, WURM et DES DOMESTIQUES, *qui tous se précipitent, pleins d'effroi, dans la chambre; ensuite* **MILLER, DES GENS DU PEUPLE** *et* **DES OFFICIERS DE JUSTICE,** *qui s'assemblent dans le fond.*

LE PRÉSIDENT, *la lettre à la main.*

Mon fils, qu'est-ce que cela? Je ne veux pas croire....

FERDINAND *jette le verre à ses pieds.*

Eh bien, vois, meurtrier!

LE PRÉSIDENT *recule en chancelant. Tous sont stupéfaits.*
Horrible silence.

Mon fils, pourquoi m'as-tu fait cela?

FERDINAND, *sans le regarder.*

Oh! oui, sans doute. J'aurais dû d'abord entendre l'homme d'État, pour savoir si ce coup allait bien à son jeu?... Ce fut, je l'avoue, une fine et admirable ruse, de rompre le lien de nos cœurs par la jalousie.... Le calcul était d'un maître. Seulement, il est dommage que l'amour en fureur n'ait pas obéi aussi docilement à tes fils que ta marionnette de bois.

LE PRÉSIDENT *promène ses regards effarés sur toute la réunion.*

N'y a-t-il ici personne qui pleure sur un père inconsolable?

MILLER, *criant derrière la scène.*

Laissez-moi entrer! Pour l'amour de Dieu! Laissez-moi!

FERDINAND.

Cette jeune fille est une sainte.... C'est à un autre à plaider pour elle. (*Il ouvre la porte à Miller, qui se précipite dans la chambre avec le peuple et les gens de justice.*)

MILLER, *dans la plus terrible angoisse.*

Mon enfant! mon enfant!... Du poison.... on crie qu'on a pris ici du poison.... Ma fille, où es-tu?

FERDINAND *le conduit entre le président et le cadavre de Louise.*

Je suis innocent. Rends grâce à celui-ci !

MILLER *tombe à terre auprès d'elle.*

O Jésus !

FERDINAND.

En peu de paroles, mon père !... Mes paroles commencent à devenir précieuses.... Ma vie m'a été volée au moyen d'une infâme coquinerie, volée par vous. Où en suis-je avec Dieu ? Je tremble d'y songer.... cependant je n'ai jamais été un homme pervers. Que mon sort éternel soit ce qu'il voudra.... je ne demande pas qu'il tombe sur vous.... Mais j'ai commis un meurtre, (*élevant la voix avec une expression terrible*) un meurtre dont tu ne prétendras pas que je porte seul tout le poids devant le juge du monde. J'en rejette ici solennellement sur toi la plus grande, la plus terrible moitié. C'est à toi de voir comment tu t'en tireras. (*Le menant près de Louise.*) Ici, barbare ! Repais-toi de l'épouvantable fruit de ton habileté. Les convulsions de l'agonie ont écrit ton nom sur ce visage, et les anges exterminateurs le liront.... Qu'un fantôme semblable à elle vienne tirer, pendant ton sommeil, les rideaux de ton lit et te donner sa main glacée.... Qu'un fantôme semblable à elle se tienne devant ton âme, quand tu mourras, et repousse ta dernière prière !... Qu'un fantôme semblable à elle se tienne sur ta tombe, quand tu ressusciteras.... et auprès de Dieu, quand il te jugera ! (*Il s'évanouit, des domestiques le soutiennent.*)

LE PRÉSIDENT, *élevant son bras vers le ciel par un geste effrayant.*

Ce n'est pas à moi, à moi, qu'il faut redemander ces âmes, juge du ciel, mais à cet homme.... (*Il s'avance sur Wurm.*)

WURM, *tressaillant.*

A moi ?

LE PRÉSIDENT.

Maudit, à toi ! A toi, Satan !... C'est toi, toi, qui as donné ce conseil de vipère.... Sur toi la responsabilité.... Je m'en lave les mains.

WURM.

Sur moi ? (*Il se prend à rire d'une manière effrayante.*) C'est plaisant, plaisant en vérité! Voilà donc que je sais comment les démons se remercient.... Sur moi, scélérat stupide? Était-ce mon fils? Étais-je ton maître?... A moi la responsabilité? Ah! par la vue de ce cadavre qui glace toute la moelle de mes os! Qu'elle tombe sur moi, j'y consens!... Maintenant, je veux être perdu, mais il faut que tu le sois avec moi.... Allons! allons! Criez au meurtre dans les rues! Éveillez la justice! Sergents, liez-moi! Emmenez-moi d'ici! Je découvrirai des secrets qui feront frissonner d'horreur ceux qui les entendront. *(Il veut sortir.)*

LE PRÉSIDENT *le retient.*

Tu ne feras pas cela, enragé?...

WURM *lui frappe sur l'épaule.*

Je le ferai, camarade! je le ferai.... Je suis enragé, c'est vrai.... c'est ton ouvrage.... et je veux maintenant agir comme un enragé.... Avec toi, bras dessus, bras dessous, à l'échafaud! Avec toi, bras dessus, bras dessous, en enfer! Cela me chatouillera le cœur, coquin, d'être damné avec toi! *(On l'emmène.)*

MILLER, *qui, pendant tout ce temps, est demeuré plongé dans une douleur muette, la tête appuyée sur le sein de Louise, se relève tout à coup, et jette la bourse aux pieds du major.*

Empoisonneur! Garde ton argent maudit!... Voulais-tu m'acheter avec cela mon enfant? *(Il se précipite hors de la chambre.)*

FERDINAND, *d'une voix brisée.*

Suivez-le! Il est au désespoir.... Il faut que cet argent lui reste... C'est mon horrible dette. Louise!... Louise!... Je viens.... Adieu.... Laissez-moi expirer près de cet autel....

LE PRÉSIDENT, *sortant d'une sombre stupeur, à son fils :*

Mon fils! Ferdinand! N'auras-tu plus un seul regard pour un père foudroyé? *(On dépose le major près de Louise.)*

FERDINAND.

Ce dernier regard appartient au Dieu de miséricorde.

LE PRÉSIDENT, *tombant auprès de lui, en proie à la plus horrible torture.*

Créatures et Créateur m'abandonnent.... N'obtiendrai-je plus un seul regard pour ma dernière consolation?

FERDINAND *lui tend sa main mourante.*
LE PRÉSIDENT *se relève rapidement.*

Il m'a pardonné! (*Aux autres.*) Maintenant, je suis votre prisonnier. (*Il sort; les officiers de justice le suivent. Le rideau tombe.*)

FIN DE L'INTRIGUE ET L'AMOUR.

TABLE DES MATIÈRES.

	Pages.
LES BRIGANDS, drame.	1
APPENDICE. Variantes.	165
Premier projet de préface pour les *Brigands*.	178
Préface de la seconde édition.	180
Critique de la pièce par l'auteur lui-même.	181
Addition relative à la représentation des *Brigands*.	194
Avis au public.	195
LA CONJURATION DE FIESQUE A GÊNES, tragédie républicaine.	197
APPENDICE. Remaniement du drame de *Fiesque* pour le théâtre.	340
Avertissement de l'auteur de *Fiesque* au public.	357
L'INTRIGUE ET L'AMOUR.	361

IMPRIMERIE GÉNÉRALE DE CH. LAHURE
Rue de Fleurus, 9, à Paris.

www.ingramcontent.com/pod-product-compliance
Lightning Source LLC
Chambersburg PA
CBHW060226230426
43664CB00011B/1566